정신사회재활의 실제

정신사회재활의 실제

Robert King, Chris Lloyd, Tom Meehan, Frank P. Deane, David J. Kavanagh 엮음
신성만, 강상경, 이영문, 정숙희 옮김

Σ 시그마프레스

정신사회재활의 실제

발행일 | 2017년 2월 28일 1쇄 발행

편저자 | Robert King, Chris Lloyd, Tom Meehan, Frank P. Deane, David J. Kavanagh
역자 | 신성만, 강상경, 이영문, 정숙희
발행인 | 강학경
발행처 | (주)시그마프레스
디자인 | 김경임
편 집 | 이지선

등록번호 | 제10-2642호
주소 | 서울시 영등포구 양평로 22길 21 선유도코오롱디지털타워 A401~403호
전자우편 | sigma@spress.co.kr
홈페이지 | http://www.sigmapress.co.kr
전화 | (02)323-4845, (02)2062-5184~8
팩스 | (02)323-4197

ISBN | 978-89-6866-875-3

Manual of Psychosocial Rehabilitation

* 책값은 책 뒤표지에 있습니다.

이 도서의 국립중앙도서관 출판예정도서목록(CIP)은 서지정보유통지원시스템 홈페이지(http://seoji.nl.go.kr)와 국가자료공동목록시스템(http://www.nl.go.kr/kolisnet)에서 이용하실 수 있습니다.(CIP제어번호: CIP2017004060)

정신재활의 아버지로 불리는 보스턴대학교의 William Anthony에 따르면 정신재활의 사명은 정신장애를 가진 사람의 기능력을 향상시켜, 그 사람이 선택한 삶의 환경 속에서 지속적이고 전문적인 개입을 최소한으로 받으면서도 성공적이고 만족스러운 삶을 영위할 수 있도록 돕는 것이다. 2004년 정신재활을 전공하고 한국에 돌아온 이래로 역자는 나름 그의 가르침을 충실히 전하고자 노력하였다. 우선 정신재활의 원리가 되는 철학서이자 이론서인 Anthony의 정신재활(*Psychiatric Rehabilitation*)을 번역하였고, 두 번째로 러트거스대학교 정신재활학과의 교수들이 집필하고 정신재활 서비스 대부분의 개입법이 자세히 망라된 또 다른 정신재활(*Psychiatric Rehabilitation*) 책을 번역하였다. 앞의 두 책은 서로 중복되지 않으면서도 상호보완적인 영역을 다루고 있어 정신재활을 이해하는 데 꼭 필요한 자료였다. 이제는 이러한 정신재활의 철학과 원리 그리고 다양한 개입법을 실제 현장에서 어떻게 구현해내는가에 대한 실무적인 지침서가 꼭 필요하다고 생각하던 차에 오스트레일리아에 있는 교수들이 쓴 *Manual of Psychosocial Rehabilitation*을 접하게 되었다. 여러분이 들고 있는 바로 이 정신사회재활의 실제가 바로 그 책이다. 이 책을 번역해 내놓음으로써 정신재활을 실천적 학문의 영역으로 구축하기 위한 큰 틀을 정립했다는 느낌이 들어 개인적인 감회가 새롭다.

욕심은 나지만 엄두가 나지 않아 시작할 수 없었던 이 책의 번역이 가능했던 것은 서울대 사회복지학과의 강상경 교수님, 정신과 전문의이시며 정신사회재활에 오랫동안 헌신해오신 이영문 선생님, 정신사회재활 기관인 브솔시냇가를 운영하고 있으신 한동대 상담심리사회복지학부의 정숙희 교수님, 세 분 존경하는 선생님들의 적극적인 도움이 있었기 때문이다. 번역을 통해서지만 이들 선생님들의 경험과 관점 그리고 지혜가

고스란히 이 책에 배어 있음을 독자들은 충분히 느낄 수 있을 것이다. 모두 너무 많은 일을 동시에 하고 있으시면서도 이 책의 필요성과 시급성에 동의해 주시고 시간을 쪼개어 공들여 번역 과정에 참여해주셨다.

용어의 사용에 있어서 몇 가지 밝혀둘 것이 있다. 우선 정신재활(psychiatric rehabilitation)과 정신사회재활(psychosocial rehabilitation)에 대한 구분이다. 넓게 보면 둘은 같은 현상을 지칭하는 말이다. 정신장애를 지닌 사람들의 사회복귀를 가능하게 하는 당사자와 주변 관련자들에 의한 일련의 개입 과정을 통칭한 용어일 것이다. 정신재활서비스가 시작된 초기에는 psychiatric rehabilitation이라는 용어가 먼저 사용되었고, 시간이 지나면서 psychosocial rehabilitation이라는 용어가 주로 사용되기 시작했다. 아마도 초기에는 정신과적 증상의 완화와 함께 정신장애인이 재활의 길을 걸을 수 있다는 의미가 강조되었다면, 이후에는 지역사회와 인간 관계적 측면의 재활이 이 모든 과정의 핵심이 될 수 있다는 사실을 강조하기 위해 social이라는 단어를 추가하여 정신사회재활이라는 용어가 널리 사용되는 것이 아닌가 생각해본다.

Anthony를 중심으로 한 보스턴학파에서 처음 제안하기 시작한 recovery라는 용어도 이 책에서는 직역하여 사용될 수 있는 '회복' 대신 '재기'라는 용어로 번역하였다. 회복이라는 용어의 의미가 오해를 불러일으켜 정신장애인들의 recovery를 저해할 수 있다는 우려도 이 용어의 사용을 주저하게 만든 이유가 되기도 했다. 흔히 회복은 이전의 건강한 상태로 돌아가는 것을 강조하는 데 반해 이 책에서 강조하는 recovery는 증상이 없던 이전의 상태로 돌아가는 것을 전제하지 않는다. 오히려 증상의 유무, 그리고 경중과는 별개로 정신장애를 가진 분들이 스스로 선택하고 원하는 의미 있고 만족스러운 삶의 상태로 나아갈 수 있다는 철학을 바탕으로 하고 있다. 우리는 이것을 재기의 철학이라고 부르고자 한다. 재기라는 용어는 우리나라 정신재활의 선구자인 손명자 교수님이 보스턴대학교 정신재활센터에서 Anthony로부터 직접 전달받은 관점이기도 하고 주 역자가 보스턴대학교에서 정신재활 박사과정을 하는 과정에서 지속적으로 강조되었던 관점이기도 하다.

평가와 사정이라는 용어의 사용에 있어서는, 척도나 평가 도구를 사용하여 수치화하는 경우 평가로 칭하고 전반적인 환경적 질적 고려가 포함되는 평가의 과정은 사정으로 구분하여 사용하였다. 하지만 이러한 구분이 기계적으로 가능하지 않아 역자마다 조금씩 다른 용어를 사용하였으므로 이해해주기 바란다.

이 책에서는 다양한 정신사회재활 관련 전문가들을 통칭하여 재활 실천가라고 부른다. 정신사회재활은 정신재활상담사뿐만 아니라 정신과의사, 심리학자, 사회복지사, 정신간호사, 재활상담사, 작업치료사, 물리치료사 등 실로 다양한 영역의 전문가들이 협동하는 분야다. 이들 다양한 전문 영역을 아우르는 말이 없으나 비교적 적절한 용어로 생각되는 실천가(practitioner)를 사용하기로 하였다.

우리나라의 정신장애인들을 위한 정신사회재활 환경, 그리고 서비스와 법체계가 급격히 그리고 빠르게 변하고 있다. 이러한 변화가 정신장애인들의 정신사회재활에 도움이 되는 방향으로 가고 있는지는 확신할 수 없다. 그 이유는 정신재활의 기본적인 철학과 원리 그리고 다양한 개입 방법과 서비스에 대한 이해가 충분히 반영된 변화인지 알수 없기 때문이다. 정신장애인 당사자들의 목소리가 이 모든 과정에 충분히 포함되고 있지 않다는 사실과 정신재활 실천 현장에서 일하는 전문가들의 의견이 반영되고 있지 않다는 점도 우려를 자아내는 부분이다. 아무쪼록 이 책이 변화하는 이 분야에 꼭 필요한 길잡이가 되는 지침서로 사용되기를 간절히 바라는 마음이다.

이 책이 나오기까지 도움을 아끼지 않은 시그마프레스 강학경 사장님과 편집부에도 감사의 말씀을 전하고 싶다. 한동대학교 상담센터의 김재영 선생은 정신재활을 주제로 석사 논문을 썼을 뿐 아니라 이 책 번역 과정에서도 헌신적인 도움을 주었다. 김재영 선생의 도움이 없었다면 이 책이 이렇게 잘 완성된 모습으로 나오기 어려웠을 것이다.

끝으로 정신장애를 경험하고 있는 분들과 그들의 재기 과정을 헌신적으로 돕고 있는 전문가들께 그분들 모두의 용기와 불굴의 의지에 대해 깊은 존경과 감사의 마음을 이 책에 담아 드린다.

2017년 봄
포항에서
역자 대표 신성만

정신사회재활 현장에 있는 전문가들은 다음과 같은 이유로 이 책의 출간을 환영할 것이다.

1. **현실적이다.** 이 책은 샘이라는 가상의 인물을 통해 정신재활 실천 현장에서 일어나는 일반적인 문제를 다룬다. 샘은 가상의 인물이지만 내담자가 실제로 겪는 다양한 삶의 문제에 직면한 인물이다. 독자들은 샘을 통해 그들이 매일 만나 재기의 여정을 돕고 있는 자신의 내담자들을 이해할 수 있을 것이다. 책의 저자들이 선택한 주제와 집필한 방식을 통해서도 드러나듯이 그들은 숙련된 전문가이며 확신과 진정성을 가지고 집필에 임했다. 그들이 쓴 내용은 진실하며 평가, 상담, 지역사회 통합, 자조의 모든 영역에서 균형 잡혀 있다. 독자들은 자신이 당면하는 어려움에 대한 저자들의 공감적 태도를 느낄 수 있을 것이다.

2. **실천적인 도구로 이루어져 있다.** 이 책은 사용자 중심의 척도, 상담 조언, 확인 목록, 기타 도구 등을 제공한다. 예를 들어, 평가 도구를 살펴보면 저자들은 실시의 편리성, 척도의 해석, 현장에서 척도의 실제적 활용 방안, 척도를 구하는 방법, 비용에 대한 구체적인 세부사항을 제공한다. 나의 경험상 전문가들은 이러한 실용적인 도움에 대해 고마워할 것이다.

3. **실증적 연구에 근거한다.** 이 책은 정신사회재활 실천의 연구 및 논리적 기초에 대해 다룬 핸드북과 세트로 이루어진 것으로, 독자들은 심각한 정신장애를 가진 내담자들을 돕는 데 유용하다고 밝혀진 접근법을 이용함에 있어 자신감을 가질 수 있을 것이다. 그리고 핸드북에 연구 근거가 검토되어 있기 때문에 여기에서는 실제적 적용에만 초

점을 맞추어 이론적 · 경험적 기초에 대한 언급은 생략할 수 있었다. 이 책은 단독으로 사용할 수 있지만 관련된 자료 및 핸드북과 함께 사용하면 더욱 깊이 있는 이해가 가능하며 상승효과를 기대할 수 있다.

4. **정신사회재활의 통합적 접근법을 제시한다.** 정신사회재활 서비스는 질병 관리, 주거, 고용과 같은 다양한 영역에 따라 실천적 접근이 다양하며 분절적이었다. 교과서 등의 종합 서적은 독립된 장을 통해 각기 다른 서비스 영역을 다루며 보편적인 접근을 모방한 것이었고, 모든 영역을 교차하여 아우르는 문헌은 찾아보기 어려웠다. 임상가들과 프로그램 관리자들은 독립된 프로그램들 간의 조화와 소통에 힘썼다. "어떻게 서로 다른 근거중심 실천들을 조합할 수 있을까? 어떻게 그것들이 조화를 이룰까? 이런 것들을 어떻게 한번에 관리할 수 있을까?" 이 책은 실천적 접근에 대한 개요라기보다 내담자 개인에 초점을 맞춰 통합적인 이야기를 제공하고자 한다. 샘이라는 인물을 검토함으로써 정신사회재활에서의 전체적인 접근을 제시하는 것이다.

인터넷의 시대에 살고 있는 우리는 구글을 통해 무엇이든 검색할 수 있다. 하지만 검색 결과에 대한 신뢰성을 확신할 수는 없다. 이와 달리 이 책은 신뢰할 수 있다. 이것은 가장 많이 추천받는 자원들로부터 나온 전문가 도구에 속한다.

미국 뉴햄프셔 주 레바논 다트머스 소재 가이젤의과대학
다트머스 정신건강연구센터 정신의학 교수
Gary R. Bond, PhD

차례

서문

Robert King, Chris Lloyd, Tom Meehan, Frank P. Deane, David J. Kavanagh

정신사회재활이란 심각한 정신장애를 가진 사람의 재기(recovery)를 돕기 위해 만들어진 다양한 비약물적 개입법을 지칭하는 용어다.

심각한 정신장애란 삶의 필수적인 기능에 중대한 영향을 미치며 지속되는 정신장애를 일컫는다. 조현병은 심각한 정신장애와 가장 흔하게 연관되지만 진단명만으로 심각성을 판단하는 것은 오해의 소지가 있다. 조현병으로 진단받은 사람들 중 질병의 영향을 받는 기간이 짧거나 그 영향이 몇 가지 기능 영역에 국한되는 경우 또한 많다. 기분장애와 불안장애, 또는 성격장애를 가진 사람들 중 질병으로 인해 삶의 주요 기능 영역에 크고 지속적인 영향을 받는 경우 또한 존재한다. 이 책은 특정한 진단을 받은 집단의 치료에 대해 다루기보다 진단과 상관 없이 질병으로 인해 삶의 중요한 기능에 지속적이고 중요한 영향을 받는 사람들을 돕기 위한 개입 방법을 다루고 있다. 또한 이러한 사람들을 효과적으로 돕는 법을 배우는 학생들을 위해 이 책은 자원과 지침의 역할을 한다. 우리는 특별히 이 책이 정신사회재활 현장에서 활동하고 있는 학생들을 위한 귀중한 자원이 되리라고 믿는다.

Manual of Psychosocial Rehabilitation, First Edition. Edited by Robert King, Chris Lloyd, Tom Meehan, Frank P. Deane and David J. Kavanagh.

몇몇 형태의 정신사회재활은 사회의 많은 영역에서 이루어진다. 장기 요양시설이나 준공공기관을 통해 이루어지기도 하지만, 보통의 경우 지역사회 기관을 통해 이루어지며 임상적 서비스와 함께 제공될 수도 있다. 정신사회재활 서비스를 제공하는 사람은 간호사, 작업 치료사, 심리학자, 사회복지사 등 건강 전문가일 수도 있고, 정신건강 전문가로서의 훈련을 받은 적이 없지만 정신사회재활이 필요한 사람들을 돕는 데 적합한 기술과 태도를 가진 사람일 수도 있다.

현대 정신사회재활은 우리가 지지하는 재기의 개념적 틀 안에서 이루어진다. 재기의 개념은 질병으로부터 재기하는 것이 결과가 아닌 과정임을 강조한다. 재기란 질병에 의해 규정되는 자기로서 살아가기보다 질병과 함께 살아가는 법을 배워가는 과정에서 자기를 재발견하는 개인적인 여정이다. 이는 개인적 수준에서 미래에 대한 희망과 비전을 증진시켜가는 것이고, 지역사회 수준에서 질병보다 사람과의 연결성을 만들어가는 기회를 제공함으로써 사회에 대한 소속과 참여를 증진시킬 수 있도록 지원하는 것이다. 재기의 개념적 틀을 살펴보면 우리가 정신사회재활에 접근하는 방식을 알 수 있다. 이는 재활이 재기의 구성요소일 뿐 재기라는 개인적 여정을 대체하거나 앞서서는 안 된다는 것을 의미하고, 우리가 이러한 사실을 인정한다는 것을 의미한다. 또한 이는 우리가 정신사회재활의 과정에서 내담자와의 협력과 협동 정신을 가지고 접근한다는 것을 의미한다. 정신사회재활은 강요할 수 있는 것이 아니지만 실제로 강요하는 일이 종종 발생하는데, 만일 어떤 사람이 원치 않는 치료 명령 또는 조치를 받아 참여하게 될 때조차 우리는 내담자의 목표와 우선순위를 중요하게 고려하며 내담자와 함께 재활계획을 조정한다.

이 책은 우리가 쓴 정신사회재활 핸드북(*Handbook of Psychosocial Rehabilitation*; King et al., 2007)의 안내서라고 볼 수 있다. 정신사회재활 핸드북은 현대 정신사회재활 실천의 근거와 원리를 제시한다. 이 책에서는 근거중심 실천 도구와 자원을 제공한다. 핸드북은 정신사회재활 실천 분야의 기본서로 널리 받아들여져서 몇몇 독자들은 그 책이 정신사회재활의 최고의 접근법을 실천할 수 있도록 돕는다고 느끼는 반면, 많은 독자들은 여전히 핸드북에서 제시하는 원리를 실천으로 전환하는 데 필요한 자원이 부족하다고 느낀다. 우리는 이 책이 그 간극을 메워줄 것이라고 기대한다.

용어

정신사회재활 핸드북에서도 그러했듯이 우리는 환자(patient) 또는 소비자(consumer)라는 용어보다 내담자(client)라는 용어를 선호한다. 이것은 정신장애를 가진 사람들이 병원에서는 스스로를 환자로 여기고, 지역사회 기반의 서비스 환경에서는 내담자로 여기며, 옹호자의 역할을 할 때는 소비자라고 여기는 것을 보고한 연구 결과에 기초하였다. 우리는 내담자라는 용어를 사용함으로 인해 서비스 제공자들이 가진 전문성을 유지함과 동시에 이러한 전문성을 추구하고 활용하는 적극적인 서비스 수혜자로서의 역할을 나타낼 수 있다고 생각한다.

또한 우리는 서비스 제공자를 표현할 때 재활 실천가(rehabilitation practitioner) 또는 실천가(practitioner)라는 용어를 사용했다. 이는 정신사회재활을 제공하는 사람들이 다양한 전문적/비전문적 배경을 가지며 이들이 정신사회재활을 실천한다는 공통점을 가지고 있음을 의미한다.

책의 구성

이 책은 다섯 가지 영역으로 구성되었다.

- 평가 도구
- 치료 기술 및 중재
- 지역사회 재통합
- 동료 지지와 자조
- 종합하기

평가 도구 영역은 최초 내담자 평가와 내담자의 변화(progress)를 함께 측정하는 데 사용될 수 있는 표준 검사 도구에 대한 정보를 제공한다. 이는 전문적인 훈련이 적게 요구되거나 필요하지 않으며, 정신사회재활 현장에서 성공적으로 사용되었던 기록이 존재하고, 저렴하거나 무료로 이용 가능하며, 양호한 심리측정적 요인을 가지고 광범위하게 사용 가능한 도구들에 초점을 맞춰왔다. 또한 구체적인 평가 도구들에 대한 정보를 제공함과 동시에 이를 언제 사용하며 어떻게 확보할 수 있는지에 대한 지침을 제공할 것이다. 대부분의 경우 예시 문항 또한 제공될 것이다.

치료 기술과 중재 영역은 다섯 가지 개입법에 대한 실천 지침을 제공한다. 우리는 이것이 완전한 종합적 개입이라고 제안하지는 않는다. 그러나 이 책에 선택된 개입법들은 정신사회재활과 높은 연관성을 가지며 심각한 정신장애를 가진 사람들에게 성공적으로 적용된 기록이 있으며, 사용하는 데 있어서 많은 훈련을 요구하지 않는다. 우리는 실천가들이 이 책을 읽는다고 해서 이러한 개입법을 실제로 전달하는 것에 능숙해질 것이라고 기대하지 않는다. 그러나 이것은 좋은 출발점이 될 것이며, 실천가들이 경험을 통해 배워나가는 데 도움을 줄 것이라고 생각한다. 동시에 우리는 실천가들이 치료 기술의 발전을 위해 슈퍼비전을 받고 훈련을 위한 다양한 자원을 활용할 것을 추천한다.

지역사회 재통합에서는 독립적인 생활을 영위하고 지역사회에 참여하여 관계를 맺는 데 필요한 능력을 발전시키기 위해 개발된 프로그램을 제시한다. 여기에서는 심각한 정신장애로 인해 흔히 저하될 수 있는 경제관리, 요리 등 매우 기본적인 독립 생활 기술과 지역사회에 효과적으로 참여하는 데 기본이 되는 복잡한 사회 기술을 다룬다. 이 프로그램들은 보통 집단에 적용할 수 있는 주간 프로그램 형태로 제공되지만, 이를 적용하고 개인의 욕구에 알맞게 조정하는 데 필요한 실용적인 조언 또한 제공한다. 이 책에 기술된 많은 활동은 문화와 지역적 환경에 영향을 받는 것들이므로 독자들은 이러한 프로그램들을 자신이 속한 문화와 환경에 알맞게 적용하여 사용할 것을 권장한다.

이 책의 또 다른 장은 동료 지지, 가족 지지와 자조에 관한 내용을 다룬다. 심각한 정신장애의 영향을 받은 사람들과 그들을 돌보는 사람들(특히 가족 구성원)은 대부분 정신사회재활 환경 외부에서 이루어지는 지지와 개입으로부터 상당한 유익을 얻는다는 근거가 있다. 재활 실천가는 사람들을 이러한 지지와 개입에 연결시키고, 자조 활동을 지원함으로써 그들을 도울 수 있다. 어떤 환경에서는 재활 서비스가 동료 또는 가족 지지 활동을 지원하고 촉진할 것이다. 재활 실천가가 점점 증가하는 양질의 자조 프로그램(특히 온라인에서)의 이용 가능성에 대해 아는 것 또한 중요하다. 이는 종종 일대일 또는 집단에서 이루어지는 정신사회재활적 개입을 보완하는 역할을 한다. 책의 해당 영역은 실천가가 재활 환경과 동료 지지, 가족 지지, 자조 환경 사이의 효과적인 교차

점을 지원할 수 있도록 돕는 정보와 출처의 링크를 제공한다.

이 책의 마지막 두 장은 **종합하기**라는 주제로 쓰여졌다. 이는 개인적 수준/서비스 수준에서 재활 프로그램의 리뷰와 평가를 다룬다. 첫 번째 장은 개인 재활 프로그램의 리뷰와 개선에 초점을 둔다. 이는 실천가가 긍정적이고 강점중심의 관점을 유지하면서 성공적으로 이루어지고 있는 영역과 성취되어야 하는 영역을 내담자와 함께 확인할 수 있도록 돕는 지침을 제공한다. 두 번째 장은 서비스 기반의 프로그램, 특별히 집단 프로그램의 평가를 위한 지침을 제공한다. 이 장은 실천가들이 프로그램의 목적에 부합하는 결과를 달성했는지 판단하는 데 도움을 준다. 이 두 장은 모두 재활 서비스를 제공하는 것만으로는 충분하지 않다는 것을 강조한다. 서비스가 개인적 수준과 서비스 수준 모두에서 예상되는 결과를 달성하고 있다는 사실을 아는 것이 중요하다.

샘

샘은 심각한 정신장애에서 재기하고 있는 젊은 청년이다. 이 책에서 샘은 지속적으로 등장한다. 그는 우리가 정신사회재활 실천 경험 속에서 함께했던 많은 사람들을 종합하여 만든 가상의 인물이다. 우리는 샘이라는 인물이 독자들에게 재기 과정과 관련된 많은 어려움과 도전들을 나타내면서 주위에 알 수 있을 법한 사람으로 느껴지기를 바란다. 정신사회재활을 추상적 개념이 아닌 삶의 과정으로 만들기 위해 노력하는 데 있어서 샘은 우리에게 크나큰 도움이 되었다.

저자

저자들은 정신건강 간호, 심리학, 작업 치료 영역에서 전문성을 가지고 있다. 몇몇은 서비스 제공자의 역할을 주로 맡고 있고 몇몇은 연구자와 교수의 역할을 하고 있다. 대부분의 저자들은 오스트레일리아에 기반을 두고 있으며 오스트레일리아는 서비스 계획과 혁신의 역사로 인해 정신건강 영역에서 국제적인 명성을 지니고 있다. 그러나 저자들은 북아메리카와 유럽의 다양한 분야에서 연구와 실천을 도맡아왔으며, 훈련을 통해 풍부한 국제적 경험 또한 지니고 있다. 우리는 이 책에 기여한 편집자들에 대한 추가적인 정보 또한 제공하고자 한다.

*Robert King*은 임상심리학자이자 퀸즐랜드공과대학교의 심리 및 상담학과에서 교수로 재직 중에 있다. 국제저널 *Administration and Policy in Mental Health and Mental Health Services Research*의 편집자이며 International Center for Clubhouse Development의 연구 자문 위원회의 위원이다. 교수와 연구직으로 관심을 돌리기 이전에 정신건강 실천가이자 팀 리더, 서비스 매니저로 15년간 일해왔다. 북아메리카, 유럽, 아시아 지역에 있는 정신건강 연구자들과 밀접하게 연결되어 협력하고 있다. 정신건강 영역에서 100편이 넘는 논문, 책, 책의 일부를 저술했고 국제 컨퍼런스의 정기 기고자다.

*Frank P. Deane*은 임상심리학자이며 울런공대학교 심리학과의 교수이자 일리와라정신건강대학의 교수다. 오스트레일리아로 오기 전 뉴질랜드와 미국의 다양한 장면에서 임상심리학자로 활동했다. 현재 학교의 임상심리 수련 책임자다. 정신건강 문제를 위한 도움 탐색, 치료에서 치료적 과제의 역할, 약물 순응, 심각한 정신장애로부터의 재기, 알코올 약물 치료 효과성과 같은 영역에서 연구 논문을 저술했다.

*David J. Kavanagh*는 퀸즐랜드공과대학교와 Institute of Health and Biomedical Innovation의 심리 및 상담학과 교수이며, 여러 경력과 함께 임상가이자 지역사회 정신건강 서비스 책임자로서의 경험을 가지고 있다. 스탠퍼드대학교에서 박사학위를 받은 후 28년간의 연구 경험이 있으며, 현재 *Addiction*을 포함한 세 가지 저널의 편집 위원을 맡고 있다. 180편 이상의 저작이 있으며, 인터넷 기반 치료 팀 *OnTrack*을 이끌었는데 이 팀은 QUT에서의 수상 경력을 지니고 있다. 정신건강과 관련된 전문가 위원회와 물질 사용 정책의 국가, 지방정부, 전문가 집단에 참여했고 가족 개입, 공존이환, 임상 슈퍼비전에서 실천가 훈련 평가 및 실천에 광범위한 경험을 갖고 있다. 응용 연구로 2011년 오스트레일리아 인지행동치료협회에서 Distinguished Career Award를 수상하는 등 다수의 수상 경력을 보유하고 있다.

*Chris Lloyd*는 정신건강 영역에서 광범위한 배경을 가진 직업치료사다. 그녀는 오스트레일리아와 북아메리카 지역에서 서로 다른 욕구를 가진 다양한 연령대의 사람들을 대상으로 다양한 환경에서 일해왔다. 최근 골드코스트 건강 서비스 지부(Gold Coast

Health Service District)에서 수석 연구원으로 활동하고 있으며 그리피스대학교의 Behavioural Basis of Health에서 겸임 선임 연구원으로 재직 중에 있다. 정신장애를 가진 사람들의 재활에 관심을 가지고 있으며, 특히 사회 통합, 재기, 직업재활에 관심이 있다. 그녀는 광범위한 저술 활동을 통해 150편이 넘는 논문과 네 권의 책을 저술했다.

*Tom Meehan*은 1987년에 오스트레일리아로 오기 전 아일랜드에서 정신건강 간호사로 활동했다. 그는 임상가, 교수, 연구원 등 다양한 직책을 맡아왔으며, 최근에는 정신건강파크센터(Park Centre for Mental Health)와 퀸즐랜드대학교 의학과에 공동임용 부교수로 재직 중에 있다. 과거 10년이 넘는 시간 동안 그는 정신과적 장애를 가진 사람들의 재활에 중점을 둔 많은 대규모 조사와 평가 연구에 선임 연구원으로 활동해왔다. 광범위한 저술 활동을 해왔으며 오스트레일리아와 해외의 전문적 컨퍼런스에 논문을 출간했다.

참고문헌

King R, Lloyd C, Meehan T (eds) (2007) *Handbook of Psychosocial Rehabilitation*. Wiley-Blackwell: Oxford.

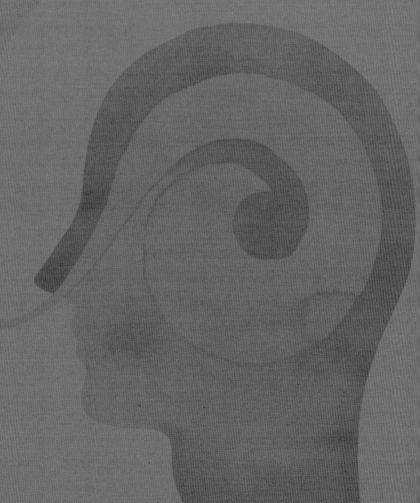

제1부

평가 도구

증상과 인지 평가

Tom Meehan & David J. Kavanagh

> 샘은 조현병으로 진단받은 젊은 청년이다. 당신은 샘이 새로운 재활 프로그램에 참여하기에 적절한지 평가하도록 요청받았다. 당신은 증상 수준과 인지 기능, 약물 남용 등의 관련 요소들을 평가하고자 한다. 면담을 통해 그가 양성 증상과 음성 증상을 경험하고 있으며, 인지적 손상으로 인해 행동을 계획하는 데 어려움을 겪고 있음이 명백해졌다. 더욱이 그는 잠에서 깨어나는 것을 어려워하며, 하루 중 거의 대부분의 시간 동안 슬픔과 침체된 감정을 느낀다고 보고했다. 샘은 최근 몇 달간 증상이 감소했다고 주장했지만, 비교의 기준이 될 만한 사전 기능 평가가 존재하지 않았다. 당신은 또 다른 상태적 측면을 평가하기 위해 다양한 검사를 사용하여 전반적인 평가를 실시하기로 결정한다.

임상적 평가는 사례 개념화와 치료 계획의 필수요소다. 어떠한 임상 검사에서든 증상의 평가는 중요한 요소인 반면, 샘과 같은 사람들의 치료를 결정할 때는 인지 손상이나 물질 남용 같은 관련 증상의 평가 결과 또한 고려되어야 한다. 내담자가 증상으로 인해 경험하는 고통의 정도에 따라 치료 장소(입원과 외래), 치료 접근법과 특징(심

Manual of Psychosocial Rehabilitation, First Edition. Edited by Robert King, Chris Lloyd, Tom Meehan, Frank P. Deane and David J. Kavanagh.
© 2012 Blackwell Publishing Ltd. Published 2012 by Blackwell Publishing Ltd.

리 치료, 약물 치료 또는 모두), 치료에 필요한 임상가의 전문성, 직업 훈련·취업·거주지 제공과 같은 기타 지원 서비스의 필요성이 결정된다. 더군다나 심각한 정신장애를 경험하는 많은 사람들에게 좋은 치료 결과는 흔히 완전한 치료보다 증상의 심각도와 지속기간/빈도의 감소를 뜻하는 경우가 많기 때문에 증상 정도를 관찰하는 것이 유용하다.

환자에게 필요한 적정 수준의 지원, 급성 재발에 대한 조기 개입, 새로운 직업 등 새로운 일을 시작하는 시기, 개입의 지속과 종결을 협상하는 일과 같은 중요한 결정을 하기 위해서는 증상과 관련 영역의 지속적인 평가와 관찰이 필수적이다. 적절한 관찰이 이루어지지 않는다면 환자의 변화를 알아차리기 쉽지 않고, 특히 변화가 느리거나 다양한 경우에 더욱 그러하다.

이 장에서 우리는 정신장애를 가진 사람들의 정신증적 증상의 심각도, 우울, 불안, 물질 남용, 인지적 손상 정도를 측정하며 임상적 실천 현장에서 사용 가능한 검사에 대해 살펴볼 것이다.

증상 측정 검사

1960년대 초, 항정신병 약물의 등장으로 약물에 대한 반응 평가의 필요성이 증가함에 따라 증상의 변화를 평가하는 검사의 사용이 증가하게 되었다. 예를 들어, 간이 정신 평가 척도(Brief Psychiatric Rating Scale, BPRS)는 1960년대 초반 클로르프로마진(chlorpromazine)의 효과성을 측정하기 위해 사용되었다(Overall & Gorham, 1962). 이와 동시에 당시 인기를 얻고 있었던 새로운 항우울제의 효과성을 측정하기 위해 우울과 불안을 측정하는 척도가 Hamilton에 의해 개발되었다(Hamilton, 1960). 이러한 검사들은 여전히 널리 사용되고 있지만 다양한 내담자 집단(청소년/노인)과 조현병을 가진 사람들 같은 세분화된 임상적 하위집단의 증상 측정에 사용되는 검사들도 소개되어 왔다[예 : 조현병 환자용 캘거리 우울 척도(Calgary Depression Scale for Schizophrenia)].

이 장에서 다루는 검사

현재 광범위한 증상을 측정하는 척도가 존재하지만 대부분 재활 현장 종사자들이 일상적으로 실시하기에 너무 길거나 복잡하고 많은 시간이 소요된다. 이들 중 대부분은 임상 실천 현장(매주 필수적으로 검사를 실시하게 되는 현장)에서 활용하기보다 연구와 평가의 목적(한 달에 한 번 검사를 실시하는 현장)으로 사용하는 것이 더욱 적절하다. 그러므로 우리는 임상적으로 유용하고 사용 가능한 검사에 초점을 맞출 것이다(표 2.1). 이러한 검사들은 평가 수행의 어려움과 평가를 통해 얻을 수 있는 자료의 질적 수준 사이에서 발생하는 내담자와 실천가의 부담감의 균형을 조절할 수 있을 것이다. 예를 들어, 위에서 언급된 BPRS는 증상과 관련하여 잘 알려진 검사지만 상당한 양의 훈련을 필요로 하기 때문에 여기에서는 다루지 않을 것이다.

이 장에서는 검사의 구성에 대한 예시와 함께 각각의 검사에 대해 간략하게 설명할 것이다. 그리고 저작권 사용이 허락된 검사에 한하여 몇 가지 검사를 완전한 형태로 제공할 것이다.

자기보고식 검사 대 검사자 채점 검사

증상 평가에 대한 접근법은 두 가지 광범위한 형태로 발전해왔다. (i) (내담자에 의해 완성되는) 자기보고식 검사, (ii) (검사자에 의해 채점되는) 검사자와의 면담에 의해 실시되는 검사가 있다. 자기보고식 검사(예 : 케슬러-10)는 검사자에 의해 측정되는 검사에 비해 몇 가지 장점을 가진다. 일반적으로 짧은 시간 안에 실시할 수 있고 사용을 위해 많은 훈련을 요구하지 않으며 비용이 적게 든다. 게다가 검사 대상자로부터 수집된 정보를 직접 얻을 수 있어 평가자의 해석이 필요하지 않다. 이것은 삶의 질과 만족도 평가와 같이 내담자의 인식이나 주관적 경험에 대한 정보를 수집할 때 특히 중요하다. 그러나 자기보고식 검사를 실시하기 위해서는 내담자가 문항을 읽고 이해할 수 있을 정도의 능력을 가지고 있어야 한다. 몇몇 자기보고식 검사가 면담 형식으로도 실시될 수 있다고 하지만 그중 대부분이 면담 형식을 확립하기 위한 검증을 거치지 않았으

표 2.1 검사의 요약

척도	검사 영역	구조	비용
우울 증상의 검사			
조현병 환자용 캘거리 우울 척도 (CDSS)	조현병을 가진 사람들의 우울	구조화된 면담 (9문항)	없음
해밀턴 우울 평가 척도(HDRS)	우울 증상의 심각도	구조화된 면담 (17문항)	없음
우울, 불안, 스트레스 측정 척도 (DASS)	우울, 불안, 스트레스	자기보고식 (21 또는 42문항)	없음
정신증적 증상의 비특성적 검사			
행동 및 증상 평가 척도 (BASIS-32)	자기/타인과의 관계, 우울/불안, 일상생활/역할 기능 충동적/중독적 행동 정신증	자기보고식 또는 실천가 면담(32문항)	온라인 저작권을 구매해야 함
케슬러-10과 케슬러-6	심리적 고통	자기보고식 (10 또는 6문항)	없음
임상 총괄 평가(CGI) 척도	질병 심각도, 개선 정도 약물 치료의 효과성	실천가 면담(3문항)	없음
인지 기능 검사			
축약형 조현병 환자용 인지 평가 (BACS)	언어기억 작업기억 운동속도 의미론적 유창성 문자 유창성 실행 기능 주의집중력과 운동속도	실천가 평가	구매해야 함
물질 남용 : 반복 사용에 알맞은 간단한 선별 검사			
약물 확인		자기보고식/면담	없음
최근 물질 사용 검사(RSU)	최근 3개월간 사용한 약물의 양/빈도	(열 가지 약물 종류)	
문제 목록(PL)	최근 3개월간 가장 문제적이었던 약물의 기능적 영향	(12문항)	
알코올 사용장애 진단 검사 (AUDIT)	알코올 사용과 관련된 문제들	자기보고식(10문항)	없음
약물 남용 : 사용량의 검사			
시간 추적 검사	최근 몇 주/몇 달 동안의 약물 사용 시기와 양	자기 보고식/면담	없음
아편 치료 지수(OTI)	물질 사용, 투약/성적 활동, 사회적 기능, 범죄, 건강	면담 내 자기보고식 (11 약물 종류, 11 투약/성적 활동 12 사회적 기능, 4 범죄, 50 건강)	없음

며 질문의 의미가 바뀔 수도 있으므로 질문을 다른 형식으로 변형하지 않도록 주의를 기울이는 것이 필요하다.

심각한 정신장애를 가진 사람들은 인지적 손상으로 인해 또는 안전하지 않다고 느껴지는 상황에서 자신의 행동적 문제가 드러났을 때 해고를 당하거나 새로운 기회를 놓치게 될 것을 염려하여 개인적인 실패를 드러내고 싶어 하지 않을 수 있기 때문에 스스로의 행동과 수행을 평가할 수 없을 때가 있다. 검사에서 신뢰도의 확립은 그 어떤 상황적 맥락보다 중요하며 종종 추가적인 자기보고식 검사와 함께 관찰이나 부가적인 보고서가 필수적이다. 면담 또한 많은 부분에서 자기보고식 응답의 형태를 띠지만 이는 면담 상황에서 내담자의 행동을 관찰하고 응답의 내적 일관성을 확인할 수 있는 기회를 제공한다.

우울 증상의 평가

우울은 감정, 운동 기능, 사고, 식사와 수면 같은 일상생활과 직업, 행동, 인지, 성욕, 전반적 기능에 영향을 미칠 수 있다. 어떤 척도들은 이러한 영역을 모두 고려하고자 하는 반면, 어떤 척도들은 덜 포괄적이며 우울장애의 주요 증상에 집중하는 경향을 가진다. 최근에는 특정 대상을 대상으로 척도를 개발하는 경향이 나타나고 있다(예 : 조현병 환자용 캘거리 우울 척도).

조현병 환자용 캘거리 우울 척도

조현병 환자용 캘거리 우울 척도(Calgary Depression Scale for Schizophrenia, CDSS)는 구체적으로 조현병을 가진 사람들의 우울을 측정하기 위해 제작되었다. 현재 사용되고 있는 다른 우울 척도들과 달리 CDSS는 자살사고(문항 8)와 무망감(문항 2)을 포함한다. 조현병 진단을 받은 사람들이 자살 고위험군에 속하기 때문에 이 영역의 평가는 CDSS의 중요한 특징이다(Cadwell & Gottesman, 1990). 체중 증가 및 감소는 항정신병 약물의 사용과 관련 있을 수 있기 때문에 측정되지 않는다.

CDSS는 4점 응답 형식('없음'~'고도')의 아홉 문항으로 구성된다. 여덟 문항은 내담자와의 구조화된 면담을 통해 평가되고 마지막 문항(문항 9)은 면담 전체의 전반적인 관찰에 근거한다. 평가 영역은 표 2.2에 나와 있다. 총점수는 모든 문항의 점수를 합산하여 구하며, 0~27점 사이의 점수를 얻을 수 있다. 조현병을 가진 사람들에게 5점 이상의 점수는 우울을 의미한다.

검사 도구 사용의 접근법을 표준화하기 위해 각 문항의 용어 해설이 제공된다. 무망감 영역의 용어 해설이 상자 2.1에 나와 있다.

표 2.2 조현병 환자용 캘거리 우울 척도에 포함된 영역

문항	평가 영역	없음	경도	중등도	고도
1	우울감	0	1	2	3
2	무망감	0	1	2	3
3	자기 비하	0	1	2	3
4	관계죄책사고	0	1	2	3
5	병리적 죄책감	0	1	2	3
6	아침 우울	0	1	2	3
7	잠에서 일찍 깸	0	1	2	3
8	자살사고	0	1	2	3
9	관찰된 우울감	0	1	2	3

상자 2.1 무망감 영역의 평가

- 당신의 미래는 어떠할 것 같습니까?
- 잘될 것 같습니까, 아니면 인생을 매우 절망적으로 느낍니까?
- 아예 포기해버렸습니까, 아니면 아직 뭔가 시도해볼 만한 것 같습니까?

0 없음
1 경도 : 지난 2주간 때때로 무망감을 느꼈으나 아직은 미래에 대해 어느 정도 희망이 있다.
2 중등도 : 지난 2주간 지속적이고 상당한 정도의 무망감이 있다. 그러나 인생이 나아질 것이라는 가능성을 받아들이도록 설득할 수 있다.
3 고도 : 지속적이고 비참한 무망감을 느낀다.

고려해볼 문제

CDSS는 상대적으로 채점이 쉽고 조현병을 가진 사람들의 주요 우울 증상을 쉽게 파악할 수 있다. 그러나 구조화된 면담을 통해 진행되기 때문에 사용자는 이 도구를 사용하기에 앞서 구조화된 면담에 숙련된 평가자의 감독하에 적어도 다섯 번 이상의 연습 면담을 실시할 것을 권장한다. 검사 자체와 이 검사의 개발에 대한 정보는 Addington과 동료들(1993)에서 찾을 수 있으며, 척도와 척도의 사용에 관한 정보는 www.ucalgary.ca/cdss에서 얻을 수 있다. CDSS는 저작권이 있으며 addingto@ucalgary.ca의 주소로 메일을 보내어 Donald Addington 박사에게 사용 허가를 받을 수 있다. 학생과 비영리 기관은 무료로 사용할 수 있다.

해밀턴 우울 평가 척도

해밀턴 우울 평가 척도(Hamilton Depression Rating Scale, HDRS)는 50년 전에 개발되어 현재 우울 평가에 가장 널리 사용되는 척도 중 하나가 되었다. 최초 17개 문항으로 이루어져 있었지만 이후 우울장애의 하위 유형을 확인하는 데 유용한 4개 문항을 추가하였다. 그러나 이러한 4개의 문항은 우울의 전체적인 평가에 포함되지는 않으며 17문항 검사가 여전히 더 광범위하게 이용되고 있다(Bagby et al., 2004).

HDRS(HAM-D라고도 알려진)는 주로 비구조화된 면담을 통해 실시되지만, 현재 이를 반구조화된 형태로 실시할 수 있도록 돕는 지침을 이용할 수 있다(Williams, 1988 참조). 각 문항은 3점과 5점 척도를 혼용해 채점하며, 점수를 합산하여 전체 점수(0~54점)를 계산한다. 근래에는 6점 이하의 점수는 우울하지 않음, 7~17점은 가벼운(mild) 우울, 18~24점은 보통, 24점 이상은 심각한(severe) 우울을 나타내는 것으로 널리 받아들여지고 있다. 상자 2.2는 문항 구성에 대한 예를 제공한다.

고려해볼 문제

HDRS는 우울의 심각도를 평가하는 데 있어 가장 널리 이용되는 척도 중 하나다. 그렇지만 우울과 연관된 증상 중 일부(과도한 수면, 과식, 체중 증가)를 포함하지 않고, 불안과 같이 다른 영역과 관련된 증상을 포함하기 때문에 비판을 받아왔다. 그리고 문

항에 대한 채점 기준이 서로 다르기 때문에 문제가 되기도 한다. 예를 들어, 우울한 기
분에 관한 문항은 감정적·행동적·인지적 특징을 혼합하여 포함한다(Bagby et al.,
2004).

이러한 결점에도 불구하고 HDRS는 임상 실험과 실천 현장에서 우울 심각도 척도로
서 자주 사용된다. 검사를 실시하는 데 20~30분이 소요되며 채점이 쉽고(문항의 점수
를 더하여 전체 점수를 계산한다), 우울의 수준을 명시하기 위한 구분 점수가 설정되어
있다. 그러나 임상 현장에서는 측정의 전문성을 필요로 하기 때문에 척도 사용의 훈련
이 필요하다. 척도를 사용하는 데 특별한 제한은 없으며 http://healthnet.umassmed.
edu/mhealth/HAMD.pdf에서 다운받을 수 있다.

우울, 불안, 스트레스 측정 척도

우울, 불안, 스트레스 측정 척도(Depression, Anxiety, Stress Scale, DASS)는 오스트레
일리아에서 개발되었고(Lovibond, 1998; Lovibond & Lovibond, 1995) 우울, 불안, 스
트레스와 관련하여 독립적이고도 연관된 세 가지 구성요소를 측정하는 42문항으로 구

성된다. 축약형 척도(21문항) 또한 이용 가능하고, 이는 42문항 검사와 높은 상관을 가진다. 질문에 응답할 때 피검자는 과거 한 주 동안 특정 문제를 개인적으로 경험한 시간의 양에 따라 응답한다. '나는 긍정적인 감정을 전혀 경험하지 못하는 것 같다.'와 같은 문항을 보고 문제를 알 수 있다. 다른 문항들은 '전혀 해당사항 없음'부터 '아주 많이 해당됨'의 4점 척도로 측정된다. 척도의 구성은 상자 2.3에 나와 있다.

상자 2.3 우울, 불안, 스트레스 측정 척도(DASS)의 구성

다음 설명을 읽고 지난 1주일간 자신에게 적용된다고 생각하는 문항에 0~3의 숫자로 표시해주십시오. 정답은 존재하지 않습니다. 각 질문에 너무 오랜 시간 고민하지 않도록 해주십시오.

평가 척도는 다음과 같습니다.

0 전혀 해당사항 없음
1 약간, 또는 가끔 해당됨
2 어느 정도, 또는 많은 시간 해당됨
3 아주 많이, 또는 대부분의 시간 해당됨

나는 긍정적 감정을 전혀 경험하지 못하는 것 같다.(D)	0 1 2 3
나는 긴장해서 너무 많은 에너지를 소모하는 것 같이 느낀다.(A)	0 1 2 3
나는 긴장을 푸는 것이 어렵다.(S)	0 1 2 3

D : 우울 문항의 예. A : 불안 문항의 예. S : 스트레스 문항의 예.

고려해볼 문제

DASS는 우울한 사람들에게서 흔히 발견되는 불안과 스트레스를 (우울과) 함께 고려할 수 있다는 장점이 있다. 이는 내담자에 의해 실시되기 때문에 검사자 훈련의 필요를 줄여준다. 21문항 유형에서는 우울, 불안, 스트레스 세 가지 영역을 각각 7문항으로 측정한다(42문항 유형에서는 각 영역을 14문항으로 측정한다). 종합 점수를 산출하기 위해 각 영역에 속한 문항들의 점수를 합산한다. DASS는 질문을 읽고 이해한 후 응답할 수 있어야 하기 때문에 덜 심각한 문제를 가진 사람들에게 유용하다(즉 정신증적 증상이 없는 사람들). 오스트레일리아에서 DASS는 일반 실천가들과 기타 전문가들에게 감별 도구로서 광범위하게 사용되고 있다.

정신증적 증상의 비특성적 평가

앞서 개괄한 것처럼 정신장애를 가진 많은 사람들에게 좋은 결과란 증상의 수준을 감소시키는 것이다. 우리는 내담자가 겪는 고통을 측정하기 위해 내담자의 자기보고식 검사(케슬러-10)를 선택했다. 이것은 훈련이 필요 없고 간단하며 채점하기 쉽고, 현재 오스트레일리아에서 내담자의 치료 결과 평가에 적절한 검사 중 하나에 포함되어 있다. 마지막으로 우리는 검사의 간결성과 임상 현장에서의 유용성을 고려하여 임상 총괄 평가 척도(CGI)를 선택하였다.

케슬러-10*

케슬러-10(Kessler-10, K10)은 미국에서 실시된 국가 건강 면담조사(national health interview surveys)에서 심리적 고통을 측정하기 위한 검사로 개발되었다(Kessler et al., 2002). 최초의 문항은 원래 존재하던 우울, 일반적인 불안, 긍정적인 기분에 대한 검사 척도를 가져와서 만든 것이었다. K10(열 가지 질문 유형)은 불안과 우울 증상에 기초하여 전반적인 심리적 고통에 대해 측정한다. 모든 문항은 응답자가 지난 30일 동안 느꼈던 증상의 빈도에 대해 질문하는데, 이때 사용되는 선택지(보기)는 다음과 같다. (1) 한 달 내내, (2) 한 달 중 대부분, (3) 한 달 중 절반 정도, (4) 한 달 중 며칠, (5) 전혀 없음(상자 2.4). 전체 점수는 각 문항의 점수를 더하여 산출한다(0~50점). 구분점수가 개발되어 왔는데, 20점 이하는 양호한 상태, 20~24점은 경미한 정신장애, 25~29점은 중등도의 정신장애, 30점 이상은 심각한 정신장애를 나타낸다. 6문항형의 검사(K6) 또한 이용 가능하며 이 점수는 10문항형 검사와 높은 상관을 가지고 있다.

상자 2.4 케슬러-10의 구조

1. 아무런 이유 없이 기운이 없었던 적이 얼마나 됩니까?

(1) 전혀 없음   (2) 한 달 중 며칠   (3) 한 달 중 절반 정도   (4) 한 달 중 대부분   (5) 한 달 내내

고려해볼 문제

K10은 최근 오스트레일리아에서 내담자의 자기보고식 검사로 사용되고 있다. 먼저 검사에 대한 평가를 살펴보면 내담자들이 이 검사를 잘 받아들이고 재활 현장 직원들의 치료 계획 수립에 유용한 정보를 제공한다는 것을 알 수 있다. 또한 이는 불안과 우울 증상을 검사(판별)하기 위해 오스트레일리아의 일반 실천가들이 주로 사용한다. 이 검사는 내담자의 자기보고식 검사로서 간단하고 채점이 용이하며 검사자의 추가적인 교육이 필요 없다. 그러나 심리적인 문제를 감별하는 이 척도의 능력과는 상반되게 임상 집단을 대상으로 변화를 발견해내는 능력은 검증되지 않았다. 게다가 K10이 심리적 고통을 측정한다고 하지만 정신증적 증상은 다루지 않는다. 하지만 K10은 간략하기 때문에 추가적인 검사를 함께 사용하여 이러한 영역을 다룰 수 있을 것이다.

임상 총괄 평가 척도

임상 총괄 평가 척도(Clinical Global Impressions Scale, CGI; Guy, 1976)는 임상 연구에서 널리 사용되는 간단하고 전반적인 평가 도구 중 항정신병 약물 사용 전과 후의 기능 상태를 평가하기 위해 가장 보편적으로 사용되는 검사다. 최초의 검사는 (i) 장애의 심각도, (ii) 전반적 향상 정도, (iii) 환자의 임상적 환경과 부작용의 심각도를 고려한 약물 효과성 측정이라는 세 가지 단일 항목 하위 척도로 이루어져 있었다(Guy, 1976). 그러나 최근 들어 전체적인 기능 평가를 제공하는 두 가지 척도의 능력이 알려졌으며, 이러한 이유로 처음 2개의 하위 척도만이 임상 현장에서 주로 사용된다. 첫 번째 척도인 장애의 심각도(CGI-S)는 환자의 임상적 상태에 대한 측정을 제공한다. 실천가는 다음과 같이 질문받는다. '이 특정 집단에 대한 당신의 종합적인 임상 경험을 고려했을 때 지금 환자의 정신장애는 어떠한 수준인가?'(측정기간은 과거 7일이다). 이 질문은 7점('1 = 보통'~'7 = 장애를 가진 사람 중 가장 극단적') 척도로 평가된다.

두 번째 척도인 전반적 향상 정도(CGI-I)는 이 척도를 이용한 기초 평가를 준거로 환자의 개선 또는 악화에 대한 측정값을 제공한다. 실천가는 다음과 같이 질문받는다. '환자가 프로젝트에 참여했던 당시의 상태와 비교할 때 환자에게 얼마나 많은 변화가 일어났는가?' 이 질문 또한 7점('1 = 아주 많이 개선되었다'~'7 = 아주 많이 악화되었다') 척도로 평가된다. CGI-S와 CGI-I 두 척도는 한 척도의 점수가 다른 척도의 점수를 반영하는 경향을 가지므로 정적 상관을 가진다고 할 수 있다. CGI-S와 CGI-I 척도는 상자 2.5에 나타나 있다.

상자 2.5 임상 총괄 평가(CGI) 척도의 구조

1. 장애의 심각도(CGI-S)
이 특정 집단에 대한 당신의 종합적인 임상 경험을 고려했을 때 지금 환자의 정신장애는 어떠한 수준인가?

0 = 측정되지 않음	4 = 중등도 장애
1 = 보통, 장애 없음	5 = 현저한 장애
2 = 경계성 장애	6 = 심각한 장애
3 = 경미한 장애	7 = 극도로 심각한 장애

2. 전반적 향상 정도(CGI-I)
당신이 판단한 약물 치료로 인한 전체적 향상 정도를 측정하라. 환자가 프로젝트에 참여했던 당시의 상태와 비교할 때 환자에게 얼마나 많은 변화가 일어났는가?

0 = 측정되지 않음	4 = 변화 없음
1 = 매우 많이 향상됨	5 = 조금 나빠짐
2 = 많이 향상됨	6 = 많이 나빠짐
3 = 조금 향상됨	7 = 매우 많이 나빠짐

고려해볼 문제

CGI가 약물 실험에서 임상 결과를 검사하는 간략한 척도로서 개발되었지만, 효과성 척도를 제외한 '장애의 심각도'와 '전반적 향상 정도' 척도는 일상적인 임상 현장에서 다른 간단한 검사와 같이 빈번하게 사용된다. 두 척도 모두 실천가에 의해 빠르게 실시될 수 있고, 채점이 쉬우며 장애의 심각도와 치료 이후의 향상 정도에 대한 전반적인 평가를 제공한다. CGI는 공공 영역에 속하는 것이므로 무료로 사용할 수 있다.

인지 기능 평가

오늘날 조현병과 같은 특수한 조건을 가진 사람들이 어느 정도 인지 기능의 손상을 겪을 수 있다는 것은 잘 알려진 사실이다(작업기억, 언어기억, 주의집중 등의 영역). 실제로 인지 기능의 손상은 조현병을 가진 사람들의 증상을 심화시키는 원인이 되기도 하고(Green, 1996) 치료 결과를 예측하도록 하는 경향이 있다. 이러한 검사를 통해 지역사회 적응의 어려움을 완화시킬 인지적 개입과 추가적인 지원이 필요한 사람을 확인할 수 있기 때문에 인지 검사의 사용은 중요하다.

간이 정신 상태 검사(Mini-Mental State Examination, MMSE)는 정신의학 분야에서 비교적 잘 알려진 인지 검사 도구지만 조현병을 가진 사람들에게는 사용이 제한될 수 있다. MMSE는 기질적 장애(치매와 같은)를 가진 사람들을 위해 개발되었는데, 이들은 지남력과 언어에 어려움을 나타내기 쉽다. 사실 조현병을 가진 사람들이 MMSE 검사에서 정상 범위의 점수를 받는 경우도 자주 있다. 우리가 권장하는 척도는 축약형 조현병 환자용 인지 평가(BACS)인데, 이는 조현병을 가진 사람들을 대상으로 더욱 큰 타당도와 신뢰도를 보인다(Keefe et al., 2003).

축약형 조현병 환자용 인지 평가

축약형 조현병 환자용 인지 평가(Brief Assessment of Cognition in Schizophrenia, BACS)는 서로 개별적이면서 연관되어 있는 일곱 가지 요소로 구성된다. 각 요소는 언어기억, 작업기억, 운동속도, 의미론적 유창성, 문자 유창성, 실행 기능, 주의집중력을 측정한다(상자 2.6).

고려해볼 문제

BACS를 실시하기 위해 약간의 훈련이 필요하지만 이것은 심리학 전문가가 아닌 사람이 대략 35분 이내에 실시할 수 있는 검사다. BACS에서 산출하는 종합 점수는 조현병 환자를 대상으로 실시하는 더욱 긴 인지 검사의 점수와 유사하다(Keefe et al., 2003). BACS는 듀크대학교 메디컬센터(PO Box 3270, Durham, NC 27710, USA)의 Richard Keefe 교수에게서 구입할 수 있다(이메일: Richard.keefe@duke.edu).

상자 2.6   축약형 조현병 환자용 인지 평가(BACS)에 포함된 검사 요약

언어기억 : 15가지 단어를 제시하고 이를 회상하게 한다.

작업기억 : 숫자를 오름차순으로 보여준 후 이를 순서대로 반복하게 한다.

운동속도 : 환자에게 100개의 토큰을 준 후 이를 상자에 최대한 빨리 옮기게 한다.

의미론적 유창성 : 60초 내에 슈퍼마켓에서 찾을 수 있는 한 가지 항목의 이름을 말하게 한다.

문자 유창성 : 60초 동안 F와 같이 특정한 한 글자로 시작하는 단어를 최대한 많이 말하도록 한다.

실행 기능 : 두 가지의 그림을 보고, 한 그림의 공을 움직여 다른 그림의 공처럼 정렬하기 위해 몇 번의 실행이 필요한지 계산한다.

주의집중력 : 반응 기록지를 보고 기호와 짝지어진 1~9 사이의 숫자를 쓰도록 한다.

물질 남용 평가

물질 남용은 주로 조현병 같은 증상과 연관되어 있고 주의 깊은 평가를 필요로 한다. 물질 남용 검사는 물질 관련 문제를 측정하는 검사와 물질 사용 또는 물질 사용 관련 문제를 측정하는 검사로 나누어진다.

선별 검사

잠재적 물질 관련 문제를 선별하는 검사는 일상적 현장에서 사용할 수 있도록 충분히 간략해야 하고, 정신장애를 가진 사람들의 문제를 신뢰도 있게 발견할 수 있도록 충분히 민감해야 한다. 정신장애가 심각할수록 약물 사용으로부터 오는 기능적 영향에 대한 민감성 또한 증가한다. 사회적 상황에 대한 판단이나 환상/사고와 환각의 구분을 어렵게 만들고 정서와 인지에 많은 영향을 미치는 물질들은 정신증적 증상에 영향을 미친다. 특히 고위험군에 속한 (또는 그들의 장애에서 특별히 민감한 단계에 있는) 사람은 정신 활성화 물질에 대해 상당히 민감하기 때문에, 적은 양의 물질(예 : 대마초)을 한 번 투약하는 것으로도 분명한 증상을 일으킬 수 있다. 이와 비슷하게 기능하지 못하는 (수입이 없는, 또는 주거지나 직업을 잃을 위기에 있는) 사람들은 아주 적은 물질 사용에서 상당한 기능적 영향을 받을 수 있다. 이러한 잠재적 문제를 해결하기 위해,

상자 2.7 약물 확인 문제 목록(PL)의 구조

최근 물질 사용의 종합적인 감별 검사를 실시한 후에 이 검사를 실시하라.

질문 : 당신은 최근 (물질 이름)을 사용했다고 말했습니다. 지난 3달 동안 그중 어떤 것이 가장 큰 문제를 일으켰습니까? (그 물질을 다음 질문에 적용하라.)

 (만일 '없다'고 답하면 '가족 또는 친구들이 어떤 물질이 가장 큰 문제를 일으켰다고 말합니까?'라고 질문하고 대답이 여전히 '없다'면 질문을 생략하고 모든 문항을 0점으로 채점한다.)

지난 3달 동안…

1. (물질)로 인한 금전적 문제가 있었습니까? 0 없음 1 조금 2 많이
2. (물질)로 인해 직장이나 학교에서 문제가 있었습니까? 0 없음 1 조금 2 많이
3. (물질)로 인한 주거의 문제가 있었습니까? 0 없음 1 조금 2 많이
4. (물질)로 인한 가정에서의 또는 가족의 문제가 있었습니까? 0 없음 1 조금 2 많이
5. (물질)로 인해 싸움이나 다툼이 있었습니까? 0 없음 1 조금 2 많이
6. (물질)로 인한 법적 문제가 있었습니까? 0 없음 1 조금 2 많이
7. (물질)로 인한 건강 또는 부상의 문제가 있었습니까? 0 없음 1 조금 2 많이
8. (물질)을 사용하고 난 후 '위험한' 또는 '폭발적인' 행동을 한 경험이 0 없음 1 조금 2 많이
   있습니까? (음주운전, 피임을 하지 않은 성관계, 주사기 공유 등)

지난 3달 동안의 약물 사용으로 인해 다음과 같은 결과에 영향을 미쳤습니까?

9. 일상의 활동에 흥미를 느끼지 못했습니까? 0 없음 1 조금 2 많이
10. 우울한 감정을 느꼈습니까? 0 없음 1 조금 2 많이
11. 다른 사람을 의심하고 믿을 수 없었습니까? 0 없음 1 조금 2 많이
12. 이상한 생각이 들었습니까? 0 없음 1 조금 2 많이

다음에서 다루는 검사는 정신장애인들이 겪는 덜 심각한 형태의 물질 의존을 선별하는 데 효과적이다. 이 검사들은 간결성과 변화를 감별해내는 능력으로 인해 선정되었다. 변화를 감별해내는 능력이란 척도의 측정기간과 증상의 유무에 기초하기보다 대안적 내용을 척도화하여 제공하는 측면에 기초해 알 수 있다.

약물 확인 문제 목록, 약물 확인 최근 물질 사용 검사

약물확인 문제 목록(PL) 질문은 상자 2.7에 수록되어 있다. PL은 자신에게 현재 가장 큰 문제를 야기하는 물질을 확인하는 데 초점을 맞춘다. 일반적으로 약물 확인 최근 물질 사용 검사(RSU)(상자 2.8)를 사용하여 최근 사용한 모든 약물의 양과 빈도를 검토

하는 것으로 검사를 시작한다.

PL의 열두 문항은 단일 요인을 형성하며 물질 사용의 기능적·증상적인 영향을 다룬다. 척도에서 2점 이상의 종합 점수는 DSM-IV의 물질 관련 장애와 정신증을 가진 사람들 중 97%를 발견해내고, 그렇지 않은 사람들 중 단지 16%만을 잘못 선별한다(Kavanagh et al., 2011). 처음 여덟 문항을 사용하는 것이 전체 열두 문항을 사용하는 것과 유사한 효과를 나타내지만, 검사의 모든 문항이 예측에 기여할 수 있다.

고려해볼 문제

PL의 중요한 강점은 현재 사용 중인 특정 약물의 '부정적인 면'으로 여겨지는 영역의 자료를 제공하는 기능으로서 동기강화 상담 중에 사용될 수 있다. 그러나 현재 PL의 심리측정학적 자료는 정신증을 가진 입원 환자의 표본을 기초로 하기 때문에, 검사 실시와 구분 점수가 양성 증상을 선별할 수 있다고 단정하기에 앞서 다른 정신장애를 가진 사람들을 대상으로 추가 연구가 이루어져야 할 것이다. 중요한 강점은 문항의 포괄성(예 : 이 집단이 보편적으로 겪을 수 있는 광범위한 잠재적 문제로, 위험하고 잔인한 행동, 법 또는 경찰 관련 문제를 포함)이다.

단일 물질에 초점을 맞추는 것은 PL의 강점이자 한계다. 개인이 변화시키기 원하는 한 가지 물질에 대해 숙고하도록 격려하는 것은 강점이고, 현재 함께 사용하고 있는 물질에서 어느 한 가지 물질의 효과를 구분하는 것이 어렵다는 점은 한계다. 게다가 처음

상자 2.8   약물 확인 최근 물질 사용 검사(RSU)의 구성

문항의 형식 : 지난 3달 동안 …을 경험한 적이 있습니까?

만일 '그렇다'면 : 얼마나 자주 경험했습니까? 평소에 어느 정도 경험했습니까?

물질/물질 유형을 순서에 따라 질문 : 차, 커피, 콜라, 알코올, 담배, 수면제, 진정제, 진통제, 마리화나, 대마, 해쉬, 휘발유/본드와 같이 흡입하는 것, LSD와 같은 약물, 스피드, 엑스터시, 크랙, 코카인, 헤로인, 모르핀, 메타돈, 그 외 다른 것

가능한 한 적어도 두 가지의 지표가 사용된다(예 : 일간/주간 사용, 주간 지출). 가능하다면 물질적·신체적 지표를 사용한다. 지표가 충돌될 때 피검자는 검사자가 이용할 수 있는 자료 중 사용량을 측정할 수 있는 가장 좋은 방법을 결정할 수 있도록 돕는다).

다루기로 결정한 목표 물질 외에 다른 물질을 검사하기 위해 PL을 재실시한다면 이미 일어난 변화를 감지해내는 민감성이 감소할 것이다. 물질 사용의 전체적인 영향을 감지하기 위해 현재 사용하고 있는 각기 다른 유형의 물질에 대해 (PL을) 계속해서 실시할 수 있다. 그러나 그렇게 되면 검사가 훨씬 길어지며 시간이 부족한 검사자가 사용하기에는 적절하지 않을 것이다. 원칙적으로 PL은 일반적인 물질 사용에도 적용할 수 있지만 이를 뒷받침하는 자료는 아직 유효하지 않다.

RSU는 '전형적' 사용에 초점을 맞추므로 사용이 제한적인 상태지만, 다양한 지표(예 : 하루 또는 한 주의 사용량, 구입량, 다른 정보 제공자의 보고, 생리적인 검사)로부터 소비 측정의 삼각측량(triangulation of consumption estimates)을 이용하여 정확도를 높이려 한다. 심각도에 대한 PL의 단순한 채점 방식('조금'/'많이')은 정확한 측정을 시도하는 것보다 검사의 사용을 훨씬 쉽게 만든다. 이로 인해 기능적 영향에서의 미세한 변화를 감지하는 능력이 감소하겠지만, 정확한 측정에 대한 잘못된 인식을 피할 수 있을 것이다.

알코올 사용장애 진단 검사

알코올 사용장애 진단 검사(Alcohol Use Disorders Identification Test, AUDIT; Saunders et al., 1993)는 지난 6~12개월 동안의 알코올 사용과 관련 문제를 다루는 열 가지 항목으로 구성된 검사다(상자 2.9). 이는 심각한 정신장애를 가진 사람들을 포함하며, 광범위하고 다양한 환경에서 사용할 수 있도록 타당화되어 왔다. Kavanagh와 동료들(2011)은 척도의 오스트레일리아판(피검자가 오스트레일리아인의 기준치보다 많은 양을 사용하는지 선별하기 위해 항목 2를 조금 수정한 검사)에서 8점의 구분 점수로 정신증과 함께 알코올 남용 또는 의존을 가진 입원 환자 96%를 선별할 수 있다는 것을 발견했다. 또한 공존장애를 가진 사람의 20%를 부정확하게 찾아냈고, Maisto와 동료들(2000)은 표준 AUDIT를 사용하면 이러한 수치가 90%, 30%로 상대적으로 조금 낮아짐을 발견했다.

고려해볼 문제

알코올 사용을 측정하는 첫 세 문항은 AUDIT의 많은 예측적 변인을 제공하고 가끔 AUDIT-C로서 단독으로 사용된다. 이 척도는 현재의 사용에 초점을 맞추기 때문에 사용량을 측정하기 위해서는 일반적인 음주와 폭음의 실제 빈도, 보통 섭취하는 잔의 수를 측정하는 자료를 활용하는 것이 더욱 정확하지만, AUDIT-C는 변화의 간단한 지표로서 사용될 수도 있다. 평가가 '일반적인' 사용뿐 아니라 2주나 1주 동안 특정 요일의 일반적인 사용을 측정할 수 있다면(만약 음주가 주간 또는 격주간으로 예측 가능한 요인을 보인다면) 검사의 정확성은 더욱 증가할 것이다. 또는 더 좋은 방법으로 아편 치료 지수 또는 시간 추적 검사를 사용하여 최근 음주 시기를 재구성할 수 있다(이는 다음에서 살펴보겠다).

문항 4~10은 과거 일 년의 기간에 초점을 맞추며, 어떤 경우에는 잠재적으로 드문 사건(예 : 부상) 또는 신체적 의존의 징후(예 : 아침 음주)에 초점을 맞춘다. 그러므로 이러한 문항들은 단기간에 일어나는 변화에 대한 지표로서는 많은 유용성을 갖지 못한다.

사용량의 측정-검사

보통 기능 개선 또는 신체적 의존 감소 이전에 일어나는 사용량(consumption) 변화, 또는 이와 관련된 위험 행동의 변화는 명백히 발견될 수 있다. 정확한 측정을 제공하는 사용량 검사는 최근의 단순한 일반적 사용을 측정하는 RSU와 AUDIT에 비해 더 많은 시간이나 비용을 필요로 한다.

시간 추적 검사

시간 추적 검사(Timeline Followback)는 지난 2~3주 동안 일어난 매일의 사건이나 활동에 대한 개인적 회상을 기록하는 달력 형식을 포함한다. 이러한 사건이나 활동은 개인적·가족적 일상 또는 일회성 사건, 휴일이나 축제, 또는 기억할 만한 뉴스 기사일 수도 있다. 이 사건들은 해당 기간 동안 일일 물질 구매 및 사용량을 기억할 수 있는 단서로 이용된다. 우리는 심각한 정신장애를 가진 사람에게 지난 2~4주간 사용했던 모든 물질 사용을 기록하도록 하는 일에 집중하고, 이 기간 동안의 사용량이 지난 세 달간의 평균사용량과 비슷한지 묻는다. 만일 사용량이 높거나 낮은 기간이 있다면, 그 기간의 지속시간과 당시 사용량이 어느 정도 증가(감소)했는지를 알고자 노력한다. 평가에 소요되는 시간이 상대적으로 짧지만, 이 접근법은 모든 유형의 물질의 현재/최근 사용 수준을 측정할 수 있게 해준다. 물질 사용과 사건을 기록할 수 있는 빈 달력 외에 측정에 특별히 필요한 도구는 없다.

고려해볼 문제

시간 추적은 알코올 섭취에 대한 매일의 자기 관찰, 생화학적 측정과 높은 수준의 일치도를 보인다. 이는 회고적으로 이용될 수 있다는 이점을 가지는데, 환자들이 자신의 행동을 관찰하기 위해 기억에 의존하지 않고 관찰에서 일어나는 손실이 없도록 하며 물질의 신진대사를 이용한 생화학적 검사의 한계를 보완한 자료수집을 가능하게 한다.

그러나 이 검사는 상대적으로 온전한 기억력과 지속적인 주의집중을 요구하며 다수의 약물이 빈번하게 사용되는 경우 검사를 실시하는 데 어느 정도의 시간이 필요하다. 간혹 하나 이상의 약물이 사용되는 경우에는 자료 수집 기간에 어느 정도의 유동성이 필요하다(예 : 짧은 기간에만 초점을 맞추기보다 지난 평가 이후 현재까지의 기간 동안 물질을 사용한 가장 최근 2~3회의 사용량에 관해 묻는 것). 다른 자기보고식 검사와 마찬가지로 검사의 정확성을 높이기 위해서는 피검자와의 신뢰가 확립되어야 한다. 특히 물질 사용에 대해 밝히는 것이 부정적 결과를 초래하지 않을 것이라는 신뢰가 요구된다.

아편 치료 지수

아편 치료 지수(Opiate Treatment Index, OTI)는 면담에 의해 진행되는 자기보고식 검사 도구다(상자 2.10). 이 검사는 자전적 정보와 치료 세부사항에 대한 질문 이후 가장 최근 물질을 사용한 3일에 대해 헤로인, 기타 아편제 약물, 알코올(종류별), 마리화나, 암페타민, 코카인, 진정제, 신경안정제, 환각제, 흡입제와 담배와 같은 순서로 질문한다. 물질 사용의 시기와 양을 아는 것은 각각의 물질 종류별 하루 평균 사용량을 계산할 수 있게 해준다(마지막 두 번의 사용량을 합한 후 물질을 사용하는 데 소요된 날짜로 나누어서 계산). 그 후 주사의 사용, 성적 행동, 사회 기능, 범죄와 건강문제에 대해 질문한다.

고려해볼 문제

최근 약물을 사용한 날들에 초점을 맞추는 것은 기억에 대한 의존성을 줄이고 빈번하게 사용하는 약물, 간헐적으로 사용하는 약물 모두의 측정을 가능하게 한다. 그러나 이는 그러한 일들의 대표성에 의존하기 때문에 시간에 따른 체계적 변화가 생길 때는 측정이 정확히 이루어지지 않을 것이다(예 : 주말이나 생활보조금 수령일 후에 더 많은 양을 사용하는 것). 그러므로 이러한 정보가 대표성에 관한 질문과 함께 고려되어야 하고, 필요하다면 최근 세 번을 제외한 추가적인 약물 사용 사례 또한 요구될 것이다. 약물 사용과 관련된 사건에 대해 다루지 않는다면 검사 시간을 줄일 수 있겠지만, 더욱 정확한 회상의 단서를 이용할 수 있는 장점 또한 잃게 될 것이다. 이 검사의 제목이 암시하듯이 OTI는 헤로인과 다른 불법적 약물 사용에 대해 강조한다. 헤로인부터 검사를 시작하게 되면 약물을 주사하거나 불법적인 약물 사용에 대해 걱정하는 사람이 여기에 대해 자유롭게 이야기하는 것을 어려워할 수 있고 합법적 약물을 사용하는 사람은 소외감을 느낄 수 있다. 같은 맥락에서 약물 사용자들이 가장 흔히 저지르는 불법 행동(약물이나 술에 취한 채 운전하는 것)은 생략되었다. 반면에 건강, 주사의 사용, 위험한 성적 행위, 사회 문제에 대한 광범위한 질문은 이 검사의 중요한 강점이다.

현장에서 검사의 사용

당신은 샘과의 면담 동안 그의 감정이 메마른 것과 질병이 '내 삶을 망치고 있고 더 이상 살아갈 이유가 없다'고 호소하고 있음을 발견했다. 당신은 CDSS를 사용하여 우울을 평가했다. 종합 점수는 9점이었으며 이는 우울 상태의 가능성을 암시했다(우울의 경계 점수는 5점 이상).

당신은 증상에 대한 평가를 위해 BASIS-32를 사용하려 했으나 샘이 상세한 검사를 수행할 수 없을 것이라고 느꼈다. 당신은 심각도에 대한 전체적인 검사를 실시하기 위해 CGI 척도를 사용하기로 했다. 샘은 '장애의 심각도' 하위 척도에서 5점(최대 7점)을 획득했고, 전반적 향상 정도 하위 척도에서 3점(최대 7점)을 기록했다. 이는 그의 질병 심각도가 높은 상태로 남아 있으며 향상 정도는 낮음을 의미한다.

샘과의 면담 동안, 그는 평소보다 술을 훨씬 많이 마신다고 대답했다. 당신은 위에서 설명한 각각의 검사 척도/방법을 고려하여 우수한 방법으로 이를 조합해서 사용한다. 샘과의 신뢰 관계를 형성한 후에 마지막 평가 이후 어떤 약물이 사용되었는지 알기 위해 약물 확인 최근 물질 사용 검사를 처음으로 사용하였다. 그 결과 알코올이 샘의 기능에 가장 큰 영향을 미친 물질로 드러났으며, 당신은 알코올 사용의 기능적·증상적 영향을 측정하기 위해 약물 확인 문제 목록을 사용하여 알코올 사용에 대한 평가를 계속했다. 샘은 7점을 받았는데 이는 그의 알코올 사용에 심각한 문제가 있음을 나타낸다.

그 후 시간에 따른 변화가 나타나거나 사용량에서의 변화를 감지하기 위해 더 정확한 측정이 요구될 때 더욱 광범위한 검사인 시간 추적 검사를 실시할 수 있다. 선택된 기간의 대표성에 대한 추가적인 확인 또한 이루어질 수 있다(예 : 회상의 단서가 되는 다른 사건들을 사용하여 금주 기간에 대해 묻는 것). 만일 자기보고식 검사의 타당성을 의심할 만한 이유가 있는 경우(예 : 신뢰 관계가 불확실하거나 금주 시 내담자에게 주어지는 보상이 있는 경우) 소변, 침, 혈액 등을 통한 생화학적 검사 또한 사용할 수 있다.

요약

우리는 이 장에서 증상, 인지적 손상, 약물 남용 평가를 위해 고려할 수 있는 몇몇 검사를 살펴보았다. 이 검사들은 손쉽게 사용 가능하고, 간단하게 실시할 수 있으며, 채점이 쉽고 양호한 심리측정적 요소를 가지고 있어 바쁜 재활 실천가들이 쉽게 사용할 수 있다. 이 검사들이 임상적·평가적 목적을 위해 유용하다고 증명될 수 있지만, 이 중 그 어느 것도 완전한 임상 평가를 대체하도록 개발되지는 않았다. 가장 적절한 검사 도구를 선택하기 위해서 검사를 받는 내담자에 대한 주의 깊은 평가(연령, 문화적 배경, 읽기와 쓰기 능력, 인지적 손상, 장애 단계), 요구되는 자료의 양, 검사자의 훈련 수준, 예상 소요 비용과 시간(자기보고식 대 내담자 면담), 충분한 임상 경험을 가진 검사자의 효용성을 고려해야 할 것이다.

참고문헌

Addington D, Addington J, Maticka-Tyndale E (1993) Assessing depression in schizophrenia: the Calgary Depression Scale. *British Journal of Psychiatry* **163**(Suppl 22), 39–44.

Bagby R, Ryder A, Schuller D, Marshall M (2004) The Hamilton Depression Rating Scale: has the gold standard become a lead weight? *American Journal of Psychiatry* **161**, 2163–77

Cadwell C, Gottesman I (1990) Schizophrenics kill themselves too: a review of risk factors for suicide. *Schizophrenia Bulletin* **16**, 571–89.

Green M (1996) What are the functional consequences of neurocognitive deficits in schizophrenia? *American Journal of Psychiatry* **153**, 321–30.

Guy W (1976) Clinical Global Impressions (CGI). In: *Assessment Manual for Psychopharmacology*, revised edition. US Department of Health, Education, and Welfare: Washington, DC.

Hamilton M (1960) A rating scale for depression. *Journal of Neurology, Neurosurgery and Psychiatry* **23**, 56–62.

Kavanagh DJ, Trembath M, Shockley N *et al.* (2011) The DrugCheck Problem List: a new screen for substance use disorders in people with psychosis. *Addictive Behaviors*. Available at: http://dx.doi.org/10.1016/j.addbeh.2011.05.004.

Keefe R, Goldberg T, Harvey P (2003) The Brief Assessment of Cognition in Schizophrenia: reliability, sensitivity, and comparison with a standard neurocognitive battery. *Schizophrenia Research* **68**, 283–97.

Kessler R, Andrews G, Colpe L *et al.* (2002) Short screening scales to monitor population prevalence and trends in non-specific psychological distress. *Psychological Medicine* **32**, 959–76.

Lovibond P (1998) Long-term stability of depression, anxiety, and stress syndromes. *Journal of Abnormal Psychology* **107** 520–6.

Lovibond S, Lovibond P (1995) *Manual for the Depression Anxiety Stress Scales (DASS)*, 2nd edn. Psychology Foundation: Sydney.

Maisto SA, Carey MP, Carey KB, Gordon CM, Gleason JR (2000) Use of AUDIT and the DAST-10 to identify alcohol and drug use disorders among adults with severe and persistent mental illness. *Psychological Assessment* **12**, 186–92.

Overall J, Gorham D (1962) The Brief Psychiatric Rating Scale. *Psychological Reports* **10**, 799–812.

Saunders JB, Aasland G, Babor TF, DE LA Fuente JR, Grant, M (1993) Development of the Alcohol Use Disorders Identification Test (AUDIT): WHO collaborative project on early detection of persons with harmful alcohol consumption: II. *Addiction* **88**, 791–804.

Williams J (1988) A structured interview guide for the Hamilton Depression Rating Scale. *Archives of General Psychiatry* **45**, 742–7

기능과 장애 평가

Tom Meehan & Chris Lloyd

샘과의 최근 면담을 통해 그가 일상의 기능, 특히 자기관리와 사회적 상호작용에 문제를 가지고 있음이 분명해졌다. 샘은 구겨진 옷을 입고 다녔고 지저분해 보였으며 가끔 씻지 않은 것처럼 냄새가 났다. 그는 교회에 정기적으로 출석하고 있다고 말했으나 조사에 따르면 교회에 있는 그 누구와도 관계를 맺고 있지 않은 것으로 드러났다. 당신은 재활 팀의 개입 없이는 샘이 이러한 손상을 다룰 수 없을 것이라 생각했다. 또한 당신은 그가 일상적 기능에 또 다른 어려움을 가지고 있는지 궁금했다. 그의 재활 전문가로서 당신은 주의가 필요한 영역을 확인하고 재활 계획에 도움이 되며 정확한 정보를 제공할 수 있는 심도 있는 평가를 실시하기로 결정했다. 또한 당신은 그를 돕기 위해 실시하는 개입의 성공 정도를 평가하는 데 필요한 신뢰성 있는 기초 정보를 얻기 원한다.

서론

조현병과 같은 정신증의 양성 증상은 점차 안정화되는 경향을 보이고 심지어 활성기를 지나면 사라지기도 하지만, 기능의 손상(예 : 장애)은 계속적으로 축적될 수 있다. 사실 기능 손상은 장애로 인한 어려움의 중요한 요인일 수 있다(Bellack et al., 2006). 현

Manual of Psychosocial Rehabilitation, First Edition. Edited by Robert King, Chris Lloyd, Tom Meehan, Frank P. Deane and David J. Kavanagh.

표 3.1 기능과 장애 검사의 요약

측정도구	검사 영역	실시	비용
손상 평가			
건강 성과 척도(HoNOS)	행동 손상 증상 사회적 기능	12문항 내담자 면담, 관찰, 돌봄 제공자로부터 얻은 정보 등에 기초함	비용 없음
기능 평가			
생활 기술 평가(LSP-16)	철회 자기관리 순응 반사회적 행동	16문항 내담자 관찰과 돌봄 제공 자/타인으로부터 얻은 정 보에 기초함	비용 없음
독립 기능 다차원 척도(MSIF)	직업 교육 주거 각 영역을 역할, 지원, 수행 의 세 가지 측면으로 측정	세 가지 영역 (세 가지 측 면으로 측정) 내담자와의 반구조화된 면담	비용 없음
멀트노마 지역사회 기능 척도 (MCAS)	기능 생활 적응 사회적 유능성 행동 문제	17문항 실천가용 내담자용 (자기보고식)	저작권료 있음
독립 생활 기술 조사(ILSS)	개인 위생 외모와 복장 개인 소유의 관리 음식 준비 건강과 안전관리 재정관리 교통 여가와 오락 구직 직업 유지 섭식 행동 사회적 상호작용	103문항 실천가용 51문항 자기보고식	저작권료 있음
병식 평가			
버치우드 병식 척도(BSI)	장애에 대한 병식	8문항 내담자에 의해 완료	비용 없음 허가 필요 없음
부작용 평가			
리버풀 항정신병 약물 부작용 평가 척도(LUNSERS)	추체외로 부작용 자율신경계 부작용 심리적 부작용 항콜린성 부작용 알레르기 반응 내분비계 부작용 기타 부작용	51문항 내담자에 의해 완료	비용 없음

재 조현병 같은 증상이 삶의 영역 전반에 광범위한 영향을 미친다는 것이 분명해졌다. 재활 전문가는 표준화된 검사를 이용한 기능 손상의 초기 평가와 지속적인 관찰에 주된 관심을 기울여야 한다. 이 장에서 우리는 이전 장에서 개괄했던 증상 평가에 대한 작업을 기초로 기능의 평가에 초점을 맞출 것이다.

기능은 역할, 관계, 여가 생활, 자기관리, 신체적/심리적 건강과 같이 상호 연관성을 가진 많은 영역을 포함하는 광범위하고 복잡한 구성체다(Mueser & Gingerich, 2006). 또한 병식과 약물 부작용의 영향과 같이 기능에 영향을 미치는 상호 연관된 많은 요인들이 존재한다. 현재 이러한 구성요소들을 모두 평가할 수 있는 단일 척도가 존재하지 않기 때문에 우리는 평가와 관찰의 목적을 위해 사용할 수 있는 다양한 검사를 확인했다(표 3.1).

손상 평가

건강 성과 척도

건강 성과 척도(Health of the Nation Outcome Scales, HoNOS)는 영국에서 Wing에 의해 개발되었고, 장애의 심각도 검사와 연관되어 있다(Wing et al., 1996)(상자 3.1). HoNOS는 구분되지만 연관성을 가진 열 두 가지 척도로 구성되어 있다.

- 행동 문제(공격성, 자해, 물질 남용)
- 손상(인지적, 신체적)
- 증상 문제(환각/망상, 우울, 기타 증상)
- 사회적 문제(관계, 일상생활, 가사와 직업)

각 척도는 0점('문제 없음')에서 4점('심각하거나 매우 심각한 문제')으로 측정된다. 열두 문항의 총점은 0~48점의 범위를 가지며 높은 점수는 전반적인 심각성을 나타낸다. 보통 지난 2주간의 경험을 측정한다.

HoNOS는 캐나다(Kisely et al., 2006), 영국(Bebbington et al., 1999), 오스트레일리아(Trauer et al., 1999)에서 타당화되었다. 실제로 HoNOS는 현재 오스트레일리아에

서 정신건강 서비스를 받은 내담자의 결과관리용 척도에 포함되어 있다.

고려해볼 문제

HoNOS는 피검자와의 면담을 통해 정신건강 전문가에 의해 실시된다. 대부분의 경우 내담자는 HoNOS를 완료할 수 있는 중요한 정보를 제공할 수 있을 것이다. 그러나 내담자가 평가에 참여할 수 없거나 참여하고자 하지 않는 상황에서 검사자는 친척이나 돌봄 제공자에게서 정보를 얻을 수 있다. 예를 들어, 척도 1은 과거 2주간 있었던 공격적 사건에 관한 정보를 얻고자 한다. 내담자가 이런 문제에 대해 이야기하고 싶어 하지 않는다면 보호자로부터 추가적인 정보를 얻는 것이 필요할 것이다.

이 검사 도구는 상대적으로 간단해 보이지만 완료하기 어려울 수 있다. 검사 시 평가자의 임상적 판단이 요구되며 각 영역을 평가할 때마다 용어에 대한 설명을 참고할 필요가 있을 것이다. 검사 실시 전 정신의학회에 의해 개발된 프로그램을 이용한 면대면 훈련을 추천한다. 덧붙여서 척도의 저작권은 왕립 정신의학회(Royal College of Psychiatrist)에 있으며 학회로부터 반드시 사용 허가를 받아야 한다. 연락처는 다음과 같다.

The Training Program Manager

Royal College of Psychiatrists

상자 3.1   건강 성과 척도의 예시—문항 3. 음주와 약물 문제

문항 1에서 측정한 알코올, 약물 사용에 의한 공격적/파괴적 행동은 포함하지 않는다.
문항 5에서 측정한 알코올, 약물 사용에 의한 신체적 질병/장애는 포함하지 않는다.

문항 3에 대한 용어설명
0 측정 기간 동안 이러한 종류의 문제가 없었음
1 사회적으로 허용되는 선에서 과도하게 사용
2 음주, 약물에 대한 통제력을 상실했으나 심각하게 중독되지는 않았음
3 빈번한 통제력 상실, 취한 상태에서 위험한 행동, 알코올 또는 약물에 대한 뚜렷한 갈망/의존
4 알코올/약물 문제에 의해 무능력해짐
출처 : 런던, 왕립 정신의학회

---

17 Belgrave Square

London, SW1X 8PG

이메일 : egeorge@rcpsych.ac.uk

HoNOS 척도에 대해 더욱 심도 있는 논의와 훈련이 필요한 사람들은 http://www.rcpsych.ac.uk/training/honos.aspx를 참고하기 바란다.

일상 기능의 평가

조현병 같은 정신장애와 관련된 기능장애는 기본적인 자기관리 활동을 수행하는 능력에 중대한 영향을 미친다.

개인이 삶의 기본적인 필수요소(요리, 청소, 쇼핑, 재정관리, 건강관리 등)를 만족시키는 데 겪는 어려움을 이해하는 것은 모든 재활 평가의 핵심적인 요소가 될 것이다. 현재 이러한 기능 영역을 평가하는 다양한 검사를 사용할 수 있는데, 재활 영역에서 주로 이용되는 척도들에 관해서는 다음에서 논의할 것이다. 논의의 초점은 심각한 장애를 겪는 사람들에 대한 검사의 적용 가능성이다. 어떤 검사는 내담자에 의한 자기보고식 검사인 반면 또 다른 검사들은 재활 전문가에 의해 실시된다.

생활 기술 평가

생활 기술 평가(Life Skills Profile, LSP)는 조현병을 가진 사람들의 기능과 장애에 대한 다차원적 검사로 오스트레일리아에서 개발되었다(Rosen et al., 1989). 그러나 LSP에서 평가하는 많은 '기술'들이 다른 정신증과 기질적 증상과 관련이 있기 때문에 최근에는 더욱 광범위하게 사용되고 있다. LSP는 임상적 평가 또는 면담보다는 전문가의 행동 관찰에 의해 실시된다.

이 검사는 LSP-39(원검사), LSP-20, LSP-16의 세 가지 유형이 개발되었다. 최초 39문항 버전은 실천가가 평상시 사용하기에는 약간 길었으므로 이후 간략한 두 가지 유형이 개발되었다(Trauer et al., 1995). LSP-16은 1996년 오스트레일리아에서 시작된 Mental Health Classification and Service Costs Project의 결과 측정 도구로 개발되었다

(www.mnhocc.org 참조). 이는 또한 최근 오스트레일리아 정신건강 서비스에서 내담자의 결과를 측정하는 검사 도구에 포함되었다(Meehan et al., 2006).

16문항 검사는 네 가지 하위 척도(철수, 자기관리, 순응, 반사회적 행동)의 합과 전체 합산 점수로 산출된다. 문항들은 0~3점으로 채점되며, '0'은 낮은 수준의 기능저하를, '3'은 높은 수준의 기능저하를 나타낸다(상자 3.2).

상자 3.2 생활 기술 평가(LSP) : 예시

문항 5. 이 사람은 일반적으로 단정합니까? (예 : 깔끔한 옷차림, 정돈된 머리)

0	1	2	3
꽤 단정한	적당히 단정한	단정하지 못한	아주 단정하지 못한

고려해볼 문제

생활 기술 평가(LSP)는 증상보다 기능적 측면(생활 기술)을 평가한다는 점에서 재활 결과를 측정하는 데 유용하다. 실제로 LSP를 통해 측정되는 영역(철수, 자기관리, 순응, 반사회적 행동)은 종종 재활의 초점이 된다. 현재까지 검토된 다른 몇몇 검사들과 다르게 LSP는 입원/외래 재활 프로그램에 참여하는 사람들 모두를 측정하는 데 사용될 수 있다. 척도는 과거 세 달의 경험을 평가하고 평가자는 이 기간 동안 내담자의 기능에 대해 잘 알고 있을 필요가 있다. 이 검사는 임상적/비임상적 평가자 모두가 사용할 수 있고 기준 점수에 대한 설명이 잘되어 있기 때문에 특별한 훈련이 요구되지 않는다. 현재 세 가지 유형의 척도가 사용되고 있지만 채점 방식이 각각 다르기 때문에 출간된 설명서와 검사 자료를 비교하여 당신이 사용하고 있는 유형의 검사가 출간된 검사 설명서와 동일한지 확인해야 한다.

LSP-39, LSP-20, LSP-16의 복사본과 척도의 구조, 검사 유형의 채점 관련 자료는 http://www.blackdoginstitute.org.au/research/tools/index.cfm에서 구할 수 있다.

독립 기능 다차원 척도

독립 기능 다차원 척도(Multidimensional Scale of Independent Functioning, MSIF)는 정신과 외래환자의 기능장애를 측정하는 데 있어 상대적으로 새로운 검사 도구다(Jaeger et al., 2003). 이 척도는 과거 한 달의 기간에 초점을 맞추고 피검자와의 반구조화된 면담을 통해 정신건강 전문가가 실시한다. 척도의 개발자가 제작한 면담 지침을 이용할 수 있다(다음 상세사항 참조).

검사자는 세 가지 각각의 영역에서 개인의 일상적인 활동에 대해 종합해서 분석할 수 있다.

- 직업(예 : 능력, 지원, 취약계층 지원, 자원봉사)
- 교육(예 : 대학, 직업 또는 전문학교, 재활 훈련 프로그램)
- 주거(예 : 거주지, 개인 부담)

만약 누군가 일과 직업 훈련을 함께하고 있다면 직업과 교육 영역이 모두 측정될 것이다. 그러나 교육은 훈련 및 교육 프로그램에 등록할 때만 측정할 수 있고, 이와 유사하게 직업은 내담자가 어떠한 형태의 직업 활동에 참여하고 있을 때 측정된다.

세 가지 영역(직업, 교육, 주거)은 각각 (i) 역할, (ii) 지원, (iii) 수행에 대한 평가를 제공하기 위해 세부적인 기준에 따라 기록된다. 예를 들어, '직업' 영역이 평가될 때 평가자는 직업명과 일의 종류, 업무를 수행하는 때와 시점, 직업에서 필요로 하는 관리와 지원의 수준, 업무의 전반적인 수행 기준을 고려할 것이다. 각 영역은 7점 리커트 척도로 평가된다('1 = 정상적인 기능'~'7 = 완전한 장애'). 전체적인 평가는 각 영역(직업, 교육, 주거)과 각 차원(역할, 지원, 수행)으로 이루어진다. 마지막으로 전반적인 기능을 측정하기 위해 전체 평가(종합 척도 점수)를 산출할 수 있다.

고려해볼 문제

이 검사는 상대적으로 복잡하지만 현재까지 검토된 다른 대부분의 검사 도구들보다 직업, 교육, 주거 형태에 대해 보다 종합적인 평가를 제공한다. 또한 각각의 기준 점수에 대해 풍부한 세부지침을 제공함으로써 평가자의 주관적 해석 및 판단의 필요성을 감소시키고 평가자 간 합의를 증진시킨다. 검사를 사용하기 위해서 특별한 훈련이 요구되지는 않는다. 지원과 수행에 관한 종합적인 정보는 높은 기능과 낮은 기능을 보이는 개인들 간의 차이를 식별해내는 척도의 능력을 향상시킬 것이다. 이러한 특징은 임상적 개입에 의한 변화를 측정하는 MSIF의 능력을 향상시키는데, 특히 직업, 교육, 주거 역량에 초점을 맞춘 재활 프로그램 평가에 유용할 것이다. 검사의 후속 평가는 전화를 통해서도 실시할 수 있으며, 이는 지위와 역할의 변화, 필요한 지원 정도, 성취에 대한 정보를 제공한다. 이 척도는 외래환자를 위해 개발되었고 과거 한 달의 기간을 다룬다(더욱 긴 기간을 관찰하기 위해 사용될 수도 있다). MSIF의 상세한 설명은 Jaeger와 동료들(2007)에 의해 *Schizophrenia Bulletin*에 게재된 논문에서 확인할 수 있다.

다음의 주소를 통해 면담 일정과 MSIF의 원고(검사지)를 무료로 얻을 수 있다.

Professor Judith Jaeger

Department of Psychiatry and Behavioural Sciences

Zucker Hillside Hospital

75-59 263rd Street

Glen Oaks, NY 11004

이메일 : jaeger.ju@comcast.net

멀트노마 지역사회 기능 척도

멀트노마 지역사회 기능 척도(Multonmah Community Ability Scale, MCAS; Barker et al., 1994)는 지역사회 환경에서 더욱 심각한 정신장애를 가지고 살아가는 내담자의 기능 수준을 측정하기 위해 개발되었다. 이 척도는 기능의 네 가지 영역 또는 하위 척도로 구분되는 17개의 검사자 평가 문항을 포함한다.

- 기능장애(신체건강, 정신건강, 인지적 건강에 초점을 둔 다섯 문항)
- 생활적응(일상생활 기술과 재정관리를 다루는 세 문항)
- 사회적 역량(사회적 흥미와 기술을 평가하는 다섯 문항)
- 행동적 문제(치료 참여, 물질 사용, 행동화를 평가하는 네 문항)

네 번째 영역은 과거 12개월 동안의 기능을 평가하지만 처음 세 가지 영역의 문항은 과거 세 달간을 평가한다. 모든 문항은 5점 척도로 측정되고, 각 영역의 점수와 총점수를 산출하기 위해 문항의 점수를 합산한다(상자 3.3). Baker와 동료들(1994)에 따르면 종합 점수 17~47점은 심각한 장애를 시사하고, 48~62점은 중등도의 장애를 나타내며, 63~85점은 장애가 경미하거나 거의 없다는 것을 나타낸다. 이 검사는 높은 예측 타당도를 가지며, 낮은 점수를 받은 개인은 미래 어느 시점에 입원치료를 받을 가능성이 크다(Hampton & Chafetz, 2002). 이 검사는 또한 적절한 평가자 간 신뢰도와 검사-재검사 신뢰도를 가진다(Trauer, 2001)

상자 3.3 멀트노마 지역사회 기능 척도 : 예시

1. 내담자가 신체적 건강 상태에 의해 얼마나 손상을 입었습니까? (참고 : 손상은 만성적 건강 문제/급성 장애의 빈도와 심각도)

(1) 극도의 건강 손상 ☐
(2) 뚜렷한 건강 손상 ☐
(3) 중등도의 건강 손상 ☐
(4) 약간의 건강 손상 ☐
(5) 손상 없음 ☐

고려해볼 문제

MCAS는 (입원 장면보다는) 지역사회에서 생활하는 심각한 장애를 가진 내담자의 기능 평가에 유용한 검사 도구다. 임상적 관점에서 하위 척도의 점수 또한 유용하겠지만 종합 점수가 더욱 신뢰성을 가진다(Corbiere et al., 2002). 이 검사는 실시하는 데 10분 정도가 걸리는데, 내담자와 가까운 서비스 제공자나 전문가에 의해 실시되어야 한다. 게다가 검사를 실시할 때 가족, 돌봄 제공자, 재활 현장 직원을 포함하여 이용 가능한 모든 자원을 통해 수집된 정보를 고려해야 한다. 검사를 사용하기 위해서는 훈련이 요구되지만 O'Malia와 동료들에 의해 2002년 자기보고식 검사(MCAS-SR)가 개발되었다. 이 저자들은 MCAS-SR이 신뢰할 수 있고 내담자에게 적용 가능하다는 것을 발견했다.

척도는 www.ct.gov/dmhas/LIB/dmhas/MRO/multnomhah.pdf에서 구할 수 있

다. 그러나 MCAS의 두 유형 모두 저작권이 있으며, 검사 사용 요금을 지불하기 위해 일회성 라이센스가 요구된다. 여기에 관한 정보와 훈련에 관한 비디오는 www.multonamahscales.com의 Network Ventures Inc.에서 얻을 수 있다.

독립 생활 기술 조사

독립 생활 기술 조사(Independent Living Skills Survey, ILSS)는 심각한 정신장애를 가진 개인의 기본적 생활 기술 기능을 측정하는 검사 도구로서 종합적·객관적·성과중심적이고 수행하기에 용이하다(Wallace et al., 2000). 이 검사는 두 가지 유형이 있는데, 한 가지는 재활 현장 직원과 기타 정보 제공자를 위한 것이고(ILSS-I) 또 다른 것은 내담자의 자기보고에 의해 실시된다. 첫 번째 검사는 기본적 지역사회 생활 기술 12가지 영역에서의 수행을 측정하는 103문항을 포함한다(이는 표 3.1에 기록되어 있다). 직원/정보 제공자는 내담자가 과거 한 달 동안 각각의 기술을 얼마나 자주 사용했는지에 대해 5점 척도로 평가하고(전혀, 가끔, 보통, 자주, 항상)(표 3.2), '기회 없음'이라고 평가된 문항들은 채점 과정에서 제외시킨다. 채점을 위해 점수들을 합산하여 각 기능 영역의 평균을 구하고 높은 점수는 더 나은 기능 수준을 의미한다. 간단한 언어적/문자적 설명을 통해 실시할 수 있기 때문에 ILSS-I는 전화나 우편을 통해 편리하게 직접 실시할 수 있다. 검사 실시에는 20분 정도가 소요된다.

ILSS-SR은 ILSS-I를 단순화시키기 위해 개발되었다. 이 검사는 51문항이며, 열 가지 영역에서의 기능을 측정한다. 응답 형태가 '네', '아니요', '해당 없음'으로 간소화되어 심각한 정신장애를 가진 개인의 검사 실시를 더욱 쉽게 만들었다. 검사의 두 가지 유형 모두 양호한 신뢰도와 타당도를 가진다(Wallace et al., 2000).

고려해볼 문제

이 검사의 정보 제공자 유형(즉 ILSS-I)은 환자와 친밀한 모든 사람에게 사용할 수 있다. 채점과 해석이 쉽고 변화를 감지하는 능력이 증명되었기 때문에 재활 개입을 관찰하는 데 유용하게 사용될 수 있을 것이다. Wallace와 동료들(2000)에 의해 *Schizophrenia Bulletin*에 게재된 논문에서 두 가지 유형의 검사 원고를 모두 이용할 수

표 3.2 독립 생활 기술 조사 예시

지난 30일 동안 각각의 행동을 얼마나 자주 수행했는가?	항상	자주	보통	가끔	전혀	없음
음식 준비와 저장						
샌드위치, 시리얼 등과 같이 요리를 필요로 하지 않는 단순한 음식 준비	☐	☐	☐	☐	☐	☐
상한 음식을 버림	☐	☐	☐	☐	☐	☐

있다. 하지만 ILSS의 두 유형 모두 저작권이 등록되어 있어 소액의 사용료를 지불해야 한다. 이와 관련된 정보와 훈련 비디오는 http://www.psychrehab.com/assessment/assessment_ilss.html에서 구할 수 있다.

기타 기능 검사

앞서 논의한 기능 검사는 이용 가능한 많은 검사들 중 일부만을 다루었다. 우리는 표 3.3에 심각한 정신장애를 가진 개인의 기능 측정 시 고려할 수 있는 세 가지 다른 검사들을 기술해놓았다.

병식의 평가

병식의 부족은 정신증적 증상을 가진 내담자에게서 흔히 발견된다. 병식의 개념에 대한 정확한 이해가 부족함에도 불구하고, 이는 치료적 협동, 공격적 행동, 자해와 전체적 예후에 영향을 미치는 것으로 여겨진다(Birchwood et al., 1994; McEvoy, 1998). 만일 내담자가 자신의 정서적 상태에 대한 인식을 한다면 병식이 있다고 할 수 있고, 자신의 병에 대해 애써 부정한다면 병식이 없다고 할 수 있다(World Health Organization, 1973). 비록 병식을 평가하는 데 사용 가능한 검사의 수가 제한적이지만 이러한 검사들은 질병의 수용, 치료의 필요성과 약물 순응과 같이 유사한 영역에 초점을 둔다. 여기에 Birchwood에 의해 개발된 병식 측정 척도가 포함되었는데, 이 검사는 간결하고 양호한 심리측정학적 요소를 가지며 내담자의 자기보고식 평가를 통해 완료할 수 있는 특징을 가지기 때문이다.

표 3.3 기능의 추가적 평가

검사	간단한 설명
UCSD 수행 기반 기술 검사 (University of San Diego Performance-based Skills Assessment, UPSA)	UPSA는 지역사회에서 살아가는 내담자의 일상적 기능에 대한 수행중심 검사이고(Patterson et al.,2001), 다섯 가지 영역(가사, 의사소통, 재정, 교통, 오락 활동 계획)의 기술을 측정하기 위해 개발되었다. UPSA는 지역사회에 사는 사람이 직면하기 쉬운 복잡한 상황과 유사한 역할극을 포함한다. UPSA 요약 점수는 이러한 다섯 가지 영역의 점수를 합산하여 계산된다. UPSA를 완료하는 데 걸리는 시간은 대략 30분이다. 10~15분 이내에 완료할 수 있는 축약형 검사(즉 UPSA-B)가 개발되었다(Mausbach et al., 2007)
캠버웰 욕구 사정 도구 (Camberwell Assessment of Need Short Appraisal Schedule, CANSAS)	캠버웰 욕구 사정 도구(CANSAS)는 재활 직원, 내담자, 돌봄 제공자의 욕구에 대한 의견을 각각 기록할 수 있는 구조화된 면담이다(Andresen et al., 2000). 구체적으로 임상적 실천과 서비스 평가 도구로서 개발되었다. 22개 각각의 영역은 심각한 문제 없음(필요 없음), 문제 없음, 도움을 받고 있는 중등도의 문제(필요 충족), 심각한 문제, 개의치 않는 문제(충족되지 않은 필요) 등으로 채점된다.
세인트루이스 지역사회 생활 기술 검사(St Louis Inventory of Community Living Skills, SLICLS)	세인트루이스 지역사회 생활 기술 검사(SLICLS)는 별개의 지역사회 생활 기술에 초점을 맞춘 간단한 수준의 기능 검사로서 개발되었다(Evenson & Boyd, 1993). 이 검사는 지역사회 또는 그룹홈 주거에 필요한 구체적인 기술을 측정하기에 유용하다. 내담자와 친밀한 사람에 의해 2~3분 내에 완료될 수 있다. 각각의 문항은 기술 없음에서 자활 가능, 매우 충분함의 7점 척도로 측정된다. SLICLS는 적절한 수준의 타당도와 신뢰도를 가진다(Fitz & Evenson, 1995)

버치우드 병식 척도

버치우드 병식 척도(Birchwood Insight Scale, BIS)는 Max Birchwood와 동료들에 의해 영국에서 개발되었다(Birchwood et al., 1994). 이 척도는 3점 척도(동의함, 동의하지 않음, 확실하지 않음)로 평가되는 여덟 가지 진술문(네 가지 긍정적 진술과 네 가지 부정적 진술)으로 구성된다(표 3.4).

이 중 여덟 문항은 병식의 세 가지 영역으로 나누어진다.

- 증상에 대한 인식(문항 1 + 8), 최대 점수 = 4
- 질병에 대한 인식(문항 2 + 7), 최대 점수 = 4
- 치료의 필요성(문항 3 + 4 + 5 + 6). 하위 척도의 종합 점수 산출을 위해 2로 나눔. 최대 점수= 4

종합 점수는 세 가지 하위 척도 점수를 더하여 산출한다(범위 : 0~12). 높은 점수는 높은 수준의 병식을 나타낸다. IS는 양호한 내적 신뢰도를 가지며(Cronbach's alpha = 0.75) 높은 검사-재검사 신뢰도(0.90)를 가진다(Birchwood et al., 1994).

고려해볼 문제

BIS는 정신장애를 가진 개인의 병식에 대해 간단한 자기보고식 검사를 제공한다. 이 척도는 연구와 임상 표본 집단의 병식을 평가하는 데 있어 광범위하게 사용되어 왔다. 또한 신뢰성과 타당성을 가지며 변화에 민감하다(Birchwood et al., 1994). 이 척도는 입원 환자를 위해 개발되었지만 지역사회에 생활하는 사람들에게도 사용할 수 있다. 문항 4('내게 입원은 필수적이다')는 지역사회에서 생활하는 사람들을 대상으로 하는 검사에 포함되지 않는다.

척도는 무료로 사용 가능하며, 사용에 대한 허가를 받지 않아도 된다. 표 3.4를 사용하여 복사할 수 있다. 추가적인 정보는 Max Birchwood 교수를 통해 얻을 수 있다(이메일 : m.j.birchwood.20@bham.ac.uk).

표 3.4   버치우드 병식 척도(전체 검사)

다음 문항을 자세히 읽고 자신에게 가장 알맞은 숫자에 표시 해주세요.	동의	반대	불확실
1. 몇몇 증상은 나의 마음에 의해 만들어진다.	2	0	1
2. 나는 정신적으로 건강하다.	0	2	1
3. 나는 약물 치료가 필요하지 않다.	0	2	1
4. 내게 입원은 필수적이다.	2	0	1
5. 의사가 나에게 약물을 처방해주는 것은 옳다.	2	0	1
6. 나는 의사나 정신과의사를 볼 필요가 없다.	0	2	1
7. 누군가 내게 신경증 또는 정신장애를 가지고 있다고 말한다면 맞는 말일 것이다.	2	0	1
8. 나는 정신장애로 인해 이상한 일을 겪고 있지 않다.	0	2	1

부작용의 평가

항정신병 약물 치료는 심각한 정신장애의 증상 치료에 있어 지속적으로 중요한 역할을 맡아왔다. 완벽히 치료되지 못한다 해도 현대 약물 치료는 조현병과 같은 장애의 양성 증상을 감소시키고 임상적 안정성을 향상시키며 재발률을 줄여줌으로써 질병의 경과를 변화시켜왔다(Hogarty & Ulrich, 1998). 그러나 이러한 약물 치료의 발전에도 불구하고 많은 환자들은 약물 사용에 있어 계속해서 불쾌한 부작용을 경험해왔다(Meehan et al., 2011). 이러한 부작용은 일상적인 과업을 수행하는 능력에 영향을 미치고 약물 치료적 지시에 대한 비협조적 태도를 불러일으킨다(Awad & Voruganti, 2004). 많은 연구들은 정신건강 분야 종사자들이 항정신병 약물의 부작용을 인지하는 데 어려움을 느낀다고 주장한다(Coombs et al., 2003; Morrison et al., 2000). 약물 치료의 부작용을 구체적으로 평가하도록 개발된 검사 도구의 사용은 이러한 과정에 있는 실천가들을 도울 수 있을 것이다. 부정적 부작용을 확인하는 것의 주요 장점은 약물 종류의 변경을 고려할 수 있게 하고 치료의 역효과와 약물 치료의 불이행 같은 이차적 영향을 최소화할 수 있다는 것이다.

현재 부작용 평가에 사용할 수 있는 검사의 수는 늘어나고 있다. 이는 리버풀 항정신병 약물 부작용 평가 척도(LUNSERS)와 같이 종합적인 검사에서부터 추체외로 부작용에 초점을 맞추는 구체적인 검사까지 다양한 범위에 거쳐 존재한다. 예를 들어, 반즈 좌불안석증 평가 척도(Barnes Akathisia Rating Scale, BARS)가 약물 치료와 연관된 불안정과 고통을 평가하는 반면 심슨-앵거스 척도(Simpson-Angus Scale, SAS)는 경직과 경련을 측정하는 데 유용한 검사다(Simpson & Angus, 1970). 새로운 비정형항정신병 약물로 인해 '운동' 부작용의 고통이 완화되었다고 하지만(Hagan & Jones, 2005), LUNSERS는 광범위한 범위의 부작용을 평가하기 때문에, 이를 통해 얻어진 정보가 실제 임상 환경에서 더욱 유용할 것이다.

리버풀 항정신병 약물 부작용 평가 척도

리버풀 항정신병 약물 부작용 평가 척도(Liverpool University Neuroleptic Side-Effect

Rating Scale, LUNSERS)는 약물 치료에 의한 부작용을 관찰하기 위해 Day와 동료들 (1995)에 의해 영국에서 개발되었다. 부작용을 평가하기 위해 개발된 대부분의 척도와 반대로 LUNSERS는 임상 현장 종사자가 아닌 내담자가 실시할 수 있도록 개발되었다. 이 검사는 51가지 부작용을 포함하는데, 41가지의 잘 알려진 부작용과 열 가지의 약물 부작용이 아닌 불특정 증상으로 구성된다. 이러한 증상(동상, 탈모, 콧물 등)은 자신의 부작용을 과도하게 평가하는 사람들을 확인하기 위해 사용된다. 51가지 부작용은 모두 '전혀 없음'부터 '매우 심각'의 5점 척도로 평가된다(표 3.5).

41가지 알려진 부작용은 7개의 영역으로 나눌 수 있다.

- 파킨슨 증후군 유형의 추체외로 부작용
- 조절할 수 없는 자율신경계 부작용
- 감정 및 정서 기능 관련 심리적 부작용
- 콜린 시스템에 영향을 미치는 항콜린성 부작용
- 피부발진과 같은 알레르기 반응
- 프로락틴과 같은 호르몬 관련 내분비계 부작용
- 명확하게 구분되지 않는(알려지지 않은) 기타 부작용

고려해볼 문제

LUNSERS는 대부분의 부작용 검사보다 길지만 다양한 범위의 부작용을 평가할 수 있다. 또한 이 검사는 내담자에 의해 실시되는데, 많은 부작용이 주관적이라는 측면에서 (예 : 심리적 부작용) 자기완료식 검사가 더 타당한 측정을 제공할 것이다. 검사의 길이가 길기 때문에 심각한 손상을 입은 내담자는 검사를 완료하기 위해 도움을 받아야 할 것이다. 이 검사는 손으로 채점할 수 있지만 일곱 가지 영역 각각의 자료 관리와 점수 계산을 도와주는 컴퓨터 프로그램이 존재한다.

표 3.2 리버풀 항정신병 약물 부작용 평가 척도(LUNSERS) 문항/구조와 채점의 예시

과거 한 달 동안 다음 증상들을 얼마나 경험했는가에 대해 표시해주세요.	전혀 없음(0)	거의 없음(1)	조금(2)	심각(3)	매우 심각(4)
낮에 깨어 있는 것이 어렵다.	☐	☐	☐	☐	☐

샘의 기능 평가

당신은 샘의 어머니를 초청해 생활 기술 평가(LSP-16)를 수행함으로써 평가를 시작했다. 이것은 그가 자신을 돌보는 데 겪는 장애의 수준에 대한 정보를 제공한다. 샘은 18점의 종합 점수를 받았는데(최대 48점), 이는 그가 중등도의 장애를 가지고 있음을 나타낸다(낮은 점수일수록 낮은 수준의 장애를 나타낸다). 오스트레일리아인 표본의 점수에 대한 더 많은 정보는 www.mhnocc.org에서 얻을 수 있다. 하위 척도 점수를 검토해 보면 샘이 자기관리 영역에 심각한 결함을 가지고 있음을 알 수 있고 이를 다루는 것이 재활 계획의 초점이 되어야 한다.

샘과 대화하는 동안 당신은 그가 자신의 장애에 대해 잘 이해하지 못하고 있다는 것을 알았다. 당신은 장애에 대한 그의 이해를 평가하기 위해 버치우드 병식 척도를 실시할 것을 요청했다. 그는 12점 중 4점을 획득했는데 이는 장애에 대한 병식이 거의 없거나 적은 상태임을 나타낸다(낮은 점수는 낮은 병식을 나타낸다). 실제로 그는 병에 대한 인식의 부족을 측정하는 '질병에 대한 인식' 척도에서 0점을 획득했다. 정신장애를 가진 사람들은 스트레스나 기타 어려움을 인식하고 이러한 영역에 대한 치료를 기꺼이 받아들이겠지만, 병식에 대한 낮은 점수는 병식 향상을 위해 실천가의 지속적인 교육이 필요하다는 사실을 나타낼 것이다.

이 평가를 실행하는 동안 당신은 샘이 들떠 있으며 제시된 질문에 집중하는 데 어려움을 겪고 있음을 알았다. 이후 샘과의 만남에서 당신은 그에게 LUNSERS 검사를 수행할 것을 요청했다. 그의 전체 점수는 76점(종합 척도 점수 156점)이었다. 하위 척도 점수 40점 중 31점을 받은 정신성 하위 척도에서 가장 심각한 문제들이 있는 것으로 발견되었다(높은 점수는 심각한 문제를 나타낸다). 높은 점수를 받은 문항은 집중과 기억, 피로감에 대한 어려움을 포함했다. 이는 그의 음성 증상의 한 부분일 수 있지만 약물 치료의 부분적 부작용일 수도 있다. 샘을 치료하는 의사에게 이러한 가능성을 알릴 필요가 있을 것이다. 만일 약물 사용의 적절한 변화에도 불구하고 이러한 증상이 지속된다면 샘은 아마 인지 치료의 대상이 될 수 있을 것이다(제9장 참조).

내담자, 가족, 돌봄 제공자와 타인을 위한 치료 팀의 피드백

당신은 상당한 양의 정보를 모았고 이는 미래의 검사를 위한 기초로 유용하게 사용될 수 있을 것이다. 또한 당신은 당사자인 샘을 시작으로 다양한 사람들에게 피드백을 제공해야 한다. 내담자에게 피드백을 제공하는 것은 치료 평가의 중요한 측면이다. Allen 과 동료들(2003)은 평가 후에 피드백을 받은 내담자들이 그렇지 않은 사람들에 비해 평가 과정에 대해 더 높은 만족감을 갖는다는 것을 발견했다.

피드백을 제공할 때는 너무 많은 세부사항으로 인해 내담자와 가족들 그리고 양육제 공자들이 부담을 느끼지 않도록 현명하게 전달하는 동시에 그들을 낙담시키지 않도록 민감하게 제공해야 한다. 또한 이는 내담자의 결점보다는 강점에 초점을 맞추어야 한 다(Gamble & Brennan, 2006). 개인에게 전달되는 세부사항의 양은 정보를 받아들일 수 있는 대상자의 능력에 따라 달라질 것이다. 예를 들어, 어떤 내담자들은 검사를 통 해 발견된 사실에 대한 단순한 토의에 만족하는 반면, 어떤 사람들은 이전 검사들과 현 재 검사들을 비교하여 그래프/점수로 요약하는 것을 더 가치 있게 평가할 것이다.

검사 결과가 치료 계획에 광범위한 영향을 미칠 가능성이 있을 때 동료 전문가에게 피드백을 제공하는 것은 특히 중요하다. 이때는 다른 치료 영역에 영향을 미칠 수 있는 부분을 강조해야 한다.

요약

'기능'을 평가하기 위해 매우 많은 검사들이 개발되어 왔지만 현재 '기능'의 범주에 포함 된 광범위한 영역을 측정할 수 있는 단일 척도는 존재하지 않는다. 현재 존재하는 많은 검사들은 범위, 타당도, 신뢰도, 바닥/천장 효과, 적용 가능성 등의 문제를 가지고 있다 (Bellack et al., 2006). 더욱이 많은 기능 검사들이 너무 길고 채점하기 쉽지 않으며 임상 환경에 적용하기에 그 효용성이 제한적이다.

이러한 우려에도 불구하고 표준화된 척도들은 일상적인 임상 실천 현장에서 놓치기 쉬운 정보를 체계적으로 제공한다. 또한 이는 치료의 진전에 대한 양적 평가 기초를 제공한다.

가장 적절한 검사를 결정하는 것은 평가 빈도(일회성인지 일상적인지), 검사 실행에 필요한 자료의 사용 가능 여부, 대상 집단의 장애 정도(이는 전문가 측정, 내담자 측정 검사 중 무엇을 사용할지를 결정할 것이다)와 같은 많은 요인들에 의해 결정될 것이다. 게다가 평가로부터 얻은 자료의 보고/사용을 촉진하기 위한 명확한 지침과 자료관리체 계가 확립되어야 한다. 직원, 내담자, 돌봄 제공자들이 검사를 완료하기 위해 상당한 시 간을 소모하는 반면에 이러한 자료 중 대부분이 내담자와 논의되지 않거나 서비스 계획 과 평가 활동에 고려되지 않는 실정이다(Meehan et al., 2006).

참고문헌

Allen A, Montgomery M, Tubman J, Frazer L, Escovar L (2003) The effects of assessment feedback on rapport building and self-enhancement processes. *Journal of Mental Health Counselling* **25**, 165–81

Andresen R, Caputi P, Oades LG (2000) Interrater reliability of the Camberwell Assessment of Need Short Appraisal Schedule. *Australian and New Zealand Journal of Psychiatry* **34**, 856–61

Awad G, Voruganti L (2004) New antipsychotics, compliance, quality of life, and subjective tolerability. Are patients better off? *Canadian Journal of Psychiatry* **49**, 297–301

Barker S, Barron N, McFarland B, Bigelow D (1994) A community ability scale for chronically mentally ill clients: Part I. Reliability and validity. *Community Mental Health Journal* **30**, 363–83.

Barnes T (1989) A rating scale for drug–induced akathisia. *British Journal of Psychiatry* **154**, 672–6.

Bebbington P, Brugha T, Hill T, Marsden L, Window S (1999) Validation of the Health of the Nation Outcome Scales. *British Journal of Psychiatry* **174**, 389–94.

Bellack A, Green M, Cook *et al.* (2006) Assessment of community functioning in people with schizophrenia and other severe mental illness: a White Paper based on an NIMH-sponsored workshop. *Schizophrenia Bulletin* **33**, 805–22.

Birchwood M, Smith J, Drury V, Healy J, Macmillian F, Slade M (1994) A self-report Insight Scale for psychosis: reliability, validity and sensitivity to change. *Acta Psychiatrica Scandinavica* **89**, 62–7.

Coombs T, Deane F, Lambert G, Griffiths R (2003) What influences patient medication adherence? Mental health nurse perspectives' and a need for education and training. *International Journal of Mental Health Nursing* **12**, 148–52.

Corbiere M, Crocker A, Lesage B, Latimer E, Ricard N, Mercier C (2002) Factor structure of the Multnomah Community Ability Scale. *Journal of Nervous and Mental Disease* **190**, 399–406.

Day JC, Wood G, Dewey M Bentall R (1995) A self-rating scale for measuring neuroleptic side effects. Validation in a group of schizophrenic. *British Journal of Psychiatry* **166**, 650–3.

Evenson RC, Boyd MA (1993) The St Louis Inventory of Community Living Skills. *Psychosocial Rehabilitation Journal* **17**, 93–7

Fitz D, Evenson RC (1995) A validity study of the St Louis Inventory of Community Living Skills. *Community Mental Health Journal* **31**, 369–77.

Gamble C, Brennan G (2006) Assessments: a rationale for choosing and using. In: Gamble C, Brennan G (eds) *Working With Serious Mental Illness. A Manual for Clinical Practice.* Elsevier: London, pp.111–31.

Hagan J Jones D (2005) Predicting drug efficacy in schizophrenia. *Schizophrenia Bulletin* **31**, 830–53.

Hampton M, Chafetz L (2002) Factors associated with residential placement in an assertive community treatment program. *Issues in Mental Health Nursing* **23**, 677–89.

Hogarty G, Ulrich R (1998) The limitations of antipsychotic medication on schizophrenia relapse and adjustment and the contributions of psychosocial treatment. *Journal of Psychiatric Research* **32**, 243–50.

Jaeger J, Berns S, Czobor P (2003) The Multidimensional Scale of Independent Functioning: a new instrument for measuring functional disability in psychiatric populations. *Schizophrenia Bulletin* **29**, 153–67

Kisely S, Campbell LA, Crossman D, Gleich S, Campbell J (2007) Are the Health of the Nation

Outcome Scales a valid and practical instrument to measure outcomes in North America? A three-site evaluation across Nova Scotia. *Community Mental Health Journal* **43**, 91–107

Mausbach T, Harvey P, Goldman S, Jeste D, Patterson T (2007) Development of a brief scale of everyday functioning in persons with serious mental illness. *Schizophrenia Bulletin* **33**, 1364–72.

McEvoy J (1998) The relationship between insight in psychosis and compliance with medications. In: Amador X, David A (eds) *Insight and Psychosis*. Oxford University Press: New York, pp.289–306.

Meehan T, Coombs S, Hatzipertou L, Catchpoole R (2006) Practitioner reactions to the introduction of routine outcome measurement in mental health. *Journal of Psychiatric Mental Health Nursing* **13**, 581–7.

Meehan T, Stedman T, Wallace J (201) Managing the side effects of antipsychotic medications: Consumer perceptions. Australasian Psychiatry 19, 74–77

Morrison P, Meehan T, Gaskill D, Lunney P, Collings P (2000) Enhancing case managers skills in the assessment and management of antipsychotic medication side-effects. *Australian and New Zealand Journal of Psychiatry* **34**, 814–21

Mueser K, Gingerich S (2006) *The Complete Family Guide to Schizophrenia. Helping Your Loved One Get the Most Out of Life*. Guilford Press: New York.

Patterson TL, Goldman S, McKibbin CL, Hughs T, Jeste DV (2001 UCSD Performance-based skills assessment: development of a new measure of everyday functioning for severely mentally ill adults. *Schizophrenia Bulletin* **27** 235–45.

Rosen A, Hadzi-Pavlovic D, Parker G (1989) The Life Skills Profile: a measure assessing function and disability. *Schizophrenia Bulletin* **15**, 325–37.

Simpson G, Angus J (1970) A rating scale for extrapyramedial side effects. *Acta Psychiatrica Scandinavica* **212**(Suppl), 11–19.

Trauer T (2001) Sympton severity and personal functioning among patients with schizophrenia discharged from long-term hospital care to the community. *Community Mental Health Journal* **37**, 145–55.

Trauer T, Duckmanton RA, Chui E (1995) The Life Skills Profile: a study of its psychometric properties. *Australian and New Zealand Journal of Psychiatry* **29**, 492–9.

Trauer T, Callaly T, Hantz P Little J, Shields R, Smith J (1999) Health of the Nation Outcome Scales. *British Journal of Psychiatry* **174**, 380–8.

Wallace C, Liberman R, Tauber R, Wallace J (2000) The Independent Living Skills Survey. *Schizophrenia Bulletin* **26**, 631–58.

Wing JL, Curtis RH, Beevor AS (1996) *HoNOS: Health of the Nation Outcome Scales. Report on Research and Development, July 1993–Dec 1995*. College Research Unit, Royal College of Psychiatrists: London.

World Health Organization (1973) *Report of the International Pilot Study of Schizophrenia*, vol 1. World Health Organization: Geneva.

재기, 역량강화, 강점의 평가

Tom Meehan & Frank P. Deane

샘은 자신의 장애 때문에 의기소침했다. 이는 그가 우울해서라기보다는 자신이 추구하고자 하는 삶에 대한 비전이 없고 질병을 극복하고 가치 있는 삶을 살아낼 수 있는 능력에 대한 자신감이 결여되었기 때문이다. 당신은 그를 재활에 참여하게 함으로써 더 큰 희망과 자기효능감을 증진하도록 도울 수 있을 것이라 생각했고, 이러한 영역에서 그가 진전을 이루고 있는지 샘과 함께 확인할 수 있는 방법을 찾고 있다.

앞서 두 장에서는 증상, 손상, 기능과 같은 장애의 요인들을 평가하는 데 있어 재활 현장 종사자를 위한 지침을 제공했다. 이러한 평가는 치료 계획 수립과 평가에 중요한 정보를 제공하는 반면 '수정'되어야 하는 개인의 '임상적' 양상과 증상, 기능적 결함 확인에 초점을 맞추는 경향이 있다. 내담자들은 임상적 결과에만 지나친 관심을 가지고 개인의 주관적 · 개인적 · '내적' 측면에 대한 이해에는 관심이 부족한 전통적 정신건강 서비스에 대해 비판적이었다(Glover, 2005).

Manual of Psychosocial Rehabilitation, First Edition. Edited by Robert King, Chris Lloyd, Tom Meehan, Frank P. Deane and David J. Kavanagh.

지난 20여 년 동안 정신장애를 가진 사람들과 내담자 옹호 집단은 재기, 강점, 역량 강화와 같은 더욱 광범위한 개념을 발전시켜왔고, 실제로 이러한 개념은 현재 정신건강 서비스 전달을 선도하는 비전이 되어 왔다(Deegan, 1996; Rapp & Goscha, 2006; Segal et al., 1995). 최근의 연구 결과에 따르면 이러한 영역에 초점을 맞추는 것이 정신과적 장애를 가지고 있는 사람들의 임상적 성과를 증진시키는 것으로 나타났다(Corrigan, 2006; Hasson-Ohayon et al., 2007; Rapp & Goscha, 2006).

재활 영역에서 일하는 실천가들에게는 내담자들과의 작업에서 이러한 영역의 평가를 포함하는 것이 점점 더 중요해지고 있다. 그러나 증상과 기능적 손상을 평가하는 데 다양하고 폭넓은 검사를 이용할 수 있는 것과 달리 역량강화와 강점 같은 영역을 평가하는 데 사용할 수 있는 표준화된 검사가 부족하다. 우리는 광범위한 문헌 검토를 통해 개인의 재기를 평가하는 데 사용할 수 있는 두 가지 검사, 역량강화에 대한 한 가지 검사, 강점을 평가하는 데 일반적으로 사용되는 두 가지 검사를 확인했다. 이러한 다섯 가지 검사는 유용성, 사용의 용이성, 간결성과 양호한 심리측정적 속성을 기초로 선택되었다(표 4.1).

재기

오늘날 '재기(recovery, 회복)'에 대한 강조는 정신장애를 가진 사람들의 삶의 경험으로부터 비롯하였다. 이들의 경험은 많은 사람들이 정신장애로 인한 어려움을 극복하여 만족스럽고 기여하는 삶을 살 수 있음을 나타낸다(Deegan, 1996). 이는 조현병과 같은 증상이 점진적으로 악화되는 경과를 따른다는 신념과 분명히 반대된다. 환자들의 재기 과정에서 나타나는 재기의 공통적인 주제들은 삶의 새로운 의미와 목적을 만들어내는 것, 자신의 장애에 대한 책임감을 갖는 것, 희망을 되찾는 것, 의미 있는 활동에 참여하는 것, 증상을 관리하는 것, 낙인을 극복하고 다른 사람들에게 지지받는 것을 포함한다(Davidson et al., 2005; Deegan, 1996). 정신건강의 맥락에서 재기란 반드시 '완치'를 의미하는 것은 아니며, 정신장애를 가진 사람들이 증상과 기능적 손상을 지속적으로 경험하더라도 장애의 부정적인 결과를 넘어 더 큰 자신감과 미래에 대한 희망을 성취

표 4.1 재기, 역량강화, 강점 검사

척도	검사 영역	구조	비용
재기(회복) 검사			
재기 평가 척도(RAS)	자신감과 희망 도움을 요청하려는 의지 목표 및 성공 지향 타인에 대한 신뢰 증상에 지배되지 않기	자기보고식 원검사(41문항) 간략형(24문항) 두 가지 모두 동일한 다섯 가지 영역을 측정	없음
질병관리 재기 척도(IMR)	개인적 목표 사회적 지지 물질 사용 기능 약물 순응도 대처 기술 의미 있는 활동에 참여	자기보고식 내담자와 실천가용 (각 15문항으로 구성)	없음
역량강화 검사			
의사결정 역량강화 척도	자기존중감과 자기효능감 힘과 무력감 지역사회 활동 낙관성과 미래에 대한 통제력 정당한 분노	28문항	없음 (Ohio site의 다른 검 사들과 함께 사용될 경우 약간의 사용료 발생)
강점 검사			
강점 사정 작업지	일상 생활 상황 재정/보험 직업/교육 사회적 지지, 건강 여가/오락 영성/문화	반구조화된 면담	없음 (자료책을 구매하여 사 본을 입수할 수 있음)
강점 사정 척도	인지, 평가 기술 방어, 대처 기제 기질적, 성향적 요인 대인관계 기술, 지원 외부 요인	38문항	없음

할 수 있음을 의미한다. 재기의 개념은 정신건강 서비스 영역에 새로운 접근법을 제공하며 대부분의 선진국에서 광범위하게 수용되고 있다(Anthony, 1993).

최근 재기의 다양한 측면을 평가하기 위해 개발된 많은 검사가 있지만, 이들은 (i) 정신장애를 가진 사람들의 관점에서 재기를 평가하는 도구, (ii) 정신건강 서비스/제공자의 재기 방향성을 평가하는 도구로 나누어지는 경향이 있다. 이 장에서 다루는 재기 검사들은 개인의 관점에서 보는 재기에 초점을 맞춘다. Burgess와 동료들(2011)이 최근에 수행한 재기 검사 도구에 대한 검토를 지침으로 검사를 선정하였다. 이들은 정신장애를 가진 내담자에게 일상적으로 사용하기에 적합한 검사를 선정하는 데 있어 엄격한 기준을 적용했다. 후보로 선정된 2개의 검사인 재기 평가 척도와 질병관리 재기 척도가 다음에 설명되어 있다. Burgess와 동료들(2011)이 적용한 기준에 따르면 개인적 재기와 관련된 영역을 평가하는 이 두 검사는 간결하고 내담자의 관점에 입각하고 있으며 일상적인 실무 환경에서 사용하기 적합하다. 이에 더하여 양호한 심리측정적 속성이 입증되었으며 내담자들이 쉽게 받아들일 수 있다.

재기 평가 척도

재기 평가 척도(Recovery Assessment Scale, RAS)는 Giffort와 동료들(1995)에 의해 미국에서 개발되었고, 현재 정신장애를 가진 사람들에게 가장 널리 사용되는 자기보고식 재기 척도다(Chiba et al., 2010). RAS는 심각하고 만성적인 정신장애를 가진 사람들의 재기 과정을 평가하기 위해 개발되었다. 현재 두 가지 유형의 검사를 사용할 수 있는데 원척도는 41문항으로 구성되어 있으며(Giffort et al., 1995), 간략형 척도는 24문항으로 구성되어 있다(Chiba et al., 2010; Corrigan et al., 2004).

두 검사 모두 정신장애를 가진 사람들의 경험에 기초하여 재기의 다섯 가지 영역을 평가한다. 모든 문항은 재기에 대한 양적 평가를 제공하기 위해 5점 척도('1 = 전혀 그렇지 않다', '5 = 매우 그렇다')로 측정한다. 전체 점수는 모든 문항의 점수를 더하여 계산한다(표 4.2). 높은 점수는 스스로 보고하는 재기 수준이 높음을 의미한다.

두 가지 유형의 검사 모두 채점이 쉽고 양호한 심리측정적 속성을 가진다(Chiba et al., 2010; Corrigan et al., 2004; McNaught et al., 2007). 선행연구에 따르면 14일 간격으로 이루어진 검사-재검사의 신뢰도가 $r=0.88$로 나타났으며, 역량강화 척도와의 수렴타당도가 확인되었다(Rogers et al., 1997). 이 검사는 내담자에 의해 실시되는 자기보고식 검사이며, 척도를 이용하는 사람이 특정한 훈련을 받을 필요는 없다. 24문항의 단축형 척도를 완료하는 데 5~10분이 소요되며 프로그램 평가와 치료 계획을 위한 귀중한 정보를 제공한다. 41문항으로 구성된 원척도의 요인 구조에 대한 정보는

표 4.2 재기 평가 척도의 예시

	전혀 그렇지 않다 (1)	거의 그렇지 않다(2)	보통이다(3)	거의 그렇다 (4)	매우 그렇다 (5)
나는 이루고 싶은 삶의 목표가 있다.	☐	☐	☐	☐	☐
내가 나아지는 데 있어서 가장 큰 책임은 나에게 있다.	☐	☐	☐	☐	☐

http://schizophreniabulletin.oxfordjournals.org/content/30/4/1005/.full.pdf에서 확인할 수 있다. 24문항의 원고(및 검사의 신뢰도와 타당도에 대한 정보)는 Chiba와 동료들(2010)의 논문에서 찾아볼 수 있다.

질병관리 재기 척도

질병관리 재기 척도(Illness Management and Recovery Scales, IMR; Mueser et al., 2004)는 장애의 관리와 치료 목표 달성 측면에서 환자의 발전 정도를 정량적으로 나타내기 위한 반복 가능한 검사로서 개발되었다. IMR 척도는 질병관리와 재기를 단일 구성요인으로 평가하기보다 다양한 영역을 고려한다(개인적 목표, 사회적 지지, 물질 남용, 기능, 약물 순응도, 대처 기술, 의미 있는 활동에의 참여). IMR 척도는 2개의 유형이 있어 재기를 실천가와 내담자의 관점 모두에서 평가할 수 있다(표 4.3). 각 유형은 15개의 문항/진술문으로 구성되며 5점 리커트 척도로(1~5점) 평가한다. 높은 점수는 자신이 보고하는 재기 수준이 높음을 나타낸다.

이 척도에 대해 제기할 수 있는 잠재적 비판은 전체 문항의 1/3이 손상과 연관된 전통적 임상적 구성 개념, 특히 약물 순응, 증상의 심각성, 기능 손상, 재발, 정신과 입원과 같은 내용을 측정하고 있다는 점이다.

역량강화

역량강화(empowerment)는 정신건강의 맥락에서 널리 사용되는 용어임에도 불구하고 그에 대한 이해는 부족한 실정이다(Corrigan, 2006). 역량강화는 개인이 정신건강뿐 아니라 직업, 주거, 관계 등 삶의 중요 영역에서 가지는 개인적 통제감의 수준으로 정의할 수 있다(Segal et al., 1995). 이것은 재기의 궁극적인 지향점이라 할 수 있는 자율성과도 밀접한 관련이 있다.

역량강화는 재활 현장에서 일하는 실천가들과 내담자 집단에 의해 광범위하게 논의되고 촉진되었다. 실제로 이는 심각한 정신장애를 가진 사람들을 위한 대부분의 재활 프로그램의 핵심 목표이고 더욱 광범위한 치료적·조직적 또는 지역사회적 관점에서 다뤄질 수 있다. 이는 자신의 치료에 관한 의사결정 과정이나 공공 정신건강 서비스 위원회의 의사결정에 참여하고 지역사회 정신건강 시민 단체에 참여하는 것과 같은 활동을 포함할 수 있다. 이러한 시각은 재기의 관점과 상당 부분 일치하며, 이를 측정할 수 있는 구체적인 척도가 존재한다(예 : 치료 역량강화; Hudon et al., 2010 참조). 하지만 여기에서는 개인적 수준에서 스스로의 삶에 대해 인지하는 통제감에 초점을 맞추어 역량강화를 평가할 것이다.

재기와 강점에 집중하는 것은 역량강화를 증진할 수 있기 때문에 역량강화는 강점과 재기중심 실천과 밀접하게 연관되어 있다. 하지만 정신건강 영역에서 역량강화 평가에 특화된 검사가 부족한 실정이다. Young과 Ensing(1999)에 의해 미국에서 개발된 의사결정 역량강화 척도는 하나의 예외가 될 수 있는데, 이 검사는 다음에 자세히 소개되어 있다.

표 4.3 질병관리 재기 척도

	1	2	3	4	5
내담자 검사 — 개인적 목표를 향한 발전					
지난 3개월간 나는…	개인적 목표가 없었다.	개인적 목표가 있었지만 목표를 이루기 위해 아무것도 하지 않았다.	개인적 목표가 있었지만 목표를 이루기 위해 한 일이 적다.	개인적 목표가 있었으며 목표를 이루기 위해 많은 것을 했다.	개인적 목표가 있었고 목표를 달성했다.
정보 제공자/실천가 검사 — 개인적 목표를 향한 발전					
내담자와 가장 잘 맞는 항목을 선택하세요. 과거 3달 동안 그/그녀는…	개인적 목표가 없었다.	개인적 목표가 있었지만 목표를 이루기 위해 아무것도 하지 않았다.	개인적 목표가 있었지만 목표를 이루기 위해 한 일이 적다.	개인적 목표가 있었으며 목표를 이루기 위해 많은 것을 했다.	개인적 목표가 있었고 목표를 달성했다.

표 4.4　의사결정 역량강화 척도 문항/구성과 채점 예시

각 문항을 자세히 읽고 각 일치/불일치하는 정도를 다음 상자에 표시해 주세요.	전혀 그렇지 않다 (1)	그렇지 않다 (2)	그렇다(3)	매우 그렇다 (4)
나는 보통 시작한 일을 잘 완수한다.	☐	☐	☐	☐
나는 내 삶에 일어날 일들에 대해 많은 결정권을 가지고 있다.	☐	☐	☐	☐

의사결정 역량강화 척도

일반적으로 역량강화 척도라 부르는 의사결정 역량강화 척도(Making Decisions Empowerment Scale)는 학자와 연구자들의 도움을 받아 정신보건 내담자 집단이 개발하였다(Rogers et al., 1997). 이 검사는 내담자의 역량강화와 관련된 5개 영역의 28개 문항으로 구성되어 있다. 문항들은 '중간' 보기가 없는 4점 리커트식 척도('1 = 전혀 그렇지 않다' ~ '4 = 매우 그렇다')로 평가된다(표 4.4). 각 문항의 점수를 합산하고 평균을 산출하여 각 영역과 전체 척도 점수를 제시한다. 점수가 높을수록 인지된 역량강화 수준이 높다는 것을 의미한다. 척도의 신뢰도 계수는 0.73~0.85이다(Strack et al., 2007).

2003년 이후로 Ohio Department of Mental Health에서는 내담자의 성과를 평가하는 검사로서 의사결정 역량강화 척도를 사용하고 있다. 이 척도는 www.mh.state.oh.us/assets/client-outcomes/instruments/english-adult-client.pdf에서 얻을 수 있다(역량강화 척도를 구성하는 문항을 확인하려면 영역 4 참조).

채점과 기준에 대한 정보는 http://www.mh.state.oh.us/oper/outcomes/outcomes.index.html을 통해 얻을 수 있다.

강점

정신장애를 가진 사람들에 대한 전통적인 평가는 증상, 문제 행동, 손상을 확인하는데 집중하는 경향이 있다. 이러한 문제중심 접근은 수년간 장애의 증상과 분투하며 자존감과 자신감의 문제를 빈번하게 경험하는 내담자들에게 부정적인 영향을 미칠 수 있

다. 더욱이 문제중심 접근은 종종 내담자의 재능이나 능력과 같은 긍정적 측면을 고려하지 못한다(Glover, 2005; Tedeschi & Kilmer, 2005). 이에 반해 '강점' 접근은 개인이 자신의 성공뿐 아니라 문제에서도 배울 수 있다는 점을 시사한다. 따라서 이 접근법은 내담자의 능력과 강점으로 기능의 결함을 보완하려 노력한다(Rapp & Goscha, 2006).

강점(strengths)의 정의는 매우 포괄적이고 다른 사람과의 비교보다는 개인의 능력에 관한 것이다. 그러므로 내담자에게 강점의 개념에 대해 알려줄 때 우리는 강점을 그들이 가지고 있는 '자산', 즉 그들이 삶의 어려움에 대처하고 자신이 원하는 삶을 살 수 있도록 도와주는 모든 것이라고 소개한다. 또한 기술과 능력뿐 아니라 그들이 가진 태도와 가치 또한 강점에 포함된다. 강점을 확인하기 위해 내담자와 함께 작업하는 것은 재기 과정에서 내담자가 활용할 수 있는 자원에 대한 실천가의 이해를 도울 것이다.

실제로 강점 관점은 내담자들이 목표를 달성하기 위해 그들의 기술, 지식, 재능, 경험을 사용하도록 돕는 것을 목적으로 한다. 이러한 요소들을 평가하는 것이 간단해 보이지만 사실상 어려운 작업이다(Cowger, 1994). 많은 내담자들은 그들의 강점을 인식하지 못한다. 오랫동안 그들은 문제나 결함에 초점을 맞춰왔거나 강점을 '어떤 영역에서 뛰어난 것'으로 오해했기 때문이다. 그 결과 내담자들의 시야를 넓히기 위해 평가 과정의 일부로서 강점의 의미에 대해(무엇이 강점으로 고려될 수 있는지) 논의하는 것은 종종 유용하다. 그리고 난 후 내담자와의 협력을 기반으로 대처, 적응 유연성과 관련된 특성을 이끌어내는 체계적 접근이 요구된다(McQuaide & Ehrenreich, 1997).

강점의 평가는 (i) 비구조화된 질적 평가와 (ii) 구조화된 양적 접근을 통해 이루어진다. 가장 널리 사용되는 질적 접근법은 Rapp와 Goscha(2006)에 의해 개발된 강점 사정 작업지다. 척도와 설문지를 포함한 양적 접근법 또한 널리 사용된다. 여기에서 우리는 강점 사정 척도 또한 논의할 것이다(McQuaide & Ehrenreich, 1997).

강점 사정 작업지

강점 사정 작업지(Strengths Assessment Worksheet)는 실천가와 내담자가 개인이 가진 다양한 강점을 기록하고 조직화하는 것을 도울 수 있도록 만들어졌다. 작업지는 내담자와의 반구조화된 면담을 통해 완성한다. 대화를 통해 일곱 가지 영역(일상생활, 재정/보험, 직업/교육, 사회적 지지, 건강, 여가/오락, 영성/문화)에 대한 정보를 수집한다. 이 정보는 현재의 상태, 욕구/열망, 자원의 세 가지 핵심 영역으로 나누어 기록된다(표 4.5).

작업지의 가운데 열은 '내가 원하는 것은 무엇인가?'에 대해 묻는다. 이는 재활 작업의 핵심이며 내담자의 꿈과 열망을 분명히 표현하는 것은 재기로 나아가는 데 매우 중요하다. 작업지의 이 부분은 종종 근본적인 가치와 연관되는데, 잠재적 강점의 풍부한 원천이 될 수 있다. 예를 들어 친구가 더 많았으면 좋겠고 자신은 사람들과의 관계를 중시한다고 이야기한다면 중요한 '관계'가 어떤 것인지, 관계를 무엇으로/어떻게 형성하는지 즉각적으로 탐색할 수 있을 것이다. 이는 유머, 믿음직함, 좋은 경청자가 되는 것, 충실함, 친절함, 인내 등과 같은 잠재적 강점을 포함할 수 있다. 작업지의 가운데 열로부터 우선순위 목록을 추출할 수 있고 선택한 목표에 따라 작업을 시작할 수 있다.

작업지를 완성하는 데 필요한 정보를 얻기 위해서는 상당한 시간과 여러 번의 만남이 필요할 것이다. 평가의 목적은 단순히 당신이 알고 싶어 하는 것에 대한 내담자의 생각을 아는 것이 아니라 내담자에게 진실하고 의미 있는 정보를 얻는 것이다. 시간이 지날수록 강점은 분명하게 드러나고 작업지는 채워질 것이다. 처음 이 도구를 실시할 때는 세부적인 내용이 부족해 보일 수 있지만 내담자의 참여도가 증가할수록 내용이 더욱 구체적이고 완전해질 것이다.

실제로 우리는 자신의 강점을 자연스럽게 떠올리는 데 어려움을 겪는 내담자를 발견했고 내담자가 자신의 강점을 더 잘 인식할 수 있도록 하는 데 유용한 몇 가지 전략을 고안했다. 먼저 우리는 그들이 하루를 어떻게 보내는지, '좋은' 날에는 무엇을 했는지 물었다. 그들이 주 중의 특정한 하루를 떠올려 보도록 하는 것이 도움이 된다. 그날 그들이 무엇을 했으며 무엇이 그날의 '긍정적' 경험에 기여했는지 물어보는 것이 강점을

표 4.5 강점 사정 작업지의 예시

현재 상황 (현재 나의 강점은 무엇인가?)	개인의 욕구/열망 (내가 원하는 것은 무엇인가?)	개인적·사회적 자원 (내가 이전에 사용한 강점은 무엇인가?)
일상 생활 상황 여기에 강점을 기록하시오.	여기에 욕구를 기록하시오.	여기에 과거에 사용했던 강점을 기록하시오.

드러내는 데 도움이 된다. 만일 강점을 찾는 것을 여전히 어려워한다면 강점 목록을 제공하는 것이 도움이 된다. 왜냐하면 어떤 사람들에게는 강점을 보고 깨닫는 것이 생각해내는 것보다 쉽기 때문이다. 대안으로 강점을 밝히는 데 도움이 되는 구체적인 질문들이 있다(예 : '다른 사람이 당신을 어떻게 설명하길 원하는가?', '당신은 무엇이 가장 자랑스러운가?').

숫자로 점수를 표시하는 대부분의 척도 검사와 달리 강점 사정 작업지는 문자적인 정보를 제공한다. 이 척도는 시간에 의한 내담자의 변화를 측정하는 데 유용한 편은 아니다. 하지만 이 장에서 살펴본 다른 척도(예 : 재기 평가 척도, 역량강화 척도)를 강점 사정 작업지와 함께 사용함으로써 변화의 추이를 관찰할 수 있다.

이 검사의 원고와 개발에 대한 정보는 Rapp과 Goscha의 논문(2006)을 통해 확인할 수 있다.

강점 사정 척도

강점 사정 척도(Strengths Self-Assessment Questionnaire)는 미국의 McQuaide와 Ehrenreich(1997)에 의해 개발되었다. 저자들은 정신장애를 가진 개인의 '강점'과 연관된 특징을 찾기 위해 문헌 연구를 수행했다. 광범위한 특징들이 도출되었고, 이들 특징을 인지, 평가 기술, 방어 및 대처, 기질적/성향적 요인, 대인관계 기술과 지지, 외부요인의 다섯 가지 영역으로 구분하였다. 그리고 이러한 각각의 영역을 대표하는 핵심 진술을 사용하여 자기보고식 검사를 개발하였다(표 4.6).

이 검사가 38문항으로 구성되어 있음에도 불구하고 인지적 능력과 통제 소제 등의 어떤 영역들은 포함되지 않았다. 이는 척도 개발자들이 다른 방법을 통해 이러한 영역을 더욱 잘 측정할 수 있을 것으로 생각했기 때문이다. 또한 개발자들은 이러한 영역을 측정하기 위해 필요한 문항들을 포함할 경우 척도가 지나치게 길고 다루기 어려워질 수 있다는 점 또한 고려했다. 38개 문항은 5점 척도로 구성되어 있으며 내담자가 직접 평가한다('매우 그렇다'~'전혀 그렇지 않다'). 강점 사정 척도는 임상적 도구이며 심리 측정적으로 타당화된 도구가 아님을 주의해야 한다. McQuaide와 Ehrenreich(1997)에 의해 알려진 바에 따르면 이 도구는 "내담자와 실천가에게 인지된 강점 영역을 알리기

표 4.6 강점 사정 척도의 문항과 구성 예시

	전혀 그렇지 않다(1)	그렇지 않다(2)	보통(3)	그렇다(4)	매우 그렇다(5)
4. 나는 문제에 관여하여 이를 해결하기 위한 계획을 세울 수 있다.	☐	☐	☐	☐	☐
14. 나의 유머 감각은 스트레스 상황을 다루는 데 도움이 된다.	☐	☐	☐	☐	☐

위해서"(p. 208) 고안된 것이다. 이 척도의 원고와 개발에 대한 정보는 McQuaide와 Ehrenreich(1997)의 논문에서 찾아볼 수 있다.

샘 : 재기, 역량강화, 강점의 사정

샘은 약물 치료에 잘 따랐고 그의 증상(환각과 망상)은 안정되었다. 하지만 그는 계속적으로 장애가 어떻게 그의 삶을 망치는지에 집중하는 것으로 보였고, 자신이 절대로 가치 있는 일을 성취할 수 없을 것이라고 믿었다. 당신은 강점 사정을 통해 샘이 지금까지 명확하지 않았던 삶의 긍정적인 측면을 인식하는 데 도움을 줄 수 있을 것이라고 생각해서 강점 사정 작업지를 이용하여 강점을 사정하기로 결정했다(Rapp, 1998). 당신은 반구조화된 면담을 실시하였고 몇 번의 방문을 통해 작업지를 완성하였다. 면담 동안 샘은 예전에 음악을 좋아했으며 학교에서 기타를 연주했다고 이야기했다. 그는 기타를 다시 연주하고 싶다고 말했고, 당신의 도움을 통해 기타의 가격, 수업을 받을 수 있는 곳, 지역의 음악 그룹 등을 확인하기와 같은 목표를 세웠다. 평가를 통해 음악에 대한 흥미, 연습할 때의 집중력, 좋은 음감이 강점으로 확인되었다. 또한 연습할 때 편안함과 침착함을 느꼈고 스트레스를 덜 받았다는 샘의 기억을 통해 추가적인 강점과 자원을 알 수 있었다. 기타 연주와 관련된 목표를 요약하여 작업지의 '여가' 영역에도 기록하였다. 이렇듯 다른 영역들에서도 많은 목표를 확인하였으며, 이 목표를 성취하기 위한 샘의 발전을 정기적으로 관찰할 것이다.

샘은 그가 발견한 목표를 성취할 수 있다는 것에 긍정적인 감정을 가졌지만 당신은 그의 낮은 자존감이 목표 달성을 위한 능력에 영향을 미치지 않을까 염려하였다. 당신은 이런 점에 대해 샘과 이야기했으며 그는 의사결정 역량강화 척도(Rogers et al., 1997)를 실시하는 것에 동의했다. 이 척도는 역량강화의 다섯 가지 영역에 대한 통찰을 제공했고, 요약된 자료는 샘이 낙관성과 미래에 대한 통제감 영역에서 유의미하게 낮은 점수를 획득했음을 나타냈다. 낮은 평균 점수를 획득한 영역은 샘의 치료 계획에 반영될 것이고 관심의 초점이 될 것이다. 또한 이러한 영역에서 변화를 만들어낼 수 있는 스스로의 능력에 대한 인식을 향상시키기 위해 추가적인 노력이 필요할 것이다.

샘은 강점 사정을 통해 설정한 목표를 달성하는 과정에 진전을 보이고 있다. 그는 역량강화 척도를 이용한 최근 평가에서 높은 점수를 얻었고, 이는 삶에 대한 통제감이 증가되었음을 시사했다. 그다음 주에 당신은 샘에게 간략형 재기 평가 척도(Chiba et al., 2010; Corrigan et al., 2004)를 실시하도록 요청했다. 검사 결과를 통해 다른 네 가지 하위 척도에 비해 '개인적 자신감' 하위 척도의 점수가 유의미하게 낮은 것을 발견했고, 이는 이전에 역량강화 척도를 이용한 검사에서 얻은 결과와 일치했다. 샘의 자신감과 자기효능감을 증진하는 것은 재활 계획의 핵심적인 요소가 될 것이다.

샘은 중고 기타를 구입했다. 그는 발전이 느린 것에 좌절하기도 했지만 기타 연습을 꾸준히 즐겼다. 또한 샘은 '스트레스를 느낄 때' 더욱 의도적으로 기타를 연주하기 시작했으며 이것이 '마음을 다스리는 데' 도움이 되었다고 말했다.

요약

재활 영역에서 일하는 사람들이 샘과 같은 내담자를 만날 때 다양한 검사의 사용을 고려할 필요가 있다는 것이 점점 분명해지고 있다. 우리는 이용 가능한 검사가 제한적인 상황에서 재기, 역량강화, 강점을 사정하는 데 사용될 수 있는 몇 가지 검사와 전략들을 확인했다. 그러나 이러한 검사 도구들이 각각 상이한 발전 단계에 있음을 주의해야 한다. 규준 자료 등의 관점에서는 아직 이용할 수 있는 자료가 없다. 하지만 앞서 살펴본 검사들을 사용하는 데 있어 규준 자료가 필수적인 것은 아니다. 왜냐하면 이 검사들은 시간의 경과에 따라 변화할 수 있는 내담자의 고유한 역량과 잠재력을 알아내기 위해 개별화된 검사이기 때문이다.

샘의 사례에서처럼 이 장에서 논의된 검사를 사용하여 개인이 미래의 목표와 이를 성취하기 위한 자신의 능력에 대해 어떠한 시각을 가지는지 파악할 수 있도록 귀중한 통찰을 얻을 수 있을 것이다. 이를 통해 얻은 정보는 재활 프로그램을 계획하고 목표를 설정할 때 활용할 수 있다. 이러한 영역을 평가하는 과정에 내담자를 참여시키는 것은 역량강화와 강점이 재기를 향한 여정의 중요한 측면임을 명확히 하는 것이다. 개인이 '할 수 없는 것들'에 주목하기보다 강점과 같은 영역을 평가하는 과정이 내담자가 자신의 긍정적인 측면을 발견하는 데 도움이 될 것이다. 이러한 훈련은 내담자가 장애의 부정적인 측면과 싸우고 미래에 대한 희망을 가질 수 있도록 한다.

참고문헌

Anthony W (1993) Recovery from mental illness: the guiding vision of the mental health service system in the 1990s. *Psychosocial Rehabilitation Journal* **12**, 55–81

Burgess P, Pirkis J, Coombs T, Rosen A (2011) Assessing the value of existing recovery measures for routine use in Australian mental health services. *Australian and New Zealand Journal of Psychiatry* **45**, 267–80.

Chiba R, Miyamoto Y, Kawakami N (2010) Reliability and validity of the Japanese version of the Recovery Assessment Scale (RAS) for people with chronic mental illness: scale development. *International Journal of Nursing Studies* **47**, 314–22.

Corrigan P (2006) Impact of client operated services on empowerment and recovery of people with psychiatric disabilities. *Psychiatric Services* **57** 1493–6.

Corrigan P, Salzer M, Ralph R, Sangster Y, Keck L (2004) Examining the factor structure of the Recovery Assessment Scale. *Schizophrenia Bulletin* **30**, 1035–41

Cowger C (1994) Assessing client strengths: clinical assessment for empowerment. *Social Work* **39**, 262–8.

Davidson L, Sells D, Sangster S, O'Connell M (2005) Qualitative studies of recovery: what can we learn from the person? In: Corrigan P, Ralph R (eds) *Recovery in Mental Illness. Broadening Our Understanding*. American Psychological Society· Washington, DC, pp.147–70.

Deegan P (1996) Recovery as a journey of the heart. *Psychiatric Rehabilitation Journal* **19**, 91–7

Giffort D, Schmook A, Woody C, Vollendorf C, Gervain M (1995) *Recovery Assessment Scale*. Illinois Department of Mental Health: Chicago, IL.

Glover H (2005) Recovery based service delivery· are we ready to transform the words into a paradigm shift? *Australian e-Journal for the Advancement of Mental Health* **4**, 1–4.

Hasson-Ohayon I, Roe D, Kravetz S (2007) A randomised controlled trial of the effectiveness of the Illness Management and Recovery Program. *Psychiatric Services* **58**, 1461–6.

Hudon C, St-Cyr Tribble D, Legare F, Bravo G, Fortin M, Almirall J (2010) Assessing enablement in clinical practice: a systematic review of available instruments. *Journal of Evaluation in Clinical Practice* **16**, 1301–8.

McNaught M, Caputi P, Oades L, Deane F (2007) Testing the validity of the Recovery Assessment Scale using an Australian sample. *Australian and New Zealand Journal of Psychiatry* **41**, 450–7

McQuaide S, Ehrenreich J (1997) Assessing client strengths. *Families in Society* **78**, 201–12.

Mueser K, Gingerich S, Salyers M, McGuire A, Reyes R, Cunningham H (2004) *The Illness Management and Recovery (IMR) Scales Client and Practitioner Versions)*. Dartmouth Psychiatric Research Center: Concord, NH.

Rapp C (1998) *The Strengths Model: Case Management with People Suffering from Severe and Persistent Mental Illness*. Oxford University Press: London.

Rapp C, Goscha R (2006) *The Strengths Model: Case Management with People with Psychiatric Disabilities*, 2nd edn. Oxford University Press: Oxford.

Rogers ES, Chamberlin J, Ellison ML, Crean T (1997) A client-constructed scale to measure empowerment among users of mental health services. *Psychiatric Services* **48**, 1042–7

Segal S, Silverman C, Temkin T (1995) Measuring empowerment in client-run self-help agencies. *Community Mental Health Journal* **31**, 215–27

Strack K, Deal W Schlenberg S (2007) Coercion and empowerment in the treatment of individuals with serious mental illness. A preliminary investigation. *Psychological Services* **4**, 96–106.

Tedeschi R, Kilmer R (2005) Assessing strengths, resilience and growth to guide clinical interventions. *Professional Psychology* **36**, 230–7

Young SL, Ensing DS (1999) Exploring recovery from the perspective of people with psychiatric disabilities. *Psychiatric Rehabilitation Journal* **22**, 219–31

삶의 질과 돌봄에 대한 인식 사정

Tom Meehan & William Brennan

당신은 샘과 심각한 정신장애를 가진 집단을 재활 프로그램에 참여시켰다. 당신은 그들이 프로그램을 가치 있게 여기고, 이것이 그들 삶의 질적 측면에 긍정적으로 기여하기를 바랐다. 또한 내담자들이 프로그램을 어떻게 경험하는지에 대해 신뢰성 있는 피드백을 제공하는 검사와 삶의 질에서의 변화를 관찰할 수 있는 방법을 찾고 있다.

증상과 장애가 샘과 같은 개인의 삶에 계속해서 영향을 미치겠지만 삶의 질에 대한 개인의 인식은 시간이 지남에 따라 변화하게 될 것이다. 실제로 심각하고 만성적인 정신장애를 가진 사람들을 대상으로 한 재활 서비스의 궁극적인 목표는 삶의 질 향상이다 (Oliver et al., 1996). 그러나 전통적인 검사는 일반적으로 정신장애인의 증상과 손상에 기초하여 최종 상태를 측정한다. 물론 이러한 지표들도 중요하지만 주거 상태, 재정, 고용, 신체적 건강, 여가, 사회적 관계 등과 같은 광범위한 삶의 질을 충분히 고려하지 못하며 제한적인 경향이 있다. 그러므로 정신장애를 가진 사람들을 대상으로 한

Manual of Psychosocial Rehabilitation, First Edition. Edited by Robert King, Chris Lloyd, Tom Meehan, Frank P. Deane and David J. Kavanagh.

검사에서는 증상과 기능에 더하여 삶의 질과 만족도는 반드시 고려되어야 한다.

정신건강 분야에서 삶의 질을 측정할 때 어떠한 요인들이 고려되어야 하는지에 대해서는 합의가 부족한 실정인데, 그럼에도 불구하고 삶의 질은 다차원적인 개념이며 앞서 열거된 영역의 평가를 포함해야 한다는 것이 일반적으로 받아들여지는 사실이다. 더욱이 삶의 질에 대한 평가는 개인이 사용해야만 하는 돈의 액수와 같은 객관적 요소와 개인이 사용해야 하는 돈의 액수에 대해 어떻게 느끼는가와 같은 주관적 요소 모두를 포함해야 한다. 우리는 이 장에서 앞서 언급한 기준을 만족시키는 삶의 질 검사에 초점을 맞출 것이다. 더 나아가 이 장에 선정된 검사들은 심각한 정신장애를 가진 내담자들(예 : 위스콘신 삶의 질 지표, 삶의 질 자기 사정 도구)과 결핍 증상을 보이는 내담자들에게 유용하다는 사실이 밝혀져 왔다(예 : 삶의 질 척도)(표 5.1).

제공되는 서비스에 대한 내담자의 만족도 또한 점점 중요해지고 있다. 서비스 만족도가 더 높은 내담자의 재활 결과가 더 좋다는 점에서 볼 때 만족도는 내담자의 재활 결과에 영향을 미치는 중요한 요인이라는 사실이 밝혀졌다(Ruggeri, 1994). 만족도를 측정하는 방법은 지난 20년 동안 점진적으로 발전하여 현재 정신건강을 포함한 다양한 건강 관련 현장에 다양한 검사가 존재한다. 이 장에서 논의하는 검사들은 면담(일상 활동 만족도 검사) 또는 자기보고(입원 환자용 만족도 검사, 베로나 서비스 만족도 검사)를 통해 실시될 수 있다. 더욱이 이 장에서 논의되는 검사들은 간단하고 채점이 쉬우며 적절한 심리측정적 속성을 가진다(표 5.1).

그 이외의 삶의 질과 만족도 검사 또한 이용 가능하지만 이들은 심각한 정신장애를 가진 사람들이 사용하기에는 너무 길거나 어려운 경향이 있다.

표 5.1 검사의 요약

척도	검사 영역		구조	비용
삶의 질 검사				
세계보건기구 삶의 질 척도 (WHOQOL Group, 1998)	신체적 심리적 사회적 관계 환경		자기보고식 또는 반구조화된 면담 (26문항)	비용 없음
삶의 질 자기 사정 도구 (Skantze et al., 1992)	주택 주거 환경 가정과 자기관리 지식과 교육 여가 신체적 건강	접촉 일 내적 경험 지역사회 서비스 의존	내담자에 의한 자기보고 식(100문항)	비용 없음
위스콘신 삶의 질 지표 (W-QLI) (Becker et al., 1993)	삶의 만족도 직업적 활동 심리적 안녕감 신체적 건강 사회적 관계	재정 일상생활 활동 증상 환자가 가진 목표	세 가지 유형 • 내담자(42문항) • 돌봄제공자/가족 　(28문항) • 실천가(68문항)	비용 없음
삶의 질 척도(QLS) (Heinrichs et al., 1984)	심리내적 기반 대인관계 도구적 역할 범주 일반적 목표와 활동		내담자와의 반구조화된 면담(21문항)	비용 없음
만족도 검사				
일상 활동 만족도 검사(SDO) (Eklund, 2004)	직업 여가 가사 일 자기관리		내담자와의 면담 (9문항)	비용 없음
입원 환자용 만족도 검사 (IESQ) (Meehan et al., 2002)	직원-환자 협력 치료 병원 환경		자기보고식 또는 돌봄 제공자/실천가의 도움(22문항)	비용 없음
베로나 서비스 만족도 검사-유럽판(Ruggeri et al., 2000)	전반적 만족도 전문 기술과 행동 정보 접근성 효율성 개입의 종류 가족의 개입		자기보고식 또는 실천가 의 도움(54문항)	허가 필요

삶의 질

앞서 개괄했듯이 한 사람의 삶의 질을 개선하는 것은 재활의 중요한 요소다. 심각한 장애를 가진 많은 사람들에게 완전한 기능의 회복은 불가능할 수도 있다. 그러나 장애라는 한계 안에서도 풍성하고 만족스러운 삶을 살 수 있도록 하는 것이 많은 정신장애인들의 현실적인 목표가 될 것이다. 다음에서 우리는 심각하고 만성적인 정신장애를 가진 내담자들을 대상으로 사용할 수 있는 네 가지 삶의 질 검사에 대해 살펴볼 것이다.

간편형 세계보건기구 삶의 질 척도

최초의 세계보건기구 삶의 질 척도(World Health Organization Quality of Life, WHOQOL)는 일반적인 삶의 질 영역과 더불어 문화적 주제 또한 담아내고자 했던 다국적 집단에 의해 개발되었다(WHOQOL Group, 1998). 원검사는 100개의 문항을 포함하여 여섯 가지 삶의 질 영역을 측정한다(신체적 건강, 심리적 건강, 독립 수준, 사회적 관계, 환경, 영성). 최근에는 26문항의 간편형 검사(WHOQOL-BREF)가 개발되었다(Skevington et al., 2004). 26문항 검사는 네 가지 영역(신체적, 심리적, 사회적, 환경적)에서 측정을 제공한다. 각 문항은 내담자가 경험한 활동과 삶의 여러 측면의 만족도를 측정한다(상자 5.1).

WHOQOL-BREF는 자기보고(5분) 또는 검사자 면담(15~20분)을 통해 실시할 수 있다. 이 도구는 이해와 시행이 쉬운 반면 영역별 점수와 전체 점수를 계산하기 전 세 가지 문항(Q3, Q4, Q26)에 대한 역채점을 해야 하는 부분이 조금 복잡할 수 있다. 원점수는 0~100 척도로 변환된다. 함께 들어 있는 설명서를 참고하여 채점하도록 한다.

배스대학교가 영국판 WHO의 배포자다. 검사의 원고는 웹사이트를 통해 무료로 사용 가능하며, 사용자는 반드시 www.bath.ac.uk/whoqol/questionnaire/info.cfm에서 온라인 등록이 필요하다.

상자 5.1 WHOQOL-BREF : 예시

당신은 삶을 얼마나 즐기고 있습니까?	전혀 그렇지 않음	조금	보통	아주 많이	매우 그러함
당신의 건강 상태에 얼마나 만족합니까?	매우 불만족	불만족	보통	만족	매우 만족

위스콘신 삶의 질 지표

위스콘신 삶의 질 지표(Wisconsin Quality of Life Index, W-QLI)는 Becker와 동료들(1993)에 의해 미국에서 개발되었다. 이 검사는 심각하고 만성적인 정신장애를 가진 사람들에게 사용하기 위해 개발되었다는 점에서 정신건강 분야의 여타 다른 검사들과 다르다(Becker et al., 1993). 이 검사는 가장 포괄적인 검사 중 하나로 아홉 가지 삶의 질 영역을 포함하고, 3명의 중요 인물(내담자, 돌봄 제공자, 서비스 제공자)로부터의 평가를 제공한다. W-QLI는 -3점(최하)에서 3점(최고)으로 채점된다. W-QLI에서의 0점은 표적 집단의 평균 또는 규준 점수와 가까운 중간 범위 점수다. 각 영역은 만족도와 중요도 점수의 조합을 이용하여 각각 채점된다(상자 5.2). W-QLI 점수가 컴퓨터로 채점되면 각 영역의 점수를 기록한 한 장의 보고서가 나오게 된다. 치료를 통한 내담자의 목표가 축어록 형태로 나타나는데, 이는 내담자와 서비스 제공자가 불일치에 대해 논의하도록 돕고 추구해나갈 목표를 합의할 수 있도록 한다.

W-QLI는 심각한 정신장애를 가진 사람들의 삶의 질을 관찰하고 측정하기 위해 사용되는 검사 도구로서 자기보고식으로 실시되거나 실천가에 의해 실시될 수도 있다. 이 검사는 치료를 통한 내담자의 증진 목표를 기록하고 내담자가 소망하는 목표와 개선된 삶의 질을 성취하기 위해 내담자와 재활 현장 직원이 함께 작업할 수 있도록 고안되었다. 검사의 개발자들(Becker et al., 1993)은 검사의 사용을 통해 다음과 같은 점을 보고하였다.

- 내담자와 서비스 제공자는 현재 내담자의 삶의 질에 대한 이해를 증진시킬 것이다.
- 내담자는 치료에 있어 더욱 주도적인 역할을 하게 될 것이다.
- 내담자와 서비스 제공자 사이의 의사소통이 개선될 것이다.
- 내담자의 교육자로서 실천가의 역할이 향상될 것이다.
- 내담자의 삶의 질과 목표 성취를 향상시킬 것이고, 이는 역량강화로 이어질 것이다.

이 검사는 또한 내담자의 삶의 질에 대한 다양한 관점(내담자, 서비스 제공자, 돌봄 제공자)을 파악하는 장점이 있다. 각각의 평가 사이에 차이가 나타난다면 그 이유를 확인하기 위해 다양한 당사자들 간의 대화가 필요함을 나타낸다. 이것은 내담자와 서비스 제공자/돌봄 제공자의 치료적 동맹을 향상시키는 기회를 제공한다. 이 검사는 적절한 심리측정적 속성을 갖는 것으로 나타났다(Diaz et al., 1999; Sainfort et al., 1996).

앞서 열거한 장점에도 불구하고 이 검사는 상대적으로 길고(내담자용 검사를 완료하는 데 25분가량 소요) 상자 5.2에 나타나 있는 예시 문항과 같이 다양한 응답지를 사용하기 때문에 전화 인터뷰를 통해서 검사를 시행하기는 어렵다. 더군다나 앞서 검토한 다른 검사들보다 채점이 어렵지만 이를 도와주는 컴퓨터 프로그램을 이용할 수 있다.

W-QLI에 대한 일반적 정보는 http://wqli.fmhi.usf.edu에서 제공된다. 이 검사의 원고와 채점 설명서는 무료로 이용할 수 있으나 사용자는 저작권 동의에 서명해야 하고 검사의 지속적인 평가를 위해 익명으로 작성한 자료를 Becker 교수에게 제공해야 한다. Becker 교수의 이메일 주소는 becker@fmhi.usf.edu이다.

삶의 질 자기 사정 도구

삶의 질 자기 사정 도구(Quality of Life Self-Assessment Inventory, QLS-100)는 Skantze와 동료들(1992)에 의해 영국에서 개발되었고 11개의 삶의 질 영역으로 분류된 100개의 요인으로 구성된다. 예를 들어, '주택' 영역은 '규모, 조명, 난방, 온수, 식수, 주방, 화장실, 욕실/샤워실, 외관, 편안함, 사생활'과 같은 요인을 포함한다. 검사를 완료하기 위해서 개인은 자신이 삶에서 불만족스럽게 느끼는 영역/요인에 동그라미로 표시하면 된다(상자 5.3). 척도 점수를 구하기 위해 표시된 요인의 수를 전체 개수(100 개)에서 뺀다. 낮은 점수는 더 많은 항목이 표시되었다는 것을 나타내며, 이는 그 사람에게 주의를 필요로 하는 요인이 많다는 것, 다시 말해 삶의 질이 낮다는 것을 의미한다. 7일간의 검사-재검사 신뢰도는 $r = 0.88$로 높은 수준이다.

이 검사는 시행과 채점이 가장 쉬운 검사 중 하나다. 내담자가 불만족스럽다고 응답한 문항은 내담자와 관련된 사람들과 추후 논의할 주제가 될 수 있다. 상자 5.3에 나오는 예시를 보면, '의복' 항목에 동그라미로 표시했으며 이 영역이 내담자에게 불만족스러운 것으로 확인되었다. 그렇다면 의복 영역 중에서 어떠한 측면이 불만족스러운지, 이를 다루기 위해 어떤 개입이 필요한지를 확인하기 위해 내담자에게 추가적으로 질문할 것을 권장한다.

이러한 측정 방법은 개인 삶의 질 검사의 타당도를 극대화시키는 반면 개인 (그리고 서비스) 간 결과 비교를 어렵게 할 수 있다. 평가에 사용된 문항/영역은 정의되며, 이러한 정의는 개인에 따라 상이할 수 있기 때문이다. 예를 들어, 총점수 80점을 얻은 2명의 내담자는 검사에서 각기 다른 문항을 선택했을 것이므로 삶의 질에 영향을 미치는 요인에 대해 서로 다른 시각을 가지고 있을 것이다.

이 검사는 Skantze와 Malm(1994)의 저서에서 이용할 수 있다.

상자 5.3 삶의 질 자기 사정 도구(QLS-100)의 예시

현재 당신의 삶에서 불만족스럽다고 생각하는 문항에 동그라미로 표시해주세요.

예시 : 주택과 자기관리

　　쇼핑

　　음식과 식단

　　위생

　　（의복）

삶의 질 척도

삶의 질 척도(Quality of Life Scale, QLS)는 조현병을 가진 개인의 삶의 질/기능을 검사

하기 위해 미국에서 개발되었다(Heinrichs et al., 1984). 이 검사는 결핍/음성 증상의 평가에 초점을 두고 있기 때문에 조현병 집단에 특히 유용하다. QLS는 반구조화된 면담에 의해 수집된 정보를 바탕으로 하는 21문항(7점 척도로 측정되는 19문항과 5점 척도로 측정되는 2문항)으로 구성된다(상자 5.4). 면담자가 채점 판단을 내리는 데 이용할 만한 적절한 정보를 얻을 때까지 각 문항에 대해 질문할 것을 권장한다. 각 영역은 해당 영역의 채점에 필요한 정보를 이끌어내는 탐색적 질문을 포함한다(상자 5.4). 내담자로부터 얻어진 정보는 채점에 도움을 주지만 이 정보는 한 문항에만 활용할 수 있다. 하위 척도의 점수는 주어진 영역의 점수를 더한 후 그것을 문항 수로 나누어서 얻을 수 있다. 높은 점수는 높은 기능/삶의 질을 나타낸다.

상자 5.4   삶의 질 척도: 예시

이 문항은 동기의 부족으로 인해 목표 지향적 행동을 시작하거나 지속할 수 없는 정도를 측정하는 것입니다.

제시된 질문

당신은 목표를 달성하기 위해 어떤 노력을 했습니까? 최근에 목표를 달성하기 위해 한 일은 어떤 것입니까? 어떤 영역에서 무엇인가 하기를 원했지만 시간이 없어 하지 못했던 일이 있습니까? 얼마나 동기를 가졌습니까? 당신은 열정, 에너지, 동기가 많이 있습니까? 당신은 판에 박힌 생활을 하는 편입니까? 당신은 일을 미루는 편입니까?

0-동기의 부족

1-

2-삶에 필요한 기본적 필요는 충족시킬 수 있으나 동기의 부족이 새로운 성취와 발전에 상당한 손상을 끼침

3-

4-새로운 성취와 삶의 일상적 필요를 충족시킬 수 있으나 동기의 부족으로 인해 특정 영역에서 상당한 과소 성취가 발생함

5-

6-뚜렷한 동기 부족의 근거가 없음

이 검사는 21문항으로 구성되어 있지만 평가를 위해 내담자로부터 충분한 정보를 수집해야 하기 때문에 45분이 소요된다. 게다가 이 검사는 훈련받은 정신건강 실천가 또는 직원이 평가하도록 개발되었다. 입원 환자들에게는 적절하지 않지만 입원 시 입원 대상자들의 음성 증상과 기능을 측정하기 위해 사용될 수 있다. 이 검사는 좋은 검사

자 간 신뢰도를 가지며 리먼 삶의 질 검사용 면담(Lehman Quality of Life Interview; Lehman et al., 1993)과 좋은 수렴타당도를 가진다. 무료로 사용할 수 있으나 허가가 필요하며 다음의 연락처를 통해 얻을 수 있다.

Professor William T Carpenter

Maryland Psychiatric Research Center

PO Box 21247

Baltimore MD 21228, USA

이메일 : wcarpent@mprc.umaryland.edu

만족도

제공된 서비스에 대한 내담자의 인식은 현재 정신건강 서비스의 계획과 전달 및 평가를 위해 광범위하게 논의된다(Rey et al., 1999). 정신건강 영역에서 내담자의 참여 운동, 서비스 품질 보장 및 승인을 위한 자료 요구의 증가, 치료 결과 측정의 움직임으로 인해 만족도 조사의 이용이 증가해왔다(Parker et al., 1996). 내담자의 만족도를 측정하기 위해 일반적으로 합의가 이루어진 방법이 없음에도 보편적으로 내담자에 의한 자기보고식 질문지가 사용된다.

일상 활동 만족도 검사

일상 활동 만족도 검사(Satisfaction with Daily Occupations, SDO)는 스웨덴에서 개발되었으며, 네 가지 직업적 영역의 만족도와 관련된 아홉 문항으로 이루어져 있다(Eklund, 2004). 이는 직업(직업/재활/지역사회 활동 참여에 관한 네 가지 항목), 여가활동(조직적 활동과 독립적 활동에 관한 두 가지 항목), 집안일(가사 일, 보수/정원관리에 관한 두 가지 항목), 자기관리(한 가지 항목)를 포함한다. 평가는 내담자와의 반구조화된 면담을 통해 실시된다. 각 항목은 두 부분의 질문으로 구성된다. 첫 번째 부분은 내담자가 현재 목표 행동을 수행하고 있는지 아닌지에 대해 묻는다. 두 번째는 활동에 대한 내담자의 만족도를 7점 척도('1 = 최하'/'7 = 최고')로 평가한다(상자 5.5).

직업

문항 2. [내담자] 지난 두 달 동안 훈련이나 재활 활동에 참여하거나 공부를 해왔다.

네/아니요   만족도 점수를 기록하시오. _____ (1~7점)

자기관리

문항 9. [내담자] 매일 자기관리를 한다. (예 : 위생, 모발관리, 몸단장)

네/아니요   만족도 점수를 기록하시오. _____ (1~7점)

척도로부터 두 가지 점수를 얻을 수 있다. 한 가지는 내담자가 매일 활동에 참여하는 정도('네/아니요' 응답에 기초한다)이고 두 번째는 내담자의 만족도 점수(각 항목에 대한 1~7점 척도로 얻어진다)다. 전체적인 만족도 점수는 아홉 가지 척도의 항목 점수를 합산함으로써 구한다(0~63점 범위).

SDO는 간략한 반면 직업적 기능 중 가장 중요한 측면(직업, 여가, 집안일, 자기관리)에 관한 평가를 제공한다. 이 척도는 만족도와 수행을 평가하는 데 내담자를 참여시킨다는 점에서 유용하다. 또한 이 척도는 단순한 활동 수준(예 : 활동에 대한 내담자의 참여) 측정을 넘어서 각 활동에 대한 내담자의 만족도 점수를 알려준다. 그 결과 SDO는 재활 영역에서 내담자의 결과 측정 도구로 유용하게 사용될 수 있다. 그러나 시간에 따른 변화를 측정(변화에 대한 민감도)할 수 있도록 추가적인 개발이 요구된다. SDO는 외래환자 표본을 바탕으로 개발되었고, 입원 환자의 평가에 사용될 수 있는지는 불명확하다. 점수 해석이 요구될 때 SDO는 전문적으로 숙련된 재활/임상 전문가에 의해 가장 잘 해석될 수 있다. SDO 사용과 관련된 비용은 없지만 Eklund 교수에게 사용 허가를 받아야 한다.

Professor Mona Eklund

Professor of Occupational Therapy

Department of Health Sciences

Lund University

PO Box 157, SE-221 00

Lund, Sweden

이메일 : mona.eklund@med.lu.se

입원 환자용 만족도 검사

입원 환자용 만족도 검사(Inpatient Evaluation of Service Questionnaire, IESQ)는 입원 환자에게 간략한 만족도 조사를 제공하기 위한 목적으로 오스트레일리아에서 개발되었다(Meehan et al., 2002). 표적 집단 토의와 입원 치료를 받고 퇴원한 내담자와의 개인 면담을 통해 얻은 예비 문항을 바탕으로 검사 문항을 선정하였다. 질문지의 본문 22 문항은 Ware와 Hays(1988)가 고안한 'E5' 응답 형식(부족, 양호, 좋음, 매우 좋음, 탁월함)을 이용한 5점 척도로 측정된다. 이러한 응답 방식은 가장 긍정적인 보기에서부터 아주 큰 변산성을 나타낸다(표 5.2). 또한 검사의 22문항은 직원-환자 동맹(staff-patient alliance), 치료(treatment), 환경(environment)의 세 가지 영역으로 구분할 수 있다. 세 요인의 내적 일관성 신뢰도 Cronbach's alpha = 0.78~0.93으로 나타났다.

주요 문항 22개에 더하여 두 가지 추가 문항('유사한 문제를 가진 친구에게 병원 방문을 권유한다', '미래에 유사한 문제가 생긴다면 병원으로 되돌아올 생각이 있다')이 행동 의도를 측정할 수 있다. 마지막으로 두 가지 열린 질문은 환자들이 자신의 병원 생활에 대해 '가장 좋음'과 '가장 좋지 않음'의 질적 피드백을 제공할 수 있도록 한다.

IESQ는 현재 존재하는 만족도 검사의 단점을 보완하여 사용하기 쉽고 간략한 검사 도구를 제공하기 위해 개발되었다. 이 검사는 광범위한 입원 문제를 다루고 사용된 단어가 쉬우며 채점이 쉽고 환자가 독립적으로 완료할 수 있게 개발되었다. 만족도에 관

표 5.2 입원 환자용 만족도 검사 : 예시

잠시 당신의 병원 생활을 생각해본 후 다음의 문항을 평가해주세요.	부족	양호	좋음	매우 좋음	탁월함	불확실
1. 당신이 병원에 대해 얻은 실질적 **정보** (예 : 식사시간, 흡연 방침, 비용 문제 등)	☐	☐	☐	☐	☐	☐
11. 당신의 걱정과 염려에 대해 직원이 보인 **관심**	☐	☐	☐	☐	☐	☐

한 많은 요소를 측정할 수 있고 실시 시간은 5분도 채 소요되지 않는다. 또한 이 검사는 입원 중에 일어나는 내담자의 변화를 감지할 수 있다(Cleary et al., 2003). 검사의 원고와 점수에 대한 정보는 이메일을 통해 Tom Meehan 박사로부터 얻을 수 있다(이메일 : Thomas_Meehan@health.qld.gov.au).

베로나 서비스 만족도 검사(유럽판)

베로나 서비스 만족도 검사(유럽판)(Verona Service Satisfaction Scale-European Version, VSSS-EU)는 최초 Ruggeri와 Dall'Agnola(1993)에 의해 개발된 84문항의 검사로부터 만들어졌다. 이 검사의 54문항은 일곱 가지 영역을 측정하는데, 이는 입원과 지역사회 정신건강 서비스에 대한 만족감과 관련된 요소들을 포함한다. 문항 1~40은 5점 척도로 측정된다('1 = 최하'~'5 = 최상'). 41~54번의 각 문항은 구체적인 개입을 제공받는지, 그 개입에 개인적으로 만족하는지, 만일 개입을 받지 않았다면 그러한 개입을 받고 싶은지에 대한 세 가지 질문으로 구성된다. 이는 내담자가 받는 개입에 대한 만족도를 측정하며, 필요한 경우 개입하지 않기로 결정한 것에 대한 만족도 검사 또한 제공한다(Ruggeri et al., 2000).

VSSS-EU는 내담자 스스로 시행할 수 있는 자기보고식 검사로 별도의 실천가 훈련이 필요하지 않다. 다만 인지적 손상이 있는 경우나 심각한 정신장애를 가진 경우, 글을 읽지 못하는 내담자의 경우 검사를 실시할 때 문항을 이해할 수 있도록 실천가가 문항을 읽어줄 수 있다. 측정 기간은 과거 12개월간이며, 검사를 실시하는 데 약 20분의 시간이 소요된다. 이 검사는 양호한 심리측정적 속성을 가지며 조현병을 가진 사람들의 만족도를 평가하는 신뢰도 있는 검사다(Ruggeri et al., 2000). 이 검사는 다국적 연구에 사용하기 위해 개발되었으나 지역적 수준에서도 활용할 수 있다. 하지만 직업적 기술과 행동 영역은 간호사, 사회복지사, 심리학자, 정신과 의사 등 다양한 서비스 제공자의 인원 수에 대한 만족도를 포함하므로 단일 사례관리의 지역사회 치료를 받고 있는 내담자들을 대상으로 해당 영역을 측정하기에는 어려움이 있다.

VSSS-EU의 원고는 Ruggeri와 동료들(2000)의 논문에서 이용 가능하다. 검사의 사용 허가는 다음에서 얻을 수 있다.

Professor Mirella Ruggeri

Dipartimento di Medicina e SanitàPubblica

Sezione di Psichiatria e di Psicologia Clinica, Università di

Verona, Policlinico G.B. Rossi

Piazzale L.A. Scuro 10

37134 Verona, Italy

이메일 : mirella.ruggeri@univ.it

실제 현장에서 검사의 사용

샘은 지난 3개월 동안 병원에서 나와 지역사회에 위치한 자신의 아파트에서 독립적으로 생활해오고 있다. 양성 증상이 안정된 것에 비해 당신은 그가 동기부족, 빈약한 감정적 반응, 쾌감 상실과 같은 결핍 증후군으로 많은 어려움을 겪고 있다는 것을 알게 됐다. 당신은 샘이 자신의 이러한 기능적 측면을 어떻게 지각하는지에 관심을 가졌으며, 또한 지속적 관찰을 위한 기초 자료를 얻고자 했다. 삶의 질 검사들을 검토한 결과 결핍 증후군을 측정하도록 개발된 삶의 질 척도(Heinrichs et al., 1984)가 유용함을 알 수 있었다. 검사 실시를 위해 샘과 시간 약속을 정하고, 반구조화된 면담을 통해 21문항의 검사를 실시하였다. 하위 척도/영역의 점수를 구하기 위해 해당 영역 문항의 점수를 모두 더한 후 문항의 수로 나눈다. 샘의 경우 심리내적 기반 영역에서 가장 낮은 평균 점수(평균 점수 2.30/5점)를 나타냈다(목적, 동기, 호기심, 쾌감 상실, 목표가 결여된 무기력, 공감, 감정적 상호작용). 낮은 점수가 낮은 기능/삶의 질을 나타낸다는 점을 고려할 때, 샘의 목적의식, 동기 향상을 위한 전략을 검토할 수 있도록 추가적인 도움의 필요하다는 것이 명백해졌다.

　　정신건강 서비스 및 치료와 관련하여 삶의 질은 만족도의 문제와 긴밀하게 연관되어 있다. 당신은 이용 가능한 검사들을 검토하고, 일상 활동 만족도 검사(SDO; Eklund, 2004)를 사용하기로 결정했다. 이 검사는 아홉 문항으로 간단하고 지역사회 활동 참여, 여가 활동, 집안일, 자기관리 등 샘에게 중요한 영역을 포함하고 있기 때문이다. 당신은 샘과 반구조화된 면담을 통해 SDO를 실시했다. 그는 63점 중 35점을 받았다. 점수에 대한 추가적 검토를 통해 샘이 지역사회 활동에 가장 불만족하고 있음을 알 수 있었다. 샘의 치료 계획에서 지역사회 활동을 증가시키는 것이 강조될 것이고, 이는 재활 프로그램의 중요한 목표가 될 것이다. 당신은 3개월 내에 삶의 질 척도(QLS)와 일상 활동 만족도 검사(SDO)를 다시 실시하여 이 영역에서의 변화를 관찰할 것이다.

요약

1970년대 이후 삶의 질과 만족도를 측정하기 위한 다양한 검사가 소개되었다. 이들은 문항 수와 길이, 측정 영역, 접근법(면담 대 자기보고), 채점(단일 척도 점수 대 각 영역의 개별 점수), 요구되는 훈련 수준, 검사 실시에 필요한 가격과 시간에 있어 매우 다양하다. 심각한 정신장애를 가진 사람들에게 실시하는 검사를 선택할 때 이러한 요인들을 고려할 필요가 있다.

참고문헌

Becker M, Diamond R, Sainfort F (1993) A new patient-focused index for measuring quality of life in persons with severe and persistent mental illness. *Quality of Life Research* **2**, 239–51.

Cleary M, Horsfall J, Hunt G (2003) Consumer feedback on nursing care and discharge planning. *Journal of Advanced Nursing* **42**, 269–77

Diaz P, Mercier C, Hachey R, Caron J, Boyer G (1999) An evaluation of psychometric properties of the client's questionnaire of the Wisconsin Quality of Life Index-Canadian version (CaW-QLI). *Quality of Life Research* **8**, 509–14.

Eklund M (2004) Satisfaction with Daily Occupations: a tool for client evaluation in mental health care. *Scandinavian Journal of Occupational Therapy* **11**, 136–42.

Heinrichs D, Hanlon T, Carpenter W (1984) The Quality of Life Scale: an instrument for rating the schizophrenic deficit syndrome. *Schizophrenia Bulletin* **10**, 388–98.

Lehman AF (1988) A quality of life interview for the chronically mentally ill. *Evaluation and Program Planning* **11**, 51–62.

Lehman AF, Postrado LT, Rachuba LT (1993) Convergent validity of quality of life assessments for persons with severe mental illnesses. *Quality of Life Research* **2**, 327–33.

Meehan T, Bergen H, Stedman T (2002) Monitoring consumer satisfaction with inpatient care: the Inpatient Evaluation of Service Questionnaire. *Australian and New Zealand Journal of Psychiatry* **36**, 807–11

Oliver J, Huxley P, Bridges K, Mohamad H (1996) *Quality of Life and Mental Health Services*. Routledge: London, pp.15–47

Parker G, Wright M, Robertson S, Gladstone G (1996) The development of a patient satisfaction measure for psychiatric outpatients. *Australian and New Zealand Journal of Psychiatry* **30**, 343–9.

Rey J, Plapp J, Simpson P (1999) Parental satisfaction and outcome: a 4-year study in a child and adolescent mental health service. *Australian and New Zealand Journal of Psychiatry* **33**, 22–8.

Rugggeri M (1994) Patients' and relatives satisfaction with psychiatric services: the state of the art of its measurement. *Social Psychiatry and Psychiatric Epidemiology* **29**, 212–27

Ruggeri M, Dall Agnola R (1993) The development and use of the Verona Expectations for Care Scale (VECS) and the Verona Service Satisfaction Scale (VSSS) for measuring expectations and satisfaction with community-based psychiatric services in patients, relatives and professionals. *Psychological Medicine* **23**, 511–23.

Ruggeri M, Lasalvia A, Dall'Agnola R *et al.* for the EPSILON Study Group (2000) Development, internal consistency and reliability of the Verona Service Satisfaction Scale – European Version. *British Journal of Psychiatry* **177**(Suppl), 41–8.

Sainfort F, Becker M, Diamond R (1996) Judgements of quality of life of individuals with severe mental disorders: patient self-report versus provider perspectives. *American Journal of Psychiatry* **153**, 497–501

Skantze K, Malm U (1994) A new approach to facilitation of working alliances based on patients quality of life goals. *Nordic Journal of Psychiatry* **48**, 37–55.

Skantze K, Malm U, Dencker S, May P, Corrigan P (1992) Comparison of quality of life with standard of living in schizophrenia outpatients. *British Journal of Psychiatry* **161**, 797–801

Skevington S, Lofty M, O'Connell K (2004) WHOQOL Group: the World Health Organization's WHOQOL-BREF quality of life assessment: psychometric properties and results of the international field trial. *Quality of Life Research* **13**, 299–310.

Ware J, Hays R (1988) Methods for measuring patient satisfaction with specific medical encounters. *Medical Care* **26**, 393–402.

WHOQOL Group (1998) The World Health Organization Quality of Life assessment (WHOQOL): development and general psychometric properties. *Social Science and Medicine* **46**, 1569–85.

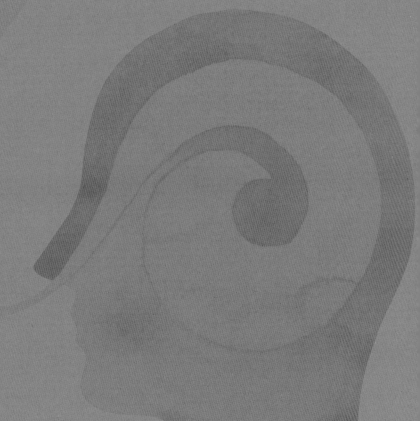

제2부

치료 기술 및 중재

삶의 변화 결단하기 : 동기강화 상담의 역할

Robert King & David J. Kavanagh

샘은 흡연자다. 그는 흡연을 늦게 시작했다. 첫 흡연은 과거에 다니던 외래 치료소 근처의 흡연구역에서 시작되었다. 그는 그곳에서 자신에게 담배를 권한 다른 내담자와 담소를 나누고 있었다. 왜 그랬는지 모르지만 샘은 흡연 권유를 받아들였다. 아직도 담배를 왜 시작하게 되었는지 잘 모르지만 요즘은 일상적으로 흡연을 하고 있다. 그는 담배 판매자가 만든 수제 담배를 좋아하지만 그것은 너무 비싸다. 그는 항상 담배 주머니와 몇 장의 종이를 가지고 다니며 니코틴으로 인해 생긴 얼룩을 묻히고 다닌다. 그는 담배가 건강에 좋지 않다는 것을 알고, 의사 또한 지속적으로 이를 지적한다. 그러나 장기적인 건강은 지금 당장의 관심사가 아니다. 그가 금연을 고려하는 유일한 시간은 돈이 바닥났을 때뿐이다.

한 인구조사 결과 정신장애를 가진 사람들이 그렇지 않은 사람들에 비해 2배 이상 높은 흡연율을 보인다는 사실이 드러났다(Lasser et al., 2000). 조현병 진단을 받은 사람들은 특별히 높은 흡연율을 보인다(de Leon & Diaz, 2005; Ziedonis et al., 2008). 정신장애를 가진 사람들이 일반인보다 담배를 더 많이 피는 이유는 확실하지 않지만 흡연

Manual of Psychosocial Rehabilitation, First Edition. Edited by Robert King, Chris Lloyd, Tom Meehan, Frank P. Deane and David J. Kavanagh.

행동과 니코틴이 정신장애의 몇몇 증상을 경감시키는 자극 또는 안락함을 주기 때문인 것으로 보인다. 또한 심각한 정신장애를 가진 사람들의 높은 흡연율은 흡연을 정상적인 것처럼 여기게 한다. 흡연은 심각한 정신장애를 가진 사람들의 신체 질병과 수명 단축의 원인이 되는 몇몇 생활양식 요인 중 한 가지로 알려져 있다(de Hert et al., 2011).

샘의 흡연은 건강에 좋지 않지만, 변화의 동기가 없는 것으로 보인다. 대부분의 사람들이 금연을 어려워하며 특히 심각하고 지속적인 정신장애를 가진 사람들은 더 많은 어려움을 느끼기 때문에 변화에는 동기가 반드시 필요하다. 샘의 재활 전문가는 샘에게 흡연이 건강에 좋지 않다고 말하거나 잔소리를 하게 되면 효과가 없을 것이라는 사실을 알았다. 대신 실천가는 변화에 대한 동기를 증가시키고 샘을 참여시키는 전략적 접근법으로서 동기강화 상담(Miller & Rollnick, 2002; Rollnick et al., 2008)을 사용하기로 했다.

메타분석을 수행한 세 연구(de Leon & Diaz, 2010; Heckman et al., 2010; Hettema & Hendricks, 2010)에서는 금연 대상자를 돕기 위해 만들어진 다른 심리적 개입보다 동기강화 상담이 더 효과적이라는 결과를 보고했다. 동기강화 상담은 또한 알코올 사용, 물질 사용, 체중 감소와 운동 등 다양하고 중요한 생활양식의 변화를 돕는 데 효과적이다.

샘과 연결시켜 살펴보면 정신장애가 없는 사람들의 금연을 돕기 위한 개입법 또한 심각한 정신장애를 가진 사람들을 대상으로 동일한 효과를 가진다는 것이 발견되었고, 금연 시도가 정신과적 증상을 악화시킨다는 근거가 없었다(Banham & Gilbody, 2010). 오래 지속되는 광범위한 치료가 간단한 개입보다 더 효과적이라는 근거가 있지만(Kavanagh & Mueser, 2010), 동기강화 상담이 심각한 정신장애를 가진 사람들의 물질 사용에 효과가 있다는 것이 증명되었다(Baker et al., 2009; Kavanagh et al., 2004).

동기강화 상담이란 무엇인가

동기강화 상담(Motivational Interviewing, MI)은 변화를 위한 조건을 만들어낸다. MI는 사람들이 변화에 대해 스스로 결심하도록 돕고, 이미 존재하는 변화 동기를 강화하는 조건을 제공하는 간략한 개입법이다. 이는 사람을 변화시키는 하나의 도구가 아니다.

동기강화 상담은 변화에 대한 양가감정을 정상적인 것으로 받아들인다. 대신 변화에 대한 논의와 핵심 가치를 강화시켜 양가감정을 극복하도록 돕는다. 또한 어려움 속에서 자기 조절에 성공했던 일들을 기억하게 함으로써 변화 실행에 있어 사람들의 자신감을 향상시킨다. 누군가 생활양식에 있어서 긍정적인 변화를 결정했다면 MI는 계획을 상세하게 세우도록 도와 행동이 지속적으로 이어질 수 있도록 할 것이다.

동기강화 상담은 프로그램화된 치료가 아니다. 이것은 한 사람이 재활하거나 행동을 변화시키는 과정에 참여하도록 하는 것이다. 따라서 1~2회기의 간단한 개입법으로 사용될 수도 있고 광범위한 재활 프로그램의 일부분으로 구성될 수도 있다. 만일 MI가 프로그램의 주제로 사용된다면 이는 첫 회기에 가졌던 동기와 참여를 지속시키고 새롭게 하는 역할을 할 것이다. MI의 초점이 개인의 동기에 있지만 집단에 또한 적용될 수 있다. MI를 통해 한 개인은 다른 집단 구성원이 제시한 생각을 자신에게 적용할 수 있는지를 고려할 수 있다.

공감과 따뜻함은 MI의 핵심이며 직면을 사용하지 않는다. MI는 공감이 문제성 음주자들의 변화를 예측하는 강력한 예측요인이라는 Bill Miller의 관찰로부터 시작되었는데(Miller & Baca, 1983), 결국 이것은 Carl Rogers의 치료적 접근법에 영향을 받은 것이었다(Rogers, 1959). 더 나아가 이는 동기의 향상을 위한 접근법으로서 William Miller가 MI를 개발하는 데 영향을 미쳤다. Miller는 Stephen Rollnick(1991)과 MI에 대한 첫 번째 책을 발간했고 2002년에 2판을 발간했다.

공감과 따뜻함은 사람들이 자신의 현재 행동 문제를 인정할 수 있도록 안전감을 제공한다. 또한 문제에 대한 공감은 감정적 영향력을 증가시킨다. 반면 직면은 치료적 관계를 약화시키고 상담 장면에서 철수하도록 하며 현재 상태를 유지하기 위한 방어적 논쟁을 이끌어낸다. 이러한 논쟁은 역기능적인 행동을 더욱 증가시키는 효과를 가진다. 따라서 내담자가 변화에 저항한다면 MI를 사용하는 실천가는 그를 압박하지 않고 논의를 중단할 수 있는 선택권을 주어야 한다(초점 바꾸기 또는 저항과 함께 '구르기').

동기강화 상담은 내담자가 변화에 대해 말하도록 한다. MI는 내담자가 변화하도록 설득하는 상담자의 역할을 변화시켜 내담자가 변화에 대해 말하도록 촉진한다. 그렇게 할때 변화의 가능성이 증가하게 된다.

동기강화 상담은 인간중심적이다. MI에서 중요한 것은 내담자가 이미 가지고 있는 동기를 이끌어내는 것이므로 동기강화 상담은 대화에서 대부분의 시간 동안 내담자가 말하도록 한다. 실천가들은 실제 현장에서 이러한 접근법을 적용하는 것에 어려움을 겪을수 있고, 종합적인 증상 검사를 위한 임상 평가적 접근인 수렴적 질문과 혼동할 수 있다(예 : '최근 아침에 기침을 많이 하나요?'). MI에서 내담자들은 그들의 경험을 탐색하게 된다(예 : '흡연과 관련된 건강 문제에는 어떤 것들이 있을까요?'). MI에서 모든잠재적 문제를 다룰 필요는 없다. 내담자에게 가장 핵심적인 문제를 다루면 되는 것이다.

동기강화 상담은 감정적 반응에 대한 것이다. 핵심적으로 MI에서는 동기란 예상되는 즐거움, 원하지 않는 결과에 대한 걱정과 우려 같은 감정적 반응에 관한 것임을 인정한다. 아주 중요한 이익 또는 손실은 주의력을 저하시키는 경향이 있다. 예를 들어 음주상황에 직면한 사람은 음주의 부정적 결과에 대해 생각하기 힘들고 숙취에 시달리는사람들은 음주의 긍정적 결과에 대해 생각하기 힘들다.

결정 균형이 MI의 공통요인이다. 의사결정 균형을 만들어내게 되면 내담자가 이익과 손실을 한꺼번에 고려하는 것이 가능해진다. 그들은 현재의 좋은 점과 그리 좋지 않은 점에 대해 생각해보고 대안적 행동을 고려할 수 있게 되고, 보다 합리적이고 기능적인 의사결정을 할 수 있게 된다.

의사결정 작업지는 종이나 화이트 보드에 기록하는 형식으로, 협동적 활동으로 가장잘 개발된 것 중 하나다. 내담자가 더욱 적극적으로 참여해야 하며 만일 화이트보드를사용하게 된다면 내담자가 직접 기록하도록 하라. 내담자가 글을 쓰는 것에 불안함을느끼고 있다면 실천가가 내담자의 말을 듣고 그대로 기록할 수 있을 것이다. 내담자가글을 읽는 것에 어려움이 있다면 그림을 통해 알 수 있을 것이다.

동기강화 상담은 목록을 만들거나 지식을 향상시키는 것이 아니다. 결정이란 우리의 느낌에 대한 것이므로 그러한 느낌이 내담자의 변화를 일으키는가와 무관하게 MI실천가들은 손실에 대한 내담자의 감정적 반응에 대해 자세히 물어야 한다(예 : '그것에 대해 걱정 하시나요?'). 때로 내담자가 자기 행동의 결과의 중요성 대해 생각해볼 수 있도록 악마의 속삭임 같은 역할극을 할 수도 있을 것이다(예 : '하지만 그 일이 당신에게 실제로 영향을 미치지는 않았잖아요. 그렇지 않나요?'). 더군다나 역기능적 행동은 보통 핵심 가치(오래 사는 것, 타인에게 상처주지 않는 것, 좋은 부모 되기 등)와 불일치하기 때문에 실천가는 그 가치를 이끌어내고 내담자의 현재 행동과의 불일치를 탐색할 수 있도록 해야 한다. 이러한 탐색은 불편감을 만들어내고 변화를 위한 강력한 동기를 제공할 수 있다.

동기강화 상담에서 변화 이론이 유용하게 사용될 수 있다. MI는 종종 Prochaska와 DiClemente(1982)의 초이론적 변화 모델과 연결된다. 이 이론은 사람들이 영속적인 변화를 성취하기 위해 일반적으로 거치는 과정에 대해 설명한다.

- 전숙고 단계 : 이 단계에 있는 사람은 변화의 필요성에 대해 인식/인정하지 않는다.
- 숙고 단계 : 변화의 필요성은 인식하지만 변화를 위한 결정은 내리지 않는다.
- 준비 또는 결정 단계 : 변화하기로 결정한 후 구체적인 계획을 세운다.
- 실행 단계 : 변화가 시작된다.
- 유지 단계 : 변화가 유지된다.

이러한 단계에서 재발이 일어나기도 하는데 이전 변화 단계나 순환적인 변화 상태로 돌아갈 수 있다.

초이론적 모델은 개인이 현재 속해 있는 단계가 어디인지에 따라서 그 개입법에 차이를 두고 동기강화 상담을 적용하는 데 유용하게 이용될 수 있다. 그러나 변화가 단순히 선형적 과정이 아님을 이해하는 것이 중요하다. 사람들은 상당히 유동적인 변화 단계를 거친다. 지난 주에 숙고 단계에 있었던 내담자가 왔다면 실천가는 단순히 마음속으로 그가 숙고 단계에 있거나 준비 단계로 나아갔을 거라고 가정하기보다 현재 상태가 어디인지에 대해 신중하게 주의를 기울일 필요가 있다.

숙고 단계는 MI를 사용하여 사람들이 원하는 행동을 결심하도록 도울 수 있는 전형적인 단계다. 그러나 내담자의 변화 결심 정도에 따라 MI의 성격과 양상이 달라지기 때문에 모든 단계에서 사용할 수 있다.

- 전숙고 단계에 있는 사람들은 주로 자기 행동의 이익에 대해 말하기를 즐기면서 아마도 약간의 단점에 대해 마지못해 인정할 것이다. 그들은 또한 더 깊이 고려해야 하는 현재 상황에 동의할 것이다. 예를 들어 그들은 "만일 내가 흡연으로 인해 기침을 많이 하게 되면 이 문제에 대해 더 진지하게 생각해볼 생각이 있어요."라고 말할 것이다. 이는 실천가가 해당 주제(흡연)에 대해 지속적으로 대화할 수 있도록 하는 환경적 맥락을 제공한다.
- 만일 누군가 준비/결정 단계에 있다면 변화하려는 핵심 동기와 변화에 필요한 노력에 대한 자기도전적 믿음을 검토하고 자신감을 강화하며 행동으로 옮길 수 있는 상세한 계획을 세우는 것이 중요하다.
- 실행 및 유지 단계에서는 변화에 따른 새로운 이익이 나타나며 개입의 초점은 준비/결정 단계와 유사하다. 그러나 변화에 필요한 노력에 대한 우려를 다룰 필요가 있을 것이다. 또한 새로운 문제가 나타난다면 이를 해결하기 위한 적절한 계획이 필요하다.
- 재발 단계를 거치게 되면 내담자는 다시 전숙고 또는 숙고적 생각을 하게 될 것이다. 새로운 행동으로 돌아간 것을 실패라고 느끼며 낙담할 수도 있다. 이때 보통 내담자의 성공을 강조하고 칭찬하는 것을 통해 자신감을 심어주고 그가 마주했던 문제를 다음에는 해결할 수 있도록 돕는 것이 필요하다.

동기강화 상담 실천가는 해로운 생활양식을 지지해야 하는가

실천가들은 종종 내담자의 의사결정 과정을 탐색하는 것을 걱정하는데, 특히 본질적으로 건강하지 않은 흡연 같은 활동이 주는 이익에 대해 논의하게 되면 이러한 행동에 찬성한다는 인상을 주거나 심지어 부추기게 될 수도 있을 것이라고 생각하기 때문이다.

동기강화 상담에서는 내담자의 동기에 대한 진실한 관심과 이를 알고자 하는 개방성이 필요하다. 이를 위해 실천가는 내담자가 그들의 생활양식을 스스로 결정하고 그로 인해 발생하는 결과에 전적인 책임감을 가져야만 한다는 점을 받아들여야 한다.

> **동기강화 상담으로 어떻게 샘의 흡연 문제를 도울 수 있을까?**
>
> 현재 샘은 금연에 대해 어떠한 결정도 내릴 생각이 없다. 심지어 평소에 금연에 대한 생각을 거의 하지 않는다. 만약 금연에 대해 생각하게 된다면 그는 흡연으로 인해 자신이 많은 돈을 쓰고 있으며 건강을 해치고 있다는 것을 인정해야만 할 것이므로 일부러 생각하지 않는 편을 더 좋아한다. 만약 샘의 의사처럼 이러한 점을 강제로 떠올리게 만드는 사람과 만나면, 샘이 하는 일은 그 상황을 모면하는 것이다. 샘이 의사를 마지막으로 만났던 날 의사는 샘이 흡연을 그만둬야 한다고 말했다. 샘은 "생각해볼게요."라고 말했지만, 이 말의 진짜 속뜻은 '생각해보지 않을 거예요'였다.

외부에서 내부로의 전환

앞에서 언급한 것 같이 MI의 핵심 목표는 한 사람과의 논쟁에서 한 사람의 내적 논쟁으로 대화의 성격을 변화시키는 것이다.

> 샘은 의사와 대화하는 것이 꽤 편하다. 어렸을 때부터 엄마와 이러한 대화를 천 번은 넘게 해왔다. 이 상황을 즐기는 것은 아니었지만 그는 이 대화에서 도망치려면 어떻게 해야 하는지 알고 있다. 가장 중요한 것은 그들은 샘이 금연을 원하게 만들 수 없다는 것이다. 샘이 흡연에 대해 걱정하면 할수록 그들은 샘에게 좋은 것이 무엇인지 잘 알았기 때문에 점점 더 잔소리를 할 뿐이었다. 그들은 샘이 흡연에 대해 어떻게 느끼는지 이해하지 못했고 알고 싶어 하는 것처럼 보이지도 않았다.
>
> 샘은 대부분 '전숙고 단계'에 있다. 가끔씩 돈이 부족할 때 '이런 쓸모 없는 짓 그만둘 수 있었으면 좋겠어'라는 생각을 하며 숙고 단계에 머무르지만 일시적일 뿐이었다. 그가 실제로 노력했던 적이 한 번 있었는데 그때는 의사의 권유에 따라 니코틴 패치를 사용했었다. 그러나 샘은 흡연을 계속했던 원인이 니코틴보다 흡연 행동 그 자체였다는 사실을 알게 되었고, 하루 이틀 후에 다시 흡연을 하게 되었다.

종종 내적 논쟁의 결과로 선택이 내려지기도 한다. 이러한 내적 논쟁은 우리가 가진 양가감정을 나타낸다. 우리는 결정을 내릴 때 자신도 모르게 결정에 대한 실천을 방해하는 논쟁을 하는 경향이 있다. 동기강화 상담은 이러한 논쟁을 재활성화시켜 결정에 대해 다시 생각하게 만든다.

다음의 예시를 읽어보면 샘의 실천가가 정보 제공을 하지 않았다는 것을 알 수 있다. MI 상담 장면에서 정보 전달은 주로 샘이 관심 있어 하는 경우 영향력에 대한 인식을 증가시키거나 활성화할 때, 또는 질문에 대답할 때 한하여 드물게 이루어지고, 때로는 잘못된 신념을 수정하기 위해 부드럽게 이루어지기도 한다. 이 과정에서는 샘이 원하는 정보와 그에 대한 그의 감정이 강조된다. 기타 정보들은 샘이 선택한 유인물 등의 자원을 통해 제공되며 이를 통해 실천가는 샘을 가르치거나 대화를 지배하는 일을 방지할 수 있다.

실천가는 샘에게 반드시 금연해야 한다고 말하는 대신 그의 흡연에 호기심을 가지고 접근했다. 특히 실천가는 흡연의 즐거움이나 유익에 대해 물었다. 이러한 질문을 할 때는 비판적인 시각을 내포하지 않고 진실한 관심과 흥미를 가지고 접근하는 것이 중요하다. 이를 시작으로 뒤따라 나올 질문의 핵심적인 목표는 흡연에 대한 양가감정을 끌어내는 것이다. 양가감정의 양쪽 측면과 변화의 잠재적인 방해물에 대해 충분한 이해를 얻기 위해 흡연에 대한 샘의 동기를 이해하는 것은 그와 실천가 모두에게 필수적인 일이다.

"잠시동안 흡연에 대해 이야기해봐도 괜찮을까요?" (샘은 마지못해 동의했다.)

"흡연을 하면 무엇이 가장 좋은가요?"

누구도 샘에게 이런 질문을 한 적이 없었기 때문에 그는 놀란 듯 보였다. 몇 초 동안 생각한 후 그가 대답했다.

"지루함을 느낄 때 흡연은 내가 하루를 살아가게 해주죠. 해야 할 일이 있는 거니까요."

실천가는 샘에게 이를 기록하도록 요청했고, 그가 기록하는 것을 볼 수 있도록 그의 옆에 앉아 있었다.

"다른 좋은 점이 있나요?"

"기분이 침체될 때 회복시켜줘요."

"다른 점은요?"

"에너지가 조금 생겨요. 생각을 명확하게 할 수 있도록 해주고, 그러면 전 뭔가 할 수 있죠."

"혹시 흡연의 다른 좋은 점이 또 있나요?"

"여기에 오는 다른 많은 사람들이 흡연을 해요. 그 사람들과 바깥에 앉아서 담배를 피우는 건 기분 좋은 일이죠."

샘 또는 실천가는 의사결정 작업지의 왼쪽 열에 이를 요약하여 기록한다(상자 6.1 참조).
"그럼 흡연이 하루를 살아갈 수 있게 해주고 지루함을 느낄 때 할 수 있는 일을 만들어주고, 기분이 침체될 때 활력을 주는 거군요. 에너지를 주고 생각을 명료하게 만들어서 무언가를 할 수 있게 도와주기도 하구요. 또 센터 바깥에서 다른 흡연자들과 시간을 보내는 것도 좋아하는군요. 그런가요?"

"그런 것 같아요."

"그럼 흡연에 대해 당신이 좋아하지 않는 것에는 어떤 것들이 있을까요?"

샘은 잠시 멈췄다가 대답했다. "돈이 많이 들어요."

"흡연에 비용이 정말 많이 들 수 있겠네요. 일주일에 보통 얼마나 쓰세요?" (이 질문은 그가 문제를 수량화하여 결과를 탐색할 수 있도록 돕는다.)

"일주일에 100달러 정도요."

"그러면 1년에 5,200달러 정도군요. 꽤 많은 금액이네요. 그 돈이 있다면 무엇을 할 수 있을까요?" (1년 또는 10년의 기간을 요약함으로써 소모 비용에 대한 감정적 영향을 극대화한다.)

"당연히 인생을 더 즐길 수 있겠죠. 그리고 만약 저축을 하게 된다면 더 좋은 차를 살 수도 있을 거예요."

"그렇군요. 흡연에 드는 비용이 당신에게 문제를 일으킨 것이 있나요?"

"안젤라(샘의 여자 친구)와 외출을 자주 하지 못하게 되죠. 여자 친구는 그것 때문에 제게 화를 내요."

"그런 것들에 속상함을 느끼나요?" (동기는 주로 감정과 연관된 것임을 기억하라. 단점에 대한 감정을 살피는 것은 불만족감을 증가시킨다.)

"음, 나는 그녀를 잃고 싶지 않아요." (실천가는 그것이 의미한 바를 그에게 말해주고, 이것이 그에게 매우 중요함을 보여준다.)

저항과 함께 구르기

누군가가 양가감정을 느끼는 행동에 대해 논의할 때 저항하는 것은 자연적이고 예상 가능한 일이다. 양가감정은 내적 갈등과 불편감을 의미한다. 동기강화 상담에서 사용하는 전략은 '저항과 함께 구르기'다. 다시 말해서 실천가는 압박과 논쟁과 설득을 통해 저항을 극복하지 않는다.

내담자는 적어도 지금은 자신의 생활양식을 변화시키는 것에 대해 더 이상 대화하고 싶지 않다고 명백하게 또는 우회적으로 표현할 것이다. 이런 표현이 나올 때는 변화에 대한 대화를 지속하지 않는 것이 중요하다. 내담자와 실천가 사이에 논쟁이 일어나게 되는 것보다 그 문제는 다른 날 다루기로 남겨두는 것이 훨씬 유익하다. 저항과 함께 구르기는 변화에 대한 논쟁이 내담자와 실천가 사이에서 비생산적으로 외현화되기보다 내담자 내면에서 일어나도록 촉진한다.

상자 6.1 샘의 흡연 의사결정 작업지

흡연의 좋은 점
하루를 살아갈 수 있게 함
지루할 때 할 일이 됨
기분이 침체될 때 향상시킴
에너지를 줌
분명하게 생각할 수 있음
무언가 할 수 있게 해줌
다른 흡연자들과 즐거운 시간을 보냄
안젤라와 있을 때 짜증을 덜 냄

흡연의 좋지 않은 점
비용이 많이 소모됨(연간 5,200달러)
외출을 많이 할 수 없음
안젤라가 비용에 대해 화를 냄
가끔 아침에 기침을 하게 됨
중독 — 조절할 수 없음

금연을 통해 잃는 것
센터 바깥에서 친구들과 시간을 보내는 것
할 일

금연의 좋은 점
안젤라가 더 행복해짐
경제적 이익
숨 쉬는 것이 쉬워짐
더 재미있는 일을 할 수 있음
더 나은 차를 살 수 있을지도?
조절할 수 있게 됨

"흡연을 하면 별로 좋지 않은 점 중 또 다른 것이 있나요?"

"제 건강에 안 좋아요." (실천가가 이를 탐색하지 않았다면 샘은 단지 다른 사람들이 계속 해왔던 말들을 반복할 것이다. 건강 문제가 그를 동기화시킬 수 있는 관심사다.)

"그렇게 생각하는 이유가 뭐죠?"

"글쎄요."

"흡연 때문에 생긴 증상이 있었나요?" (실천가는 해당 주제를 구체화하고 현재 내담자의 상황을 확인한다. 만약 아직 아무 증상도 나타나지 않았다면 건강과 관련된 미래의 관심사에 대해 탐색할 수 있다.)

"가끔 아침에 기침이 조금 나는데 항상 그런 건 아니에요."

"그렇군요. 흡연을 할 때 일반적으로 나타나는 현상이군요. 그건 당신의 폐가 담배에 들어 있는 타르나 다른 물질에 반응한다는 표시군요. 거기에 대해 걱정되나요?"(계속해서 감정을 탐색한다.)

"그리 걱정되진 않아요. 담배를 끊으면 없어질 거예요."

"그래요. 아마 그럴 거예요. 그리고 장기적인 피해 또한 적겠네요."(이것은 현재의 관심사가 아니지만 관련된 관심사가 나타날 때를 대비해서 미리 관련 주제를 언급해두었다.)

"어쨌든 저희 할아버지께서 담배를 피우시는데요, 지금 70세인데도 괜찮으세요."

"당신도 할아버지처럼 운이 좋을 수 있겠네요. 대부분의 흡연자들이 합병증을 겪지만 당신은 예외가 될 수도 있지요."(이러한 반응을 통해 샘과의 논쟁을 피하고 그가 옳을 수 있음을 인정하였다. 그러나 동시에 그에게 항상 행운이 따를 수 없다는 정보 또한 전달했다. 이제 이 정보를 가지고 어떤 행동을 할 것인지는 샘에게 달려 있다.)

다른 관심사가 있는지 확인한 후에 실천가는 흡연에 대해 그가 그다지 좋아하지 않는 점들을 요약하였다.

"당신은 가끔 아침에 기침을 한다는 것을 인식하고 있군요. 하지만 당신을 가장 괴롭히는 것은 흡연에 들어가는 비용과 그 영향이네요. 담배 때문에 돈이 많이 없고, 가끔 당신이 정말 원하는 것들을 가질 수 없다는 것은 매우 큰 희생이네요. 또한 이러한 것에 대한 안젤라의 반응에 대해 걱정하는 것처럼 들리는군요."

더 큰 그림을 소개하기 : 가치와 우선순위

사람들은 건강하지 않거나 자기 파괴적인 행동을 할 때 종종 자신의 핵심 가치와 장기적인 목표를 행동과 분리시킨다. 그 이유는 이러한 가치와의 연결성이 사라졌거나 한때 중요하게 느꼈던 것들을 성취할 수 있는 가능성이 사라졌다고 느끼기 때문이다. 때때로 가치와 목표는 유지되고 있지만 양립할 수 없는 행동이 이러한 것들과 따로 분리되어 있기도 하다.

핵심 가치와 장기적인 우선순위가 중요한 이유는 그것이 우리 삶의 여정을 인도하는 나침반 역할을 하기 때문이다. 매일매일 일어나는 위급한 일들과 예상치 못한 사건들로 인해 사람들이 항상 자신의 가치와 우선순위를 따라 행동하는 것은 아니다. 하지만 일반적으로 사람들은 가치와 우선순위와 일치하는 삶을 살아갈 때 가장 행복함을 느낀다. 이를 벗어나서 살아갈 때는 불일치감과 걱정을 느끼며 인지 부조화가 발생한다.

MI의 전략은 내재되어 있는 가치와 우선순위를 활성화시키고, 이것을 목표 행동과 나란히 두고 살펴보는 것이다. 이를 통해 내담자는 자신이 가치와 우선순위를 따르는 길에서 벗어나 있다는 사실을 명확히 알게 되고 인지부조화를 경험하게 된다. 목표 행동과 가치/우선순위를 일치시키기 위해서는 주로 행동을 변화시키는 것이 더 쉽다. 따라서 MI에서는 일반적으로 가치와 우선순위에 대한 대화가 이루어진다.

> 샘은 재활 실천가와 함께 이미 두 가지 핵심 목표를 공유했다. 그는 복지수당에 의지해서 생활하기보다 수입을 얻어 스스로 생활하고자 한다. 또한 가정을 이루고 싶은 목표가 있으며 스스로 좋은 아버지가 될 수 있다고 느끼고 있다. 정신장애 경험으로 인해 이러한 목표들은 계속 지연되어 왔다. 지금 그는 이러한 목표를 실현할 수 있을지 확신하지 못하고 있다.
> 샘의 목표는 두 가지 핵심 가치와 연결되어 있는데 다음과 같이 요약할 수 있다.
>
> • 독립과 자율성
> • 타인을 돕기

샘이 이러한 가치들을 흡연 행동과 연관시킬 수 있도록 할 때 이러한 가치들은 MI와 연관성을 가지게 된다. 담배에 의존하게 되는 것은 그의 독립과 자율성이라는 핵심 신념과 대치되는 것이다('이것은 중독이고 내가 통제할 수 없는 것이다'). 의존에 대한 이러한 생각은 인지 부조화를 불러오며, 이를 해결할 수 있는 한 가지 방법은 금연을 통해 담배에 의존적이지 않다는 사실을 보여주는 것이다. 또한 흡연이 다른 사람들에게 어떠한 영향을 미치는지 생각하게 될 때 타인을 돕는 샘의 가치가 연결될 수 있을 것이다.

> 샘은 담배를 사는 데 너무 많은 돈을 쓰기 때문에 자신이 안젤라를 돕지 못한다고 생각하지만, 금연을 하게 되면 안젤라에게 짜증을 더 많이 내거나 그녀를 힘들게 할 수도 있다고 말했다. 그는 이러한 점을 가치 목록에 추가했다.

파트너를 불쾌한 감정으로부터 보호하는 것과 같은 가치가 어떻게 해로운 행동을 유지시키는지 아는 것은 핵심 가치와 행동 변화가 어떻게 연결될 수 있는지 아는 것만큼 중요하다. 이 사례에서 재활 실천가는 샘이 담배를 끊거나 줄이려고 결정한다면 안젤라를 참여시키는 것이 중요할지도 모른다는 것을 알게 되었다.

샘의 실천가는 의사결정 작업지의 첫 번째 행을 비교해보았다(상자 6.1 참조).

"그렇다면 무엇이 당신에게 가장 중요한가요?"

샘은 흡연에 대한 안젤라의 반응과 담배 값으로 쓰는 비용이 흡연의 장점들보다 더 중요하다고 말했다.

따라서 샘의 실천가는 만일 그가 담배를 끊는다면 어떠한 긍정적 변화가 있을지 물었다. 샘은 가장 먼저 비용 절감에 대해 생각했고 여자 친구가 더 기뻐할 것이라고 말했다. 또 다른 것이 있는지 물었을 때 더 편하게 호흡할 수 있을 것 같다고 말했다.

실천가는 샘에게 돈이 남으면 더 즐겁게 생활할 수 있으며 차를 살 수도 있다고 말한 것을 다시 한 번 상기시켰고, 그는 이것을 목록에 추가했다. 실천가는 이를 통해 샘이 통제감을 더 느낄 수 있을지 물었고, 그는 이것 또한 목록에 추가했다.

담배를 끊음으로 인해 그가 잃는 것이 있는지 묻자 샘은 센터 바깥에서 친구들과 함께 앉아 있는 시간이라고 대답했다. 흡연 장소에 앉아서 담배를 피지 않는 것은 너무 어려운 일일 것이다.

실천가는 샘에게 그곳에 친구들과 앉아 있는 것이 항상 좋았는지 물었고 그는 사실 가끔은 지루한 적도 있었다고 대답했다(이것은 간략한 인지 치료의 형태로서 좋은 것에 대한 신념이 실제로 그가 생각하는 것만큼 좋은지 확인하는 것이다).

실천가는 샘에게 흡연을 하지 않고 더 재미있는 다른 사회적 집단을 찾는 것이 중요할 것 같다고 제안했고, 그는 이에 동의했다.

의사결정 작업지는 변화할 수 있다. 행동에 대한 내담자의 이해가 더욱 분명해짐에 따라 가끔 새로운 이익과 손실이 나타날 것이다. 예를 들어 처음에 샘은 담배의 중독적 성질이 약점이라고 생각하지 않았다. 이것을 자율성이라는 가치와 관련지어 생각해보도록 요청했을 때에서야 그는 담배의 중독적 성질이 자신을 실제로 괴롭힌다는 사실을 알 수 있었다.

실천가는 샘이 전체적인 그림을 요약할 수 있도록 도왔고, 어떻게 생각하는지 물었다. "정말 담배를 끊어야 할 필요가 있을 것 같아요. 그런데 중요한 건 제가 할 수 있을 거라는 생각이 안 들어요. 아마 소용 없을 거예요."

자기효능감 증진시키기

내담자는 가끔 행동 변화를 시작하기 위한 자신감이 결여되어 있다. 자기효능감은 안심시키는 말들로 생겨나기보다 과거의 성취 경험을 검토하는 활동을 통해 가장 효과적으로 강화될 수 있다(상자 6.2). 이러한 성취에 대한 검토는 가능한 한 면밀히 이루어져야 한다. 예를 들어 이러한 상황에서는 과거에 있었던 금연 시도, 약물 또는 음주의 절제, 다이어트, 운동 또는 자기 통제가 가능했던 행동 등이 대상이 된다.

실천가들은 성공적인 전략들과 성취에 주의를 기울이고 그중 현재 상황에 적용할 수 있는 것에 대해 묻는다.

상자 6.2 샘의 자기효능감 작업지

0~100 자신감	시작	끝
이전의 성취 경험	성취 방법	현재 사용할 수 있는 방법 (전과 동일한 경우 V로 표시)
일주일 동안의 금연	아버지가 담배 생각을 하지 않도록 도와줌	안젤라가 담배 생각을 하지 않도록 도와줄 수 있음 니코틴 패치

"좋아요, 그럼 자신감에 대해 조금 이야기를 해볼까요? 0점부터 100점까지의 점수가 있고, 100점은 당신이 확실히 해낼 수 있다고 확신하는 상태라면 당신의 자신감은 몇 점인가요?"

"25점 정도 되겠네요."

"예전에 금연을 시도해본 적이 있나요?"

"네, 전 무기력했어요. 일주일 정도 금연했었던 것 같아요."

"니코틴 패치를 사용했던 건가요?"

"아니요, 그건 구할 수 없었어요."

"그렇다면 그건 상당한 성과였네요. 당신은 아마 가장 심한 니코틴 금단 현상을 겪었을 거예요. 어떻게 그렇게 오래 금연할 수 있었죠?"

"전 집에 살고 있으니까 담배 생각이 날 때 아버지가 그런 생각을 하지 않도록 도와줬어요."

"지금은 안젤라랑 살고 있으니 그녀가 당신을 도와줄 수 있을까요?"

"네, 그럴 것 같아요."

"만약 제가 몇 주 동안 패치를 구할 수 있게 돕는다면 그것도 유익할까요?"

"네, 매우 좋겠네요."

샘의 실천가는 그가 과거의 성취와 현재 사용 가능한 전략을 목록화할 수 있게 도왔다. 그 후 그의 자신감을 재평가 했는데, 점수는 45점이었다. 실천가는 샘이 발전에 집중할 수 있도록 했고 더욱 구체적으로 계획을 세운다면 더 자신감을 가질 수 있을 것이라고 말했다.

여기까지가 회기를 멈추기 좋은 시점이다. 실천가는 의사결정 작업지와 자기효능감 작업지를 내담자에게 주고, 이를 가져가서 읽어본 후에 원하는 내용을 추가하거나 삭제하라고 요청한다. 그 후 가능한 빠른 시간 내에 약속을 잡아 샘이 여전히 변화를 원하고 있는지 확인할 수 있다.

결정에서 실천으로

의사결정 작업지 작성과 삶에서 중요한 가치를 탐색하는 데 얼마 정도의 시간을 사용한 후, 샘은 자신의 흡연 행동을 변화시키기로 결정했다. 그러나 이를 위해 어떻게 해야 하는 것인지 알 수 없었다. 그는 지금 니코틴 패치가 필요하다고 생각하지 않는다. '나는 니코틴에 중독된 것 같지 않아. 그냥 담배 피는 걸 좋아하는거야.' 그는 스스로 담배를 완전히 끊을 준비가 부족하다고 느꼈고 다만 흡연량을 줄이고 싶었다. 이를 통해 담배에 소모하는 비용을 조금 줄이면서 자신이 흡연 행동을 통제하고 있다는 사실을 보여줄 수 있기 때문이었다.

만약 내담자가 변화를 원한다는 결정을 내리면 실천가는 계획을 수립함으로써 그들의 결정을 행동으로 전환하도록 도울 수 있다.

가끔씩 내담자들은 스스로가 원하는 것과 무관한 결정을 한다(예 : 알코올 섭취를 주 80에서 70으로 줄이는 것). MI에서 실천가는 보통 변화를 결심하는 내담자의 결정을 칭찬하고, 내담자에게 도움을 제공하며, 내담자가 선택한 목표를 성취하면서 일반적으로 직면할 수 있는 상황에 대해 정보를 제공한다(예 : 주간 음주량을 80에서 70으로 줄이는 것은 이루기 어려운 목표이며, 그 이익이 제한적임). 또한 그들은 내담자와 함께 변화의 과정을 관찰하고 합의된 시점에서 결과를 검토하기도 한다.

샘과 같은 많은 흡연자들은 니코틴 대체 물질의 유무와 상관 없이 갑작스러운 금연이 매우 큰 변화라는 사실을 알게 된다. 단지 '흡연량을 줄이겠다'는 추상적인 목표는 그다지 좋은 결과를 만들어내지 못하는 경향이 있다(Cinciripini et al., 1997). 그러나 정해진 기간 동안 점진적으로 흡연량을 줄여나가는 계획된 흡연량 감소는 긍정적인 결과를 보였고(Cinciripini et al., 1997), 점진적으로 니코틴 대체물질의 사용을 증가시키면서 니코틴 사용을 줄이는 경우에도 그러했다(Shiffman et al., 2009). 또한 모든 경우에 상세한 계획 수립이 필요하다. 담배 연기를 조금이라도 들이마시는 이상 안전하다고는 말할 수는 없기 때문에 궁극적으로 금연을 목표로 할 필요가 있다.

변화 행동을 시작하기 이전에 정확한 기초 정보를 얻는 것이 중요하다. 자기 관찰과 사건에 기초한 회상을 포함하여 매일의 행동을 평가하는 방법에 대해서는 제8장에 기술하였다.

> 이러한 정보를 제공한 후에 샘의 실천가는 '줄이는 것'이 무엇을 의미하는지 질문했다. 샘은 흡연량을 절반으로 줄이기 원한다고 말했다.
> 샘은 현재 하루에 20개피 정도의 담배를 피우고 있다. 실천가는 조금 더 무난하게 20%를 줄여서 하루에 16개피로 줄이는 것이 어떨지 제안했다. 그녀는 이것이 세 시간마다 하나 정도의 담배를 줄이는 것을 의미한다고 설명했다. 예를 들어, 3시간 주기로 4개의 담배를 피는데, 이전보다 담배를 피는 간격이 10~15분 정도 늘어난다는 것을 뜻한다. 실천가는 이것이 가능할지 물었고 샘은 '그렇다'고 대답했다.

어떤 종류의 행동 변화든 과소성취보다 과대성취가 더 낫다. 따라서 실패 확률이 높은 목표를 정하는 것보다 작지만 의미 있는 목표를 정하는 것이 더 바람직하다. 만약 샘이 흡연량을 하루 16개피로 줄일 수 있다면 괜찮지만, 그렇게 하지 못한다면 그는 자신이 생각했던 것보다 담배에 더 의존적인 상태이며 조금 더 낮은 목표를 정하거나 추가적인 니코틴 대체물질을 사용할 필요가 있을 것이다.

샘의 실천가는 흡연량을 줄이는 것이 지난 회기에 토의했던 금연과는 다르다는 점을 알렸다. 자신감을 0~100점 척도로 측정했을 때 그는 90점이라고 응답했다. 그는 몇몇 생각이 동일하게 적용될 수 있을 것이며, 예를 들어 안젤라가 담배에서 주의를 돌리도록 도와줄 수 있고 스스로 바쁜 상태를 유지하겠다고 말했다. 그들은 함께 계획을 세우기 시작했다(상자 6.3).

실천가는 컨설턴트의 역할을 한다. 샘은 어려움에 어떻게 대처할지 결정할 수 있다. 실천가는 이 과정에서 샘 스스로 합리적인 성공을 보장하기 위한 전략을 발전시키도록 돕는데, 이를 위해 행동 변화 원리에 대한 지식과 이해를 사용할 수 있다. 그러나 올바른 단일 전략이 존재하는 것은 아니며 샘은 자신에게 효과적인 방안을 찾아야 할 것이다.

상자 6.3　흡연량을 줄이기 위한 계획

전체적인 나의 목표
흡연량 20% 감소/하루에 16개피 이하

실천 방법
3시간마다 피울 담배 4개피씩 묶어서 떼어놓기
흡연하고 싶을 때마다 10분 이상 미루기
안젤라에게 말하기
담배 구매량을 5일마다 한 갑씩 줄이기

자신감
90% 확률로 할 수 있음

계획이 필요한 순간
차/커피를 마실 때
지루할 때
흡연자들과 함께 있을 때

내가 해야 하는 일
흡연 주기 30분씩 늦추기
안젤라 차량 관리하기
담배 생각을 멈추기 위해 안젤라에게 말하기
속도 조절하기 — 흡연 시 적어도 5분 이상 유지하기

더욱 상세한 평가를 통해 가끔 샘이 길을 걸을 때, 식후, 차나 커피를 마실 때 등 예측할 수 있는 특정 시간에 흡연을 한다는 사실을 알게 되었다. 또한 그는 지루함이라고 표현한 불쾌한 기분을 느낄 때 흡연을 했다. 흡연이 가장 빈번한 상황은 다른 흡연자들과 함께 있을 때였다.

샘이 흡연율 20% 감소라는 목적을 달성한다면 그 후에 몇 가지 결정을 내려야 한다. 지금 샘은 차나 커피를 마실 때 흡연하기를 원한다. 시간이 지나면 그는 이런 흡연 행동을 지연시킬 수 있을 것이다. (그가 금연을 원하게 된다면 나중에는 이러한 결합을 끊는 것이 중요하다.) 이와 유사하게 그는 다른 흡연자들과의 사회적 관계를 소원하게 만들고 싶어 하지 않는다. 그는 친구들과의 흡연을 조절하고자 할 것이다. 후에 흡연량을 더 줄이거나 금연을 하고자 한다면 샘은 흡연자들과 보내는 시간을 줄이고 비흡연자들과 더 많은 시간을 보내야 할 것이다. 또한 그는 담배를 거절하는 방법 또한 개발해야 할 것이다.

샘의 실천가는 행동 실행을 위해 준비가 필요한 사항이 있는지 물었다. 샘은 안젤라에게 도움을 얻을 수 있도록 자신이 하려는 일을 그녀에게 말할 것이다. 그는 안젤라가 그의 노력에 진심으로 기뻐할 거라고 생각했다. 또한 흡연 기록을 쉽게 관찰할 수 있도록 담배 구매량을 줄일 것이다. 담배를 한 보루(10갑)씩 사던 것을 멈추고 5일마다 1갑이하로 살 것이다. 이미 그는 어느 정도가 절약될지 알 수 있었다.

샘의 실천가는 다음 주에 약속을 정해 그가 잘하고 있는지 함께 살펴볼 것을 제안했으며 그도 동의했다.

조현병 환자를 위한 동기강화 상담

정신증을 경험하는 사람들은 인지적 문제로 인해 종종 집중력을 유지하기 힘든 경우가 있다. 특히 한번에 여러 곳에 집중을 유지하려 할 때 더욱 그렇다. 이러한 문제는 그들이 증상적 삽화(episode)를 겪고 있을 때 특히 명확히 드러나기 쉽다. 이런 경우 일반 인구를 대상으로 한 표준적인 MI에서 약간의 변화가 요구된다.

- 만약 집중력이 분산된다고 느낀다면 그들에게 지금 하고 있는 것에 대해 상기시켜라. 간단한 휴식을 가지거나 MI를 분리하여 한 회기 이상 진행할 것을 고려하라.
- 다른 집단에 비해 글이나 그림을 이용한 요약이 매우 중요하다. 용지에 어떤 내용이 요약되어 있는지 그들이 따라 읽게 하라. 가끔 단계적인 반복이 필요하다.
- 의사결정 작업지의 각 부분에서 특별히 중요한 한두 가지에 원을 그리거나 밑줄로 표시하도록 요청하라. 그들의 인지적 부담을 줄이는 데 집중하라.
- 자신에게 가장 중요한 것이 무엇인지 볼 수 있도록 가끔 한두 가지의 핵심 요소로 시소를 그려보는 것이 필요하다.

- 그들이 결정한 것을 기억하는 데 도움이 되는 것 중 그들이 좋아하는 것이 있는지 살펴보라(예 : 문자 메시지, 목표나 대처 방법이 기록된 담배갑에 붙일 수 있는 카드나 스티커). 그들이 기억하는 데 도움을 줄 수 있는 친지나 친구들이 있는지 살펴보라(내담자가 불편하지 않게 확인하라).

요약

동기강화 상담은 일련의 전략이나 단계, 목록/계획 작성보다 더 큰 개념이다. 이러한 것들은 목표를 달성하기 위해 보편적으로 사용되는 기술이다. 동기강화 상담은 행동 변화에 대해 대화할 수 있을 만큼 안전한 조건을 만들어내는 공감적이고 내담자중심적인 접근법이다. 내담자들은 변화를 강요받지 않고 스스로 결정을 내릴 수 있고, 이러한 결정이 무엇이든 지지받는다는 것을 확신할 수 있다. 이러한 특성들로 인해 재활 현장에서는 MI적 의사소통 형태를 사용한다. 이는 말하기보다 듣고 수용하고 그들이 가장 큰 가치를 두는 것을 성취할 수 있도록 돕는다.

참고문헌

Baker A, Turner A, Kay-Lambkin FJ, Lewin TJ (2009) The long and the short of treatments for alcohol or cannabis misuse among people with severe mental disorders. *Addictive Behavior* **34**, 852–8.

Banham L, Gilbody S (2010) Smoking cessation in severe mental illness: what works? *Addiction* **105**, 176–89.

Cinciripini PM, Wetter DW, McClure JB (997) Scheduled reduced smoking: effects on smoking abstinence and potential mechanisms of action. *Addictive Behaviors* **22**, 759–67.

De Hert M, Correll CU Bobes J *et al.* (2011) Physical illness in patients with severe mental disorders. I. Prevalence, impact of medications and disparities in health care. *World Psychiatry* **10**, 52–77

De Leon J, Diaz FJ (2005) A meta-analysis of worldwide studies demonstrates an association between schizophrenia and tobacco smoking behaviors. *Schizophrenia Research* **76**, 135–57.

Heckman CJ, Egleston BL, Hofmann MT (2010) Efficacy of motivational interviewing for smoking cessation: a systematic review and meta-analysis. *Tobacco Control* **19**, 410–16.

Hettema JE, Hendricks PS (2010) Motivational interviewing for smoking cessation: a meta-analytic review. *Journal of Consulting and Clinical Psychology* **78**, 868–84.

Kavanagh DJ, Mueser KT (2010) The treatment of substance misuse in people with serious mental disorders. In: Turkington D, Hagen R, Berge T, Gråwe RW (eds) *The CBT Treatment of Psychosis – A Symptomatic Approach*. Routledge: London, pp.161–74.

Kavanagh DJ, Young R, White A *et al.* (2004) A brief motivational intervention for substance abuse in recent-onset psychosis. *Drug and Alcohol Review* **23**, 151–5.

Lasser K, Boyd JW, Woolhandler S, Himmelstein DU, McCormick D, Bor DH (2000) Smoking and mental illness: a population-based prevalence study. *JAMA* **284**, 2606–10.

Miller WR, Baca LM (1983) Two-year follow-up of bibliotherapy and therapist-directed controlled drinking training for problem drinkers. *Behavior Therapy* **14**, 441–8.

Miller WR, Rollnick S (1991) *Motivational Interviewing: Preparing People to Change Addictive Behavior* Guilford Press: New York.

Miller WR, Rollnick S (2002) *Motivational Interviewing: Preparing People for Change*, 2nd edn. Guilford Press: New York.

Prochaska JO, DiClemente CC (1982) Transtheoretical therapy: toward a more integrative model of change. *Psychotherapy: Theory, Research and Practice* **19**, 276–88.

Rogers CR (1959) A theory of therapy, personality, and interpersonal relationships as developed in the client-centered framework. In: Koch S (ed) *Psychology: The Study of a Science, vol. 3. Formulations of the Person and The Social Context.* McGraw-Hill: New York, pp.184–256.

Rollnick S, Miller W, Butler C (2008) *Motivational Interviewing in Health Care: Helping Patients Change.* Guilford Press: New York.

Shiffman S, Ferguson SG, Strahs KR (2009) Quitting by gradual smoking reduction using nicotine gum: a randomized controlled trial. *American Journal of Preventive Medicine* **36**, 96–104.

Ziedonis D, Hitsman B, Beckham J *et al.* (2008) Tobacco use and cessation in psychiatric disorders: National Institute of Mental Health Report. *Nicotine and Tobacco Research* **10**, 1–25.

내담자 재기 계획 : 가치, 강점, 목표 정립하기

Trevor Crowe, Frank P. Deane, & Lindsay Oades

샘은 실의에 빠져 있다. 그는 우울하지는 않지만 자신의 삶이 어디로 향하고 있는지 모르겠다고 느낀다. 재활 실천가와 함께 일하는 것은 몇 가지 특정 부분에서 도움이 되고 있지만 전체적인 관점에서는 길을 잃은 것처럼 느끼고 있다.

'나는 내가 무엇을 원하지 않는지 알고 있다. 병원으로 돌아가고 싶지 않고 빈털터리나 노숙자가 되고 싶지 않다. 내가 되고 싶은 것이 무엇인지는 조금 모호하지만 말이다. 이전부터 나 자신을 위한 목표를 정해왔지만 목표를 이루는 데 거의 동기를 잃었다. 나는 머릿속을 정리할 수 없어서 스스로 정한 것들을 잊어버린다. 때로는 재활 치료가 지루하다고 느낀다. 어떤 활동들은 괜찮긴 하다. 나에 대한 기대가 있기 때문에 계속하고는 있다. 진전이 보이지 않을 뿐이지 도움이 된다고 생각한다. 재활 치료 중 한 남자에게 언젠가는 대학에 가서 학위를 받고 무언가를 해내고 싶다고 말했던 것이 기억난다. 그는 내가 비현실적이라고 비웃었다. 약 먹는 것도 잊어버리곤 하는데 어떻게 학위를 딸 수 있겠냐고 말이다. 짓밟힌 기분이 들었다. 어쩌면 그가 맞을지도 모른다.'

이 단원에서는 협력하며 목표를 설정하는 과정과 목표 지향적 원리에 따른 규칙에 대해 다룬다. 목표는 동기의 또 다른 원천이 될 수 있으며, 이러한 동기의 원천을 활용할

Manual of Psychosocial Rehabilitation, First Edition. Edited by Robert King, Chris Lloyd, Tom Meehan, Frank P. Deane and David J. Kavanagh.

수 있도록 잠재된 가치와 강점을 목표들과 연결시키는 것이 우리 접근의 주요 전략임을 알아야 한다. 이 과정의 일부로서 우리는 내담자가 자신의 삶의 방향을 구체화할 수 있도록 도와야 한다. 그러므로 목표 설정은 "내담자가 현재 서 있는 곳과 내담자가 가고 싶어 하는 곳의 사이를 연결하는 구체적인 지도"를 만들어낸다(Ades, 2004, p. 15). 내담자와 협력하여 목표를 설정하는 것은 중요하며, 목표의 근거가 되는 가치와 목표를 이끄는 비전 또한 매우 중요하다. 이 단원에서는 특히 정신질환을 가진 사람들이 삶의 가치와 비전을 명확히 할 수 있도록 돕는 것에 초점을 두었다. 이 비전은 동기의 좋은 원천이며 목표, 특히 접근 지향적인 목표를 확인하는 데 반드시 필요하다(즉 긍정적인 어떤 것으로 향해가는 목표).

목표 설정은 실천가가 내담자의 준비, 동기, 재활 과정의 방향에 민감하게 주의를 기울일 때 가장 효과적으로 이루어진다. 종종 실천가는 목표를 설정하고 희망을 가질 수 있도록 내담자를 사회화할 필요가 있다. 대부분의 내담자는 회피 동기에서 발생한 욕구 기반의 목표를 가지고 방문하지만(즉 원치 않는 경험으로부터 회피나 변화하기 위해서) 그렇게 방문했을 때 우리의 목적은 내담자가 접근 동기를 가지고 성장 기반 목표로 나아갈 수 있도록 돕는 것이어야 한다.

목표 설정은 정신사회재활 그리고 재기를 지탱하는 근본적인 부분이다. 성공적인 목표 설정은 다음 요인을 통해 나타난다.

- 내담자와 실천가 간 협력의 확실성
- 내담자가 '자신'만의 목표를 가지는 정도
- 사용된 목표 지향적 원칙의 수
- 목표의 의미와 실행 가능성 사이의 효과적인 균형
- 특정 목표가 목표를 달성하기 위한 행동 단계와 잘 통합되어 있는 정도

Clarke와 동료들(2009a)은 장기간 정신질환을 겪고 있는 사람들의 목표 달성이 증상에 대한 괴로움의 정도와 재기에 대한 인식 사이를 중재한다는 것을 발견하였다. 즉 목표는 재기의 과정에 있어서 핵심적인 것이며, 특히 성장, 역량강화 그리고 안녕감의 증진과 관계가 있다. 다음에서 설명하는 단계들은 목표 설정 원칙을 운용할 수 있도록

설계되었다.

내담자가 목표 설정 과정에 친숙해지도록 하기

사람들은 목표 설정을 시작하는 것에 대해 다양한 반응을 보인다는 사실을 알아야 한다. 때로 불안이 증가하거나 목표 설정의 가치에 대해서 반박하기도 하고, 목표 설정을 시험과 같이 느끼거나 혹은 책임을 져야만 하는 것으로 느끼거나, 목표 설정이 무엇을 뜻하는지, 무엇을 해야 하는지 이해하지 못할 수도 있다. 그러므로 '협력의 확실성'에서 중요한 부분은 협력 관계의 작업에 대해 탐색하고 설명하는 것을 포함하여 각각의 과정이 진행됨에 따라 내담자가 적절히 참여하고 친숙해지도록 하는 것이다. 여기에서의 목표는 내담자가 재기 과정에서 어느 정도 어려움을 감수해야 한다는 점 그리고 그 과정이 어떤 때는 불편하게도 느껴질 수도 있다는 점을 받아들이는 것 등을 이해할 수 있게 돕는 것이다. 내담자는 무엇을 원하고 어떤 작업을 할지 결정할 수 있는 유일한 사람이며, 실천가의 역할은 그들이 원하는 변화를 이루어낼 수 있도록 지원하는 것임을 명확히 하는 것이 중요하다. 결국 실천가는 내담자가 원하는 방향으로 나아가도록 하는 기회를 증가시키기 위해 목표 설정을 강화해야 한다(상자 7.1).

목표 설정 이론과 연구 근거(목표 측정 도구, 'Goal-IQ', Goal Instrument for Quality)에 기초한 돌봄 계획 검사 도구는 정신건강 서비스에서 수립된 목표가 얼마나 성공적인 것인지 사정하기 위해 개발되었다(Clarke et al., 2009b). 상자 7.2에 소개한 목표 및 행동 계획 측정 도구(GAP-IQ)는 'Goal-IQ'를 수정한 것인데 목표 계획과 관찰 단계의 행동–계획 구성요소를 통합하였다. 이 도구는 실천가가 내담자와 함께 돌봄 계획을 재검토할 수 있도록 체계적인 지침을 주는 17개의 핵심 목표의 질, 그리고 행동 계획 영역으로 이루어져 있다. GAP-IQ의 17개의 문항을 각각 살펴보면 내담자와 목표를 계획할 때 고려해야 하는 몇 가지 단계적이고 유용한 방법을 제공한다.

내담자를 몇 가지 단계에 참여시키기 전에 라포를 형성하고 좋은 작업동맹을 수립하는 것이 중요하다. 이는 내담자와의 관계, 협동 그리고 계획과 행동에 대한 주인의식을 증가시킨다. 또한 이러한 관계의 첫 발전 과정은 실천가가 목표를 위해 행동하도록 하

상자 7.1 목표 지향적 원칙

- 내담자 그리고 실천가 사이의 목표 일치의 정도는 증가된 만족도, 감소된 고민, 줄어든 정신병리 그리고 개선된 재활 결과와 연관이 있다(Michalak et al., 2004).
- 적극적으로 자신의 목표 설정에 참여할수록 더 성공적인 재활이 이루어질 수 있다(Tryon & Winograd, 2001).
- 목표 달성은 가치가 있고 실행 가능성이 잘 조정될 때 성공적이다(Little, 1989).
- 목표는 가까운 미래에 있을 때(Bandura & Simon, 1977) 그리고 내담자가 적어도 목표의 70%를 정해진 시간 내에 달성할 수 있다고 확신할 때 더 다루기 쉽다(Clarke et al., 2006).
- 내담자의 가치, 흥미, 꿈 그리고 더 나은 정체성과 합치할 때 목표에 대한 주인의식이 높아지고 이를 통해 목표를 달성할 수 있게 된다(Anthony, 1991; Clarke et al., 2006, 2009; Sheldon & Houser-Marko, 2001).
- 성공적인 목표 설정은 다음에 의해 나타난다.

  o 목표가 명확하게 정의되었는가
  o 목표를 측정할 수 있는가
  o 목표가 충분히 어렵지만 내담자가 압도당하지 않고 도전할 수 있는 정도인가
  o 목표가 행동 계획과 통합되는가
  o 목표에 기간이 정해져 있는가
  o 목표의 달성 정도를 확인할 수 있는가
  o 목표가 과정에 대한 피드백과 장애물에 대한 문제 해결을 포함하는가(Locke & Latham, 1990)

는 데 도움이 될 내담자의 동기, 이전의 성공, 강점, 자신감 그리고 다른 자원들을 확인하는 데 도움을 준다. 만약 실천가가 내담자에게 가능한 목표를 충분히 탐색하도록 돕지 않고 목표 설정을 강요하게 된다면 저항하기 쉬울 것이다. 이런 원리를 적용한 전략이 상자 7.2에 기술되어 있다.

제6장에서는 동기강화 상담의 목표와 기술에 대해 설명했다. 목표 설정과 특별히 관련된 주요문제는 '목표를 설정하는 사람이 무엇에 대해 준비되어 있는가?', '어떻게 하면 목표 설정과 관련된 대화에서 내담자의 참여와 주도성을 증가시켜 준비도를 극대화하도록 조성할 수 있는가?' 하는 것이다. 만약 내담자가 충족되지 못한 욕구로 인해 압도되는 것을 느낀다면 내담자는 아마도 그 목표에 대해서 이야기할 충분한 준비가 되

상자 7.2 목표 및 행동 계획 측정 도구(GAP-IQ)

1. 재기에 대한 종합적인 그림이 있는가?	없음	의미, 희망, 꿈, 가치 그리고/혹은 개인이 앞으로 나아가길 원하거나 그들의 삶에서 경험한 더 선호하는 정체성에 대한 내용 중 어떤 것도 내담자와 논의한 것이 기록되지 않았을 때
	약간	기록에서 미래에 대한 희망, 꿈, 가치가 논의되었으나 선택된 목표가 내담자의 가치를 반영하지 않거나 내담자가 목표 설정을 하려는 이유에 대해 질문받은 기록이 없을 때
	있음	기록에서 미래에 대한 희망, 꿈, 가치가 논의되었을 때. 내담자의 미래를 지탱하고 있는 의미, 희망, 꿈과 사례관리 안에서 선택된 목표가 연관이 있고, 그것이 증명되었을 때[(예 : 내담자가 쇼핑(목표)을 하는 것이 자신을 더 독립적으로 느끼게 만들어준다는 것을 보고함(재기 비전)]
2. 내담자와 실천가 사이의 협동	없음	돌봄 계획 목표에서 기술된 내용이 내담자와 실천가의 협동을 나타내지 않을 때(예 : '내담자는 약물 순응도를 다루도록 지시 받았다', '정신건강 팀이 설정한 목표가 내담자에게 부가되었다'). 혹은 서식의 기술된 내용이 내담자 혹은 그들의 목표를 부정적인 단어로 기술하였을 때(예 : 병식 부족, 비현실적, 동기 부족)
	있음	돌봄 계획에서 기술된 내용이 실천가와 내담자가 협동하여 목표를 개발하였음을 나타낼 때. 목표는 전문용어가 아닌 평이한 방식으로 기록함
3. 목표	없음	어떤 목표도 기록되지 않음
	약간	목표가 기록되었으나 명확하게 정의되거나 측정하기 어려움 (예 : 더 나은 기분을 느끼기 위해서, 더 행복해지기 위해서)
	있음	목표가 드러나며 결과를 측정할 수 있게 조작적으로 정의함 (예 : 스스로 쇼핑을 한다, 투약 행동을 개선시킨다, 일자리를 찾는다.)

(계속)

상자 7.2 목표 및 행동 계획 측정 도구(GAP-IQ)(계속)

4. 목표의 중요성	없음	내담자가 결정한 목표의 중요성을 인식하고 있음을 드러내는 내용 혹은 결정된 돌봄 계획 목표의 우선순위에 대한 기록이 없을 때
	약간	지금까지 고려했던 각 목표에 대해 내담자가 생각하는 중요도와 이에 따라 할당된 자원의 서면 기록이 있음(예 : 내담자는 ___ 목표가 가장 중요하다고 말했기 때문에 이 회기는 이것을 위해 작업하도록 하겠다.)
	있음	목표의 중요성이 수치로 정렬되어 있거나 정돈되어 있음. 그리고 자원이 그에 따라 배분됨[예 : 내담자는 중요성의 순서에 따라 목표를 배정하였다(1, 2, 3). 따라서 이를 고려하여 회기시간과 작업을 배정하였다.]
5. 자신감	없음	설정된 목표에 대해서 내담자의 자신감 수준에 따라 평가된 기록이 없음
	약간	목표 중 하나에 대해서 자신감에 대한 질문을 받았다는 기록이 있으나(예 : 진술 혹은 등급) 다른 목표들에 대한 것은 없음. 내담자의 자신감이 평가되었으나 목표 달성과 연관된 내담자의 자기효능감을 높이기 위해 목표가 조정되지 않음
	있음	자신감이 각각의 사례관리 목표와 연관되어 결정되었으며 목표 달성을 위한 내담자의 자신감을 높이기 위해서 목표가 조정되었다는 것이 기록됨
6. 목표를 위한 기간	없음	목표 달성 기한에 대해 정해진 것이 없음
	약간	목표 달성 기한에 대한 기록이 있으나 모호함(예 : 특정한 날짜가 아니라 연말까지). 혹은 기간이 설정된 목표의 성격을 고려했을 때 비현실적으로 보임(예 : 기술대학 과정을 시작하고 완수하는 데 3개월 이내)
	있음	정해진 기간, 그리고 회기를 검토하기 위한 날짜가 기록됨

(계속)

7. 목표 달성의 수준	없음	목표를 달성하기 위한 단계적 달성 수준이 없음
	약간	일부 목표에 대한 단계적 달성 수준이 기록되어 있음. 목표 달성이 의미하는 수준에 대한 언급은 있으나 실증적으로 규정되어 있지 않고 결과를 측정하기 어려움(예 : 무엇을, 어디서, 얼마나 자주, 누구와 같은 세부사항이 없음)
	있음	각각의 사례관리 목표의 도달 수준이 구체적이며 실증적으로 규정됨(예 : 자주, 무엇을, 어디서, 누구와). 그래서 결과를 명백하게 측정할 수 있음
8. 목표 달성을 가로막는 장애물에 대한 확인과 해결(대처 계획)	없음	목표 달성의 장애물이 돌봄 계획 과정에서 논의된 기록이 없음. 장벽이 없다고 기재된 경우에는 잠재적인 장애물이나 확인된 장애물을 해결하기 위한 방법을 논의한 기록이 없음
	약간	잠재적인 장애물에 대해 의논한 기록이 있지만 해결하기 위한 방법은 없음(예 : 금전적인 곤란함에 대해 논의했으나 예산 지원과 같은 구체적인 해결책에 대한 논의가 없는 경우). 단지 몇몇의 치료 목표가 대처 계획에 집중하여 기술됨
	있음	각각의 치료 목표가 논의되고 그 과정에서의 장애물과 잠재적인 해결 방법이 기록됨
9. 사회적 지지	없음	목표 달성을 지원하기 위해 사회적 지지가 지원되기로 했다는 기록이 없음
	약간	구체적인 사회적 지지방안이 논의되었으나 서비스 수준(사례관리자) 혹은 개인적 수준(가족 구성원)임
	있음	개인적 수준과 서비스 수준 모두에서 목표 달성을 돕기 위한 사회적 지지를 논의하고 구체적인 방안을 마련한 기록이 있음. 다른 구성원들의 역할과 구체적 행동방안에 대해서도 논의한 기록이 있음. 여기에는 실생활 지원(예 : 교통), 감정적 지원(예 : 개인의 염려를 들어주는 것) 혹은 정보 지원(예 : 피해를 최소화하기 위하거나 약물의 부작용에 대한 정보 등) 등이 있을 수 있음

(계속)

10. 모니터링	없음	목표의 진행 상황을 어떤 방식으로 모니터링할 것인지에 대해 고민한 기록이 없음
	약간	모니터링 과정을 만들었던 기록이 있음(예 : '내담자에게 진행을 확인할 것이다.')
	있음	특정한 상황에 대한 행동을 어떻게 모니터링할 것인지에 대해서 구체적인 기록이 있음(예 : 부여된 과제와 더불어 하루에 걸은 걸음 수에 대한 그래프나 감정일지를 작성하기로 동의함)
11. 목표를 위한 행동 계획(일반적 평가)	없음	어떤 목표를 달성하기 위한 방법이나 전략에 대한 논의가 없음(예 : 목표를 향한 단계)
	약간	몇몇의 사례관리 목표를 어떻게 달성할 것인가에 대한 구체적인 계획이 기술됨. 혹은 치료 목표를 개발하는 단계에 있으나 그 내용에 대해 구체적으로 언급되어 있지 않음
	있음	선택된 모든 목표에 대해 그를 달성하기 위한 명백한 방법과 언제 어디서 어떻게 그 목표를 수행할 것인지에 대한 구체적인 세부사항이 기재되어 있음. 표적 목표는 행동 계획에서 명백하게 구체화시켜야 함
12. 행동에 대한 기술	없음	완료되지 않음
	약간	서술하려 한 시도가 보이지만 불충분하거나 부적절한 정보
	있음	잘 서술되어 있음. 내담자와 실천가가 각각 해야 할 것이 무엇인지 명확히 이해할 수 있도록 충분히 세부적으로 기술됨
13. 행동의 빈도에 대한 기술	없음	완료되지 않거나 부적절함(예 : 공원에서 조깅)
	약간	서술하려고 한 시도가 보이지만 불충분하거나 부적절한 정보. 기술이 구체적이지 않고 대답을 기록하는 정도에 그침(예 : '필요한 만큼', '내가 ~을 느낄 때')
	있음	항목이 잘 완성됨. 명확하게 과업이 달성되어야 하는 횟수를 기술(예 : 매일 아침 2번씩)

(계속)

14. 행동의 시점에 대한 기술	없음	완료되지 않거나 부적절함(예 : 공원에서 조깅)
	약간	서술하려고 한 시도가 보이지만 불충분하거나 부적절한 정보. 기술이 구체적이지 않고 대답을 기록하는 정도에 그침(예 : '필요할 때, 내가 ~한 기분일 때, 내가 그것에 대해서 생각할 때')
	있음	잘 서술되어 있음. 특정한 작업이 완료되어야 하는 시간이나 날짜를 분명히 기술(예 : 아침, 오후, 밤; 오후 12시, 오전 3시 등; 월요일, 화요일 등; 매일 아침 식전)
15. 행동이 일어나는 장소에 대한 기술	없음	완료되지 않거나 명백히 부적절함(예 : 매일 아침마다 조깅). 특정한 작업이 완료되어야 하는 곳
	약간	서술하려고 한 시도가 보이지만 불충분함. 기술이 특정하지 않음(예 : 내가 할 수 있는 어디서든)
	있음	잘 서술되어 있음. 명확하게 특정 작업이 완료되어야 하는 구체적인 위치 대해서 기술(예 : 집, 길 주위, 병원에서)
16. 행동에 대한 자신감 평가	없음	기술되지 않음. 자신감 평가가 제공되지 않음
	약간	자신감 척도가 70 미만일 때
	있음	자신감 척도가 70 이상일 때
17. 행동 계획 검토	없음	완료되지 않음. 검토가 시행되었다는 것을 나타내는 평가나 코멘트가 없음
	약간	코멘트가 있거나 공식적인 평가가 있음. 그러나 둘 다 있지는 않음
	있음	잘 서술되어 있음. 완료된 업무에 대해 내담자 혹은 정신건강 실천가가 작성한 양적인 혹은 질적인 공식적인 평가가 있음. 검토가 시행되었다는 것을 나타내는 코멘트가 있음

지 않았거나 오히려 휴식이나 안정만을 찾으려는 것일지도 모른다는 점을 명심해야 한다. 그러나 충족되지 못한 욕구를 직면하는 것은 종종 목표 설정을 동반하기도 한다.

충족되지 않은 욕구에서 비롯된 목표 설정은 삶에서 우선순위에 있는 목표(즉 접근 지향 목표)에 집중하기보다 원치 않는 경험으로부터 벗어나려는 경향을 보인다(즉 회피 지향 목표). 회피 그리고 접근 지향 목표는 각각 동기의 다른 원천에서 비롯되는 경향이 있다. 그러므로 실천가는 이러한 이질적인 동기를 어떻게 다뤄야 할지 인식해야 한다. 회피 지향 목표가 문제의 명료화, 문제 해결/관리의 측면에 중점을 둔다면, 접근 지향 목표는 개인에게 중요한 것(즉 그들이 가치를 두고 있는 것) 그리고 자신이 해야 할 것을 명료화하는 데 중점을 둔다. 접근 지향 목표는 내담자가 자기 삶의 비전을 구체화하고 그 비전을 실현시킬 수 있는 목표를 추구할 수 있도록 돕는 것을 목적으로 한다. 접근 지향 목표는 그 동기가 근본적으로 현재 상황을 완화하려는 것인지 더 긍정적인 상황으로 나아가려는 것인지에 따라 회피 지향 목표와 구분될 수 있다.

회피 지향 목표에 너무 많이 집중하는 것은 바람직하지 못하다. 회피 지향 목표를 추구할수록 내담자는 만족감을 적게 느끼는 경향이 있으며 목표를 이루어가는 과정에서 낮은 자존감, 낮은 자기조절과 활력, 낮은 삶의 만족감, 유능감의 감소와 같은 부정적 경험을 할 수 있다(Elliot et al., 1997).

내담자의 강점을 확인하도록 돕는 것은 충족되지 않은 욕구를 추구하는 목표(즉 문제를 극복하거나 다루는 것)에 집중하는 것인지 혹은 삶의 비전에 대해서 규정하고 구현하기 위해서 나아갈 방법을 찾으려는 것인지에 상관없이 중요하다. 강점을 명확히 하는 것(즉 내담자가 자신감을 더 많이 가지기 위해 혹은 강함을 느끼기 위해 의존할 수 있는 것, 그들을 강하게 유지시켜 주는 것)은 내담자의 결정, 최선의 노력, 도전을 향해 나아가는 데 이용할 수 있는 자원의 탐색을 통합하는 것과 관련이 있다.

가치 확인을 위한 샘의 시도

이 장의 도입부에서 우리는 샘이 삶의 방향성을 찾기 위해 고군분투하고 있음을 보았다. 샘의 재활 실천가로서 당신은 그를 어떻게 도울 것인가? 샘의 이야기를 살펴보면 그의 목표 설정을 돕는 데 고려해야 할 몇 가지 핵심적인 사항을 발견할 수 있다.

- 샘이 목표를 설정하기 위해서는 어떤 준비가 필요한가?

- 샘이 생각하는 목표는 어떤 유형의 것인가?
- 실천가는 샘이 목표를 이루기 위해 스스로 참여하고 주체성을 늘려 나가도록 어떻게 도와줄 수 있을까?
- 샘에게 있어 의미 있고 중요한 것은 무엇인가? 그리고 샘이 다룰 수 있는 목표를 설정하는 동안에 실천가는 어떻게 그 의미를 유지시킬 수 있을까?
- 어떻게 샘이 그의 재기/삶의 비전에 대한 명확한 그림을 그릴 수 있도록 도울 수 있을까? 즉 어떻게 샘으로 하여금 자신이 원하는 자아상, 자신이 살고 싶은 삶을 명확히 하도록 도와줄 수 있을까?
- 샘이 이미 가지고 있는 강점은 무엇이고 어떻게 하면 이에 기초하여 재기를 이뤄낼 수 있을까? 어떻게 하면 샘이 자신을 강점을 더욱 계발하고 재기로 향하는 자신감을 증진시킬 수 있도록 도울 수 있을까?
- 목표 설정 과정에서 기억과 집중의 문제를 어떻게 다룰 수 있을까?
- 어떻게 하면 샘의 목표를 달성하는 데 도움을 줄 수 있는 작업동맹을 맺어나갈 수 있을까?

강점 개발하기

재기는 강점 위에 세워지며 약점이나 문제 위에는 세워지지 않는다. "… 우리는 약점에 기초해서는 안 된다. 성공적인 결과를 얻기 위해서 우리는 가능한 모든 강점들을 이용해야 하며, 이 강점들이 실질적인 기회가 된다"(Drucker, 1967; Linley & Harrington, 2006에서 인용).

　정신건강 영역에서는 오로지 문제를 확인하고 다루는 것에 집중하기 쉽다. 의심할 여지 없이 문제와 약점에 집중하는 것은 '무엇이 잘못되었는가'만을 나타내고 다룰 수 있는 반면 '강점 접근'은 '무엇이 강점인가'에 집중한다. 재기의 초기 단계에서 문제에 대한 집중은 중요하나 만약 이것에만 집중한다면 내담자는 낙담하거나 자신감이 고갈될 수도 있다. '강점 집중'은 자신감과 자기효능감의 증진을 목표로 하며, 이것은 곧 안녕감에 긍정적 영향을 준다. 이미 존재하는 강점을 확인하고 증진시키는 것은 또 다른 강점을 개발하고자 하는 목표만큼 집중을 받아야 한다.

강점을 그저 한 개인이 잘하는 것 또는 재능이라고 여기는 것보다는 무엇이 강점을 이루는지에 대한 넓은 시각을 가지는 것은 도움이 된다. 자원, 기술, 신념, 관계 또는 가지고 있는 가치들 또한 강점이 될 수 있으며, 어려운 상황이나 목표에 대한 추구 과정에서 기억해낸 지지 기반이 될 수 있는 기억들 또한 강점이 될 수 있다. 강점은 또한 좌절로부터 회복하여 장애물에 다시 도전할 수 있도록 회복탄력성(resilience)을 증진시키는 것을 도와준다. 재기란 단순히 문제에 대한 통제권을 얻는 것뿐만 아니라 장애물, 좌절, 위험요인도 포함하기 때문에 개인이 재기과정에서 얻은 것을 공고히 하고 앞으로 나아갈 수 있도록 최대한 많은 강점을 이용할 수 있게 만드는 것이 중요하다. 실용적인 강점 접근의 예시들은 이 책의 다른 부분에서 논의하고 있다(제4장 참조).

가치와 가치 있는 삶의 방향 명료화하기

재기란 개인적인 의미, 목적, 보람을 가지는 삶을 사는 것이다. 가치 명료화는 개인이 반복되는 삶에서 한 걸음 물러나 무엇이 그들에게 중요한지에 집중하고 어떤 방향으로 삶을 살아갈 것인지 계획하는 것을 포함한다. 가치는 개인이 선호하는 삶의 비전 및 정체성 발달과 연관되어 있다. 가치는 한 개인이 그 가치를 따라 사는지, 그 가치가 장기적인 목표를 제시할 수 있는지와 관계없이 순간순간 접근이 가능하다. 가치를 탐색하는 것은 내담자와 실천가 사이의 협력 관계를 강화하는 데 도움을 줄 뿐만 아니라 다음과 같은 방식으로 내담자를 돕는다.

- 그들이 자신에게 중요한 것과 연관된 삶을 살고 있는지 혹은 그렇지 않은지에 대해 검토한다.
- 선택되어 실현되는 가치들과 앞서 검토한 결과로서 억압된 가치 사이에 문제가 있을지 파악한다.
- 그들의 삶에서 변화를 만들어낼 수 있는 감정과 그에 뒤따르는 동기를 활성화시킨다.

- 이러한 가치들을 반영하는 정체성을 형성한다(자신의 가치관과 일관적인 자아상 형성).

가치를 정의하는 것에는 매우 많은 방법이 있다. 어떤 모델은 가치를 삶의 원칙, 미덕 혹은 삶의 방향으로 여긴다(Linley & Harrington, 2006; Peterson & Seligman, 2004). 그러나 더 간단히 보자면 가치는 개인에게 중요한 것들이다. 때로는 가치를 정의하는 과정이 강조된다. 가치란 단지 한 개인이 마음에 품고 있는 것이라기보다 그들이 실제로 하는 것 또는 더 잘 실현할 수 있는 것이다. 가치가 실현되어 왔다면 이는 강점으로 여겨질 수 있다. 내담자가 선호하는 삶의 방향으로 더 나아갈 수 있다는 자신감과 확신을 갖도록 하는 데 그러한 경험을 이용할 수 있기 때문이다.

때때로 개인적인 가치에 대한 통찰은 삶에서 간과되었던 중요한 부분에 대한 인식을 불러일으킬 수 있다. 예를 들어, 어떤 사람은 자신이 창의력에 가치를 두었으나 지난 몇 년 동안 창의력을 표현하는 것에 시간을 거의 쓰지 못했다는 것을 깨달을 수도 있다. 이것은 그 사람이 그만큼 창의성에 가치를 두지 않는다는 것이 아니라 그저 이 가치를 실현하는 것이 줄어들었음을 뜻하며, 이는 어쩌면 그가 다른 가치에 많은 시간을 사용해오고 있었던 것일 수도 있으며(예 : 일 혹은 건강관리) 혹은 창의력을 사용하는 것에 특정한 장벽이나 장애물을 만났을 수도 있다. 때때로 사람들은 자신의 삶을 돌아볼 때, 특히 현재 자신이 얼마나 가치를 따라 살고 있는지 돌아볼 때 완전히 감정적이 될 수도 있다. 이러한 감정을 잘 조정하면 가치를 실현하는 데 필요한 변화 목표 및 행동을 추구하는 데 이용할 수 있다.

보통 가치는 '전반적인 삶의 방향'이라고 설명되어 왔고(Hayes, 2004) 이런 점에서 가치는 개인이 원하는 모습과 어떤 방식으로 세상과 관계 맺고 싶은지를 반영한다. 가치는 그 자체로 완성된 것이 아니라 계속해서 흘러가는 삶을 통해 실현되는 것이다(Peterson & Seligman, 2004). 한 예로 어떤 내담자가 자신의 형제를 사랑하는 데 가치를 둔다고 하자. 이 가치의 우선순위는 그가 살아가는 동안 그때그때의 상황에 맞춰 변하겠지만 결코 가치의 우선순위 목록에서 '탈락'하거나 '완수'되는 것이 아니다. 이에 반해 좋은 목표란 정해진 기간 내에 추구하려는 명확한 도달점이 있는 것이다. 예를 들면, '형제 사랑'이라는 가치에 기초한 목표는 '앞으로 3개월 동안 한 달에 한 번 여동생을 찾아가는 것'이 될 수 있다.

내담자가 납득할 수 있는 가치(즉 개인에게 중요한 것)를 찾기 위한 방법을 모색하는 것은 중요하다. 단순히 '당신의 가치는 무엇입니까?'라고 질문하는 것은 공허하거나 혼란스러운 반응을 불러올 수 있다. 다음의 일반적인 질문은 개인이 가치 혹은 중요한 삶의 방향을 확인하는 데 도움을 줄 것이다.

- 당신의 삶에서 중요한 측면은 무엇인가?
- 당신은 삶이 어떻게 되기를 원하는가?
- 당신이 삶을 살아가는 데 가지고 있거나 지키고 싶은 원칙이 있는가?
- 만약 당신에게 일생의 소원이 있다면 그것은 무엇인가?

상자 7.3 **특정한 영역에서 가치를 명료화하는 데 도움이 되는 질문**

자신의 가치관을 파악하는 데 어려움을 느낀다면 다음의 질문은 몇몇 일반적인 가치의 영역에서 자신의 가치를 찾는 데 도움을 줄 것이다.

직업/교육 : 당신의 직업에서 어떤 부분에 가치를 둡니까? 무엇이 이를 더 의미 있게 합니까? 당신의 어떤 자질을 직장에서 활용하고 싶습니까? 당신의 직장 동료들과 어떤 종류의 관계를 형성하고 싶습니까? 당신은 학습/교육/훈련에 대해서 어떤 가치를 둡니까? 배우고 싶은 새로운 기술이 있습니까? 얻고 싶은 지식이 있습니까?

여가 : 어떤 종류의 스포츠, 레저 활동, 취미를 즐깁니까? 당신은 어떨 때 즐겁다고 느낍니까? 고된 일 후에 무엇을 하며 휴식을 취합니까? 이런 활동 중에서 가장 즐기는 것은 무엇입니까?

관계 : 가족/친구 그리고 다른 친밀한 사람들과 관계를 맺을 때 당신의 어떤 자질을 사용하고 싶습니까? 어떤 종류의 관계를 만들고 싶습니까? 이러한 관계에서 어떤 관계를 더 선호합니까? 당신이 타인과 소통하는 방식에서 가장 중요한 것은 무엇입니까?

개인적 성장/건강 : 당신은 어떤 방식으로 자신의 신체적 · 정신적 · 정서적 · 영적 건강을 관리하길 원합니까? 왜 이것이 당신에게 중요합니까? 영적인 영역에서 가장 중요한 것은 무엇입니까? (개인의 종교나 자연과의 연관성도 될 수 있다) 만약 당신이 원했던 방식대로 스스로를 돌보게 된다면 어떻게 해줄 것입니까? 그렇게 된다면 어떨 것 같습니까? 당신은 어떻게 지역사회에 기여할 것입니까?

- 만약 아무도 당신을 판단하지 않는다면 당신은 삶에서 어떤 것을 가장 원하는가?
- 당신은 무엇을 위해 사는가?

특정한 삶의 영역에 대한 더욱 자세한 질문은 상자 7.3에 제시된 것처럼 적용될 수 있다.

때때로 개인에게 가장 중요한 것이 무엇인지 생각할 수 있도록 돕는 데 '가치 혹은 원칙 카드'를 사용하는 것은 유용하다(예 : Ciarrochi& Bailey, 2008). 유사한 방식으로 우리는 심각한 정신장애를 가진 내담자들이 발견하고 받아들여온 '재기', 혹은 삶의 '여정'과 같은 비유를 사용한다. 또한 우리는 가치를 확인하는 과정과 목표 계획 및 관찰의 측면을 도울 수 있도록 이 비유와 관련한 일련의 '도구'들을 개발해왔다(Oades & Crowe, 2008 참조).

가치를 두는 삶의 방향에 목표 맞추기

삶의 방향에 대한 가치관이 명료화된 이후에(상자 7.4), 이러한 방향으로 목표를 확인하고 부합시키는 것은 중요하다. 또한 우리는 이러한 과정을 촉진하기 위해 LifeJET 프로토콜의 일부분으로서 예시들을 개발해왔으며(Oades & Crowe, 2008) 다음은 그 과정을 설명한다.

- 내담자에게 앞으로 3개월가량 연습할 가치가 있는 삶의 방향 세 가지를 선택하도록 요청한다. 이것은 개인적으로 의미 있고 내담자가 원하는 자기상과 일관된 것이어야 한다. 내담자가 가치를 두는 삶의 방향성을 적어보도록 하여 그 방향성과 논의 중인 목표가 직접적이고 명확히 연결될 수 있도록 하라. 몇몇 내담자들은 한 번에 한 방향만을 택하고 그와 관련된 일련의 목표를 설정하여 가치를 두는 삶의 방향성에 보다 부합하는 활동을 늘려가려 한다.
- 가치를 두는 방향 각각에 대한 표적 목표를 확인한다. 추후 몇 개월간 달성할 수 있는 표적 목표를 시도하고 설정한다. 장기간의 목표를 더 작은 단계들로 나누도록 한다.

1. 왜 가치를 명료화해야 하는 것일까?

a) 무엇에 가치를 두는지에 대한 명확한 인식을 갖는 것은 개인의 안녕감에 도움을 줌

b) 목표는 가변적이지만 가치는 비교적 안정적임. 또한 가치는 일상에 의미를 부여함

c) 가치 명료화는 삶에서 자신에게 중요한 것에 집중할 수 있도록 도와줌

2. 어떤 가치가 개인에게 중요할까?

a) 가치는 개인마다 다양함

b) 위에서 제시된 방법이나 질문을 사용하여 개인의 가치를 명료화할 수 있도록 도울 수 있음

c) 내담자로 하여금 자신이 중요하게 생각하는 것을 적어보게 할 수 있음

d) 추후에 발전시키고 싶은 강점들을 확인하고 나열함

3. 얼마나 자신의 가치와 잘 부합하는 삶을 살고 있는가?

a) 최근 몇 개월간 이러한 가치들을 얼마나 많이 행동으로 옮겼다고 생각하는지 설명 혹은 평가하도록 함. '최근 몇 개월간 이런 가치를 실제 행동으로 옮겼던 예시를 떠올려 보시겠습니까?'와 같은 질문이 도움이 될 수 있음

b) 최근 몇 개월간의 자신의 행동이 자신의 가치와 부합했던 정도에 대해 탐색하고 토의함. 이는 다음과 같은 탐색을 포함할 수 있음. (1) 발생하는 모든 감정, (2) 가치 간의 갈등(예 : 가족과 함께 있는 시간을 희생하고 일에 열중함), (3) 어떤 강점을 발견했는지, (4) 삶의 가치를 실현하고 적용시키기 위해 무엇을 하고 싶은지

4. 이 과정을 어떻게 그들 삶의 비전에 보탬이 되도록 사용하는가?

개인에게 자기의 가치를 실천하는 삶의 모습을 그려보도록 요청한다. 이는 그들이 삶에서 가치 있게 여기는 방식과 더욱 부합되는 삶을 사는 데 도움이 되는 방식으로 생각하고 행동하도록 한다. 또한 개인들이 선호하는 자아를 명료화하도록 돕는 방법이며 그들로 하여금 자신이 바라는 모습으로 한발을 내딛도록 도전한다.

표적 목표 구체화하기

3개 이하의 표적 목표를 아래에 적는다. 표적 목표는 반드시 다음과 같은 기준을 따라야 한다.

● 샘의 예시에서 본 것처럼 구체적이고 명확하게 정의되어야 한다.

- 쉽지 않으면서도 내담자가 정해진 기한 내에 달성할 수 있다고 하는 자신감을 적어도 70%는 가질 수 있어야 한다.
- 발전의 정도를 측정할 수 있어야 한다(즉 목표에 도달할 시에 그 사실을 알 수 있어야 한다).

각각의 표적 목표를 하나 이상 설정하려는 유혹에 빠지지 말라(예 : 요가 강습도 받고, 매주 10km 걷기도 한다). 이는 내담자의 동기를 고갈시킬 뿐 아니라 내담자가 목표했던 것 중 일부만 달성했을 때 목표 수행 정도를 정확하게 되돌아보고 그 과정에서의 어려움을 극복하는 것을 어렵게 한다. 각각의 목표는 내담자가 가치를 부여한 삶의 방향성에 부합하는 것이어야 한다. 만약 내담자가 주어진 시간 내에 자신의 목표를 달성할 수 있다는 자신감이 85% 이상이라면, 이 단계에서 시도해볼 만큼 충분히 도전적인 과제는 아닐 것이다. 흥미롭게도 사람들은 충분히 어렵지 않은 과제(즉 목표를 쉽게 성취할 것이라고 자신할 때)나 너무 어려운 과제(즉 충분한 자신감이 생기지 않을 때)에 대해서 동기화되지 않는 경향이 있다(Locke et al., 1981).

성공 정도 확인하기

목표를 추구하다 보면 기대했던 것보다 더 많은 것을 얻게 되는 경우도 있지만 때로는 여러 이유로 인해 자신이 바랐던 것을 다 얻지 못하기도 한다. '성공 정도' 혹은 '달성 정도'를 기록하는 것은 내담자와 정신건강 실천가 모두가 목표를 향한 진행 과정을 가늠하는 것에 도움이 된다.

- 내담자에게 각각의 표적 목표마다 이후 몇 개월 동안 예상보다 더 성취하게 될 수도 있는 것들에 대해서 적어보게 하라. 즉 내담자가 정해진 기간 내에 이를 달성할 자신감은 없겠지만 만약 이뤄낸다면 정말 뜻밖의 이득이 될 것이다.
- 내담자에게 각각의 표적 목표마다 이후 몇 개월 동안 바라는 것보다 덜 성취하게 될 수도 있는 부분에 대해서 적어보게 하라. 즉 내담자가 이미 성취한 것보다 더 많은 것은 아니지만 그것이 정해진 시간 동안 성취한 것의 전부라면 실망하게 될 수 있다.

목표 계획 재검토하기

목표를 달성할 시기가 언제인지를 정한다. 이런 과정은 내담자를 돕는 사람이 내담자의 목표를 이해하고 그에 대해 토의할 수 있도록 도와준다(상자 7.5).

상자 7.5   예 : 샘의 목표 계획의 일부

나의 삶의 비전	스스로에게 진실하기, 정직하고 남을 존중하기, 절대 포기하지 않기
	가치 방향 A
	지식 추구하기
더 높은 수준의 목표	내가 선택한 교육과정에 등록하기
표적 목표	10월 30일까지 고등교육대학의 교육과정지도 담당자
(자신감 70%)	와 만나기
더 낮은 수준의 목표	내년에 등록할 수 있는 교육과정을 살펴보기
세부사항에 대한 검토	목표에 대한 진행사항 점검일 : 11월 5일 월요일
	나의 목표와 진행사항에 대해 토의할 사람 : 친구 밥(Bob)

협력적 행동 계획과 관찰

연구 논문에서 흔히 언급되듯이 행동 계획이나 치료적 과제는 다양한 임상적 상황에 있는 내담자들에게 성공적인 성과를 가져다주는 것으로 나타난다(Kazantzis et al., 2000; Kelly et al., 2006). 또한 체계적인 행동 계획의 실행 정도는 더 나은 치료적 결과와 연관된다(Kelly & Deane, 2009). 체계적인 행동 계획 단계는 앞에서 상술되었으며 다음에 요약되어 있다. 그러나 이러한 과정을 구조화하고 문서화하는 데는 표준 형식을 사용하는 것이 권장된다(예 : Kelly & Deane, 2009).

여러 작은 행동 단계가 모여 목표를 달성하는 법이다. 행동 계획(action planning)이란 목표를 성취하는 데 있어서 필요한 행동을 결정하는 단계를 말한다. 행동 계획의 중요 단계들은 GAP-IQ(특히 8점 이상의 경우)에서 다루었다(상자 7.2 참조).

우리가 개발한 LifeJET 프로토콜은 행동 계획의 중요한 구성요소들을 뒷받침하기 위한 구조와 내담자 및 정신건강 실천가를 위한 서면 기록을 제공한다. 면담 후 내담자에게 자신의 행동 계획을 적은 서류를 주어 자신이 해야 할 일의 세부사항을 상기하고 목표 행동에 착수할 수 있도록 촉진하는 것이 중요하다. 목표 계획의 다른 부분에서는 내담자가 자신의 행동 계획을 개발하는 데 있어서 능동적으로 그리고 협동적으로 참여하는 것이 핵심이 된다. 내담자로 하여금 가능한 한 다양한 세부사항을 쓰게 하는 것으로 행동 계획에 대한 주인의식이 더욱 강화될 수 있다.

행동 계획을 위한 다음의 단계를 추천한다. 행동이 얼마나 구체적인지에 따라 어떤 요소들은 불필요할 수도 있다(예 : 특정한 행동을 시작하는 데 걸리는 시간이 구체적인 과제를 수행하는 데 걸리는 시간과 같을 수 있다).

행동 계획 단계

1. 서식의 가장 윗부분에 가치와 표적 목표를 기술한다.
2. 필요한 행동과 그에 수반되는 것들에는 무엇이 있는지 상세히 적는다.
3. 언제 행동을 결심했고, 그 행동을 실행하는 날짜, 빈도, 시간, 장소에 대해서 적는다. 어떤 행동들은 한 번만 해도 된다는 것을 주의한다. 예를 들어, '인근 강습소에 전화해서 요가수업 시간에 대해 문의하기'는 한 번만 하면 되지만, '매주 토요일 아침에 요가강습 받기'와 같은 것들은 계속해야 한다.
4. 어떤 도움이 필요한지 적는다. 각각의 행동에 대해 필요한 모든 종류의 지원을 받을 수는 없지만 내담자에게 정서적인 격려와 지지를 해줄 사람을 한 사람만이라도 발견할 수 있으면 좋다.
5. 내담자가 어떻게 그 행동에 대한 마음을 다잡을 것인지 기록한다.
6. 맞닥뜨릴 수도 있는 장애물에 대해 브레인스토밍한다. 이는 예기치 않은 것들을 가능한 한 대비할 수 있도록 돕는다. 장애물은 내적인 것일 수도 있고(생각이나 감정) 혹은 외적인 것일 수도 있다(예 : 재정, 시간적 어려움, 소풍을 가로막는 악천후 같은 환경).

7. 발생할 수도 있는 장애물을 해결하기 위한 방법을 브레인스토밍한다.

8. 내담자로 하여금 특정 행동을 완수하는 것에 대한 자신감을 0~100점으로 평가하도록 한다. 조언하자면 내담자가 완수하는 것에 상당한 자신감을 갖고 있는 것(자신감 평가가 100점 만점에서 최소한 70점 이상)을 고르도록 하는 것이 좋다. 목표 행동을 성취했을 때 너무 쉬워 만족감이 낮거나 너무 어려워서 좌절하거나 실망하지 않도록 주의한다.

9. 목표 행동 수행 정도를 검토하는 시간을 정한다. 검토하는 시간을 갖기 전에 미리 다음 만남에서 지금까지의 성과를 검토할 것임을 알린다. 달성한 것에 대해 격려하고 칭찬한다.

10. 책임감. 내담자의 행동 계획을 알고 있으면서 내담자를 격려하고 지지할 사람을 찾고 이를 기록해야 한다.

요약

목표 설정은 정신건강 영역에서 흔히 하는 활동이다. 그러나 잘된 목표 설정이 있는가 하면 그렇지 않은 경우도 있다. 재기 계획을 세우는 것에 있어서 더 좋은 목표 설정 원칙과 실천 방법을 사용할수록 더욱 효과적으로 발전하게 된다. 재기 계획에 대해 논의한 내용을 기록하는 것은 진행 상황을 지시하고 파악하기 위한 구체적인 기록이 될 뿐 아니라 기억을 위한 단서가 되고 강점, 가치, 목표와 그에 따른 행동을 확인하며 내담자의 삶의 비전을 공고히 하는 것에 도움이 된다. 내담자가 재기 계획의 여러 측면에서 행동을 시작할 준비가 되었는지 파악하는 것은 내담자가 자신의 재기 계획에 참여하고 회복하는 것을 도와줄 전략에 익숙해지며 주인의식을 고취시키기 위해 중요한 부분이다.

만약 내담자가 자신의 가치관을 명료화하여 이를 목표 설정과 행동 계획에 통합시킬 수 있다면 재기 계획에 대한 주인의식이 증가하고 개인적으로 더 많은 의미를 부여할 수 있을 것이다. 재기 계획 수립 과정(목표와 행동 계획 진행의 검토 과정 또한 포함)에 강점중심 접근을 사용하는 것은 내담자의 자신감, 능력, 안녕감을 증진시켜 결과적으로 재기의 염원을 이루어가는 과정에서 여러 도전과 장애물을 견뎌낼 가능성을 높일 수 있게 돕는다.

참고문헌

Ades A (2003) Mapping the journey: goal setting. *Psychosocial Rehabilitation* **5**, 1–75.

Anthony WA (1991) Recovery from mental illness: the new vision of services researchers. *Innovations and Research* **1**, 13–14.

Bandura A, Simon K (1977) The role of proximal intentions in self-regulation of refractory behaviour. *Cognitive Therapy and Research* **1**, 177–93.

Ciarrochi J, Bailey A (2008) *A CBT Practitioner's Guide to ACT: How to Bridge the Gap Between Cognitive Behavioral Therapy and Acceptance and Commitment Therapy.* New Harbinger Publications: Oakland, CA.

Clarke SP, Oades LG, Crowe TP, Deane FP (2006) Collaborative goal technology: theory and practice. *Psychiatric Rehabilitation Journal* **30**, 129–36.

Clarke SP, Oades L, Crowe T, Caputi P, Deane FP (2009a) The role of symptom distress and goal attainment in assisting the psychological recovery in clients with enduring mental illness. *Journal of Mental Health* **18**, 389–97

Clarke SP, Crowe T, Oades L, Deane FP (2009b) Do goal setting interventions improve the quality of goals in mental health services? *Psychiatric Rehabilitation Journal* **32**(4), 292–9.

Elliot AJ, Sheldon KM, Church MA (1997) Avoidance personal goals and subjective well-being. *Personality and Social Psychology Bulletin* **23**, 915–27

Hayes SC (2004) Acceptance and commitment therapy, relational frame theory, and the third wave of behavioural and cognitive therapies. *Behaviour Therapy* **35**(4), 639–65.

Kazantzis N Deane FP Ronan K (2000) Homework assignments in cognitive and behavioral therapy: a meta-analysis. *Clinical Psychology. Science & Practice* **7** 189–202.

Kelly PJ, Deane FP (2009) The relationship between therapeutic homework and clinical outcomes for individuals with severe mental illness. *Australian and New Zealand Journal of Psychiatry* **43**, 968–75.

Kelly PJ Deane FP, Kazantzis N, Crowe TP, Oades LG (2006) Use of homework by mental health case-managers in the rehabilitation of persistent and recurring psychiatric disability. *Journal of Mental Health* **15**, 1–7

Linley PA, Harrington S (2006) Strengths coaching: a potential-guided approach to coaching psychology. *International Coaching Psychology Review* **1**(1), 37–46.

Little BR (1989) Personal projects analysis: trivial pursuits, magnificent obsessions, and the search for coherence. In: Buss DM, Cantor N (eds) *Personality Psychology: Recent Trends and Emerging Directions.* Springer-Verlag: New York.

Locke EA, Latham, GP (1990) *A Theory of Goal Setting and Task Performance.* Prentice-Hall: Englewood Cliffs, New Jersey.

Locke EA, Shaw KN, Saari LM, Latham GP (1981) Goal setting and task performance: 1968–1990. *Psychological Bulletin* **90**, 125–52.

Michalak J, Klappheck MA, Kosfelder J (2004) Personal goals of psychotherapy patients: the intensity and the 'why' of goal-motivated behavior and their implications for the therapeutic process. *Psychotherapy Research* **14**, 193–209.

Oades LG, Crowe TP (2008) *Life Journey Enhancement Tools (Life JET).* Illawarra Institute for Mental Health, University of Wollongong: Wollongong, NSW, Australia.

Peterson C, Seligman MEP (2004) *Character Strengths and Virtues: A Handbook and Classification.* Oxford University Press: New York.

Sheldon KM, Houser-Marko L (2001) Self-concordance, goal attainment, and the pursuit of happiness: Can there be an upward spiral? *Journal of Personality and Social Psychology* **80**, 152–65.

Tryon GS, Winograd G (2001 Goal consensus and collaboration. *Psychotherapy* **38**, 385–9

활성화 및 관련 개입 기술

Robert King & David J. Kavanagh

샘은 기운이 없다. 객관적인 기준에 따르면 그는 질병관리에 큰 진전을 보였고 6개월 이상 안정적인 상태를 유지했다. 하지만 평생 동안 약을 먹어야 될 수도 있다는 사실과 다른 사람들에게는 대수롭지 않은 일이 그에게는 이뤄내기 힘든 일이 될 수도 있다는 사실이 점점 그를 압도하였다. 때문에 그는 때때로 절망감을 느끼고 심지어는 자살충동을 느끼기도 한다. 그는 거의 매일 힘이 없고 뭔가 이루고자 하는 열정도 느끼지 않는다. 환청이 들리지 않자, 안도감을 느끼지만 막상 환청이 들리지 않으니 공허하고 외로운 느낌마저 든다. 하고 싶은 것이 없으니 더 많은 시간을 침대 위에서 보내게 되었다. 그의 여자 친구 안젤라는 그를 걱정하고 있지만 샘은 그녀가 곧 자신에게 지쳐 떠나버릴 것이라 확신한다. 하지만 샘이 임상적으로 우울증을 겪고 있다고 볼 수 있을지는 좀 더 지켜봐야 할 문제다. 샘의 정신과 담당의는 조현병 진단을 받은 사람들이 여느 사람들처럼 우울 삽화를 경험할 수도 있다고 했으며, 시험적으로 항우울제를 처방하였다. 그러나 6주가 지난 후에도 그다지 효과를 보지 못했으며 샘은 그저 먹어야 할 약이 하나 더 늘어났을 뿐이라며 분개하였다.

이는 샘의 재활 실천가에게 쉽지 않은 상황이다. 샘은 항상 어느 정도 동기부여가 될

Manual of Psychosocial Rehabilitation, First Edition. Edited by Robert King, Chris Lloyd, Tom Meehan, Frank P. Deane and David J. Kavanagh.

만한 것들을 원했는데 지금은 다른 것 같다. 그는 정말 우울해 보인다.

우울증은 샘처럼 조현병을 가진 사람들의 50%가량이 경험할 정도로 일반적이다 (Buckley et al., 2009). 조현병을 가진 사람들이 겪는 우울증을 어떻게 치료할 것인가에 대해서는 놀라울 정도로 알려진 바가 거의 없다(Whitehead et al., 2003). 비록 비정형 항정신병 약물이 우울증의 유병률을 감소시킬 수 있다는 초기 낙관론이 있었으나 이런 사례에 대한 증거가 거의 없고 임상 시험 또한 결론에 이르지 못했다(Furtado & Srihari, 2008). 우울증에 대한 증거가 있는 경우 치료제에 항우울제를 처방하는 것이 일반적이지만 그것이 얼마나 효과적인지는 분명하지 않다(Whitehead et al., 2003).

이 장은 샘의 재활 실천가가 샘이 우울증을 극복할 수 있도록 행동 활성화(Behavioral Activation, BA)를 어떻게 사용하는지 보여줄 것이다(Dimidjian et al., 2011). 행동 활성화는 주요우울장애 치료에 좋은 효과성을 보인 간단하게 설계된 우울증 치료법이다 (Sturmey, 2009; Cuijpers et al., 2007). 대부분의 심리치료와는 달리 행동 활성화는 우울증을 극복하기 위한 내담자의 추론 능력을 필요로 하지 않기 때문에 인지 능력이 손상된 사람들을 치료하는 데 매우 적합하다. 비록 조현병 환자들에게 적용되는 행동 활성화의 효과성에 대한 연구는 제한적이지만, 영국에서의 소규모 연구 결과는 행동 활성화가 우울증과 음성 증상 모두를 감소시키는 데 아주 효과적이라는 것을 밝혔다 (Mairs et al., 2011).

행동 활성화는 개념적으로나 현실적으로나 실천가들에게 복잡하지 않다. 일부 실천가들에게는 이 장에서 설명한 프로그램이 우울증을 가진 내담자들에게 현재 적용하고 있는 개입 방식보다 더 철저하고 체계적으로 보일 것이다. 이 장에서 다룬 프로그램은 쉽게 구해볼 수 있는 보다 세부적인 매뉴얼(Lejuez et al., 2011)에서 부분적으로 가져왔으며, Mairs와 동료들(2011)이 제안한 수정사항 그리고 행동 활성화를 사용하는 저자들의 경험에 기초하였고, 샘과 같은 이들의 재활 실천 개입과 관련이 있다.

조현병이 있는 사람들과 단순 우울증이 있는 사람들에게 행동 활성화를 적용하는 것에는 차이가 있다. 행동 활성화를 이미 알고 있는 독자들은 가치와 목표에 대해 생각하기 전에 즐거움을 느낄 수 있는 활동과 놀이를 하는 것임을 알고 있을 것이다. 기분을 나아지게 하는 활동을 통한 작은 변화는 내담자로 하여금 생활 방식의 변화가 얼마나 가치 있는지를 느끼게 한다. 가치와 목표의 표준적인 연계는 더 장기적이고 지속적인 변화를 가능하게 한다.

비록 지금의 샘이 이전과 다르지만 활동성을 감소시킨 원인은 우울증 때문만이 아닐지도 모른다.

- 내담자가 복용하고 있는 약을 확인한다. 항정신병 약물은 과도한 진정제 투여를 방지하기 위하여 최소유효용량(minimum effective dose)을 따라야 한다. 약이 최근에 바뀌었나? 투여용량이 많을수록 샘이 활력 있는 일상생활을 영위하기 힘들게 한다.
- 조현병은 어쩌면 활동에 참여하는 동기를 줄일 수 있고 그 정도는 시간이 흘러감에 따라 달라진다. 심지어 간단한 활동(예 : 10분 산책하는 것)도 어려울 수 있다. 당신은 각 회기마다 샘으로 하여금 그가 노력함으로써 얻은 이점을 검토하도록 해야 하고, 계획한 목표를 달성하기 위한 변화의 정도는 점진적이어야 할 것이다. 일부 활동을 친구나 친인척과 함께할 수 있다면 목표 달성의 가능성을 증가시킬 수 있다.

인지장애는 샘 같은 사람들로 하여금 해야 하는 활동과 그 이유를 기억하는 일을 더 어렵게 한다. 우리는 이러한 잠재적인 어려움을 고려하여 수정된 행동 활성화의 표준 지침을 다음에 기술하였다. 만약 내담자가 집중하는 데 어려움을 겪는다면 상담 회기에 사용할 수 있는 시간과 인지 능력을 고려하여 하나의 단계를 분할하거나 한 회기 이상 반복해야 할 수 있다. 회기마다 일정한 시점에 내담자가 잘 이해하고 있는지, 내용을 잘 기억하고 있는지 확인한다. 예를 들어, 지금까지 내담자와 당신이 논의했던 것에 대해 요약하도록 요청한다. 만약 그들이 주의력 또는 기억력의 부족을 보인다면 몇 분 동안 휴식을 취하거나 이후의 작업은 다음으로 미룰 것을 고려한다. 논의로 돌아오면 그들에게 간단한 요약을 해주고, 다음으로 넘어가기 전에 내담자가 요약을 이해하는지 확인한다.

행동 활성화 소개

행동 활성화는 간단하지만 이것은 샘에게 달려 있기 때문에 왜 해야 하는지, 왜 당신이 이런 것들을 요구하는지에 대하여 이해시키는 것이 중요하다.

샘은 이미 자신의 기분이 평소와 다르며 우울하다는 것을 알 수도 있다. 그러나 때때로 사람들은 자연스럽게 우울을 겪으면서 이것이 평소 상태인 것처럼 느낀다. 이런 상황에서는 현재 자신이 느끼는 감정이 평소와 다름을 아는 것이 중요하다. 이것은 근래의 활동과 흥미를 가진 정도를 되짚어보는 것으로도 가능하다. 예를 들어, "당신은 TV로 미식축구 경기 보는 것을 즐겼는데 지금은 귀찮아하고 있군요?" 또는 "당신은 거의 매일 기타를 쳤었는데 최근 2개월 동안에는 한 번도 기타를 치지 않았군요?"라고 물어볼 수 있다. 종종 가족, 파트너 또는 친구들이 흥미의 정도나 활동의 변화를 파악하는 데 도움을 줄 수 있다.

샘이 우울할 경우, 우울증에 대한 몇 가지 중요한 정보를 알려준다.

- 우울증은 일반적이다. 많은 사람들(이전에 정신건강 문제가 없던 사람들을 포함하여)이 그가 경험해왔던 것과 동일한 기분과 어려움을 경험한다.
- 사람들은 우울하면 종종 자신이 즐기는 일을 중단한다. 또한 해야 할 일을 미룬다.

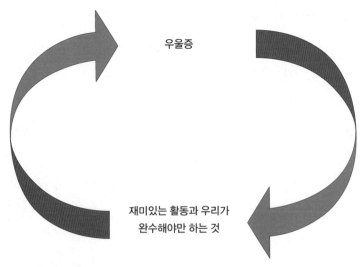

그림 8.1 우울증과 활동 간의 관계

- 재미있게 했던 활동을 중단하거나 일을 미루게 되면 기분이 더 나빠지지만 다시 재개하면 기분을 더 낫게 할 수 있다. 그림 8.1를 샘에게 보여준다.
- 여러 활동에 다시 적극적으로 참여하면 샘이 평소 기분으로 돌아오는 데 도움이 된다.

현재 활동 검토 및 활동과 감정의 관계 보여주기

표 8.1에 있는 양식을 사용하여 내담자가 어제 자신이 무슨 활동을 했는지 기억하도록 도와준다. 취침과 같이 한 가지 활동을 장시간 하는 것을 제외하고는 매시간 무엇을 했는지 기억할 수 있도록 한다. 그날이 그 주간의 다른 날들과 달랐는지 물어보고 특히 이전 주말과 비교해서 어땠는지에 주의를 기울인다. 며칠간 일어났던 활동들을 받아 적고 내담자가 다음과 같은 절차를 이용해 평가하도록 한다.

모니터링 서식에는 네 가지 란이 있다. 첫 줄에는 시간(시간들), 두 번째는 활동(활동들), 세 번째와 네 번째 열은 활동을 하며 느꼈던 즐거움과 중요함의 정도를 샘이 평가하도록 한다. 즐거움과 중요성에 대한 평가는 0점(전혀 아님)부터 10점(매우)인 11

표 8.1 내 활동

시간	활동한 요일	즐거움 정도 : 0(전혀 아님)~10(매우)	중요도 : 0(전혀 아님)~10(매우)

당신의 기분이 최고였던 시간 옆에 체크 표시를 하시오.
당신의 기분은 최악이었던 시간 옆에 십자가 표시를 하시오.
당신의 활동과 어떤 관련이 있습니까?

언제	활동한 요일	즐거움 정도 : 0(전혀 아님)~10(매우)	중요도 : 0(전혀 아님)~10(매우)

점 척도를 사용한다. 활동들은 즐겁지만 중요하지 않을 수도 있고 또는 그 반대의 경우일 수도 있다. 일부 활동은 즐거움과 중요도가 유사하게 평가될 수도 있다. 이 서식을 사용하여 아무런 즐거움을 느끼지 못할 때 최악의 기분 상태였으며, 무언가를 달성하거나 재미있는 일을 하고 있을 때 더 나은 기분 상태였다는 것을 보여준다.

표 8.2는 샘이 실천가와 함께 전날의 일을 재구성하여 작성한 초기 평가다. 샘은 잠자는 시간을 매우 즐겁지 않은 것으로 평가했는데, 그 이유는 뒤척이면서 몇 번 나쁜 꿈을 꾸었기 때문이다. 또한 잠자는 시간을 꽤 중요하다고 평가하였는데, 어떤 목표를 성취하는 것에 도움이 되지는 않지만 필요하기 때문이다. 그는 샤워를 하고 옷을 갈아입는 30분을 꽤 즐거운 시간이라고 평가하였다. 샤워하면서 서 있는 것은 즐겁지만 옷을 찾고 갈아입는 것은 지루하다고 생각한다. 잠자는 시간과 마찬가지로 샤워하고 옷을 갈아입는 것 역시 그저 해야 하는 일 중에 하나라고 생각하여 중요도에 5점을 주었다. 그는 아침식사와 TV 시청에 1시간을 보냈다. 샘은 안젤라가 만들어준 아침식사를 좋아한다. 사실 그는 먹는 것을 좋아한다. 최근에는 관심을 조금 잃었으나 여전히 하루 동안 했던 대부분의 것들보다는 나았다. 그는 항상 아침에 TV를 시청하지만 정말 흥미로운 것이 나오지 않는 한 뭐가 나오는지 크게 관심을 갖지 않는다. 그는 어제 아침에 무엇이 방영됐는지 기억하지 못한다. 그는 아침식사를 잠자는 시간과 샤워와 같은 것으로 평가했지만 전혀 중요하지 않은 TV와 결합된 것이었기 때문에 결론적으로 3점을 주었다.

아침식사 후 안젤라는 청소하는 동안 그에게 강아지를 산책시킨 후 우유와 담배를 사오라고 부탁했다. 그녀의 강아지는 산책을 정말 좋아한다. 샘은 기분이 좋으면 꽤 오랫동안 개와 산책을 한다. 요즘엔 겨우 가게에 갔다 올 힘 밖에 없다고 한다. 그는 걷는 것이 자신의 건강에 좋다는 것을 알고 있기 때문에 어떠한 활동보다 더 중요하다고 평가했다. 그러나 걷는 시간이 즐겁다고 하긴 어려웠다. 그는 가게에 가는 것을 좋아하지 않는다. 가게 주인이 그를 이상하게 쳐다보기 때문이다. 그가 유일하게 즐기는 것은 안젤라의 강아지가 킁킁거리고 냄새를 맡는 것을 지켜보는 것인데 때때론 그것마저 짜증이 난다. 가게는 집으로부터 불과 몇 블록밖에 떨어져 있지 않지만 다녀와서 그는 녹초가 되어버린다.

표 8.2 샘의 첫 번째 활동 기록

시간	활동	즐거움	중요도
12 : 00~8 : 30	취침	3	5
8 : 30~9 : 00	샤워 및 옷 입기	5	5
9 : 00~10 : 00	아침식사 및 TV 시청	7	3
10 : 00~11 : 00	개와 산책, 우유와 담배 사러가기	4	6
11 : 00~12 : 00 ✘	침대에 누움, 엄마와 통화	3	3
12 : 00~1 : 00	기억이 나지 않음 — 커피 한 잔 마셨을 지도 모름	7	2
1 : 00~2 : 00	점심 — 안젤라를 도와 설거지를 함	6	5
2 : 00~3 : 30 ✔	안젤라 차의 미등 교체	7	8
3 : 30~5 : 00	진료 약속 및 안젤라와 쇼핑	4	7
5 : 00~7 : 00	기억이 나지 않음 — 침대에 누움	3	3
7 : 00~8 : 00	저녁 준비하고 식사	6	5
8 : 00~8 : 30	식기 정리	4	5
8 : 30~10 : 30	DVD 봄	5	3
10 : 30~12 : 30	자동차 경주 프로그램을 봄	8	2

샘은 집에 도착해서 전화가 울릴 때까지 한동안 누워 있던 것을 제외하고 무슨 일이 있었는지 기억하지 못했다. 전화는 어머니가 그에게 오후 진료 약속이 잡혀 있다는 걸 상기시켜주는 것이였다. 그는 어머니와 잠시 이야기를 했다. 어머니는 안젤라가 어떻게 지내는지 물었고 그는 안젤라에게 전화기를 넘겨주어 그 둘이 이야기하게 하고 다시 누웠다. 그는 낮에 누워 있는 것을 좋아하지 않는다. 지루하기 때문이다. 샘은 누워 있고 싶지 않았지만 너무 피곤했고 달리 할 수 있는 것이 생각나지 않았다. 그는 이때의 즐거움과 중요도 모두를 3점으로 평가했다. 샘은 그다음 시간에 대해 잘 기억하지 못했다. 기억하지 못하는 걸 보니 중요하지 않았다고 생각하여 중요도를 2점으로 평가했으며 아마 커피를 마셨을 것이라 추측하였다. "안젤라는 낮에 커피 마시는 것을 좋아하고 항상 나에게 한 잔 만들어 달라고 부탁한다." 그는 커피를 꽤 좋아하며 안젤라가 자신을 위해 많은 것을 해주기 때문에 커피 한 잔 정도 만들어주는 건 일이 아니라고 생각했다.

샘은 안젤라와 오후 1~2시 사이에 점심을 먹은 것 같다. 그는 토스트와 익힌 콩을 먹은 걸 기억하는데 그 이유는 데울 때 냄비의 바닥에 콩이 들러붙었기 때문이다. 안젤라는 자신이 토스트를 만드는 동안 샘에게 콩을 저어 달라고 했지만 그는 그만 잊고 말았다. 안젤라는 역정을 냈지만 콩은 그다지 타지 않았고 맛도 괜찮았다. 점심식사 후 안젤라는 설거지를 했고 샘은 물기를 닦았다. 그들은 저녁에 씻기 쉽도록 냄비를 물에 담가 불려놓았다. 그는 이 시간의 즐거움을 6점으로 평가했다. 콩은 맛있게 먹었지만 그릇의 물기를 닦는 것은 꽤 지루했다. 점심식사는 해야 할 일 중에 하나이기 때문에 중요도로 5점을 주었다.

점심을 먹은 후 그는 안젤라의 차 미등을 교체했다. 왼쪽 브레이크 등이 고장 난 지는 좀 됐는데 며칠 전에 경찰에게 발각됐고, 수리하지 않으면 차를 몰고 다닐 수 없다는 말을 들었다. 수리하는 데 시간이 좀 걸렸다. 차는 낡았고 나사가 녹슬기도 했다. 단지 전구만 바꾸면 되는 것이었는데 맞는 사이즈를 찾느라 시간이 걸렸다. 그는 자동차 작업 하는 것을 좋아한다. 쉬운 일이었지만 최선의 방법을 찾고 올바른 도구를 찾고 교체 부분을 알아낸다는 생각이 머릿속을 가득 채웠고 자신의 기분이 어떠하였는가에 대해서는 생각도 나지 않았다. 그는 이 시간이 하루 중 가장 좋은 시간이었다고 하면서 즐거움에 7점을 주었고, 중요도에 8점을 주었는데 그 이유는 브레이크 미등 고장은 차량의 안전에 영향을 주고 안젤라가 면허 갱신 비용 외에 기름값을 내기에도 이미 빠듯했기 때문이다.

샘과 안젤라는 차를 고친 후 외출했다. 그가 진료를 받고 있는 동안 안젤라는 쇼핑을 했다. 샘은 30분 동안 자신의 순서를 기다렸지만 실제 진료시간은 5~10분밖에 되지 않았다. 의사는 우울증에 대한 몇 가지 질문과 약의 부작용을 확인했다. 의사는 샘이 딱히 치료 효과를 보지 못하고 있다고 생각했지만, 3주 동안 동일한 약물과 용량을 유지하자고 제안했다. 그 후 안젤라와 만나 옷을 고르는 동안 그녀를 따라다녔다. 그는 커피를 한 잔하자고 제안했지만 안젤라는 돈이 걱정되었고 집에 가면 마실 수 있다고 하였다. 대체로 나들이는 매우 지루했고 그는 즐거움을 4점으로 평가했다. 그가 유일하게 즐긴 부분은 병원 대기실에서 몇몇 자동차 잡지를 본 것이었다. 그는 이 약속의 중요도를 7점이라고 평가했는데, 의사들이 자신의 우울증을 어떻게든 고쳐보려 한다고 생각했기 때문이다.

샘은 다음 2시간 동안 무슨 일이 있었는지 기억할 수 없었다. 집에 도착하니 그는 금방이라도 쓰러질 것 같아 누워야겠다고 생각했다. 집으로 돌아와 커피를 마셨는지 잘 기억은 안 나지만 아마 마셨을 것이다. 그는 이 시간을 아침에 누웠던 때와 똑같이 평가했다. 그는 안젤라가 오후 7시쯤 침실에 들어와 야채 몇 개를 다듬어달라고 부탁했던 것을 기억한다. 샘은 그것 대신 피자를 주문해 먹자고 했고 그 주제로 그들은 잠시 아웅다웅하였다. 안젤라는 야채와 렌틸 콩을 조금 넣어 수프를 만들었다. 수프는 맛있었고 피자보다 건강에도 좋았을 것이다. 야채를 다듬는 것은 지루했지만 하기 쉬웠다. 그는 저녁식사 준비와 식사의 즐거움을 6점, 중요도를 5점으로 평가했다. 저녁식사 후 식기를 정리했다. 안젤라는 그에게 오후 내내 불려놓았던 냄비를 설거지해달라고 했다. 그 일 역시 하기 쉬웠다. 샘은 치우는 즐거움을 4점, 중요도를 5점이라고 평가했다.

그날 밤 남은 시간엔 안젤라가 빌린 영화를 보았다. 영화는 그냥 볼 만한 '여자들 영화'였지만 안젤라와 껴안은 채로 영화를 보는 것은 기분 좋은 것이었다. 그는 즐거움을 7점, 중요도를 6점이라고 평가했다. 다투지 않고 함께 무언가 같이 할 수 있는 것이 좋았다. 샘은 자신이 별 관심이 없어도 안젤라가 좋아하는 일을 하는 것이 중요하다고 생각했다. DVD를 보고 나서 안젤라는 피곤하다며 침실로 갔지만 샘은 남아서 케이블 채널에서 방영하는 자동차 경주 프로그램을 보기로 했다. 샘은 결과를 예측하기 어렵다는 점 때문에 자동차 경주 프로그램을 좋아했다. 자동차 경주는 차를 고치는 것보다 즐거운 일임에 틀림없지만 그냥 시간을 때우는 일이라 중요성은 전혀 없다고 생각했다.

샘은 12시 30분쯤 침대에 누웠지만 잠들기까지 시간이 좀 걸렸다. 얼마나 걸렸는지는 기억하지 못하였다. 그는 밤중에 일어나서 차 한 잔을 만들었는데 그게 언제 였는지, 얼마나 일어나 있었는지 기억하지 못하였다.

샘이 하루 중 최악이었다고 생각하는 시간은 아침에 일어나 자신의 인생이 얼마나 지루한 것인지 생각했을 때였다. 가장 좋았던 시간은 자동차 미등을 고쳤을 때였다. 재활 실천가는 샘에게 그림 8.1을 다시 제시하면서, 그의 경험이 얼마나 여기에 들어맞는지 보여주었다. 기분이 좋아지는 활동을 좀 더 자주 한다면, 그의 우울증이 사라질 수도 있다. 샘은 이에 대하여 동의했지만, 몸을 움직이기 힘들다고 하였고 실천가는 서서히 해나가자고 했다. 먼저 현재 상황에 대해 보다 상세히 파악해야 할 것이다. 또한 그가 무엇을 하고 싶은지 알아야 한다.

샘 같은 일부 내담자들은 상담 회기 사이사이에 자신의 활동을 모니터링할 수 있을 것이다. 내담자의 변화를 확인하기 위해 자신이 한 일에 대한 기록을 남기는 것이 중요하다는 것을 말해준다. 매일 모니터링 기록지를 작성하는 시간을 정해준다. 예를 들어, 잠자리에 들기 전 10분처럼 말이다. 내담자가 기록지 작성을 할 수 있게끔 상기시켜주는 무언가가 필요한데, 휴대전화가 가장 적절하다. 어떤 내담자는 종이에 적어 기억하는 것을 더 선호하고, 어떤 내담자는 전자기기를 사용하는 것을 더 좋아한다. 개인의 용도에 맞게 설정한 온라인 양식을 이용할 수도 있다.

그러나 조현병을 가진 사람들 대부분이 이 과제를 기억하거나 동기부여를 하는 데 어려움을 느낀다. 이런 경우 회기에서 전날이나 이틀 전에 대해 기록지를 작성하게 돕거나 주 중에 전화를 걸어 전날에 대해 떠올려 보도록 도와줄 수 있다.

활동 검토

그다음 회기는 가능한 한 빨리, 늦어도 이전 회기로부터 1주 전까지는 시행되어야 하며 가능하다면 이전 회기로부터 3일 후 정도가 적당하다.

만약 내담자가 자가 모니터링을 하였고 관찰 기록을 웬만큼 채워서 왔다면 당신의 행동 활성화 프로그램은 순조로운 시작을 맞이한 것이다. 그러나 내담자가 기록을 중간에 빠뜨리거나 완벽히 양식을 채워 오지 않았더라도 놀라지 마라. 우울증은 기억과 동기 모두에 영향을 끼치기 때문이다. 우울증이 조현병 또는 다른 질환과 동반되어 나타날 경우 영향력은 한층 더 커진다. 기록들을 바탕으로 이전 날의 기억이나 가능하다면 그 전 주 중의 하루를 되새겨보고, 내담자가 평소와 다른 행동을 했던 때가 있었는지 살펴보자. 만약 당신과 샘이 자기 관찰을 계속할 생각이 있다면 일종의 알람을 추가하거나 기록 양식을 조금 바꿔서 동료나 가족의 지지 여부도 기록하는 것을 고려해야 한다. 만약의 내담자가 모니터링을 지속할지 말지 망설이고 있다면 내담자의 동기를 살펴보고 그에 맞는 동기강화 전략을 사용하도록 한다. 내담자에게는 공감적이면서도 명확한 태도를 취해야 한다. "당신에게 이게 지루하게 느껴질 수 있다는 것을 알아요. 그렇지만 당신의 기분을 낮게 할 방법을 찾기 위해서는 꼭 필요한 일이에요."

만약 내담자가 자가 모니터링을 해오지 않았다면 혹시 전날 무얼 했는지 떠올려보고, 또 가능하다면 지난주에는 어떤 일을 했는지를 떠올려보도록 하자. 만약 평소와 다른 행동을 한 적이 있다면 그 내용을 노트나 기록지에 기록한다.

내담자의 행동에 패턴이 있는지를 살펴본다. 내담자의 하루 일과는 매번 동일한가? 내담자의 하루에 뭔가 즐거운 또는 중요한 일들이 일어나는 특별한 시간이 있는가? 아무 일도 없이 무미건조하게 흘러가는 때는 언제인가? 내담자로 하여금 그 전날 가장 기분 좋았던 때와 기분 나빴던 때를 떠올려보고 그때는 언제였는지 또 어떤 일이 있었는지 알아보도록 한다.

그밖에 내담자의 삶에서 일어나는 즐거운 일이나 중요한 일, 또 활동 과정에서의 즐거움을 증진시키는 경우를 탐색한다. 그림 8.1과 같은 활동 체크리스트를 활용하여 내담자가 평소에 더 자주 하고 싶어 하는 (또는 다시 시작하기를 원하는) 일상의 과업을 확인해볼 수 있다. 상담자는 기존에 내담자에 대해 갖고 있던 지식을 활용하여 내담자가 가능한 다른 활동들을 생각해내도록 도와줄 수 있다.

만약 내담자가 이루고 싶은 과업을 생각해내지 못한다면 그 주제는 잠시 멈추고 이번에는 내담자가 즐겁게 할 수 있는 여가 활동에 대해 초점을 맞춰보자(상자 8.1). 만약 내담자가 딱히 즐길 만한 여가가 없을 것 같다고 대답한다면 예전에는 어떤 여가를 즐겨 했는지 물어보면 된다. 내담자가 기분이 안 좋을 때는 여가 활동도 재미없게 느껴질 수 있지만, 그래도 기분이 나아지는 데 도움이 될 수 있을 것이라고 말해주자.

샘과 재활 실천가가 그의 평소 행동관찰 기록을 살펴본 결과 샘이 대부분의 시간을 침대에 누워서 보낸다는 사실과 그가 그렇게 시간을 보내는 것에 대해 전혀 즐겁거나 중요하지 않게 여기고 있음을 발견하였다. 또한 그가 누워서 보내는 시간이 밤잠을 설치게 만들어 숙면이 점점 더 힘들게 된다는 것도 알 수 있었다. 그는 밤에 잠을 제대로 이루지 못하였기 때문에 낮 시간에 휴식을 취하는 것으로 보충하고 있었다. 이렇게 낮 시간에 누워서 휴식을 취하면 밤에 잠을 설치게 되었고 곧 밤낮이 바뀌는 악순환에 빠지게 하였다. 그로 인해 낮에 누워 있는 시간을 줄일 수 있도록 다른 활동을 찾는 것이

급선무가 되었다.

샘은 이에 대해 예전에 그만두었던 기타를 다시 연주하고 싶어 하며 축구도 하고 싶
다고 대답했다. 그는 커피와 패스트푸드를 좋아한다. 또한 음악 감상과 TV 프로그램
시청하기를 좋아하였다.

계획 세우기

만약 내담자가 행동 활성화를 시도하기로 마음먹었다면 이제 다음의 사항을 이해할 필

요가 있다.

- 어느 정도의 노력은 필요하다. 가끔씩은 하고 싶지 않은 일들을 하도록 요구받을 수 있다.
- 기분이 나아졌다고 느낄 때까지 약간의 시간이 걸릴 수 있다.
- 즐거운 활동은 일반적으로 생각하는 만큼 그리 즐겁지 않을 수도 있고 과업을 성취하더라도 그렇게 기분이 나아지지 않을 수도 있다. 요점은 그나마 아무것도 하지 않는 때보다는 훨씬 낫다는 것이다
- 아마 좌절스러운 순간을 경험할 것이다. 기분이 나아지다가도 훨씬 더 나빠질 수도 있다. 이러한 일은 당신의 재기가 어느 정도 궤도에 이르기 전까지 계속될 것이다.
- 당신도 실수를 할 수 있다. 어떨 때는 내담자들을 너무 가혹하게 재촉하고 때로는 충분히 재촉하지 않았을 수도 있다. 만약 그들이 활동에 참여하지 않는다면 그건 그들의 잘못이 아니다. 활동에 참여시키는 것은 당신의 몫이다. 이 메시지는 그들의 기분이 나빠지거나 일이 잘 풀리지 않을 때 포기하는 것을 막는 데 도움이 될 수 있다.
- 전체 활동의 일부에서라도 다른 사람들의 참여가 추가된다면 활동에 도움이 될 것이다. 그들은 내담자가 활동에 참여하는 것을 지지하고 북돋아줄 것이다.

만약 내담자가 활동에 참여하는 것을 꺼린다면 무엇이 참여를 꺼리게 하는지 알아보아야 한다. 어떤 이들은 치료가 아무 소용이 없을 것이라고 생각할 수도 있다. 이 경우 Mairs와 동료들(2011)에 의하여 보고된 사례를 참고하도록 하자. "일주일이 지나고서야 내가 조금씩 더 많이 활동에 참여하게 되는 걸 알게 됐어요. 내가 뭔가 해냈다는 것도 느끼게 되었고요. 성취감이요. 그때 이 활동이 뭔가 가치가 있고 나를 건강하게 만들어 준다고 느꼈죠."(p. 498)

내담자가 뭔가를 해볼 만한 힘이 전혀 나지 않는다고 말하는 경우도 있는데, 이 경우에는 그들에게 무언가를 바라는 것에 그리 많은 힘이 들지 않는다는 것을 강조하면 좋을 것이다. 우울증의 회복에 있어서 중요한 것은 한꺼번에 큰 진전을 보이는 것이 아니

라 자그마한 긍정적 단계를 하나하나 밟아나가는 것이다. 내담자가 실패에 대한 두려움을 갖고 있다면 아마 당신이나 혹은 다른 사람들을 실망시키게 될 것에 대해서도 염려하고 있을 것이다. 이런 경우라면 어떤 결과가 나오더라도 최선을 다하였다면 누구도 실망하지 않을 것이라고 말해주어야 한다.

상자 8.2의 서식을 활용하여 오늘내일 시도해볼 한두 가지 활동을 계획해보자. 처음에는 하나에 5~30분가량만 소비되는 활동에 초점을 맞추는 것이 좋다. 내담자가 스스로 활동에 대한 계획을 세울 수 있도록 도와준다.

행동 활성화는 작은 변화들을 통하여 긍정적인 강화를 이끌어내고 행동을 형성하는 표준화된 행동 이론 원리를 활용한다. 대부분의 경우 점점 많은 일을 해나가는 것, 그리고 과업을 달성하고 즐거운 활동을 하는 것에서 오는 기쁨에 대해 내담자가 스스로 알아차리게 하는 것 등을 포함한다. 당신, 여자 친구 등 주변 사람은 그가 성취하는 것들을 샘 스스로가 느끼도록, 또 그가 그 활동을 할 때 얼마나 기분이 나아졌었는지를 깨달을 수 있도록 도와줄 수 있다. 초점은 작은 변화들에 집중하여 스스로 이루어낸 것들에 대해 좋은 기분을 느낄 수 있도록 해주는 것이다.

활동량을 늘리기 위해서는 때때로 무언가 구체적인 보상이 필요하다. 그러나 이러한 보상은 단지 맨 처음 내담자를 활동에 참여시키기 위한 수단으로만 활용되어야 한다. 만약 대안 활동이 장기간 지속되기를 원한다면 보상을 활동 자체에서 혹은 내담자의 내면에서 얻는 것으로 유지할 필요가 있다(즐거워지는 것, 만족을 주는 것, 타인으로부터 감사를 듣는 것 등). 내적인 즐거움을 주는 활동에 대해서 외적인 대가가 주어진다면 샘은 단지 외적 보상 때문에 활동을 하는 것이라고 생각하게 될지도 모른다.

샘은 매일 평균 낮 시간 중 2시간가량을 누워서 지낸다. 그는 이를 별다른 어려움 없이 하루 90분으로 줄일 수 있을 것이라고 생각한다. 하지만 어떤 다른 활동도 그가 누워서 보내는 것으로 얻는 만족감을 대신해줄 수는 없을 것이라고 생각한다.

보상을 무엇으로 할지 결정하기 어려울 수도 있다. 보상은 대안 활동을 기꺼이 할 정도로 충분히 가치 있어야 하지만(예 : 매일 30분의 누워 있는 시간을 포기할 만큼), 매우 적은 양으로만 제공되어야 한다.

샘과 재활 실천가(안젤라의 지원을 받으면서)는 피자를 시켜주는 대가로 총 6일간 90분 혹은 그 이하로 낮 동안 누워 있는 시간을 줄이는 것에 동의했다. 가능성을 높이기 위해서 중간에 샘이 하루 이틀은 건너뛸 수 있도록 6일이 꼭 연속적으로 이어질 필요는 없도록 하였다. 재활 실천가는 샘과 함께 안젤라가 사인을 해줄 피자 증명서를 디자인하고 프린트하였다. 샘을 위한 다른 대안적 보상은 지역 축구대회에 가는 것이었다. 샘과 안젤라는 둘째 주 활동의 대가로 축구대회 관람을 고려해볼 것이다. 피자와 축구시합, 또한 계약서를 받는 것 자체만으로도 샘의 기분을 낫게 할 수 있는 즐거운 이벤트임을 유념한다.

계획 실행에 대해 평가하기

다음 3일 이내에 내담자와 연락하여(예 : 전화를 통해서) 활동 진행이 어떻게 되고 있는지를 확인한다. 만약 내담자가 활동을 진행했다면 활동이 얼마나 즐거웠고 내담자에게 얼마나 중요한 시간이었는지 대해서 질문한다(0~10점 중 표현해보라고 하자). 이제부터 다음 회기까지 그들이 뭔가 새로이 하고 싶은 활동이 있는지 떠올려보도록 도와준다. 내담자에게 후보 활동에 대해서 말하면서 그것을 메모로 적을 수 있는지 물어보는 것이 좋다.

만약 내담자가 활동을 진행하지 않았다면 어떤 이유로 진행하지 않았는지 알아보아야 한다. 그 활동은 내담자가 보기에 그다지 즐겁거나 중요해 보이지 않았는가? 만약 그렇다면 더 나아 보이는 활동이 있는지 찾아본다. 뭔가 외적인 보상을 요구한다면 보상이 될 만한 것을 찾아보자. 더 많은 준비가 필요한가? 어떤 문제 상황이 닥쳐도 해결할 수 있도록 함께 노력하자. 만약 전화상으로 해결하는 것이 힘들다면 시작에는 원래 종종 어려움이 따른다고 하며 내담자를 재확신시키고 다음 만남 때 한번 더 이야기해 볼 수 있음을 알린다. 가능하다면 다음 만남을 며칠 이내에 잡는 것이 좋다.

삶의 영역과 가치 그리고 활동

다음 회기에서는 지난주 일과에 대해 같이 살펴보도록 한다. 활동 패턴에 어떤 변화가 있었는지, 특히 목표하던 행동에 변화가 있었는지에 주목한다. 성취에 대한 칭찬과 성취하지 못한 것들에 대한 이유를 탐색한다. 변화를 가로막는 장애물에 대해서 탐색하고 내담자로 하여금 이미 형성된 패턴을 바꾸는 것은 간단하지 않고 좌절감 혹은 어려움이 존재할 수밖에 없음을 주지시킨다. 만약 변화의 움직임이 전혀 없다면 이는 아마 목표가 너무 모호하기 때문일지도 모른다. 이 경우 목표를 축소하거나 바꿀 수 있는 다른 활동을 목표로 하는 것이 더 현명할 수 있다. 일과의 즐거움이나 중요성에 대해 매긴 점수에 변화가 있다면 주목해야 한다.

개인의 가치나 목표와 일치하는 활동의 경우 가장 성공적으로 지속될 수 있을 것이다. 내담자가 새로운 활동을 지속적으로 하게 된다면 이제는 한 회기를 잡아서 그들의 가치와 목표를 설정하고 목표 달성을 위한 단계가 되는 활동을 확립해보도록 한다. 간단한 서식을 통하여 이러한 과정을 구체화하고 기록하는 것을 지속적으로 유지할 수 있다(표 8.3).

이러한 기록은 작업 문서로서 이후의 회기에서 더욱 발전시키고 수정해나가게 될 것이다. 경험을 쌓아감에 따라 여러 활동이 리스트에 더해지거나 빠지게 될 것이다. 기록을 전산화하면 수정하기가 좀 더 수월할 것이다. 많은 내담자들의 경우 한두 가지 삶의 영역에서 시작하는 것이 최선이다. 이와 달리 한번에 서식을 완성하려고 시도하면 활동은 고사하고 내담자가 자신의 가치나 목표를 생각하는 것만으로도 압도당할 수 있다.

샘의 재활 실천가는 생활 영역, 가치 목표, 그리고 활동 기록서식에 대해서 소개하며 다음과 같이 말하였다. "이 서식의 목적은 당신이 중요하게 생각하는 것과 당신이 인생의 각 영역에서 이루고자 목표하는 것들을 더 잘 이해하는 데 있어요. 몇몇 영역은 당

표 8.3 나의 가치와 목표

삶의 영역	가치/목표	활동
관계 : 가족, 친구, 배우자		
교육/직업 : 현재와 미래 모두 자발적인 일, 양육 책임을 포함		
오락/흥미 : 이 영역은 사람들과 함께 또는 혼자, 활동적(예 : 스포츠, 취미) 또는 수동적인(예 : 독서, 영화관람) 여가시간을 지칭함		
마음/신체/영성 : 신체적이고 정신적인 건강, 종교, 영성		
일상의 책임감 : 자기 관리, 가사 일		

신이 이미 생각해보았던 것일 테고 다른 영역은 당신이 충분히 생각해보지 않았을 수도 있어요. 일단 당신이 이미 생각해본 삶의 영역에 대해서 그리고 당신이 그 영역에서 이루고 싶은 게 무엇인지 얘기해보아요."

실천가는 샘에게 서식 한 부를 주면서 서식 구성에 대해서 설명해주었다. 서식은 각각 삶의 영역과 그에 대한 내담자의 가치 목표 그리고 현재와 미래의 활동에 대해서 기록할 수 있는 공간으로 구성되어 있다.

샘은 각 영역에서 몇몇 가치 목표에 대해서는 명확히 할 수 있었으나 이러한 목표들과 특정 활동을 연결하는 것에는 어려움을 보였다. 그의 최근 기록에서 가치 목표와 명확하게 연관되는 것으로 평가했던 유일한 활동은 안젤라를 위해서 커피를 만들고, 쇼핑을 하고 차의 후미등을 수리한 것 그리고 저녁 준비를 도와준 것이었다. 약간의 도움을 통하여 그는 의사에게 진료받는 것과 현재 행동 활성화 프로그램에 참여하는 것도 정신건강에 도움이 된다는 것을 깨닫게 되었다.

가치와 목표는 미래에 수행할 활동을 계획할 수 있는 토대를 제공해준다. 가능하다면 핵심 가치에 활동의 목표를 두는 것이 중요하다. 가치는 안정적이고 또 중요하다. 핵심 가치와 밀접하게 연관된 목표는 오래 지속될 가능성이 크고, 관련 활동 또한 어느 정도 노력이 요구되더라도 잘 유지될 수 있다. 때때로 사람들은 자기가 중요시하는 가치를 분명하게 표현하는 데 어려움을 느낀다. 샘은 가족에 대해서 가장 중요하게 여기는 게 무엇인지 질문받았을 때 "어머니가 자신에 대해서 너무 많은 걱정을 하지 않았으면 해요."라는 답을 내놓았다. 이는 딱히 가치나 목표는 아니지만 둘 모두를 함축하고 있다(예 : 어머니를 즐겁게 하는 것). 그리고 의미 있고 중요한 활동들을 선정하기에 충분한 연결고리를 제공한다. 어머니의 걱정을 덜기 위해서 어떤 일을 할 수 있을지에 대해 질문받자 그는 이렇게 대답했다. "어머니는 내가 전화를 거르거나 집에 들르지 않으면 항상 걱정하세요. 어머니는 전화를 걸어 안젤라와 이야기를 하는데, 안젤라는 전화상으로 어머니와 이야기를 잘해요. 나는 뭘 말해야 할지 전혀 모르겠어요. 집에 들르는 게 더 나을 것 같아요. 그러면 어머니가 나에게 차 한 잔을 끓여주고 거기서 이야기를 나누거든요. 최근 들어서 별로 그러고 싶지는 않지만 그것이 내가 할 수 있는 것이라 생각되고 또 이런 것들이 어머니의 걱정을 덜어줄 것이란 걸 알아요."

샘과 재활 실천가는 방금 이야기한 것을 활동란에 기술하였다. 모니터링을 위해서 날짜와 시간이 정확히 명시되었다.

샘은 가치 목표를 지니고 있었음에도 몇몇 삶의 영역에 대하여는 아무런 활동도 연관 짓지 못하였다. 모든 일상 영역에 대하여 활동 계획을 세우는 것이 이 회기의 핵심은 아니다. 기록은 시간이 지남에 따라 유지되고 발전된다. 실천가의 역할은 내담자가 각 일상 영역에 대해 충분히 신경 쓰도록 만드는 것이다. 이러한 말을 해주면 좋다. "삶의 영역 전반에서 활동 계획을 세우는 것이 좋아요. 모든 계획이 생각만큼 잘 풀리지 않을 수도 있으니까요. 여러 영역에 대해서 활동 계획을 세우면 더 많은 성공을 거둘 수 있을 거예요."

내담자가 복잡한 활동 계획을 세웠다면 보다 작은 일련의 활동으로 이를 나누는 것이 중요하다. 만약에 많은 활동 계획을 세워두었다면 어려운 순서에 따라 정리할 수 있다. 일반적으로 비교적 간단한 것부터 시작하는 것이 최선이다.

이 회기가 종료될 시점에는 다음 주에 실행이 가능하도록 최소한 한 가지의 활동 계획에 대해서는 협의가 되어야 한다. 샘은 어머니를 방문하기로 약속하였다. 이것은 간단하지만 쉽지만은 않은 활동이다. 필요한 것은 날짜와 시간을 정하는 것이었다. 그는 또한 안젤라의 차의 음향 시스템을 고치기를 원했다. 음향 시스템은 끔찍했고 안젤라마저도 이것에 대해 불평을 하였다. 이는 훨씬 복잡한 활동 계획으로 안젤라와 그녀가 원하는 종류의 음향 시스템이 무엇인지를 논의하고 몇 가지 견본품을 찾아보고 구입하고 설치하는 것 등을 포함하였다. 샘은 안젤라와 그녀의 차에 설치할 음향 시스템의 종류에 대해서 논의해보아야겠다고 결심하였다. 이는 이베이에서 가격에 대한 정보를 얻는 것과 소매상을 직접 방문하여 그녀가 음향에 대해서 더 나은 생각을 가질 수 있도록 하는 것을 포함한다. 샘은 온라인 거래를 이용할 경우 더 나은 가격으로 좋은 중고 물품을 구할 수 있을 거라는 자신감이 있었으나 재활 실천가와 논의한 뒤에 안젤라가 그의 계획을 잘 이해하지 못한다면 즐거워하지 않을 것이란 말에 동의했다(특히 그녀가 지출하게 될 것에 대해서).

활동을 함으로써 기대되는 즐거움을 체크해보자. 만약 기대되는 즐거움이 낮다면 따로 보상을 주는 것도 고려해보아야 한다. 샘의 경우 차 시스템을 검색하는 것은 6~7점의 즐거움을 가진다고 보고하였지만 어머니를 방문하는 것은 4점 정도에 그쳤다. 이는 샘이 최근 외출하고 싶은 마음이 전혀 들지 않았기 때문이다. 그래서 재활 실천가는 이에 대한 보상을 주는 것을 논의하려고 했는데, 샘은 아무 대가 없이 방문하기로 결정했다. 비록 하고 싶지 않더라도 당연히 해야 하는 일이라고 생각했기 때문이다.

활동 스케줄을 기록하기 위한 특별한 서식을 마련하는 것이 도움이 될 수 있다.

활동 기록과 삶의 영역, 가치 및 활동을 하나로 통합하기

바로 다음 회기부터는 활동 기록 처음에 즐거운 활동과 과업에 대해 생각하면서 떠올린 활동들, 또 삶의 영역과 가치 목표와 연관 지어 계획한 활동을 모두 포함해야 한다. 활동을 기록할 때 중요하게 고려해야 할 점은 다음과 같다.

- 새로운 활동이 어느 정도까지 실행되었는가?
- 새로운 활동을 시도하는 데 어떤 장애물이 존재하는가?
- 새로운 활동의 즐거움은 어느 정도 되는가?
- 새로운 활동의 중요성은 어느 정도 되는가?
- 새로운 활동을 위해서는 기존의 어떤 활동을 희생해야 하는가?

활동이 성공적으로 수행되었다면 내적 보상이 주어지는지를 확인한다. 활동의 즐거움과 중요도 모두에서 높은 평가를 받을 때 내적 보상은 최고점에 이를 것이다. 실천가는 내담자에게 다음과 같이 말함으로써 감명받았다는 것을 표현할 수 있다. "당신은 정말 잘해냈어요." 혹은 "꽤나 어려운 과제였는데 당신은 그것을 잘 처리했군요." 활동이 성공적으로 이뤄지지 않았다면 아마도 활동의 난이도가 예상했던 것보다 더 높았을 수 있다. 이럴 경우 더 간단한 활동부터 수행되어야 할 것이다. 실천가들은 그러한 상황에서 다음과 같은 말로 실패에 대한 본인의 책임을 인정해야 한다. "제가 이 활동을 너무 쉽게 봤던 것 같아요." 또는 "내가 당신에게 제안했을 때 …까지는 생각하지 못했습니다." 그러나 앞에서도 논의했듯이 활동 자체가 내적인 보상이 불충분할 수 있으므로 외적인 보상을 활용하는 것이 활동을 수행하는 데 발생하는 저항을 극복하기 위해 필요할지도 모른다.

삶의 가치와 목표와 맞아떨어지는 새로운 활동에 대해 논의하고 확립한다. 활동 계획은 다른 삶의 영역 전반에서도 이루어질 수 있어야 한다.

이후의 회기

이후의 회기는 기존 회기에서 이뤄진 토대 위에 만들어져야 한다. 목적은 활동의 양을 늘리는 것이다. 특히 즐겁고 중요한 활동의 빈도를 증가시키는 것이다. 행동 활성화는 힘들고 단조로운 활동이 되어서는 안 되며 중요성이 떨어지는 흥미 위주의 활동도 약간은 활동 계획에 포함시켜야만 한다.

앞으로의 진행 상황과 동기 수준의 변화를 예측해보자. 행동 활성화는 실천가에게 인내와 끈기를 요구한다. 매일의 모니터링 기록에서 즐거움 그리고 중요도 점수의 평균을 계산하여 도표를 작성해보자(그림 8.2).

자기 관찰은 장기간 유지하기 어렵다. 재활에서 강조하는 것은 서식을 꼼꼼히 채우는 것이 아니라 행동 변화를 파악하는 것에 있다. 행동 목표를 성취하는가에 초점을 두고, 일정 간격으로(예 : 달마다) 일주일 또는 며칠간의 관찰을 통하여 행동의 일일 변화 정도를 파악한다. 내담자가 새로이 시도해볼 행동을 찾는 것을 돕고 (만약 이것이

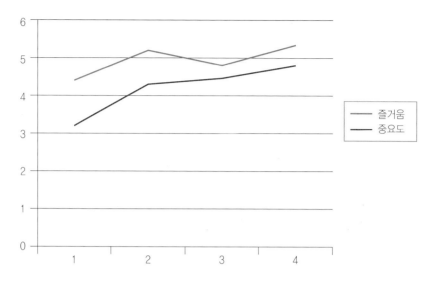

그림 8.2　내담자의 발전 도표

잘 진행된다면) 목표를 향해 한 발짝 더 나아갈 수 있도록 하여 그들이 지루해하지 않고 매번 성취감을 얻을 수 있도록 한다. 동시에 우울증의 징후 수준을 지속적으로 체크해야 한다. 내담자가 행동 활성화로 인해 스트레스를 받거나 재발의 위험성이 증가하는 시기에 다다를 경우 덜 도전적인 수준의 (그래도 즐길 만한 수준의) 활동에 참여하도록 도와주어야 한다.

행동 활성화 프로그램 끝내기

행동 활성화에는 시간제한이 있다. Mairs와 동료들(2011)은 중증 정신질환자들과 함께한 6개월간의 실험에서 참가자들이 이 기간 동안 평균 14회기 동안 참석한 것을 발견하였다. 우리는 실천가가 정식으로 행동 활성화 회기를 종결할 때 우울증에 대한 추가 교육을 실시할 것을 제안한다. 특히 강조하고자 하는 것은 우울증은 재발하기 쉬우며 재발을 일찍 감지하고 행동 활성화와 활동 계획표 작성 같이 행동 활성화 프로그램에서 배운 전략을 사용하여 대처하는 것이 도움이 될 수 있다는 것이다. 종결 후에도 내담자가 때때로 실천가에게 추가 회기를 요구하도록 장려하는 것도 좋을 것이다. 내담자가 다른 실천가에게 사례관리를 받고 있다면 해당 사례관리자에게 이전에 행했던 행동 활성화에 관한 정보를 제공하는 것도 도움이 된다. 사례관리자는 이를 바탕으로 필요할 경우 다시금 프로그램에 참여할 수 있도록 장려할 수 있을 것이다.

인지적 개입을 통한 행동 활성화 돕기

행동 활성화의 일환으로 우울증을 부추기는 부정적 사고를 바로잡기 위해서 인지적인 접근을 사용할 수 있다. 이러한 사고는 또한 개인에게 행동 활성화를 시작하기 어렵게 만들며 앞에서도 이미 이에 대한 몇몇 예시가 언급되었다(예 : "나의 행동을 바꿔 봤자 좋을 것 하나 없다.", "나는 완전히 실패자다. 나는 어떤 것에도 성공할 수 없을 것이고 시도할 가치도 없다."). 현재까지 우리는 부정적 사고들을 문제 해결에 대한 잠재적 장애물이나 다른 이들이 겪었던 경험으로만 취급해왔다.

인치 치료에서 행동 활성화 활동은 지나치게 부정적인 사고를 시험해보기 위한 행동 실험의 일환으로서 사용된다. 인지 치료는 부정적 사고에 대해 매우 강력한 접근법이다. 먼저 내담자에게 자신의 생각이 사실일 경우 어떤 일이 일어날 것인지 질문해본다. 성공하지 않는 것이 더 어려울 실험을 준비한다. 내담자가 자신의 생각에 도전하는 시도를 한 직후 당신은 그것들의 경과를 지켜보면서, 그들에게 자신의 예언을 상기시키고 실제로는 그 일이 일어나지 않았다는 것에 주목하도록 한다. 그들은 아마도 자신의 사고를 유지하기 위한 방법을 찾으려고 노력할 것이다(예 : "나의 여자 친구의 도움 없이는 성공할 수 없었을 거야." 혹은 "내가 성공할 수 있었던 것은 단지 그 임무가 정말 쉬웠기 때문이야."). 그것을 인정하기보다 그들이 더 현실적으로 생각하도록 도와주자 (예 : "만약 내가 조금의 도움을 받거나 업무가 너무 어렵지 않다면 나도 성공할 수 있어."). 이러한 점진적인 시도는 내담자가 더 어려운 과업을 시도하려 할 때 부정적 단서들을 제거하고 더 긍정적 사고 패턴을 형성할 수 있게 돕는다. 언제든 부정적인 생각을 알아차릴 때 그들에게 이러한 생각을 속으로 되풀이하도록 만든다(예 : "내가 그것을 차례대로 하기만 한다면 대부분의 경우는 성공할 수 있을 거야."). 그들에게 최근에 무엇을 하였는지, 그것이 얼마나 성공적이었는지(혹은 즐거웠는지)에 대해서 기억해보도록 질문한다. 이는 그들이 지속적으로 도전할 수 있도록 도울 뿐만 아니라 나아가 그들의 기분을 호전시키는 데 도움이 될 것이다.

또 다른 인지적 개입은 마음챙김 기법을 활용하는 것이다. 간단한 방법으로 개인이 자신의 감각과 감정을 알아차리도록 가르칠 수 있다. 그들에게 자신의 몸에서 자신이 보고 듣고 만지고 느끼고 있는 것을 따라가는 방법과 어떤 감정이나 기쁨이 그것을 경험하게 만드는지 보여준다. 그리고 그들이 즐거운 행동을 하고 있거나 성취감을 가질 때 이런 시도를 해보라고 한다. 이는 행동의 긍정적 결과를 증가시키고 또한 행동의 영향력을 감소시키는 부정적 사고로부터 벗어나도록 하는 효과를 보일 것이다.

행동 활성화에 유용한 정보

- 인내와 끈기가 행동 활성화의 핵심이다. 시작 단계에서 빠른 진전을 기대하지 마라.
- 작은 단계들과 작은 성공이 중요하다.
- 매일 관찰하는 것이 필요하지만 회기가 이루어질 때만 의미가 있다.
- 적절하다면 동료, 가족, 친구의 지지를 이끌어낸다.
- 복잡한 활동을 해낼 수 있는, 성취 가능한 과업으로 작게 나눈다.
- 항상 즐겁고 그리고/혹은 중요한 행동에 초점을 맞춘다.
- 경과가 항상 좋지만은 않다. 당신과 당신의 내담자는 좌절에 대비해야 한다.
- 가치와 목표에 대해서 정기적으로 언급한다. 그리고 동기를 향상시키기 위해 가치 목표를 활용한다.
- 내적인 보상으로 불충분할 경우에만 외적인 보상을 사용한다.

참고문헌

Buckley PF, Miller BJ, Lehrer DS, Castle DJ (2009) *Psychiatric comorbidities and schizophrenia. Schizophrenia Bulletin* **35**, 383.

Cuijpers P, van Straten A, Warmerdam L (2007) Behavioral activation treatments for depression: a meta-analysis. *Clinical Psychology Review* **27**, 318–26.

Dimidjian S, Barrera M Jr, Martell C, Muñoz RF, Lewinsohn PM (2011) The origins and current status of behavioral activation treatments for depression. *Annual Review of Clinical Psychology* **7**, 1–38.

Furtado VA, Srihari V (2008) Atypical antipsychotics for people with both schizophrenia and depression. *Cochrane Database of Systematic Reviews* **1**, CD005377

Lejuez CW, Hopko DR, Acierno R, Daughters SB, Pagoto SL (2011) Ten year revision of the brief behavioral activation treatment for depression: revised treatment manual. *Behavior Modification*

35, 111–61.

Mairs H, Lovell K, Campbell M, Keeley P (2011) Development and pilot investigation of behavioral activation for negative symptoms. *Behavior Modification* **35**, 486–506.

Sturmey P (2009) Behavioral activation is an evidence-based treatment for depression. *Behavior Modification* **33**, 818–29.

Whitehead C, Moss S, Cardno A, Lewis G (2003) Antidepressants for the treatment of depression in people with schizophrenia: a systematic review. *Psychological Medicine* **33**, 589–99.

인지 재활

Hamish J. McLeod & Robert King

샘은 최근 자신의 집중력과 기억력에 대해 불만이 많다. "저는 약속을 잊어버리고 가끔 제가 약을 먹었는지 안 먹었는지조차 기억할 수 없어요. TV에서 영화를 볼 때도 스토리를 계속 잊어버려 여자 친구에게 설명해달라고 할 수밖에 없어요. 이건 저에게도, 제 여자 친구에게도 정말 짜증 나는 일이에요. 이런 것은 제가 약을 먹은 이후로 악화됐고 점점 나빠져요. 정말 직장을 가지거나 돈을 벌거나 아니면 교육이라도 좀 받고 싶은데 이런 문제들이 제 골치를 아프게 해요. 제가 이런 상태인데 어떤 일을 해내는 것이 가능할까 싶기도 해요.

만약 당신이 샘의 사례관리자 혹은 재활 종사자라면 어떻게 그를 도울 것인가?

1단계 : 심리 교육 시작하기

정신질환의 삽화는 사회적·직업적 역할에 중대한 변화를 일으킬 수 있다. 이런 중대한 손실은 자존감을 약화시키며 미래에 대한 긍정적인 기대를 감소시킨다. 게다가 사

Manual of Psychosocial Rehabilitation, First Edition. Edited by Robert King, Chris Lloyd, Tom Meehan, Frank P. Deane and David J. Kavanagh.
© 2012 Blackwell Publishing Ltd. Published 2012 by Blackwell Publishing Ltd.

회적 낙인과 수치심은 사람을 더 의기소침하게 하고 변화를 위한 능동적인 노력을 약화시킨다. 생활 경험을 정상화시켜줄 뿐 아니라 희망을 불어넣어주는 심리 교육은 능동적인 재활에 참여하는 것을 촉진시키는 필수적인 첫 단계다.

샘에게는 다음 네 가지 메시지가 중요할 것으로 보인다.

- 집중력과 기억력에 관한 문제는 정신질환을 앓는 사람들에게서 매우 흔히 나타나는 것입니다. 당신 혼자만 그런 문제를 가지고 있는 것이 아니며 그런 문제를 가지고 있다는 것이 당신이 약하거나 게으른 사람이라는 뜻도 아닙니다.
- 재기를 예측하는 데 비관적인 생각이 들고 의기소침하게 되면 변화를 시도하는 것을 어렵게 할 수 있고 결국 변화하는 것을 포기하게 만들 수도 있습니다. 다른 사람에게 구조화된 도움과 지원을 받는 것이 당신의 삶에 대한 통제력을 회복하기 위한 첫 번째 단계로 가끔 필요합니다.
- 집중력과 기억력에 관한 문제는 투약과는 아무 관련이 없을 수도 있습니다. 당신이 투약을 시작할 때는 이미 존재하던 정신질환이 진행되는 것이 명확해진 시점이었기 때문에 문제가 투약 때문이라기보다는 질환 그 자체에 의한 것일 가능성이 높습니다.
- 문제가 질환 때문이든, 약 때문이든 혹은 두 가지 모두 때문이든 당신은 기억력과 집중력을 단련시켜 한계를 극복할 수 있고, 그럼으로써 성공적인 업무와 학습의 가능성을 훨씬 증가시킬 수 있습니다.

2단계 : 정확한 기초 평가

당신과 샘 모두 샘의 집중력과 기억력 문제의 특성과 범위에 대해 알 필요가 있다. 인지적 어려움에 대해서는 병식의 수준뿐 아니라 다른 인지 기능의 강점과 약점에 대해서도 명확히 하는 것이 합당하다. 개인이 자신의 장애 정도를 과대평가 혹은 과소평가하고 있을 때 병식의 수준을 결정하는 것은 매우 중요하다. 장애를 과소평가하는 것은 비논리적이고 과대한 목표를 세우게 하기 때문에 환자를 의기소침하게 만들 수 있으며, 장애를 과대평가하는 것은 동기를 감소시켜 무관심을 유발시킬 수 있다. 정신보건 종사자와 일반 대중들도 사용 가능하고 적절하게 검증된 유용한 평가 도구가 많다. 어떤 도구들은 검증된 전문가만이 제한적으로 사용할 수도 있다.

신경심리학적 평가

샘의 인지 기능의 상대적인 강점과 약점을 판단하는 한 가지 방법은 전체 신경심리학적 평가를 하는 것이다. 이것은 섬세하고 표준화된 도구를 이용하는 매우 철저한 평가로서 인지 기능의 세부적인 항목을 제공한다. 그것은 인지 결함을 평가하는 가장 좋은 수단이지만 자격 있는 전문가가 수행해야 하고 비용이 많이 들기 때문에 언제나 이용 가능하지는 않다.

만약 신경심리학적 평가를 수행할 수 있는 사람이 없다면 이 책의 제2장에서 언급했던 도구 중 일부를 사용하는 것을 추천한다[예 : 축약형 조현병 환자용 인지 평가(BACS)]. 평가가 필요한 인지 영역에 관한 다양한 범주의 인지 기능 검사에 대해 포괄적으로 기술한 Lezak와 동료들(2004)과 Strauss와 동료들(2006)의 훌륭한 자료도 있다. 레이 청각 언어성 학습 검사(Rey Auditory Verbal Learning Test)나 선 추적 검사(Trail Making Test) 같은 다양하게 이용되는 일부 검사는 일반 대중도 사용 가능하며 해당 자료와 설명서, 그리고 기준치는 이 책에 포함되어 있다. 기호숫자모델리티 검사(Symbol Digit Modalities Test, SDMT) 같은 검사는 그렇게 비싸지 않다. 이런 검사는 효율적인 사용을 위해 폭넓은 훈련이 필요하진 않지만, 검사를 어설프게 수행하여 점수에 영향을 미치는 것이 아니라 정확히 평가하기 위해서는 친구 및 동료들과 함께 연습해보는 것을 추천한다. 가능하다면 유사하거나 다양한 동일 형태의 검사를 이용하라. 이를 통해 반복적인 평가로 인한 연습 효과에 의해 점수가 상승하는 것을 방지할 수 있을 것이다.

공식적인 신경심리학적 평가 대신 사용 가능한 상호보완적 접근이 있는데, 이것은 면담 기반의 인지 기능 도구를 사용하는 것이다. 조현병 환자의 인지 영역 임상 총괄 평가(CGI-CogS; Ventura et al., 2008)나 조현병 인지 측정 척도(SCoRS; Keefe et al., 2006)[1] 같은 도구들은 조현병을 가진 사람의 일상 기능에 영향을 주는 주관적인 인지

---

1) Keefe 박사에게 요청 후 사용 가능하다(이메일 : richard.keefe@duke.edu).

장애에 대해 측정할 수 있게 특화되어졌다. 이런 도구들의 중요한 특징은 대상에게서 정보를 얻어 그것을 기입하는 전문가가 필요하다는 것이며, 그 전문가는 조현병 환자가 자신의 인지 기능 장애의 정도에 대해 적절하게 설명할 수 있는지에 대해 알고 있는 사람이어야 한다. 이것은 개인이 주관적으로 생각하는 능력과 그들의 실제 기능 사이의 차이를 밝혀줄 수 있다. 공식적인 면담 도구가 사용되지 않더라도 제3자를 통해서 부수적인 정보를 얻는 것 역시 좋은 방법이다. 이것은 첫 평가에서 반드시 수행되어야 하며 재활 프로그램을 진행하는 도중에도 정기적으로 반복되어야 한다.

만약 신경심리학자 또는 표준화된 도구 모두 접근하는 것이 어렵다면 샘에게 http://cognitivefun.net 같은 웹사이트를 이용하라고 권유하는 것을 추천한다. 이 사이트는 잘 정리된 온라인 도구들을 포함하며, 사용자가 수행한 검사의 결과를 저장할 수 있게 해준다. (대부분의 이런 사이트는 계정을 만드는 것이 필요하며, 데이터를 저장하기 위해서는 매번 로그인이 필요하다. 만약 향상 정도에 대해 모니터링하기 위해 이런 방법을 이용하길 원한다면 매번 훈련 회기가 끝난 이후에 로그인하여 기록해야 한다는 것을 잘 이해하고 있는지 확인하는 과정이 필요하다.) http://cognitivelabs.com에도 일부 유사한 도구들이 있는데 이곳은 좀 더 상업적인 사이트이며, 모니터링 서비스를 제공하지 않는다. 온라인 기록을 제공하는 다른 웹사이트들은 이 장 마지막에 실려 있다.

인지적 결함에 대한 인식 평가하기

조현병을 가진 사람들이 망상이나 환각 같은 증상에 대한 병식의 수준이 모두 다르다는 것은 잘 알려진 사실이다. 그들의 인지 능력에 대한 인식 역시 다양하며(Medalia & Lim, 2004), 일상생활 기능의 어려움에 대한 인식 역시 그러하다(Bowie et al., 2007). 정신보건 종사자들에 의해 얻는 정보나 구조화된 도구를 사용한 평가에서 보이는 어려움에 대한 주관적인 평가 간의 차이 또한 매우 흔하다. 이런 차이는 개인의 재활 프로그램 참여를 촉진하는 것에 방해가 되기 때문에 치료를 시작하기 전에 인식의 정도를 평가하는 것을 추천한다.

많은 척도가 조현병을 가진 사람의 인지적 결함에 대한 주관적인 인식을 평가하기 위해 개발되었다. 예를 들어 SSTICS(Subjective Scale to Investigate Cognition in

Schizophrenia; Stip et al., 2003)는 기억력, 집중력, 실행 기능, 언어 및 운동 능력의 결함에 대한 21개 문항으로 구성된 자기보고식 척도다. 인지 문제에 대한 항목은 일상적인 기능 결함(예 : '당신은 투약하는 것을 잊어버리나요?' 혹은 '장을 볼 항목이 생각나지 않거나, 이름을 기억하는 것에 어려움이 있나요?')에 대해 5점 리커트 척도('전혀 없음'~'매우 빈번함')로 평가하며, 점수가 높을수록 문제가 더 빈번하다는 것을 의미한다. 이런 방식의 도구는 샘처럼 자신에게 인지적 문제가 있다는 것을 인식하고 있는 사람들에게 특히 유용하게 사용될 수 있다.

그러나 현재 보이는 인지적 문제의 특성과 범위에 대해 환자가 잘 수긍하지 못하는 경우에는 수행자의 판단을 같이 포함시킬 수 있는 도구를 사용하는 것이 적절하다. 평가자용 인지적 병식 측정 척도(Measure of Insight into Cognition-Clinician Rated, MIC-CR; Medalia & Thysen, 2008)[2]는 12가지 항목으로 구성된 반구조적 면담 척도이며, 조현병 환자의 인지적 결함에 대한 병식 평가를 위해 만들어졌다. 이 척도의 구조와 반응 형식은 병식 평가 척도(Scale for the Assessment of Unawareness of Mental Disorder, SUMD; Amador et al., 1993)와 유사하며, 항목들은 문제의 인식 정도(예 : 무언가를 듣거나 집중을 기울일 때 문제가 있다는 점을 아는가)와 문제의 원인이 무엇이라고 생각하는지(예 : 정신질환 때문이다, 정신질환과 관련이 있을 수도 있다, 혹은 정신질환과 관련이 없다), 이 두 가지 모두에 대해 평가한다. 샘의 경우 집중력과 기억력에 관한 문제가 투약했을 때부터 시작됐다고 주장하고 있는데, 이것은 조현병이 인지 기능에 영향을 준 것에 대해 샘이 애매모호하게 반응하고 있다는 것을 의미한다.

인지적 결함의 기능적인 영향에 대해 사정하기

인지 재활 프로그램에서 핵심적인 도전 과제 중 하나는 단순히 훈련을 하는 것을 넘어 업무나 학습을 효율적으로 하는 데 필요한 능력 같은 성과가 '현실 세계'에서 보편적으로 적용되어야 하는 것이다(Wykes & Huddy, 2009). 직업 재활과 같은 의미 있는 삶의 목표 달성을 목적으로 하는 개입과 연계하여 인지적 재활이 제공될 때, 일반적인 혜택이 향상된다는 일부 근거가 있다(Bell et al., 2008). 그러므로 평가 단계의 중요한 부분

---

2) Alice Medalia 박사에게 요청 후 기록과 매뉴얼 사용이 가능하다(이메일 : am2938@columbia.edu).

은 예측되는 행동의 결과를 규명하는 것이고, 그 결과는 조현병 환자의 일상생활에 의미 있는 것이어야 한다. 이것은 재활 프로그램이 종료되는 시점에서 환자가 얻고자 하는 목표에 대해 토론함으로써 비공식적으로 행해질 수도 있으며 혹은 기능적인 강점과 약점을 구별하기 위한 구조적인 평가를 통해서 행해질 수도 있다.

일상 기능에서의 인지적 결함의 전반적인 영향을 측정하기 위한 한 가지 간편한 전략은 앞에서 언급한 CGI-CogS와 SCoRS의 항목들에 대한 반응을 자세히 관찰하는 것이다. 출판된 간행물 속에 포함되어 있는 환자용 5문항 기능 인식 척도(five-item Patient Perception of Functioning Scale; Ehmann et al,. 2007)와 14문항 생활 기능 검사(14-item Life Functioning Questionnaire; Altshuler et al., 2002)를 무료로 활용하는 것도 다른 방법일 수 있다. 하지만 많은 척도들이 현재 조현병 환자의 '현실 세계'에서의 기능을 평가하는 것에 적합한지에 대해 전문가의 검토를 받고 있는 중이다(Leifker et al., 2011). Leifker와 동료들의 연구는 처음 59개의 척도부터 임상 전문가와 연구자에게 가장 잘 인용되는 4개의 척도까지 상세하게 논의했다. 일상생활 기술과 사회적인 기능 모두를 평가할 수 있는 두 척도는 하인리히-카펜터스 삶의 질 척도(Heinrichs-Capenter Quality of Life Scale; Heinrichs et al., 1984), 특정 기능 수준 척도(Specific Levels of Functioning Scale, SLOF; Schneider & Struening, 1983)다. 전문가가 선호하는 다른 두 척도는 사회 기능 척도(Social Functioning Scale; Birchwood et al., 1990)와 사회적 행동 측정 도구(Social Behaviour Schedule; Wykes & Sturt, 1986)다. 이런 모든 도구는 훈련된 정신보건 전문가에 의해 활용될 수 있으며 포괄적인 일상 기능 데이터를 제공하는데, 이 데이터는 공식적인 신경심리학적 검사에서 얻는 인지 결함 정보에 보완적으로 활용될 수 있다.

재활 실천가가 샘에게 BACS 검사를 시행했고, 그의 점수가 같은 나이대의 정상 대조군에 비해서 상당히 취약하다는 것을 발견했다. 샘의 결과지를 표 9.1에 보여주고 있다. 그는 작업기억, 운동속도, 언어 유창성, 추론 및 문제 해결 부분에서 중간 정도의 취약함을 보였으며, 언어기억과 집중력 그리고 처리속도에 있어서는 더 심각한 결함을 보였다.

표 9.1 샘의 BACS 하위 검사 점수와 표준화 Z점수

하위 검사	인지적 영역	원점수	표준 Z점수에서의 편차
			-3 -2 -1 0 +1 +2 +3
단어목록 기억	언어기억	28	
숫자 외우기	작업기억	17	
토큰 운동 작업	운동속도	65	
언어 유창성	처리속도	42	
타워 검사	추론과 문제 해결	15	
기호 쓰기	주의집중과 처리속도	37	

출처 : Normative data taken from Keefe et al. (2008)

샘의 사례관리자 혹은 재활 담당자로서 당신은 앞으로 어떻게 할 것인가? 인지 재활 과제를 소개하기 전에 당신은 샘의 지속적인 프로그램 참여에 방해가 될 수도 있는 믿음 혹은 이해에 있어서의 차이 및 태도에 대해 언급할 필요가 있다. 이 과정은 발전 가능성과 문제 해결을 위한 체계적인 접근 모델에 대해 설명하는 협력적인 방법으로 행해져야 한다. 실천가로서 당신은 샘이 겪는 어려움을 처리 가능한 하위 과제와 목표로 세분화하도록 돕는데 그가 이것을 보며 가치 있는 기술을 배울 수 있다는 점을 기억해야 한다. 이것은 당신과 샘이 하는 모든 상호작용에서 일어날 가능성이 있으며 심지어 인지 재활이라고 정확히 명시되지 않은 모든 종류의 활동을 할 때도 발생할 수 있다.

3단계 : 추가적인 심리 교육하기

알게 된 것을 샘과 함께 공유하라. 검사 결과 그는 정말 문제를 가지고 있다는 것을 확인하게 될 것이고 단지 '게으르다'는 생각이나 증거가 사실이 아니라는 것을 알게 되어 안심할 것이다. 그러나 그는 그 문제로부터 회복되지 않을까 봐 걱정할 수 있으며, 특히 그 문제가 악화되고 있다고 느낄 때 더욱 그러할 것이다. 이런 이유로 당신은 다음의 추가적인 핵심 메시지를 전달해야 한다.

- 이런 모든 인지 기능이 향상될 수 있다.
- 이런 모든 기능을 조절하는 뇌는 마치 당신의 육체처럼 규칙적인 운동과 관리를 받는 것에 반응한다.
- 정신질환은 특정 기능을 부분적으로 약화시킬 수 있으며, 특히 뇌를 활성화시켜주고 건강하게 유지시켜주는 자극이 없어지게 된 상황에서 더 약화될 수 있다.
- 뇌 '훈련'은 피곤하고 어려울 수 있지만 이것은 또한 재미있고 흥미로울 수 있다.
- 그래서 매일 체계적인 두뇌 훈련을 하는 습관을 가지는 것이 매우 중요하다 .

4단계 : 동기 수준 확인하기

인지 재활이 필요한 단계이기 때문에 샘의 인지 기능을 향상시키기 위해서는 최소한 중등도 이상의 강한 동기 수준이 필요하다. 이미 변화를 성취하기 위해 거치는 과정에서 전숙고 단계를 넘었다는 것은 명확하지만 그는 정말 행동할 준비가 된 것일까? 혹은 그저 숙고 단계일 것일까? 만약 다소 양가적이거나 불확실하게 보인다면 샘이 확실히 행동할 준비가 될 때까지 제6장에서 소개된 기술 중 일부를 적용할 것을 권한다. 또한 정신보건 종사자들이 내적 동기가 부여된 행동과 외적 동기가 부여된 행동의 차이를 명심하는 것도 매우 중요하다. 외적 동기는 재정적 보상이나 다른 사람들로부터 사회적인 인정을 받는 것과 같은 외적인 강화물이 존재하는데, 주로 그것 때문에 행동이 유지되는 상황을 일컫는다. 이것은 사회 각계각층에서 행동을 조절하는 강력한 힘으로 여겨지지만 일단 외적인 강화물이 사라지게 되면 관련된 행동 역시 사라지게 된다는 취약점이 있다. 예를 들어, 만약 당신 고용주가 갑자기 월급을 주지 않는다면 당신이 현재 직업을 얼마나 유지할 것인지에 대해 생각해보라. 이와 대조적으로 내적 동기는 즐거움이나 만족, 성취감, 개인의 능력이나 자주성과 같은 좀 더 내적인 것이 행동의 강화물이 되는 상황을 말하는 것이다. 이런 종류의 강화물은 기본적으로 인간이 선호하는 형태의 자기결정적 접근을 가능하게 하며, 외부적인 강화물이 변할지라도 행동이 계속 유지될 수 있게 해준다(Ryan & Deci, 2000; Vansteenkiste & Sheldon, 2006). 이것은 재활 전문가가 적극적인 개입을 멈춘 상황에서도 새로운 행동 유형이 유지되는 것을 목표로 하는 재활에서 필수적이다.

내적 동기를 증가시키는 것이 인지 재활 프로그램의 중요한 목표이기 때문에 인지 재활에 참여하기 위한 동기를 명확하게 측정하는 것은 매우 유익하다(Choi et al., 2010). Choi와 동료들은 21개 항목의 자기보고식 설문지인 내적 동기 질문지(Intrinsic Motivation Inventory)를 개발했고, 이 척도는 환자가 얼마나 인지 재활 치료에 관심을 느끼는지 혹은 즐거워 하는지에 대해 중점적으로 알아본다(예 : '이 활동은 즐겁다', '나는 이 활동을 매우 흥미롭다고 생각한다'). 이 척도는 또한 환자가 얼마나 치료를 잘 완수하고 있는지 느끼는 정도를 측정하는데, 그들이 이 치료에서 스스로가 얼마나 가치 있고 유용한지를 판단하기 때문이다. 이 척도에서 높은 점수를 받은 사람은 재활 치료 회기에 더 많이 참여하고 더욱 열심히 과제를 수행한다. 재활 프로그램을 시작하기 전에 이 척도를 먼저 사용한다면 동기강화 상담 전략을 사용할 필요성이 있어 보이는 내담자의 믿음이나 태도를 규명하는 데 도움이 될 것이다.

왜 우리는 인지 재활이 샘에게 도움이 될 것이라고 확신하는가

정신질환 진단을 받은 사람에게 있어서 인지 재활의 효율성은 미국, 영국, 유럽에서 검증된 조사 팀에 의해 연구됐다. 이 연구들은 전산화된 프로그램부터 단순히 종이와 연필을 이용하는 활동이나 보드 게임까지 굉장히 넓은 범위의 재활을 위한 수단을 조사했다. 그 결과는 일관되고 확실했다. 규칙적이고 체계화된 인지 훈련은 확실하게 인지 기능을 향상시킨다. 더 중요한 점은 특히 인지 재활이 잘 설계된 기능 재활 프로그램을 활용한다면 업무 능력을 포함한 일상생활 기능을 향상시킬 수 있다는 근거가 확립되었다는 것이다.

Wykes와 동료들(2011)이 40개의 양질의 연구를 메타분석한 결과 인지 재활이 다음의 결과를 냈다는 것을 밝혔다.

전반적인 인지와 기능에 지속적인 효과가 있으며… 인지 성과와 관련된 치료적인 요소(재활 접근법, 기간, 컴퓨터 사용 유무 등)는 없었다. 인지 재활 치료는 환자가 임상적으로 안정적일 때 더 효과적이었다. 인지 재활 치료가 다른 정신 재활과 함께 제공될 때 기능에 상당히 강한 영향을 미친다는 것이 발견되었고, 전략적인 접근이 부가적인 재활 접근과 함께 사용될 때 더욱 큰 효과가 나타났다. (p. 472)

요컨대 연구는 규칙적이고 목적성을 가지며 도전적인 정신적 활동이라면 어떤 것도 도움이 될 수 있으며, 전문적으로 설계된 인지 운동 프로그램은 더욱 효과가 있었음을 시사한다. 규칙적인 훈련, 일상생활과 그 훈련 사이의 연관성에 대해 이해하는 것 역시 중요한 요소였다.

5단계 : 두뇌 훈련 프로그램을 설계하고 시작하기

수많은 출판물이 각기 다른 수많은 인지 재활 접근법을 소개하고 있다. 그 다양한 접근들의 주요 핵심은 다음과 같다.

- 작업 자체의 특성(예 : 컴퓨터를 사용하는지 아니면 연필과 종이를 사용하는지)
- 재활 전문가가 얼마나 조언을 하는지
- 치료 회기의 기간, 빈도 그리고 집중도

이런 쟁점들은 다음에 더 세부적으로 다루겠지만 먼저 인지 재활의 개념적인 목적에 대해 논의하는 것은 중요하다. 재활 실천가는 이것을 치료받는 사람과 소통하기 위한 가이드로 사용할 수 있으며 심지어 그들이 다양한 과제와 활동에 참여할 때도 사용할 수 있다.

인지 재활이 발달하게 된 근본적인 이유 중 하나는 조현병 환자가 심각한 인지적 어려움을 경험하고 그런 문제들이 망상이나 환각 같은 고전적인 정신증적 증상보다 사회적 기능을 훨씬 더 손상시킨다는 인식 때문이었다(Wykes & van der Gaag, 2001). 신경가소성에 관한 최근 연구에서는 적절한 환경적인 자극이 주어진다면 뇌가 새로운 연결을 만들고 잃어버린 기능을 일부 되찾는 것이 가능한 것으로 나타났다. 인지 재활 프로그램은 이러한 지속적인 변화가 일어날 가능성을 증가시키도록 적절한 수준의 자극을 주기 위해 만들어졌다. 이 자극은 반응시간이나 지속적인 주의력 혹은 처리속도 같은 기초적인 인지 과정을 목표로 할 수 있으며, 문제 해결 능력 혹은 다른 사람의 감정적인 상태와 의도 같은 것에 대해 정확하게 해석하기같이 더 복잡한 인지 능력에 초점을 맞출 수 있다. 그림 9.1에 인지 수준과 복잡한 행동에 대한 그들의 관계가 간단하게

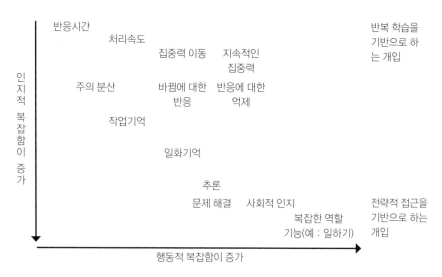

반응시간

처리속도

집중력 이동　지속적인
　　　　　집중력

주의 분산　바뀜에 대한　반응에 대한
　　　　　반응　　　억제

작업기억

일화기억

추론

문제 해결　사회적 인지

복잡한 역할
기능(예 : 일하기)

반복 학습을
기반으로 하
는 개입

전략적 접근을
기반으로 하는
개입

인지적 복잡함이 증가

행동적 복잡함이 증가

그림 9.1 **인지 재활에서 목표하는 인지 수준의 정도에 대한 도식표**

도식화되어 있다.

　자극에 빨리 반응하는 것이나 작업기억 속의 정보를 유지하는 것 등 기초적인 인지 과정은 반복을 통해 가장 잘 훈련될 수 있으며, 인터넷을 통한 과제가 이런 종류의 반복 훈련에 훌륭하게 활용될 수 있다. 기초적인 인지 과정의 능력을 향상시키기 위해서는 더 높은 단계의 기능을 위해 벽돌을 쌓는 것 같은 과정을 거쳐야 한다. 그러나 새로운 문제 해결 능력이나 다양한 환경에서 배운 것을 적용하는 것 같은 훨씬 더 복잡한 인지 기능은 컴퓨터 프로그램을 이용해 연습하는 것이 어렵다. 이렇게 행동적·인지적으로 복잡한 기술은 일상생활에서 반복적으로 연습하는 것을 통해 가장 잘 훈련될 수 있으며, 따라서 재활 종사자들은 기초적인 인지 과정을 목표로 한 성공 가능한 과제부터 시작해서 현실적인 문제와 각각의 개인이 마주하게 될 어려운 상황을 기반으로 한 더 복잡한 과제들로 진행하는 것을 목표로 해야 할 것이다. 샘의 경우 집중시간과 단기기억 능력을 향상시키는 과정을 먼저 시작하고, 그다음에 장기기억 강화와 같은 더 복잡한 능력을 단련시키는 것으로 넘어가서, 결국에는 약을 챙겨먹는 데 필요한 기억력을 증가시키는 것을 목표로 할 것이다.

사용하기에 가장 좋은 도구는 어떤 것인가

인지 재활에 관한 연구에서 밝혀진 중요한 결과 중 하나는 다양한 범주의 훈련과 전략들 모두가 효율성에 대한 근거를 가지고 있으며, 이런 효과들이 각각의 방법마다 거의 동등하다는 것이다(Wykes et al., 2011). 게다가 특정 도구가 특정한 인지 영역에 영향을 주는지는 불분명하다(Grynszpan et al., 2011). 어떤 종류의 체계적인 인지 훈련이라도 몇몇 인지 영역에 긍정적인 영향을 주는 것처럼 보였다. 이 말은 섬세하고 복잡한 다양한 방법들이나 소프트웨어가 많이 필요한 것이 아니며, 샘의 경우 그가 즐겁게 하고 잘할 수 있는 도구를 당신과 같이 선택해도 된다는 것이다. 그러나 샘의 동기를 유지시켜주고, 향상된 인지 기능을 일상생활 속에 효과적으로 적용할 수 있도록 돕는 것은 매우 중요하다. 다음에 나오는 원칙들 역시 숙고해야 한다.

- 단순한 과제부터 시작한다. 초반에 시행하는 훈련은 이해하기 쉽고 완료하기도 쉬워야만 한다. 만약 당신이 인터넷 기반의 프로그램을 사용한다면 샘이 웹사이트에 가입하여 결과를 올리는 방법을 잘 이해하고 있는지 확인해야 하며 선택 가능한 다양한 검사를 그에게 안내해야 할 것이다. 오류가 없는 학습이라는 목표를 명확하게 하여 그 수준에 맞는 난이도의 과제를 정하고 샘이 성공의 기회를 높일 수 있도록 하는 것이 중요하다. 단순한 운동 반응 시간 과제 그리고 작업기억 훈련(숫자 순서 기억하기 등)이 처음 시작하는 과제로 적합할 것이다. http://cognitivefun.net과 http://playwithyourmind.com에서 기본적인 능력을 훈련할 수 있는 도구를 접할 수 있을 것이다. 또한 스냅 같은 간단한 카드 게임도 집중력과 운동속도를 향상시켜준다.
- 처음 시작하기 전 짧게 연습 회기를 가진다. 처음 몇 주간은 매일 시작하기 전 15~20분 정도 연습 회기를 가지는 것이 좋다.
- 시작 시 다양하지만 복잡하지 않음을 확실히 전달한다. 매일 각 회기에는 두세 가지의 다른 과제가 포함되어야 한다.
- 샘이 재미있다고 하는 과제를 최소한 하나라도 포함시켜야 한다.
- 샘에게 중요한 특정 영역과 관련된 훈련을 하는 것을 권한다. 예를 들어 기억력에

관한 훈련은 TV쇼를 집중해서 잘 볼 수 있게 도와줄 것이다.

- 계속해서 도전한다. 일단 샘이 특정 수준까지 성취를 이룬 다음에는 더 복잡하고 노력이 필요한 훈련을 시작한다. 많은 온라인 프로그램은 대상자가 개선될 때 더 어려운 훈련으로 넘어가도록 설계되었다.
- 훈련 목록을 다양화한다. 집중력과 주의력이 더 발달할수록 기억 발달이나 계획 같은 더 고위의 훈련으로 넘어갈 수 있다.

이 장의 마지막 부분에 다양한 종류의 도구를 제공하는 홈페이지 주소가 제시되어 있다.

6단계 : 두뇌 훈련 프로그램 유지하기

사례관리자 혹은 재활 담당자로서 당신은 스스로를 샘의 개인 트레이너로 생각해야만 한다. 이것이 실전에서 의미하는 것은 당신이 그의 동기를 강화시켜주고 훈련에 집중할 수 있게 해주며 그가 편안하게 느끼는 영역을 넘어설 수 있도록 격려해주는 것이 필요하다는 뜻이다. 당신은 또한 그의 진척 상황을 주의 깊게 지켜보고 어떤 두뇌 훈련에 집중할 것인지에 대해 결정해야 한다. 또한 샘이 이런 모든 훈련에 진절머리를 내는 때를 포함한 어떤 종류의 장애물이라도 나타날 수 있다는 것을 명심해야 한다. 다음에 샘이 재활 프로그램을 유지하는 것을 도와줄 수 있는 몇 가지 조언이 있다.

- 피드백 — 매달 결과를 측정하는 것은 샘이 훈련을 통해 얻는 것이 있다는 명백한 증거가 될 것이다. 어떤 종류의 측정이라도 측정할 당시의 상태가 평균적인 상태여야 한다는 점을 기억해야 한다. 만약 샘이 갑자기 스트레스를 받는 상황이라면 결과가 왜곡될 수도 있으니 반복해서 측정하지 않는 것이 좋다.
- 샘에게 의미 있는 일상생활과 훈련을 연결시킨다. 만약 샘이 취직하기를 원하거나 연수 과정을 이수하기를 원한다면 훈련이 업무와 학업에 관련된 능력을 어떻게 향상시킬 것인지에 대해 샘과 논의하라. 샘은 약속을 잊어버리고 약을 먹었는지 안 먹었는지조차 기억할 수 없다고 호소했었다. 이것이 여전히 문제인지 확인

해야 한다. 이런 실제 생활에서의 목표는 반드시 기록해야 하며 샘이 재활 훈련을 지속하는 동기가 떨어질 때 이런 것들을 다시 언급하는 것이 유용하다.

- 샘이 역량을 쌓을 수 있는 일상의 활동을 발견하도록 도와준다. 일상의 활동은 구입할 물건의 가격을 머릿속으로 암산하는 것부터 매일 신문에 있는 십자 낱말 풀이나 스도쿠를 하는 것까지 다양하다.

- 보상—능력이 향상되는 것은 본질적인 보상이지만 더 도전적인 훈련을 받기 위해서는 외적인 보상을 제공하는 것도 도움이 된다(제8장 참조). 샘의 가족들이 그가 성공하는 것에 물질적인 투자를 할 수 있다면 그런 보상의 일부를 훈련에 포함시킬 수도 있다. 하지만 효율성을 올리는 데 큰 보상이 필요한 것이 아니라는 점은 기억해야 한다.

7단계 : 인지 재활과 더 넓은 재활 프로그램 통합하기

인지 재활은 대상자의 재기 목표를 성취할 수 있도록 도움을 주는 재활 프로그램에 잘 통합되었을 때 가장 효과적이다(Wykes et al., 2011). 이 단계는 인지 재활 프로그램이 끝날 때까지 기다릴 필요가 없다. 치료가 시작할 때부터 통합이 이루어져도 되는데, 이 것은 반복적이고 지루한 훈련을 할 때 동기를 유지시켜주는 데 도움을 준다. 이것은 또 한 일주일 동안 인지 기술을 활용하고 발전시킬 수 있게 도와주기도 한다.

샘은 일을 하고 싶어 했으며 이 점이 통합에 훌륭한 기초가 되었다. 인지 기능은 다양한 활동의 중심이 되므로 대상자의 목표가 친구를 만드는 것, 기타 배우기 혹은 텔레비전 즐겨 보기 등일지라도 통합은 성취될 수 있다. 통합의 핵심적인 특징은 다음과 같다.

- 대상자의 목표와 관련된 중요한 인지적 도전 과제를 밝힌다. 예를 들어, 아무리 단순한 일이라도 주의집중, 그리고 설명을 기억하는 능력을 필요로 한다.

- 비슷한 도전 수준의 일상적인 활동을 찾는다. 이것은 목표 달성에 필요한 인지 기술을 연습할 수 있도록 과제를 부여하기 위해 필요하다. 샘의 경우 냉장고와 식품 저장고를 확인하고 구입해야 할 물품을 검토하는 것이 주의와 집중 연습에 필요할 것이다. 시장에서 구입해야 할 품목을 적는 것은 기억력과 계획에 대한 연습

이 될 수 있다. 이와 같이 간단한 과제를 정할 때 대상자가 얼마나 설명에 잘 집중하는지 확인해야 한다. 과제를 기억하도록 돕기 위한 전략을 쓰는 것도 필요하다(예: 휴대전화 알람 설정하기 등).

- 과제를 하는 것을 주의 깊게 관찰한다. 과제를 하는 것을 통해 인지 능력이 잘 발달하고 있다는 것을 알 수 있다. 또 과제를 잘 수행하지 못하는 것을 통해 원하는 성취를 방해하는 인지적·동기적 장애가 무엇인지 자세하게 조사할 수 있다.

- 대상자의 목표와 직접적인 관련 있는 과제를 한다. 샘의 경우 일자리를 찾는 것이 목표와 직접적인 관련이 있고 이는 몇 가지 인지 기술을 필요로 한다. 샘은 검색 전략(계획하기)을 연습하는 것이 필요하며 인터넷, 뉴스 광고, 채용정보회사의 정보 중에서 자신에게 적합한 일자리를 찾아내기 위해 효율적으로 주의집중을 사용하는 것이 필요하다.

- 인지 재활 프로그램을 사용하는 인지 훈련과 대상자의 목표에 핵심적으로 관련이 있는 인지 기술 사이의 연관성을 설명한다. 프로그램이 진행되면서 대상자가 이런 연결고리를 독립적으로 찾는 것을 권장해야 한다.

훈련 프로그램은 얼마나 지속되어야 하는가

최고의 결과를 얻기 위한 두뇌 훈련 회기의 최소 혹은 최대 횟수에 대해서는 아직 명확한 연구 근거가 없다. 지난 15년간 16회기(Bellucci et al., 2002) 정도부터 12개월 이상(Kurtz et al., 2007)까지 다양한 기간에 대한 연구들이 수행되었다. 또한 훈련에 필요한 시간은 총 100시간이 넘으면 충분한 것으로 보이며(예: Bell et al., 2008; Kurtz et al., 2007), 훈련의 빈도는 일주일에 전문가와 함께 수회 정도면 충분한 것으로 보인다(Wykes et al., 2007). 현재 임상 상황에서 할 수 있는 최고의 선택은 대상자에게 중요한 생활 영역에서 기능의 향상이 보일 때까지 재활 프로그램에 지속적으로 참여하는 것이다.

요약

샘에게서 보고된 것 같은 인지적인 문제는 심각한 정신질환을 앓는 사람들 사이에서는 흔한 일이다. 이런 문제들은 종종 일상생활에 영향을 주고 취업이나 다른 단체 활동에 주요한 방해물이 될 것이다. 인지 재활은 일종의 정신 훈련 프로그램으로 재활 전문가나 사례 담당자가 시행할 수 있게 만들어졌다. 인지 기능을 평가하고 인지 훈련을 하고 규칙적인 인지 훈련을 위해 동기를 유지시키고 인지적 능력과 일상 생활 사이의 연관을 만드는 것이 핵심 요소다. 인지 재활은 대상자와 전문가 모두에게 많은 노력을 필요로 하지만 형성된 인지 능력이 더 독립적인 삶을 살 수 있는 길을 열어줄 수 있기 때문에 이로 인한 이득은 상당하다고 할 수 있다.

감사의 말

Medalia 박사, Keefe 박사, Ventura 박사의 협조에 감사의 뜻을 전한다.

참고자료

무료 온라인 인지 훈련 :

http://playwithyourmind.com

http://cognitivefun.net

상업적 두뇌 훈련 프로그램 :

http://www.psychological-software.com/psscogrehab.html

www.scilearnglobal.com

http://cognitiveenhancementtherapy.com

참고문헌

Altshuler L, Mintz J, Leight K (2002) The Life Functioning Questionnaire (LFQ): a brief, gender-neutral scale assessing functional outcome. *Psychiatry Research* **112**(2), 161–82.

Amador X, Strauss DH, Yale SA, Flaum MM, Endicott J, Gorman JM (1993) Assessment of insight in psychosis. *American Journal of Psychiatry* **150**, 873–9.

Bell MD, Zito W, Greig T, Wexler BE (2008) Neurocognitive enhancement therapy with vocational services: work outcomes at two-year follow-up. *Schizophrenia Research* **105**(1–3), 18–29.

Bellucci DM, Glaberman K, Haslam N (2002) Computer-assisted cognitive rehabilitation reduces negative symptoms in the severely mentally ill. *Schizophrenia Research* **59**, 225–32.

Birchwood M, Smith J, Cochrane R, Wetton S, Copestake S (1990) The Social Functioning Scale. The development and validation of a new scale of social adjustment for use in family intervention programmes with schizophrenic patients. *British Journal of Psychiatry* **157**(6), 853–9.

Bowie CR, Twamley EW, Anderson H, Halpern B, Patterson TL, Harvey PD (2007) Self-assessment of functional status in schizophrenia. *Journal of Psychiatric Research*, **41**(12), 1012–18.

Choi J, Mogami T, Medalia A (2010) Intrinsic Motivation Inventory: a scale adapted for schizophrenia research. *Schizophrenia Bulletin* **35**(5), 966–76.

Ehmann TS, Goldman R, Yager J, Xu Y, MacEwan GW (2007) Self-reported cognitive and everyday functioning in persons with psychosis: the Patient Perception of Functioning Scale. *Comprehensive Psychiatry* **48**(6), 597–604.

Grynszpan O, Perbal S, Pelissolo A *et al.* (2011) Efficacy and specificity of computer-assisted cognitive remediation in schizophrenia: a meta-analytical study. *Psychological Medicine* **41**, 163–73.

Heinrichs DW, Hanlon TE, Carpenter WT Jr (1984) The Quality of Life Scale: An instrument for rating the schizophrenic deficit syndrome. *Schizophrenia Bulletin* **10**(3), 388–98.

Keefe RSE, Poe M, Walker TM, Kang JW, Harvey PD (2006) The Schizophrenia Cognition Rating Scale: an interview-based assessment and its relationship to cognition, real-world functioning, and functional capacity. *American Journal of Psychiatry* **163**(3), 426–32.

Keefe RSE, Harvey PD, Goldberg TE *et al.* (2008) Norms and standardization of the Brief Assessment of Cognition in Schizophrenia (BACS). *Schizophrenia Research* **102**, 108–15.

Kurtz MM, Seltzer JC, Shagan DS, Thime WR, Wexler BE (2007) Computer-assisted cognitive remediation in schizophrenia: what is the active ingredient? *Schizophrenia Research* **89**(1–3), 251–60.

Leifker FR, Patterson TL, Heaton RK, Harvey PD (2011 Validating measures of real-world outcome: the results of the VALERO Expert Survey and RAND Panel. *Schizophrenia Bulletin* **37** 334–43.

Lezak MD, Howieson DB, Loring DW (2004) *Neuropsychological Assessment*, 4th edn. Oxford University Press: New York.

Medalia A, Lim RW (2004) Self-awareness of cognitive functioning in schizophrenia. *Schizophrenia Research* **71**, 331–8.

Medalia A, Thysen J (2008) Insight into neurocognitive dysfunction in schizophrenia. *Schizophrenia Bulletin* **34**(6), 1221–30.

Ryan RM, Deci EL (2000) Self-determination theory and the facilitation of intrinsic motivation, social development, and well-being. *American Psychologist* **55**(1), 68–78.

Schneider LC, Struening EL (1983) SLOF· a behavioral rating scale for assessing the mentally ill. *Social Work Research and Abstracts* **19**(3), 9–21

Stip E, Caron J, Renaud S, Pampoulova T, Lecomte Y (2003) Exploring cognitive complaints in schizophrenia: the subjective scale to investigate cognition in schizophrenia. *Comprehensive Psychiatry* **44**(4), 331–40.

Strauss E, Sherman EMS, Spreen O (2006) *A Compendium of Neuropsychological Tests*. Oxford University Press: New York.

Vansteenkiste M, Sheldon KM (2006) There's nothing more practical than a good theory: integrating motivational interviewing and self-determination theory. *British Journal of Clinical Psychology* **45**, 63–82.

Ventura J, Cienfuegos A, Boxer O, Bilder R (2008) Clinical global impression of cognition in schizophrenia (CGI-CogS): reliability and validity of a co-primary measure of cognition. *Schizophrenia Research* **106**(1), 59–69.

Wykes T, Huddy V (2009) Cognitive remediation for schizophrenia: it is even more complicated. *Current Opinion in Psychiatry* **22**(2), 161–7.

Wykes,T, Sturt E (1986) The measurement of social behaviour in psychiatric patients: an assessment of the reliability and validity of the SBS schedule. *British Journal of Psychiatry* **148**, 1–11.

Wykes T, van der Gaag M (2001) Is it time to develop a new cognitive therapy for psychosis – cognitive remediation therapy (CRT)? *Clinical Psychology Review* **21**, 1227–56.

Wykes T, Reeder C, Landau S *et al.* (2007) Cognitive remediation therapy in schizophrenia: randomised controlled trial. *British Journal of Psychiatry* **190**(5), 421–7

Wykes T, Huddy V, Cellard C, McGurk SR, Czobor P (2011) A meta-analysis of cognitive remediation for schizophrenia: methodology and effect sizes. *American Journal of Psychiatry* **168**, 472–85.

치료 순응

Mitchell K. Byrne & Frank P. Deane

안젤라는 최근 몇 달간 샘과 많은 시간을 함께 지내왔다. 그녀는 1명의 자녀를 둔 29세의 미혼모다. 그녀는 지방에 있는 대학에서 시간제로 수강을 하면서 간신히 어느 정도의 성적을 유지하고 있다. 그녀는 조울증이 있었는데 그 질병의 특정 시점 별로 다양한 조합의 약물을 사용해 잘 조절해오고 있다. 그러나 지난달에 간헐적으로 약물 복용을 잊어버리면서 결국 상태가 나빠지게 되었다. 지난번 투약을 중단했을 때 딸이 시설로 보내졌기 때문에 그녀가 실수로 투약을 하지 않은 것은 의문스러운 일이었다. 기능적 분석을 하기 위해서 그녀에게 다음과 같은 정보를 얻었다.

재정적으로 안젤라는 부모 지원 수당과 아이의 아버지로부터 지불되는 돈을 잘 관리해왔다. 그러나 3개월 전 아이의 아버지가 교도소에 들어가면서 돈을 받지 못하게 되었다. 그 결과 8주 전부터 고지서들이 밀리기 시작했다. 그녀는 이러한 것들이 걱정된다고 말했다. 이뿐만 아니라 지난주에 딸은 배가 아팠기 때문에 대부분의 시간 동안 짜증을 냈다. 안젤라는 딸이 유당불내증이 있다고 생각하고 있었으며, 10일 전 일반의에게 딸을 데리고 갔을 때 의사가 딸에게 충분한 관심을 가지지 않았다고 말했다.

샘과 관계를 형성하게 되면서부터 안젤라는 자신과 딸의 일상을 유지하는 것이 어려웠으며 때때로 약을 먹는 것을 잊었다고 말했다. 때때로 섹스에 대한 흥미도 잃었는데

Manual of Psychosocial Rehabilitation, First Edition. Edited by Robert King, Chris Lloyd, Tom Meehan, Frank P. Deane and David J. Kavanagh.

약이 자신의 성욕을 감소시킨다고 생각하였다.

　가족들이 그녀의 진단을 인정하지 않았기 때문에 안젤라는 가족들에게 많은 도움을 받지 못하고 있었다. 아버지는 그녀가 단지 관심을 끌기 위한 행동을 한다고 믿었고 그녀가 10대 때 자해를 한 이유도 관심을 끌기 위함이었다고 말했다. 그는 만약 그녀가 술을 끊는다면 기분이 그렇게 가라앉지도 않을 것이고 약도 필요 없을 것이라고 하였다. 안젤라는 수년간 잠을 자기 위해서 술을 마셔왔으나 이제는 술을 마시지 않거나 조금만 마신다고 반박하였다. 그렇지만 안젤라는 지난달에 음주를 줄이기 위해서 노력해 왔으며, 이는 수면 상태에 영향을 주었다.

도입과 핵심 개념

심각한 정신건강 문제들은 상당한 사회적·경제적 부담을 초래한다. 치료를 받지 않으면 문제가 악화되어 장기적인 예후가 좋지 않게 된다(Burton, 2005). 다양한 중증 정신건강 문제들에 대한 가장 효과적인 치료법 중 하나는 약물 치료로, 특히 새로운 비정형 항정신병 약물을 사용한 치료다(Gilmer et al., 2004; Woltmann et al., 2007). 조현병과 같은 주요 정신장애의 효과적인 관리는 대개 재발의 위험성을 낮추기 위한 지속적이고 장기적인 치료가 포함된다(Herz et al., 1991). 그러나 처방되는 모든 종류의 항정신병 약물의 비순응 비율(약을 먹지 않는 비율)은 60%를 넘는다고 알려져 있다(Lieberman et al., 2005).

　비순응과 가장 일관성 있게 관련이 있는 요소들은 낮은 병식, 약에 대한 부정적인 태도, 이전의 비순응, 물질 남용, 짧은 병의 이환 기간, 부적절한 퇴원 계획이나 재활 치료 환경, 그리고 낮은 치료동맹이다. 약의 종류는 관련이 없는 것으로 보인다(Lacro et al., 2002). 개인의 비순응에 대해 이해하기 위해서는 기억력 손상(Elvevag et al., 2003), 개념화와 관련된 인지적 어려움(Jeste et al., 2003) 등 개인특이 요소와 함께 질병의 표상 차이 같은 문화적 요소(Opler et al., 2004)를 고려해야 한다.

　이러한 것들은 명백하게 약물 비순응이 다양한 요소에 의해 영향을 받는다는 것을 암시한다(Happell et al., 2002). 일반적으로 치료 순응과 관련된 요소들을 평가하는 데 사용되는 4개의 범주가 있다.

- 치료(예 : 치료의 복합성)
- 임상가(예 : 임상가의 기술)
- 내담자(예 : 내담자의 병식)
- 임상가와 치료자와의 관계(예 : 신뢰)(Mc Donald et al., 2002; Meichenbaum & Turk, 1987; Zygmunt et al., 2002).

인지 행동 치료는 순응을 향상시키는 가장 효과적이고 종합적인 개입 중의 하나로 알려져 있다. 인지 행동적 개입은 내담자들을 치료에 활발하게 참여시키며, 내담자와 함께 협동적으로 투약에 영향을 미치는 요소들을 확인하는 작업을 목표로 한다(Gray et al., 2002, 2010; Lecompte & Pelc, 1996). 인지적 그리고 행동적인 접근법은 동기강화 상담(Rollnick et al., 2000; 제6장 참조), 순응도 치료법(Kemp et al., 1996, 1998), 약물 관리(Gray et al., 2003, 2004), 치료 순응도 치료법(Staring et al., 2010), 그리고 좀 더 최근에는 약물동맹(Byrne & Deane, 2011; Byrne et al., 2004)과 같은 현대의 순응도 프로그램의 기초를 이룬다.

순응 행동이 '모 아니면 도'인 경우는 드물다(Sawyer & Aroni, 2003). 부분적인 비순응이라도 임상적으로 내담자에게 중요한 영향을 끼칠 수 있다(Weiden et al., 2004). 따라서 순응도를 증가시키기 위한 모든 노력이 내담자에게 도움이 될 것이다. 다음 절에서 우리는 내담자들이 효과적으로 치료에 참여하는 것을 돕는 몇몇 핵심 전략들에 대해 알아볼 것이다. 우리는 내담자와의 강한 치료동맹의 확립과 이를 얻기 위해서 사용되는 **동기강화 상담** 같은 핵심 개입 기술을 강조할 것이다(제6장 참조). 논의의 초점은 약물이 되겠지만, 이러한 전략들은 관계나 생활양식의 문제와 같이 심각하고 오래 지속되는 정신질환을 가진 사람들에게 제공되는 또 다른 영역의 심리사회적 지원 등의 치료 영역에도 '적용 가능하다'는 것을 명심해야 한다. 약물 치료동맹 프로그램에서 사용되는 전략은 다음과 같다.

- 약물 투약 행동의 개인화된 평가
- 순응도와 내담자의 목표를 연결하기
- 비순응의 **정상화**를 포함하여 치료에 대한 내담자의 믿음을 평가하고 반응하기

- 치료의 간소화 및 실행 기능의 손상, 문제 해결 능력 결핍, 역기능적 신념과 같은 내담자의 손상관리

우리는 이 장의 시작 부분에서 안젤라를 소개하였다. 기분 조절제의 규칙적인 사용은 그녀의 정신건강뿐만 아니라 딸의 행복을 위해서도 필수적이다. 안젤라는 또한 샘의 삶에 안정을 주는 요소로, 만약 그녀가 불안정하게 되면 그의 정신건강에도 영향을 미칠 것이다. 안젤라와 재활 실천가는 투약 순응도를 높이는 작업을 어떻게 했을까?

1단계 : 안젤라가 현 시점에서 투약에 어려움을 겪는 이유에 대한 가설 설정

개별화된 평가의 과정은 행동(비순응)의 원인이 되는 모든 잠재적 인과 변인들을 확인하고, 이러한 변인들의 상대적 기여도에 관한 정보를 수집하는 것을 포함한다(Haynes & Williams, 2003). Haynes와 동료들(1997)은 제안된 인과 변인과 순응 행동 간의 네 가지 핵심적인 관계를 분석하여 원인이 되는 변인들을 확인했으며, 다음과 같을 때 2개의 변수 간에 원인이 되는 관계가 존재한다고 알렸다.

(a) 공변인일 경우 변인들이 서로 영향을 줄 때(즉 하나가 변하면 다른 것도 변할 때),
(b) 원인 변인이 확실하게 종속 변수(문제되는 행동)에 선행할 때, (c) 논리적인 연결성이 있을 때, (d) (변인 간) 공분산의 대안적인 설명들이 배제될 수 있을 때. (p. 334)

우리는 내담자의 순응 행동 변화를 둘러싼 현재의 사건에 대한 정보를 검토함으로써 개별화된 평가를 시작할 수 있다. 여기에서 ABC 차트는 유용한 도구가 된다. 'ABC'는 선행 사건(Antecedent), 행동(Behaviour)과 결과(Consequence)를 나타낸다. 선행 사건은 내담자의 변화된 행동에 선행하는 모든 사건 또는 변수를 의미한다. 행동은 투약 행동과 관련해서 내담자가 하고 있거나 또는 해왔던 구체적인 것을 의미한다. 이것은 가벼운 저항, 불만의 표현, 약속된 시간에 지각에서부터 확실한 투약 거부나 치료 중단에 이르기까지, 그들의 감소된 순응도가 어떻게 표현되었는지(형태) 살펴보는 것을 의미한다. 또한 행동이 얼마나 오랫동안(기간) 지속되었으며, 이러한 행동에 변화(강도)가 있었

는지도 살펴보게 된다. 마지막으로 결과는 변화된 투약 행동과 관련된 긍정적이고 부정적인 모든 결과를 의미한다. 상자 10.1은 안젤라의 일화에 대한 ABC 접근법의 예시다.

상자 10.1에서 볼 수 있듯이 안젤라의 일화는 일련의 핵심적인 문제들로 나누어볼 수 있다. ABC 접근법을 사용할 때는 당신이 관심 있는 행동, 즉 B에서 시작하는 것이 중요하다. 치료 순응 개입에서 우리는 내담자가 무엇을 하고 있고 그것이 언제 시작됐는지 정확히 이해하기 위해서 항상 투약 행동(B)을 먼저 살펴보아야 한다. 상자에서 보이는 것처럼 행동의 변화는 약 1개월 전부터 시작되었다. 이것은 중요한 정보인데, 이를 통해 시간상 더 오래되었거나 멀리 떨어진 변인들을 원인 변인에서 제외할 수 있다. 우리는 또한 안젤라가 모든 약을 다 끊지는 않았으며, 약의 사용 패턴이 다양하다는 것을 알 수 있었다. 이로부터 우리는 그녀가 자신만의 새로운 용법으로 약을 사용하지는 않았다는 점과 비록 성욕 감소가 그녀의 순응도에 영향을 준 부작용이거나(선행 사건) 또는 감정적 황폐화의 결과로 여겨질 수 있더라도(결과), 약 사용의 감소가 치료에 대한 그녀의 불만족을 나타내지는 않을 것이라는 가설을 세울 수 있다.

선행 사건에 대한 조사에서 우리는 많은 잠재적 스트레스 인자나 원인들을 확인할 수 있었다. 실제로 대부분의 내담자들은 빈번하게 어려움에 직면하게 되는데, 그중 대부분이 투약 행동에 영향을 미칠 수 있다. 그렇다면 우리는 어떻게 행동에 미치는 영향

상자 10.1 안젤라의 일화에 대한 ABC 분석

선행 사건	행동	결과
3개월 전부터 일정 수입의 감소	간헐적으로 투약하지 않음	남자 친구에 대한 흥미 감소
8주 전부터 고지서 연체	모든 약을 다 끊은 것은 아니	성욕 감소
1주 전부터 시작된 딸의 복통	었음	기분 감퇴
10일 전부터 일반의(처방의)와의 낮은 치료동맹	1개월 전에 시작되어서 점점 늘어남	수면장애
6주 전 새로운 관계의 시작/일상의 변화		
가족의 낮은 지지체계(장기간)		
지난달 알코올 사용의 감소로 인한 수면 감소		
지난 2주간 성욕의 감소		

을 고려하여 잠재적 원인들의 순위를 정할 수 있을까? 일반적으로 생각해볼 때 행동 변화와 가장 인접하게 발생한 사건들이 가장 큰 영향을 끼쳤을 것이다. 이러한 안내 원칙에 따르면 우리는 무엇이 투약의 비순응을 초래하거나 그 원인이 되었는지에 대한 가설을 세울 수 있다. 안젤라의 투약 행동은 1개월 전부터 변화하였다. 알코올 사용의 감소로 인한 수면장애(그리고 아마도 그녀를 황폐화시키는 정신질환에 의해서 악화되었을 것이다)와 새로운 인간 관계 같은 일상에서의 변화가 최근에 함께 일어난 사건들이었다. 재정적인 스트레스는 그녀의 취약함을 증가시켰고(3단계 내용 참조), 딸의 건강 문제와 그녀가 인식하는 돌봄 제공자(일반의)와의 관계 문제가 상황을 악화시켰지만 일상에서의 변화와 수면장애가 약물 투약 행동 변화의 촉발요인으로 여겨진다.

2단계 : 과거 패턴의 인식을 돕고 이를 안젤라의 목표와 연결하기

종종 우리는 순응과 비순응의 패턴을 통해서 내담자의 순환적 패턴을 확인하고, 이것이 생활 사건에 의해 예측 가능하다는 것을 알 수 있었다. 이러한 생활 사건은 종종 내담자와 함께 치료 순응과 관련된 긍정적인 기간과 비순응과 관련된 부정적인 경험들을 확인하는 것에 도움을 준다. 이 과정에 도움을 주는 도구가 질병 연대표(Illness Timeline)이다(gray et al., 2003). 질병 연대표는 개인의 생활에서 긍정적·부정적 사건을 기록한 일기와 같으며 그러한 사건들이 어떻게 건강 및 질병과 관련이 있는지에 대해서 알 수 있게 해준다. 질병 연대표는 스트레스-취약성 모델(다음 내용 참조)과 함께 사용되며 이를 통해 실천가와 내담자 모두가 (순응 행동과 관련된 것을 포함하는) 질병 경험에 대한 광범위한 정보를 이해하고 조직화할 수 있게 해준다. 또한 긍정적인 생활 경험뿐만 아니라 그들이 바랐지만 질병으로 인해서 실현할 수 없었던 경험이 무엇인지 확인할 수 있게 해준다. 이렇게 '희망했던(바랐던) 경험'은 순응 행동을 향상시키는 내적인 동기로 작용할 수 있다. 만약 부정적인 경험의 부재나 긍정적인 경험의 실현과 관련을 지을 수 있으면 순응도에 대한 동기는 향상될 수 있을 것이다(제6장 참조). 그림 10.1은 안젤라의 질병 연대표의 예시다.

안젤라의 질병 연대표로부터 우리는 정신건강과 연관지어 투약을 중단하는 패턴을

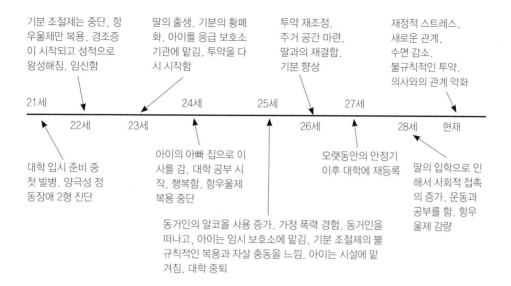

기분 조절제는 중단. 항
우울제만 복용. 경조증
이 시작되고 성적으로
왕성해짐. 임신함

딸의 출생. 기분의 황폐
화. 아이를 응급 보호소
기관에 맡김. 투약을 다
시 시작함

투약 재조정.
주거 공간 마련.
딸과의 재결합.
기분 향상

재정적 스트레스.
새로운 관계.
수면 감소.
불규칙적인 투약.
의사와의 관계 악화

21세   24세   25세   27세

22세   23세   26세   28세   현재

대학 입시 준비 중
첫 발병. 양극성 정
동장애 2형 진단

아이의 아빠 집으로 이
사를 감. 대학 공부 시
작. 행복함. 항우울제
복용 중단

오랫동안의 안정기
이후 대학에 재등록

딸의 입학으로 인
해서 사회적 접촉
의 증가. 운동과
공부를 함. 항우
울제 감량

동거인의 알코올 사용 증가. 가정 폭력 경험. 동거인을
떠나고, 아이는 임시 보호소에 맡김. 기분 조절제의 불
규칙적인 복용과 자살 충동을 느낌. 아이는 시설에 맡
겨짐. 대학 중퇴

그림 10.1 안젤라의 질병 연대표

확인할 수 있었고, 스트레스 기간 동안 투약을 재개하는 것에는 실패했음을 알 수 있었
다. 안젤라는 투약을 줄이거나 중단하고 상태가 나빠졌을 때 자신의 딸과 학업처럼 삶
에서 중요한 가치가 있는 것들을 잃는 경향을 보였다. 정신건강이 안정화되었을 때 그
녀는 자신의 가치 있는 삶의 목표를 재설정할 수 있었다. 우리는 또한 스트레스 기간
동안에 규칙적으로 투약하는 것이 안젤라에게 힘든 일이라는 것을 알게 되었다. 개인
력에서 알코올과 관련된 어려움은 없으므로, 아버지가 한 이야기(일화의 앞 부분 참
조)는 부정확해 보이며 수정이 필요하다(그럼에도 수면장애 개선을 위한 전략은 고려
되어야 할 것이다).

실천가는 개인화된 평가와 질병 연대표를 통합해서 현재의 어려움에 대한 문제 해결
전략뿐 아니라 예측 가능한 미래의 문제에 대한 예방 계획도 세울 수 있다. 다음 단계
는 안젤라가 자신의 순응 행동에 대한 이해를 증가시키는 것과 미래의 재발 취약성을
감소시키기 위한 전략을 수립하는 것이다.

3단계 : 안젤라의 스트레스 인자와 취약성 연결하기

생활 사건은 스트레스 인자로서 이를 통해 질병이나 가치 있는 삶 역할의 상실을 예측할 수 있다. 스트레스 인자에 대한 취약성을 감소시키는 것은 내담자가 바라는 삶의 목표를 증진시킬 수 있으며, 이는 약물 순응의 내재적 동기로 작용할 수 있다. 스트레스-취약성 모델에서 모든 개인은 유전적 성향, 생리적 상태, 심리적 특성과 사회적 참여와 지원을 포함하는 다양한 질병 관련 요소들을 가진다는 점을 강조한다. 이러한 요소의 변화는 심리적 이상이 발생할 가능성에 영향을 줄 수 있다. 예를 들어 질병에 대해 높은 유전적인 취약성을 가진다는 것은 개인이 육체적인 질병이나 사회적인 고립과 같은 부가적인 스트레스 인자에 비교적 적게 노출되어도 정신병적인 사건을 겪을 수 있다는 것을 뜻한다. 이와 유사하게 정신건강의 향상(예 : 인지 행동 치료를 통하여), 증가된 사회 또는 가족의 지지(예 : 다양한 가족 집단에 의해서), 육체적 건강의 향상은 취약한 개인이 정신질환 삽화를 경험할 가능성을 감소시킬 수 있다. 스트레스-취약성 모델은 그림 10.2에서 나타나는 것처럼 내담자에게 도식화하여 보여줄 수 있다.

도표를 보면 질병에 대한 낮은 취약성을 가지는 경우 스트레스 인자에 대해 높은 탄

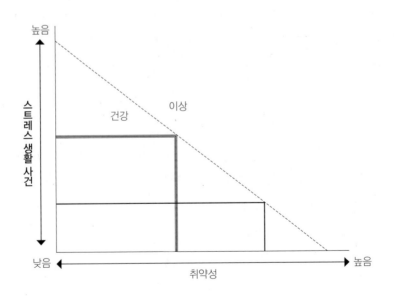

그림 10.2 간단한 스트레스-취약성 모델

력성을 가지게 되는 반면, 높은 취약성을 가지는 경우 적은 양의 스트레스 인자를 통해서도 질병이 발생할 수 있음을 알 수 있다. 이를 내담자에게 알려줄 때의 목표는 취약성을 낮출 수 있는 전략들을 통해 일상의 스트레스 인자들에 대한 탄력성을 증가시키는 것이다.

안젤라의 경우로 돌아가보자. 우리는 재정적인 스트레스가 안젤라의 재발 위험성을 높였다는 것을 알 수 있다. 안젤라는 새로운 관계와 딸의 건강 문제에 의해서도 스트레스를 받았다. 또한 수면장애에 의해서도 스트레스를 받았다. 스트레스 수준의 증가뿐 아니라 안젤라는 투약을 하는 것도 줄여왔다. 투약은 그녀의 취약성을 낮추고 탄력성을 증가시킨다. 핵심적으로 안젤라는 스트레스의 증가와 탄력성의 감소라는 이중고를 겪어왔다. 실천가는 이러한 정보를 이용하여 내담자에게 심리사회적인 개입(스트레스 수준의 감소)과 약물 순응(탄력성 증가) 모두가 중요하다는 사실을 알게끔 하는 데 도움을 줄 수 있다.

4단계 : 안젤라의 경험의 정상화와 변화를 개인적인 목표와 연결하기

비록 정신건강 문제와 관련된 낙인이 더 많지만 근본적으로 정신질환은 다른 건강 문제와 다르지 않다. 종종 이러한 부정적인 의견을 가진 것은 내담자 자신으로, 치료에 저항하는 것은 부분적으로 자신의 병을 부정하는 것이다. 따라서 여기에서 설명하는 기법들은 다른 건강 문제에도 적용 가능하며 정신건강 문제의 낙인을 없애는 수단으로도 사용될 수 있다.

시작하기에 앞서 내담자와 함께 뇌 또한 신체 기관의 하나라는 개념을 탐색하는 것이 중요하다. 폐, 심장, 간처럼 아플 수도 있고 치료가 필요할 수도 있다. 다른 기관처럼 환경적인 요소(예 : 스트레스 인자)가 뇌 건강에 영향을 미치고 약물 복용을 통해 뇌의 탄력성을 증가시킬 수 있다.

우리는 고혈압과 같은 간단한 예를 통해서 정신질환의 문제와 약물 치료의 역할을 정상적인 것으로 규정할 수 있다는 것을 발견하였다(그림 10.3). 이 예에서 고혈압에 취약한 개인은 일상의 사건(예 : 업무 관련 요구)이나 주요한 '사건'(예 : 교통사고)으로 인해서 두통이나 육체적인 고통을 경험할 수 있으나 혈압 증가에 대한 탄력성은 투약이나 심리사회적인 개입을 통해서 향상될 수 있다.

이렇게 정상화하는 접근을 통해서 많은 내담자들은 정신질환의 낙인으로 발생하는 치료 저항을 극복할 수 있다. 저항은 질병 연대표를 통해서 개인적인 목표를 확인하고, 이를 스트레스–취약성 모델과 결합시켜 살펴봄으로써 더욱 감소될 수 있다. 예로 안젤라의 질병 연대표에서 정상적인 생활은 딸을 돌볼 수 있는 능력과 관련이 있는 반면에 생활을 잘해내지 못하는 결과는 양육권의 상실로 이어졌다. 안젤라에게 이를 간단한 스트레스–취약성 도표를 통해서 보여줄 수 있다(그림 10.4).

가끔 내담자들은 자신이 정신질환을 가지고 있다는 사실을 부정할 수 있는데, 그럴 때에도 여전히 과거에 삶에서 바랐던 목표들을 성취했을 때가 있었고 피하고 싶었던 사건들이 일어났을 때도 있었다는 것을 알 수 있다. 예를들어, 안젤라는 정신질환을 부정했지만 양육권, 주거지, 직업적 목표(공부)를 잃었다는 사실은 인정하였다. 이 경우에 취약성은 정신질환뿐만 아니라 자신의 삶에 대한 통제력이나 독립성을 잃은 것도 포함한다. 원했던 목표에 초점을 맞춤으로써 그녀는 더 성공적으로 투약의 가치를 독립된 삶을 사는 것과 연결 지을 수 있다. 또한 독립성을 잃고 투약을 중단했던 때와 약

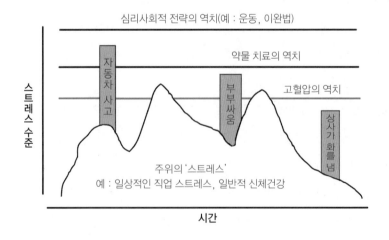

그림 10.3 고혈압을 이용한 스트레스–취약성 모델의 예

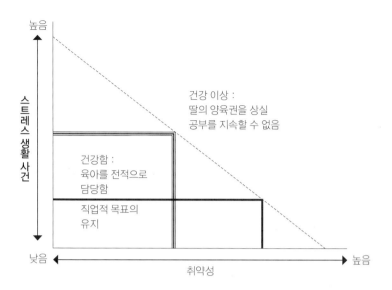

그림 10.4 안젤라의 스트레스-취약성 모델

물 비순응을 연결 지을 수 있다.

이러한 '발견'은 질병 연대표와 스트레스-취약성 모델의 결합을 통해서 협력적이고 위협적이지 않은 방법으로 가능하다. 이러한 방식으로 순응은 개인적인 목표(예 : 독립)와 연결되며 정신질환 그 자체와 연결되는 것은 아니다. 이러한 접근은 숙고와 준비 또는 결정 단계에서 결정 균형, 척도 활동이 이뤄질 수 있게 하는 동기강화 상담 기법들과 유사하다. 동기강화 전략에 대한 추가적인 정보는 제6장을 참조하길 바란다.

5단계 : 안젤라에게 효과가 있는 개입의 개발과 시행

내담자가 약물 순응도의 향상이 바람직하다는 것에 동의하고 이것이 내담자의 동기와 일치한다면 마지막 단계는 해결책을 개발하고 시행하는 것이다. 일반적으로 이것은 문제 해결을 포함한다. 문제 해결 기법에서 내담자의 손상 정도에 따라서 실천가의 개입 정도는 다양할 수 있으나, 이는 내담자의 능력과 일치해야 한다. 중대한 정신질환 문제를 가진 사람들이 겪는 손상은 종종 이해하기, 계획하기, 집중하기, 정보의 적용 또는 사용, 활동의 시작 또는 완수, 추상화하고 기억하기를 포함한다. 이러한 어려움은 고지서 제출, 고지서 지불 재정 계획, 약물 부작용 조절, 생활양식과 같은 영역에서 다양한 임상적 문제를 일으킬 수 있다.

일반적으로 손상의 정도와 유형에 관계없이 문제 해결 개입의 기본적인 구조는 동일하다. 문제 해결의 첫 단계는 **문제를 정의하는** 것이다. 문제가 무엇인지 정의하기 위해서 다음과 같은 질문을 할 수 있다.

- 문제가 무엇인가?
- 그 문제에 누가 관여되어 있나?
- 그 문제는 언제 발생하는가?
- 그 문제는 어디서 발생하는가?
- 그 문제의 결과는 무엇인가?

안젤라의 경우에 많은 문제가 있다. 이 시점에서 몇몇 문제들은 해결될 수 없고 따라서 수용해야 한다는 것을 명심해야 할 것이다. 예로, 안젤라의 이전 동거인은 수감생활이 끝나기 전까지 감옥에서 풀려날 수 없다. 이런 문제들은 종종 서로 연결되어 있어서 우선순위의 문제를 해결하면 그 문제로 인해 연이어 발생한 문제들도 해결할 수 있다. 안젤라의 경우 대인관계와 성적인 어려움이 정서를 황폐화시키는 약물 순응도의 감소와 정신질환으로부터 기인한 문제들이다. 따라서 안젤라의 문제는 단순히 규칙적인 투약 습관을 재확립하는 것을 통해 해결되는 것일 수 있다.

다음 단계는 그 문제를 목표로 재진술하는 것이다. 이것은 종종 '~을 하는 것'의 형태를 취한다. 안젤라의 경우 아주 간단하게 '약을 좀 더 일정하게 먹는 것'이 될 수 있다. 그러면 우리는 목표에서 해결책으로 넘어갈 수 있다. 이 시점에서 내담자의 참여가 중요해지는데, 이는 해결책에 투입하는 노력이 그 해결책을 실행에 옮길 가능성을 높이기 때문이다. 사용 가능한 해결책을 많이 열거해보는 것을 장려하는데, 이는 내담자가 협조적으로 문제 해결 과정에 참여할 가능성을 증가시킨다. 더욱이 자연스럽거나 재미있는 해결책을 이끌어내는 것은 참여를 촉진시킨다.

안젤라의 상황에서 다음과 같은 잠재적인 해결책이 가능하다.

- 투약을 일깨워주는 알람 시계를 가지고 다니기
- 1회 투약 분량의 상자 마련하기
- 엄마에게 부탁해서 매일 밤 전화로 투약을 일깨워주기
- 저녁 복용을 아침 복용으로 변경하기

다른 해결책도 생각해볼 수 있을 것이다. 또한 이 시점에서 각각의 해결책을 실행하는 것과 관련해서 긍정적 · 부정적 면을 고려할 필요가 있다. 어떤 경우라도 안젤라의 현재 생활양식과 적합한 규칙의 확립이 핵심 목표가 될 것이다. 성욕의 감소, 딸의 건강 문제, 재정적인 스트레스, 그리고 잠재적인 알코올 남용 문제가 여전히 남아 있지만 이러한 것은 또 다른 심리사회적 개입을 통해 다뤄질 것이다.

요약

약물 순응도의 향상을 위해 각각의 내담자들에게 개인화된 접근을 실행할 필요가 있다. 약물 순응의 가치는 특정 결과의 성취와 회피를 모두 포함하는 내담자의 개인적 목표나 열망과 연결될 필요가 있다. 동기강화 상담 기법은 개인화된 접근, 시간에 따른 투약 패턴의 탐색(질병 연대표), 질병의 정상화와 논리적인 개입(스트레스-취약성 모델) 등을 기초로 해야 한다. 약물 순응도 향상 기법의 시행은 그림 10.5의 개관을 따라야 한다.

그림 10.5에서 보듯이 모든 약물 순응 향상 기법은 적어도 내담자가 투약에 대해 논의할 준비가 된 상태에서 시작한다. 만일 그렇지 않다면 실천가는 '전숙고 단계(제6장 참조)'에 적절한 동기강화 상담 전략을 사용해야 한다. 일단 어느 정도의 양가감정이 형성되었으면 내담자의 변화된 순응 행동과 관련된 특정 일상생활 변인들에 개인화된 접근을 하고, 이전의 순응 행동과 관련이 있었던 개인적인 삶의 목표들과 연결 지어야 한다. 이러한 개인화된 접근을 통해 동기적인 문제, 인지 왜곡, 기능적 장애(예 : 기억력 문제) 또는 실제적 문제와 같은 비순응의 잠재적 원인들을 확인할 수 있다. 실천가는 이제 이러한 비순응의 원인 중 어떤 것이 내담자와 가장 밀접한 관련이 있는지에 따라서 개입할 수 있는 단계에 이르게 된다.

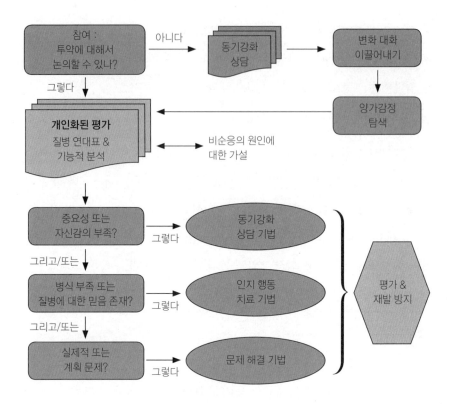

그림 10.5 약물 순응도 개입에 대한 투약동맹 접근

참고문헌

Burton SC (2005) Strategies for improving adherence to second-generation antipsychotics in patients with schizophrenia by increasing ease of use. *Journal of Psychiatric Practice* **11**(6), 369–78.

Byrne MK, Deane FP (2011) Enhancing patient adherence: outcomes of medication alliance training on therapeutic alliance, insight, adherence and psychopathology with mental health patients. *International Journal of Mental Health Nursing* **20**(4), 284–95.

Byrne MK, Deane FD, Lambert G, Coombs T (2004) Enhancing medication adherence: clinician outcomes from the 'Medication Alliance' training program. *Australian and New Zealand Journal of Psychiatry* **38**, 246–53.

Elvevag B, Maylor EA, Gilbert AL (2003) Habitual prospective memory in schizophrenia. *BMC Psychiatry* **3**, 3–9.

Gilmer T, Dolder CR, Lacro JP *et al*. (2004) Adherence to treatment with antipsychotic medication and health care costs among Medicaid beneficiaries with schizophrenia. *American Journal of Psychiatry* **161**(4), 692–9.

Gray R, Wykes T, Gournay K (2002) From compliance to concordance: a review of the literature on interventions to enhance compliance with antipsychotic medication. *Journal of Psychiatric Mental Health Nursing* **9**(3), 277–84.

Gray R, Wykes T, Gournay K (2003) The effect of medication management training on community mental health nurse's clinical skills. *International Journal of Nursing Studies* **40**(2), 163–9.

Gray R, Wykes T, Edmonds M, Leese M, Gournay K (2004) Effect of a medication management training package for nurses on clinical outcomes for patients with schizophrenia: cluster randomised controlled trial. *British Journal of Psychiatry* **185**(2), 157–62.

Gray R, White J, Schulz M, Abderhalden C (2010) Enhancing medication adherence in people with schizophrenia: an international program of research. *International Journal of Mental Health Nursing* **19**, 36–44.

Happell B, Manias E, Pinikahana J (2002) The role of the inpatient mental health nurse in facilitating adherence to medication regimes. *International Journal of Mental Health Nursing* **11**, 251–9.

Haynes SN, Williams AE (2003) Case formulation and design of behavioral treatment programs: matching treatment mechanisms to causal variables for behavior problems. *European Journal of Psychological Assessment* **19**(3), 164–74.

Haynes SN, Leisen MB, Blaine DD (1997) Design of individualized behavioral treatment programs using functional analytic clinical case models. *Psychological Assessment* **9**(4), 334–48.

Herz MI, Glazer WM, Mostert MA *et al.* (1991 Intermittent vs. maintenance medication in schizophrenia. Two-year results. *Archives of General Psychiatry* **48**(4), 333–9.

Jeste SD, Patterson TL, Palmer BW Dolder CR, Goldman S, Jeste DV (2003) Cognitive predictors of medication adherence among middle-aged and older outpatients with schizophrenia. *Schizophrenia Research* **63**(1–2), 49–58.

Kemp R, Hayward P Applewhaite G, Everitt B, David A (1996) Compliance therapy in psychotic patients: randomised controlled trial. *British Medical Journal* **312**(7027), 345–9.

Kemp R, Kirov G, Everitt B, Hayward P David A (1998) A randomised controlled trial of compliance therapy: 18-month follow-up. *British Journal of Psychiatry* **172**, 413–19.

Lacro JP, Dunn LB, Dolder CR, Leckband SG, Jeste DV (2002) Prevalence of and risk factors for medication nonadherence in patients with schizophrenia: a comprehensive review of recent literature. *Journal of Clinical Psychiatry* **63**(10), 892–909.

Lecompte D, Pelc I (1996) A cognitive-behavioural program to improve compliance with medication in patients with schizophrenia. *International Journal of Mental Health* **25**, 51–6.

Lieberman JA, Stroup TS, McEvoy JP *et al.* (2005) Effectiveness of antipsychotic drugs in patients with chronic schizophrenia. *New England Journal of Medicine* **353**(12), 1209–23.

McDonald HP, Garg AX, Haynes RB (2002) Interventions to enhance patient adherence to medication prescriptions. *Journal of the American Medical Association* **288**, 2868–79.

Meichenbaum D, Turk DC (1987) Treatment adherence: terminology, incidence and conceptualisation. In: Meichenbaum M, Turk D (eds) *Facilitating Treatment Adherence*. Plenum Press: New York, pp.19–39.

Opler LA, Ramirez PM, Dominguez LM, Fox MS, Johnson PB (2004) Rethinking medication prescribing practices in an inner-city Hispanic mental health clinic. *Journal of Psychiatric Practice* **10**(2), 134–40.

Rollnick S, Mason P, Butler C (2000) *Health Behavior Change: A Guide for Practitioners*. Churchill Livingstone: London.

Sawyer SM, Aroni RA (2003) Sticky issue of adherence. *Journal of Paediatric Child Health* **39**, 2–5.

Staring ABP, van der Caac M, Koopmans GT *et al.* (2010) Treatment adherence therapy in people with psychotic disorders: randomised controlled trial. *British Journal of Psychiatry* **197**, 448–55.

Weiden PJ, Kozma C, Grogg A, Locklear J (2004) Partial compliance and risk of rehospitalisation among Californian Medicaid patients with schizophrenia. *Psychiatric Services* **55**(8), 886–91.

Woltmann EM, Valenstein M, Welsh DE *et al.* (2007) Using pharmacy data on partial adherence to inform clinical care of patients with serious mental illness. *Psychiatric Services* **58**(6), 864–7

Zygmunt A, Olfson M, Boyer CA, Mechanic D (2002) Interventions to improve medication adherence in schizophrenia. *American Journal of Psychiatry* **159**, 1653–64.

제3부

지역사회 재통합

사회적 기술과 고용

Philip Lee Williams & Chris Lloyd

샘은 친구와 가족을 만나지 않고 대부분 방에서 시간을 보낸다. 예전에는 친구들과 함께 있는 것을 즐겼으나 지금은 자신이 명확하게 의사소통을 할 수 있다고 느끼지 않기 때문에 친구들과 함께 있는 것이 어렵다고 말했다. 그는 사람들과 이야기할 때 자신감을 되찾고 싶어 하며 이것을 목표 중 하나로 설정했는데, 이것이 직업을 찾고 유지하는 데 도움을 줄 것이라고 생각하기 때문이다.

Bellack과 동료들(2004)은 사회적 기술을 "규범적이고 사회적으로 승인된 사람들 간의 행동"이라고 정의한다. 이런 행동에는 옷차림이나 행동 규범, 말해도 되는 것과 안 되는 것에 관한 규칙, 감정 표현의 형태에 관한 지침, 사회적 강화, 대인 관계적 거리 등에 관한 것들이 포함된다(p. 3).

이 과정에서 사용되는 핵심 기술(상호작용 기술, 해석 기술과 반응하고 전달하는 기술)이 있지만 이 기술들을 성공적으로 적용하기 위해서는 특정한 사회적 맥락에서 그 기술들을 적절하게 사용하는 능력이 필요하다. 이러한 이유로 Bellack과 동료들(2004)

Manual of Psychosocial Rehabilitation, First Edition. Edited by Robert King, Chris Lloyd, Tom Meehan, Frank P. Deane and David J. Kavanagh.
© 2012 Blackwell Publishing Ltd. Published 2012 by Blackwell Publishing Ltd.

은 전문가들이 사회적 기술 훈련을 제공할 때 개인이 해당 기술을 사용하고자 하는 구체적인 맥락을 인지해야 한다는 것을 발견했다. 사회적 기술 훈련이 실시되는 곳이 집단적 맥락이든 개인적 맥락이든, 가능하다면 개인이 더 효과적으로 의사소통하고자 하는 특정한 상황에 맞추어 개별화해야 한다. 이러한 과정에서 기술을 발전시키는 데 도움이 되는 명확한 피드백을 제공하면서 내담자의 긍정적인 성취를 알아차리고 칭찬하는 것이 유용하다.

기술이 발달하고 나면 다음 단계는 실제 상황에서 수행에 옮기는 능력에 대한 자신감을 개발하는 것이다. 이를 위해 개인은 (가족이나 친구와 함께 있는 것과 같은) 가상의 상황이나 실제 상황에서 연습한 기술들을 적용하며 숙달해야 한다. 이 과정에서도 마찬가지로 기술을 어떻게 발전시킬 것인가에 대한 명확한 피드백을 제공함과 동시에 긍정적인 성취를 알아차리고 칭찬하는 것이 유용하다.

내담자와 함께 치료 목표를 고려할 때 질병의 단계, (만약 명확하다면) 질병 발생 이전의 사회적 기능, 그리고 치료에 대한 개인적 목표를 고려하는 것이 중요하다. 일반적으로 질병의 초기 단계에 있는 사람들은 오랜 병력을 가진 사람들보다 더 온전한 사회적 기술을 가지고 있는 경향이 있다.

일단 사회적 기술을 향상시키고자 하는 내담자의 목표가 확인되면 이를 위해 참여하고 해결하는 과정은 다른 치료 목표들과 유사하다. 먼저 개인의 현재 사회적 기능에 대한 평가를 완료한 후 치료에 대한 그들의 특정한 목표를 파악해야 한다. 목표 획득 척도(Goal Attainment Scale, GAS)는 사용자의 목표를 구체적이고 측정 가능한 형태로 파악할 수 있는 유용한 도구다. 이 도구는 치료자와 내담자가 치료에 참여해서 얻을 수 있는 바람직한 결과를 명확히 기록하고 평가할 수 있는 기회를 제공한다. 따라서 과정을 따라 (개인 또는 집단에게) 필요한 기술과 자신감을 발달시킬 수 있는 가장 적절한 개입 방법을 검토할 수 있다. 그 후 개입법을 제공하고 치료 결과를 평가한다. 또한 평가 회기 이후에 획득한 기술이 잘 적용되었는지를 검토하기 위한 유지/추수 회기를 갖는 것은 매우 유용하다.

앞에 제시된 예에서 최초로 해야 할 일은 샘이 어떤 사회적 기술을 원하고 어떤 상황에 대해 가장 자신감을 가지는지 또는 갖지 못하는지를 정확하게 판단하며 그가 다루고 싶어 하는 상황이 무엇인지 협의하는 것이다. 당신이 이 과정을 안내할 때는 George 와 동료들(1990)과 Sharry와 동료들(2001)로부터 논의된 단기해결중심 치료적 작업틀 을 유용하게 사용할 수 있다.

샘과 함께 탐색하기에 유용한 주제

- 샘은 어떤 상황에서 사회적 기술을 가장 사용하고 싶어 하는가? (예 : 가정 내, 친 구들과 함께 있을 때, 일을 찾을 때)
- 샘은 어떤 상황에서 가장 자신감을 느끼고, 어떤 상황에서 가장 자신감을 잃는가?
- 샘이 가장 다루고 싶어 하는 사회적 상황은 무엇인가?
- 샘은 대화를 시작하고 이어가고 끝내는 것에 자신감을 가지고 있는가?
- 샘은 잘 알거나 모르는 사람들과 대화할 때 얼마나 자신감을 갖는가?
- 샘은 잘 아는 사람들의 감정 표현을 정확하게 파악할 수 있는가? 샘은 모르는 사 람들의 감정 표현을 정확하게 파악할 수 있다고 생각하는가?
- 샘은 자기주장을 하는 것에 대해 자신감을 느끼는가?
- 당신이 샘과 함께 연습할 상황에 필요한 구체적인 기술은 무엇인가?

다시 직업을 구하고자 하는 바람은 특히 질병의 초기 단계에 있는 사람들에게 흔한 목표다. 이를 성취하기 위해 특별히 직업 환경과 관련된 사회적 기능을 다루는 것이 중 요하다. 다음에 있는 직무 관련 자기효능감 척도(Work Related Self-Efficacy Scale)는 이를 위해 사용될 수 있다(Waghorn et al., 2005). 직무 관련 사회적 기술과 관련된 항 목들은 직업 준비를 도와주는 사람들과 친밀하게 협동하기, 일할 수 있는 기회를 찾기 위해 사회적 연결망 사용하기, 고용주에게 직업 정보에 대해 물어보기(대면 혹은 전 화), 면접에 적절하게 참여하기, 면접이 진행되는 동안 관련 있는 질문하기, 상사에게 급하게 퇴근하는 것을 요청하기, 상사와 함께 지시사항 확인하기, 시간 외 업무 요청 거절하기, 일하는 시간 혹은 날짜 변경 요청하기, 동료와의 갈등 해결하기, 상사와의 갈등 해결하기, 평일 업무 변경 요청 거절하기, 새로운 동료에게 일을 설명하고 보여주기, 그룹 업무를 수행하기 위해 다른 동료들과 협동하기와 같은 것을 포함한다.

샘의 경우 핵심 사회적 기술에 더해 업무와 관련된 사회적 기술도 탐색해야 한다.

- 샘은 면접에 참여하는 것에 대해 얼마나 자신 있어 하는가?
- 직장에서 일상적인 업무 관련 상호작용에 대해 샘은 얼마나 자신감을 가지는가?
  (예 : 교대시간, 휴가, 추가 업무, 휴일)
- 직장에서의 복장이나 개인이 지켜야 하는 규칙을 따르는 것에 샘은 얼마나 자신
  있어 하는가?
- 샘은 상사와 함께 업무 관련 과제들을 자신있게 논의할 수 있는가? (예 : 업무와
  관련된 도움 청하기, 지시사항 확인하기)
- 동료와 업무에 대해 협의할 때 샘은 얼마나 자신감을 가지는가? (예 : 도움 청하
  기, 일 위임하기, 지시사항 따르기)
- 샘의 직장에는 특별히 필요한 사회적 기술이 있는가?
- 샘은 상사에게 자신의 정신장애를 드러내기 원하는가? 또는 이것을 편하게 느끼
  는가?

사회적 기술 훈련에 유용한 도구와 자료

평가를 하기 위해서는 구체적인 목표와 관련하여 평가를 수행하기 위한 이유를 명확히
아는 것이 중요하다.

평가

- 적응 행동 사정 척도(Adaptive Behaviour Assessment Scale, ABAS)는 개인의 일
  반적인 적응 기술을 평가하는 데 유용한 표준화된 질문지이며 이는 사회적 기술
  과 관련된 특정한 문항을 포함한다. 이 척도는 개인의 기능에 대한 전반적인 인식
  을 제공한다. 세 가지의 적응 행동 영역이 평가되는데 이는 개념적 기술, 사회적
  기술, 실제적 기술 등을 포함한다. ABAS의 소요시간은 약 45분이다.
- 특별히 유용한 다른 도구로는 직무 관련 자기효능감 척도(Work-Related Self-

Efficacy Scale, WSS-37)가 있다(Waghorn et al., 2005). 이 37문항의 척도는 직무와 관련된 4개의 행동 영역에서 자기효능감을 측정하는데, 직업 서비스 접근성과 직업 계획, 구직, 업무 관련 사회적 기술, 그리고 일반적 업무 기술이 포함된다. WSS-37은 조현병 혹은 분열정동장애로 진단된 사람들을 대상으로 한 12개월의 횡단연구를 통해 개발되었다. 이를 통해 얻은 결과는 네 가지 핵심 기술 영역과 구별되는 4요인 구조 및 종합적인 업무 관련 자기 효능감을 나타내는 단일 요인의 타당도를 나타낸다. WSS-37은 11점 척도로 자신감을 평가하는 자기보고식('0=자신없음'~'100=매우 자신 있음') 검사 도구다(Waghorn et al., 2007). Harris와 동료들(2010)은 조현병과 분열정동장애를 가진 사람들을 통해 WSS-37의 신뢰도와 타당도를 보고했고, 이를 지지 교육 프로그램에 사용할 것을 추천했다.

- 단기해결중심 치료 접근은 내담자의 문제에 초점을 맞추기보다 그들이 치료를 통해 얻고 싶어 하는 것이 무엇인지에 초점을 맞춘다. George와 동료들(1990)은 이러한 방향으로 내담자를 인도하는 데 사용할 수 있는 여러 기술을 제시했다. 이러한 예로 '기적질문', '척도질문', '예외질문', '대처질문' 등은 내담자에게 모든 문제가 사라지면 삶이 어떻게 변할 것 같은지 자세히 묘사하도록 요청한다. 이 접근법의 핵심은 각 회기마다 '문제에 대해 논의하지 않기'로 내담자와 합의하는 것이다.

- 만약 당신이 이러한 것을 사전에 실시하지 못했다면 개인의 사회적 기술에 유의미하게 영향을 미칠 수 있는 불안 또는 우울 같은 공존장애를 고려하는 것이 권장된다. 우울, 불안, 스트레스 측정 척도(Depression, Anxiety, Stress Scale, DASS)는 이러한 것을 검사하는 유용한 도구다(Lovibond & Lovibond, 1995).

- 목표 획득 척도(Goal Attainment Scale, GAS)는 샘이 치료를 통해 이루어낸 성취를 파악하는 데 유용한 도구다(Kiresuk & Sherman, 1968; Lloyd, 1986). GAS는 5점 척도로서 전문가의 도움을 받는 개인이 목표에 대한 잠재적 결과를 기록하기 위해 만들어졌다(표 11.1과 11.2 참조). 이 척도는 목표에 대한 과대성취와 과소성취 지표 및 목표 성취에 성공한 정도를 측정하는 방법을 제공한다. 일단 내담자와 함께 목표를 확인하면 실천가는 이것을 기록하기 전에 표 11.2에 제시된 것과 같이 그들이 원했던 것을 과대성취했거나 혹은 과소성취했을 때 기분이 어떠할지

표 11.1 목표 획득 척도(GAS)

점수	설명
+2	가장 원하는 결과
+1	기대 이상의 결과
0	기대했던 결과
−1	기대 이하의 결과
−2	가장 원하지 않는 결과

표 11.2 목표 획득 척도의 예

목표	'구직을 할 때 나는 자신 있게 회사에 가서 이력서를 제출할 수 있을 것이다.'	'나는 직무 면접에 참여할 수 있을 것이다.'
가장 원하는 결과 +2	샘은 이력서를 제출하고 고용주와 그에 대해 짧은 대화를 나눌 것이다. 그리고 이틀 후 전화로 대화를 나눌 것이다.	샘은 혼자 자신 있게 직무 면접에 참여할 수 있을 것이다. 모든 질문에 대답할 수 있을 것이며 자신의 직무 능력을 편안한 상태에서 긍정적으로 보여줄 수 있을 것이다.
기대 이상의 결과 +1	샘은 이력서를 제출하고 그의 능력에 대해 짧은 대화를 나눌 것이다.	샘은 직무 면접에서 요구하는 질문에 대답할 수 있을 것이다. 그리고 그가 가지고 있는 모든 능력을 보여줄 것이다.
기대했던 결과 0	샘은 혼자서 구직을 위한 시간 계획을 세울 것이다. 그리고 회사에 가서 자신에 대해 소개한 후 이력서를 제출할 것이다.	샘은 직무 면접에서 요구하는 질문에 대답할 수 있을 것이다.
기대 이하의 결과 −1	샘은 접수처에 이력서를 제출할 수 있을 것이다.	샘은 직무 면접에 들어갔지만 몇몇 질문들에 대한 대답을 하기 어려울 것이다.
가장 원하지 않는 결과 −2	샘은 도움 없이 회사에 가서 이력서를 제출할 수 없을 것이다.	샘은 직무 면접에 들어가지 못할 것이다.

에 대해 논의해보아야 한다.

자원

이 영역과 관련하여 이용 가능한 다양한 자원이 있지만 다음에 기술된 내용을 참고한다면 좋은 시작점이 될 것이다.

- Bellack과 동료들(2004)의 연구에는 조현병을 가진 사람들의 사회 기술 훈련을 위한 치료적 접근이 유용하고 자세하게 기술되어 있다.

- Kingsep과 Nathan(ND)은 오스트레일리아 서부 임상치유센터(Western Australian Department of Health Centre for Clinical Interventions)를 통해 유용하고 상세한 집단 치료 매뉴얼을 고안하였다.
- 미국 퇴역군인 문제 부서(US Department of Veterans)는 몇몇 유용한 훈련 영상을 제공한다. 이 영상은 http://www.mirecc.va.gov/visn5/training/sst/section1/sst_video_section1.asp에서 무료로 이용 가능하다.

샘은 과거에 주위 사람들에게 재미있는 사람으로 비춰졌던 활발한 성격의 소유자였다고 말했다. 상태가 악화되기 시작하면서부터 스스로 위축되고 다른 사람들과 대화하는 것이 어렵게 느껴졌다. 평가가 진행되는 동안 샘은 사람들과 대화할 수 있는 능력의 부족으로 당혹스러움을 느낀다고 보고하였다. 그리고 이것이 친구들을 피하고 구직을 하지 못하는 이유였다. 그는 사회 기술을 향상시킬 수 있을지 의심하였으며 이것이 평생 안고 가야 할 질병의 한 부분이지 않을까 걱정하였다. 그는 직업 환경에서 사회적 상호작용에 대한 자신감을 향상시킬 수 있을지 확신하지는 못했으나 실천가와 회기 중에 이런 것을 다루는 데는 동의하였다.

집단 프로그램은 샘에게 있어 직업 환경에서 필요한 사회적 기술을 연습하고 자신감을 얻을 수 있는 최적의 장소라고 판단되었다. 하지만 평가 결과 현재 샘은 자신이 사회적으로 적응해야 하는 집단 상황을 몹시 어렵게 느끼고 있다는 점이 명백했다. 따라서 그는 집단에 참여하기 전에 자신감을 얻을 수 있도록 실천가와 함께 핵심 대화 기술을 연습하기로 동의하였다.

개인 회기

1회기

대화 시작하기

다른 사람과 대화할 때 샘이 각각의 주제에 대해 사용할 수 있는 관용구들을 개발한다. 그는 실천가와 역할극 상황을 연습하기 전에 이 관용구들을 적어보아야 한다. 지인을 대상으로 한 예로 "안녕, 어떻게 지내?" 또는 "안녕, 오랜만이야. 그동안 어떻게 지냈어?"가 있고, 잘 모르는 사람을 대상으로 한 예에는 "안녕하세요? 저는 샘입니다. 당신의 이름은 무엇인가요?"가 있다.

어려운 질문 처리하기

익숙하지 않은 질문에 대한 대답으로 샘이 사용할 수 있는 문장들을 논의해보고 계획을 세운다. 예를 들어 샘은 다른 집단 구성원들에게 그의 진단과 치료에 대한 개인 정보에 대해 질문받을 수 있다. 그는 "아직 결정되지 않아서요. 그런데 혹시 지난밤 TV/뉴스에서 …을 봤어요?"와 같은 질문을 사용함으로써 일반적인 대답에 반응하고 대화의 방향을 바꾼다.

2회기

대화 유지하기

샘이 대화를 지속하는 데 사용할 수 있는 기술들을 논의하고 연습한다. 예를 들면, 적극적인 경청, 개방적 질문, 날씨나 최근에 하는 활동들과 같은 중립적인 주제를 사용하여 가벼운 대화를 나누는 것 등이 있다.

대화 끝내기

샘이 원할 때 대화를 끝내는 데 사회적으로 수용되는 방법에 대해 논의하고 연습한다. 예를 들어, 그가 다른 곳에 가야 한다는 양해를 구하기 전 시계를 보거나 혹은 "만나서 반가웠어요. 혹시 내가 다른 사람을 만나러 가봐도 괜찮을까요?"라고 말하도록 한다.

3회기

신체언어 알아차리기

개인의 신체언어를 통해 표현되는 감정을 알아차리기 위해 소리가 없는 영화나 유명한 잡지를 사용한다. 드라마를 보기 전에 감정이 과장되어 표현되는 코미디 영화나 시트콤으로 시작하는 것이 좋은 방법이다.

실천가와 함께 3회기를 마친 후 샘은 집단 프로그램에 참여할 수 있을 것 같았다. 그는 자신이 다른 집단 구성원들과 상호작용할 수 있는지에 대해 여전히 양가감정을 느꼈지만 시도해보기를 원했다.

사회 기술 집단 프로그램 : 이야기 가게

개요

이 집단 프로그램의 목표는 집단 참가자들이 사회적 기술을 배우고 연습하며 사용할 수 있는 안전한 환경을 만드는 것이다. 다음의 예에서 각 회기는 모든 집단 구성원들이 참여할 수 있는 활동에 초점을 맞춘다. 다음의 예는 샘을 위한 것이기 때문에 활동 회기는 스포츠로 구성되어 있다. 팀 기반의 활동은 집단 구성원을 고려하여 그 집단에 적합하게 이루어져야 한다(상자 11.1 참조).

상자 11.1   집단 활동 목록

테니스	뜨개질
농구	예술
배구	바느질
탁구	도예
운동	정원 가꾸기
산책 : 해변, 지역공원 또는 산림공원	서핑
태극권	요리
스크래블(보드게임)	엽서 만들기/스크랩북 만들기

일반적인 회기 계획

- 사전 준비 활동(표 11.3)
- 숙제 검토
- 전반부 — 활동(상자 11.1)

표 11.3 준비 활동

활동	과정
나의 신발	각 집단원이 자신의 신발에 대해 설명하고 그 신발을 신고 어디에 갔었는지에 대해 한 가지씩 이야기를 해야 한다.
당신은 어떤 종류의 과자/동물/꽃인가?	각 집단원은 자신이 어떤 종류의 과자/동물/꽃인지 설명하고 그 이유에 대해 말한다.
문장 완성하기	각 집단원들은 세 문장 중 하나를 완성해야 한다. '내가 지금까지 경험한 최고의 휴일은…' '내가 지금까지 경험한 최고의 직업은…' '내가 가본 최고의 콘서트는…'
무인도 활동	각 집단원은 무인도에 갇히게 된다면 가지고 갈 다섯 가지 물건이 무엇인지 말한다.
거짓말 찾기	각 집단원에게 종이와 펜을 준다. 각자 자신에 대한 것 세 가지(두 가지 진실과 한 가지 거짓)를 쓰게 한다. 다른 집단원들은 어떤 항목이 거짓인지 찾아야 한다.

표 11.4 진정시키기/마무리 항목

항목	과정
운동/활동적 활동	• 집단으로 간단한 과제를 완료해야 한다(예 : 농구코트를 한 바퀴 돌기). • 집단 촉진자는 각 주요 근육을 풀어줄 수 있도록 5분 동안 스트레칭을 주도하고(종아리, 무릎, 허리, 가슴, 어깨, 목) 숨쉬기 운동으로 마무리한다. • 각 집단원은 오늘 집단에서 한 활동들 중 집으로 가져갈 한 가지를 이야기한다.
비활동적 활동	• 5분 동안 안내에 따라 이완 연습을 완료해야 한다(예 : 집단을 마무리하는 과정을 돕는 심상 훈련이나 전반적 마무리 운동, 호흡 관찰). • 각 집단원은 오늘 집단에서 한 활동들 중 집으로 가져갈 한 가지를 이야기한다.

- 휴식 — 교육 회기

- 후반부 — 활동

- 정리하기와 마무리(표 11.4) — 활동을 끝내고 교육 회기 요약

도움말 전체 집단 프로그램으로 테니스 또는 농구 같은 한 가지 활동을 선택할 것인지 아니면 매주 다른 활동을 할 것인지 집단 내에서 논의하라. 집단에서 선택한 활동은 참여자들의 기술, 능력, 흥미 그리고 연령에 적절해야 한다. 이런 활동을 할 수 있는 적합한 자원들의 접근성도 고려해야 한다.

만약 가능하다면 실천가/사례관리자가 매주 각 회기 후에 샘을 만나 집단 회기에서 경험한 것들을 이야기하고 교육 회기를 강화시키는 것이 유용하다.

1회기 : 소개

목표 : 서로 소개하고 집단의 목표를 확인하기

- 소개 : 집단 프로그램의 목표, 각 회기의 시간과 예상되는 주제에 대해 설명한다. 집단 규칙을 만들고 초기 모임에서 활동 회기를 계획하는 것이 중요하다.
- 준비 : 문장 완성하기(표 11.3)
- 집단의 기대 : 집단 구성원들이 집단 프로그램에 참여하기로 한 이유에 대해 논의한다. 이를 집단 내에서 브레인스토밍해볼 수 있다. 이 집단에 참여함으로써 이루고 싶은 두 가지 목표를 써보도록 한다. 목표 획득 척도(GAS)의 형식을 사용해 그 목표들을 적어본다.
- 집단 프로그램
  - 집단 프로그램의 형식을 설명한다. 매주 어떤 활동을 하고 싶은지를 집단 내에서 결정한다. 가능한 활동의 목록을 제공하는 것이 유용하다.
  - 일반적인 집단 규칙인 비밀보장, 집단에 집중하기, 집단 구성원 존중하기, 시간 준수하기, 불참 시 연락하기, 숙제 완료하기 등에 대해서는 논의가 필요하다.
- 활동 : 집단 활동으로 끝낸다. 선택한 활동은 집단 구성원들의 기술과 능력에 맞는 적절한 것이어야 하고 대화의 요소를 포함해야 한다(예 : 배구, 볼링, Wii 경쟁, 집단 추측, 원예 활동 계획하기).
- 정리와 마무리하기(표 11.4)

2회기 : 대화의 기본

- 준비 : '나의 신발'(표 11.3)
- 활동 : 농구
- 활동으로부터 휴식 — 교육회기
  - 대화에서 신체언어의 역할에 대해 논의한다. 간단한 활동은 집단 구성원을 2명씩 짝지어 1명은 얼굴 표정만으로 감정을 표현하고 다른 1명은 무슨 감정인지

추측하는 것이다.

- 말하는 사람(생각, 신체언어, 단어), 말의 내용(말한 것) 그리고 듣는 사람(생각, 신체언어, 단어)의 역할을 포함한 대화 과정을 논의한다.
- 간단한 대화 시작, 유지, 끝내기에 대해 논의한다. 각 구성원은 사용할 문장을 적고, 집단원들과 나눈다.
- 역할극 : 두 사람씩 짝을 지었다면 개인마다 역할극에 필요한 사회적 상황이 주어진다. 사회적 상황은 '사적인 상황에서 오래된 친구를 만났다', '회사 밖에서 동료를 만났다' 등을 포함한다.
- 과제 : 각 사람은 이 기본적인 대화 기술을 연습할 수 있는 세 가지 상황을 만들어 본다(예 : 가족과 함께 있는 상황, 슈퍼마켓 계산대에 있는 점원과 함께 있는 상황).
- 정리와 마무리하기(표 11.4)

3회기 : 효과적인 대화 ― 하고 싶은 말을 하고 올바로 전달하기

- 준비 : '무인도 활동'(표 11.3)
- 복습 : 지난주 과제와 집단원들의 질문을 확인한다.
- 활동 : 농구
- 활동으로부터 휴식 ― 교육회기
  - 집단 구성원들이 원하는 말을 기억해서 할 수 있도록 돕는 계획하기 등의 전략에 대해 논의한다(예 : 목록을 사용하기).
  - 말의 내용을 올바로 이해했는지를 확인하는 데 사용할 수 있는 기술에 대해 논의한다(예 : 다시 말해줄 것을 요청하기).
  - 상대방이 말을 제대로 이해하지 못했을 때 말의 내용을 명료화하기 위해 사용할 수 있는 전략에 대해 논의한다(예 : 문장을 바꿔 말하기).
  - 집단에서 비평할 수 있도록 유명한 TV시리즈에 나오는 좋은 대화와 나쁜 대화의 예를 활용한다.
  - 과제 : 참여자들이 새로운 전략을 사용할 수 있도록 의사소통에 어려움을 겪는

상황 한 가지를 생각하도록 한다(예 : 의사와 치료 계획 논의하기).

- 정리와 마무리하기(표 11.4)

4회기 : 자기 주장

- 준비 : '당신은 어떤 종류의 과자/동물/꽃인가?'(표 11.3)
- 복습 : 지난주 과제와 집단원들이 가지고 있는 질문을 확인한다.
- 활동 : 농구
- 활동으로부터 휴식 — 교육회기
  - 수동적, 자기주장적, 공격적(수동공격적 포함) 등의 세 가지 주된 대화 방식을 논의한다. 이러한 대화 방식에서 자기주장을 할 때 사용할 수 있는 문장과 전략들에 대해 논의한다.
  - 역할극 : 집단 구성원들이 사용하는 데 편안함을 느끼는 자기주장 문장들을 파악하고 짝을 지어 연습한다.
  - 과제 : 집단원들이 자기주장 기술을 연습할 수 있는 가상적인 일상의 상황 목록을 제공한다(예 : 치료 예약시간 협의하기, 청소와 같은 집안일 협의하기, 카페에서 잘못 나온 음료 반환하기, 치료계획 협의하기와 같은 상황 중 하나를 선택해서 기술을 연습한다.)
- 정리와 마무리하기(표 11.4)

5회기 : 교육에서 휴식

- 준비 : '거짓말 찾기'(표 11.3)
- 복습 : 지난주 과제와 집단원들이 가지고 있는 질문을 확인한다.
- 활동 : 농구
- 활동으로부터 휴식 — 검토
  - 이전 3회기의 교육을 요약한다.
  - 각각의 교육회기에서 배운 기술을 어떻게 적용했는지 집단에서 논의하도록 이끈다. 집단 구성원들이 배운 기술을 적용하는 데 경험했던 어려움을 함께 알아

보고 집단 구성원들이 이룬 성취가 있다면 칭찬한다.

- 3명씩 짝을 짓고 그들이 배운 기술을 사용하여 일반적인 사회적 상호작용과 관련된 역할극을 하도록 한다. 이 단계에서는 한 집단이 역할극을 위한 네 가지 사회적 상황을 만들어내는 것이 가능하다. 만일 하지 못한다면 근처 카페에서 새로운 친구와 만나 커피 마시기, 의사와 새로운 치료 계획 협의하기, 업무 문제에 대해 상사에게 말하기 등을 사용할 수 있다.
- 정리와 마무리하기(표 11.4)

6회기 : 일을 하기 위한 준비 — 직업 면접 기술

- 준비 : 프로그램의 후반부를 위해 앞에 기술한 준비 활동을 다시 사용하거나 집단원들이 준비 활동을 매주 직접 생각해오도록 부탁할 수 있다.
- 활동 : 실내축구(농구를 했던 곳과 같은 장소를 사용하기)
- 활동으로부터 휴식 — 교육회기
  - 직업 면접 과정을 논의한다.
  - 시간 내에 면접장에 도착하는 방법 계획하기, 15분 일찍 도착하기, 면접에 적절한 복장을 갖추어 입기 등과 같이 직업 면접을 준비하는 데 도움이 되는 사항을 논의한다.
  - 직업 면접에서 신체언어의 역할에 대해 논의한다.
  - 면접관에게 자신을 소개하는 것에 대해 토의하고 역할극을 한다.
  - 촉진자와 함께 면접관의 질문에 대답하는 것을 토의하고 역할극을 한다.
  - 과제 : 인터넷에서 직업 면접을 어떻게 하는지 보여주는 비디오를 찾아본다.
- 정리와 마무리하기(표 11.4)

7회기 : 관리자(슈퍼바이저)와 대화하기

- 준비
- 복습 : 지난주 과제와 집단원들이 가지고 있는 질문을 확인한다.
- 활동 : 실내 축구

- 활동으로부터 휴식 — 교육회기
  - TV 프로그램 '더 오피스(The Office)'에서 한 회를 선택하거나 혹은 다음의 내용을 논의하도록 촉진하는 유사한 TV 프로그램 또는 영화를 사용한다.
  - 참여자들이 상사와 의사소통했던 경험에 대해 논의한다. 친구와의 의사소통에서 공통점과 차이점을 찾아본다.
  - 상사로부터 전달받은 정보를 명료화하는 전략을 논의한다.
  - 휴직과 같은 요구에 대해 상사와 함께 의논하는 데 필요한 의사소통 전략을 논의한다.
  - 선택 과제 : 내담자가 상사와 잘 소통하지 못했다면 어떻게 해야 하는지 논의한다.
- 정리와 마무리하기(표 11.4).

8회기 : 갈등을 해결하고 어려운 문제에 대한 해결책을 찾는 방법

- 준비
- 복습 : 지난주 과제와 집단원들이 가지고 있는 질문을 확인한다.
- 활동 : 실내 축구
- 활동으로부터 휴식 — 교육회기
  - 집단 문제 해결 활동을 통해 문제 해결 전략을 논의한다.
  - 직장에서 갈등이 어떻게 일어날 수 있을지 논의한다. 사소한 의사소통의 실수가 미치는 영향을 강조해야 한다[영화나 '더 오피스(The Office)' 같은 유명한 TV시트콤의 영상을 예시로 활용하기].
  - 사람에게 다가가고 협의하며 타협하는 것을 포함하여 업무상 갈등을 처리하는 원칙에 대해 논의한다. 하루 종일 라디오를 들으면서 일하는 동료가 있을 경우 당신이 라디오 끄기를 원할 때와 같이 직장에서 갈등을 다루는 방법에 대해 모방 학습(모델링)한다.
  - 상사에게 언제, 어떻게 문제에 대해 이야기할 것인지 논의한다. 집단에서 상사에게 다가가는 전략에 대해 함께 생각하도록 한다(예 : 상사와 만날 시간 협의하기, 만나기 이전에 당신의 요구와 원하는 결과를 적어보기).

- 정리와 마무리하기(표 11.4)

9회기 : 한 데 모으기(정리하기)

- 준비
- 활동 : 실내 축구
- 활동으로부터 휴식 — 교육회기
  - 집단 구성원들과 과거 세 번의 교육회기를 검토한다.
  - 처음 5주간 논의했던 기본 의사소통 기술을 요약하고 그것들을 프로그램 후반부의 특정한 업무 관련 사회적 기술과 연결시킨다.
  - 집단 구성원들은 프로그램에서 얻은 기술과 자신감을 어떻게 사용할 것인지 논의하고 적어본다.
  - 프로그램 초반에 작성한 집단 구성원들의 목표(목표 획득 척도를 사용하여 쓴 내용)를 검토한다.
  - 집단 프로그램을 평가한다.
- 정리와 마무리하기(표 11.4)

10회기 : 기념/축하하기

- 활동 : 이번 주는 집단 기념/축하 활동에 참여함으로써 집단 프로그램을 통해 배운 기술들을 사용하는 것이다. 집단 구성에 따라 다양한 활동이 가능하지만 될 수 있다면 식당이나 카페, BBQ 또는 소풍, 서핑수업이나 실내 암벽등반과 같이 집단에 의해 결정된 특별한 활동을 포함한다.
  - 집단 프로그램을 통해 배운 긍정적인 경험을 구성원들과 공유하며 새로 습득한 기술을 사용한다.
  - 더 연습해야 할 한 가지 기술이 무엇인지 나누고 이야기한다.

샘은 집단 프로그램을 완료했고 사회적 상황에 참여하기 위한 자신감도 확인하였다. 프로그램에 참여하는 기간 동안 적극적으로 구직 활동을 했고, 일을 구할 수 있을 것이라고 기대하고 있다. 계속해서 구직을 하는 동안 샘은 친구들과 정기적인 연락을 유지하고 집단 프로그램에서 얻은 자신감을 유지하기 위해 활동 집단에 계속 참여하기로 목표를 설정했다.

샘은 다시 직업을 갖는 것에 대해 높은 동기를 가지고 있었지만 성공적인 취업을 위해 요구되는 과제들을 완료하는 데 어려움을 겪었다. 그는 사례관리자와 함께 취업에 도움이 되는 기술에 집중하기로 동의하였다.

도움말 가능하다면 직업 활동과 사회적 기술 활동을 동시에 수행하는 것이 유용하다.

고용

효과적인 직업 재활 서비스를 계획하기 위해 많은 모델이 사용될 수 있다. 항상 그렇듯이 내담자의 필요는 사례관리자와 서비스의 이용 가능한 자원과 함께 고려해야 한다. 효과적인 직업 재활 모델의 예로는 지지 취업[개별배치 지원(Individual Placement and Support, IPS) 모델], 직업네트워크, 클럽하우스, 사회적 기업과 직업 서비스(주거 작업장)를 포함한다. 이 모델에 대한 유용한 설명은 Waghorn과 Lloyd(2005)에서 찾을 수 있다.

IPS 모델은 현재 정신장애를 가지고 있는 사람들에게 직업 재활 서비스를 구축하고 제공하는 데 가장 좋은 실천으로 여겨지며 다수의 무선할당 통제 실험에서 일관성 있게 긍정적인 결과를 나타내고 있다(Waghorn & Lloyd, 2005). Drake와 Becker(1996)는 IPS의 일곱 가지 핵심 원칙을 기술하고 있다(다음 내용 참조). 이 일곱 가지 핵심원칙보다 중요한 것은 직업 재활에 있어 전통적인 '훈련 후 배치'에서 벗어나 새로운 '배치 후 훈련' 접근으로 이동해야 한다는 것이다(Tsang, 2008).

IPS 모델은 일곱 가지 핵심원칙으로 구성되어 있다(Drake & Becker, 1996; Waghorn & Lloyd, 2005).

- 프로그램 참여는 내담자의 선택에 달려 있음
- 직업 재활 서비스와 정신건강 서비스의 통합
- 경쟁력 있는 고용을 목표로 함
- 구직 활동의 빠른 시작
- 내담자의 선호에 기초한 서비스
- 고용을 위한 지속적인 지원
- 임금 지원과 건강에 유익한 상담

Tsang(2008)은 IPS 모델과 사회 기술 훈련을 통합하는 것이 개인의 구직 활동 성공률을 향상시킨다는 사실을 증명했다. 가능하다면 이러한 실천이 권장된다.

서비스의 역할

IPS 모델의 구축이 가능한 곳에서 사례관리자의 역할은 내담자가 고용 전문가와 함께 참여하고 고용 전문가와 정신건강 서비스, 내담자 사이의 정기적인 의사소통을 유지하도록 돕는 것이다. 다음에 묘사된 대부분의 활동은 고용/직업 재활 전문가에 의해 수행된다. 결국 이 모델에서 성공의 중요한 요소 중 하나는 고용 전문가와 사례관리자가 함께 효과적으로 의사소통할 수 있도록 동일한 장소에서 일하는 시간을 확보하는 것이다.

만약 IPS 모델에 필요한 구성요소가 제자리에 존재하지 않는다면 직업 시장에 다시 접근하기 원하는 내담자에게 개인적(또는 가능하다면 집단 기반의) 지지를 제공해야 한다.

> 샘은 사회 기술 프로그램을 완료하고 직업 환경으로 돌아갈 준비가 되었다고 느꼈다. 샘이 의뢰할 수 있는 전문 취업 지원 기관은 없었다. 그는 직업 환경으로 돌아가기 위한 과정을 준비하기 위해 개인 회기에 참여하는 데 동의하였다.
>
> 샘은 치료센터에서 사례관리자와 함께 매주 한 번 개인 회기에 참여하기로 동의하였다.

개인 회기

1회기 : 이력서 작성

내담자에게 예전에 작성했던 이력서를 가져오도록 요청한다. 만약 없다면 새로운 이력서를 작성하기 위해 이용 가능한 양식을 가지고 있는 것이 유용하다. 내담자를 돕기 위해 이력서 작성에 사용하는 컴퓨터에 접근할 수 있다면 이상적일 것이다. 대안적으로 내담자에게 손으로 이력서를 쓰도록 한 후 당신이 컴퓨터로 작성하는 방법이 있다. 과제는 내담자가 다음 회기까지 이력서를 완성하도록 하는 것이다.

2회기 : 구직 전략

- 내담자가 이전에 사용해본 구직 방법에 대해 논의한다. 과거에 효과적이었던 전략에 초점을 맞추는 것이 좋다. 또한 당신은 다음의 내용을 다루는 것을 선호할 것이다.
  - 신문 : 구직 광고는 언제 나오는가? 어떤 신문이 그들이 찾는 직업에 가장 적합한가?
  - 구직업체 : 내담자가 사용할 수 있는 구직업체가 해당 지역에 존재하는가? 의뢰 과정은 어떻게 되는가?
  - 온라인 검색 : 인터넷을 통해 어떻게 일자리를 찾는지 보여준다. 회기 전에 이것에 대해 알아보기를 추천한다.
  - 직접 가보기 : 직접 업체에 가서 이력서를 제출하는 것의 장점과 단점을 논의한다.
- 문의 전화하기 : 더 많은 정보를 얻기 위해 구직 광고를 보고 전화를 거는 역할극을 해본다. 내담자에게 첫 번째 연습 후 그들이 어떤 말을 해야 하는지 적어보도록 하면 도움이 된다.

3회기 : 면접

면접은 대부분의 사람들에게 어렵다. 면접에 대한 역할극을 하기 전에 면접이 이루어지는 가장 흔한 상황들을 생각해본다(예 : 공식적 면접, 상사와의 비공식적 대화, 다양한 면접 기술). 이것을 파악했다면 다음의 사항을 고려한다.

- 면접을 위해 당신은 무엇을 준비해야 하는가?
- 복장은 어떻게 해야 하는가?
- 면접 중 불안을 어떻게 다스릴 것인가? (예 : 손을 꽉 쥐는 것과 같이 긴장을 풀어 주는 기술)
- 어떻게 확실히 제시간 안에 도착할 것인가? (예 : 면접 장소로 가는 길에 대한 계획)
- 묻고 싶은 질문

내담자가 질문에 대답하는 것에 자신감을 가질 때까지 역할극을 통해 연습한다. 여기에서는 많은 정적 강화가 사용되어야 한다.

4회기 : 자기 개방에 대한 결정

내담자의 병식에 따라 이 회기는 첫 번째 회기와 같이 진행되거나 여기에서 제시된 대로 진행될 수 있다.

고용주에게 정신건강 병력을 알리기로 결정하는 것은 중요한 문제이고 내담자 스스로 결정해야만 한다. 만약 고용 전문가가 있다면 이 과정을 도울 수 있을 것이다. 사실을 알리는 것에 대해 생각해보면 장단점이 모두 존재한다. 만약 사실을 알리기로 선택한다면 구체적으로 어떤 정보를 알리고 싶은지와 어떻게 알리고 싶은지에 대해 논의해야 한다.

5회기 : 고용 유지하기

- 사회적 지지는 고용을 유지하기 위해 필요한 지속적인 지지를 제공하는 핵심적인 역할을 한다. 내담자는 누가 그들의 핵심 사회적 지지자인지, 그 사람과 관계를 유지하기 위해 어떻게 할 것인지를 논의해야 한다.
- 스트레스 관리는 필수적이다.
  - 긴장 완화 연습, 주간 여가 활동 참여를 포함하는 이완 전략을 검토하고 가르친다. 필요할 때는 스트레스를 줄이기 위해 휴가를 효과적으로 사용할 수 있다.

- 내담자를 위한 재발 방지 계획을 검토하고 발전시킨다.

도움말 이 회기들은 개인적으로 이루어질 수 있으며, 만약 집단에 충분한 인원이 있다면 앞에서 기술한 것과 동일한 구조를 사용하여 집단 상황에서도 이루어질 수 있다.

요약

이 장에서는 집단 및 개인 프로그램을 이용하여 내담자의 사회적 기술과 고용을 다루는 과정에 대한 지침을 제공하였다. 사회 기술 훈련은 수년 동안 정신건강 치료에서 핵심적인 요소였다. 그 결과 개인과 집단 프로그램 모두에 이용 가능한 수많은 자원들이 존재한다.

가능하다면 직업재활의 IPS 모델을 구축하는 것을 매우 강력히 추천한다. 그것이 가능하지 않다면 내담자가 개인/집단의 지원을 받으며 동시에 직업 현장에 돌아가려는 동기가 있을 때 활발한 구직 활동에 참여시켜야 한다. 그렇게 할 때 직업 현장으로 돌아가는 데 있어 가장 높은 성공률을 보장할 수 있을 것이다.

참고문헌

Bellack AS, Mueser KT, Gingerich S, Agresta (2004) *Social Skills Training in Schizophrenia. A Step By Step Guide.* Guilford Press: New York.

Drake RE, Becker DR (1996) The individual placement and support model of supported employment. *Psychiatric Services* **47**, 473–5.

George E, Iveson C, Ratner H (1990) *Problem to Solution. Brief Therapy with Individuals and Families.* BT Press: London.

Harris M, Gladman B, Hennessy N, Lloyd C, Mowry B, Waghorn G (2010) Reliability of a scale of work-related self-efficacy for people with psychiatric disabilities. *International Journal of Rehabilitation Research* **33**(2), 183–6.

Kingsep P, Nathan P (ND) *Social Skills Training for Severe Mental Disorders. A Therapist Manual.* Western Australian Department of Health, Centre for Clinical Interventions. www.cci.health. wa.gov.au/resources/minipax.cfm?mini_ID=18

Kiresuk TJ, Sherman R (1968) Goal attainment scaling: a general method for evaluating comprehensive community mental health programs. *Community Mental Health Journal* **4**, 443–53.

Lloyd C (1986) The process of goal setting using goal attainment scaling in a therapeutic community. *Occupational Therapy in Mental Health* **6**(3), 19–30.

Lovibond P, Lovibond S (1995) The structure of negative emotional states comparison of the Depression Anxiety Stress Scales (DASS) with the Beck Depression and Anxiety Inventories. *Behaviour Research and Therapy* **33**(3), 335–43.

Sharry J, Madden B, Darmody M (2001) *Becoming a Solution Detective. A Strengths-Based Guide to Brief Therapy*. BT Press: London.

Tsang H (2008) Enhancing employment opportunities of people with mental illness through an integrated supported employment approach of individual placement and support and social skills training. *Hong Kong Medical Journal* **14**(3), 41–6.

Waghorn G, Lloyd C (2005) The employment of people with a mental illness. *Australian e-Journal for the Advancement of Mental Health* **4**(2), 1–43.

Waghorn G, Chant D, King R (2005) Work-related self-efficacy among community residents with psychiatric disabilities. *Psychiatric Rehabilitation Journal* **29**(2), 105–13.

Waghorn G, Chant D, King R (2007) Work-related subjective experiences, work-related self-efficacy, and career learning among people with psychiatric disabilities. *American Journal of Psychiatric Rehabilitation* **10**, 275–300.

건강한 생활양식

Chris Lloyd & Hazel Bassett

> 샘은 술을 과도하게 마시고 있다. 그의 삶은 무기력하다. 그저 앉아서 아무것도 하지 않은 채 오랜 기간 지내온 결과 체중도 불어난 상태다. 샘은 그가 지내면서 깨달은 것들에 대해 걱정하며 삶의 변화를 모색해야겠다고 결심한다.

사례관리자 혹은 재활 실천가로서 샘을 어떻게 도울 것인가?

1단계 : 샘에 대한 사정/평가로 시작

이는 반구조화된 면담의 형태와 몇몇 구조화된 평가(표 12.1)로 이루어지며 다음 사항을 고려할 필요가 있다.

약물 사용

- 그는 음주를 얼마나 하는가?

Manual of Psychosocial Rehabilitation, First Edition. Edited by Robert King, Chris Lloyd, Tom Meehan, Frank P. Deane and David J. Kavanagh.

© 2012 Blackwell Publishing Ltd. Published 2012 by Blackwell Publishing Ltd.

표 12.1 약물 사용 평가 척도

명칭	설명	사용
알코올 사용장애 진단 검사 (AUDIT; Sanders et al., 1993)	세 영역을 측정하는 열 가지 문항 : 알코올 소비, 알코올 의존, 알코올과 관련된 결과. 실시에 2~5분 소요	판별 도구. 다양한 문화에서 사용하기에 적합. 최소한의 독해 수준을 가진 사람들에게 적합함
간략형 알코올 의존 자료 설문지 (SADD; Raistrick et al., 1983)	알코올 의존 심각성을 측정하는 15가지 항목, 음주와 관련된 행동과 주관적 변화를 반영. 5분 이내 실시 가능	알코올 의존의 심각성을 측정하는 도구. 다양한 민족과 문화에 적합. 글자를 모르는 사람에게도 사용할 수 있는 면담 형식

- 그는 언제 술을 마시는가?
- 음주 전에 그는 어떤 행동을 하는가?
- 그는 왜 자신이 음주를 한다고 생각하는가?
- 얼마나 오랫동안 음주를 하고 있는가?
- 취해서 범죄를 저지른 적이 있는가?
- 금단 증상을 보이는가?
- 그는 약물 사용을 스스로 조절하지 못한다고 생각하는가?
- 자신의 약물 사용에 대해 걱정하고 있는가?
- 그는 약물 사용을 중단하기를 바라는가?
- 약물 사용을 조절하는 데 얼마나 어려움을 겪는가?
- 그는 지금 당장 약물 사용 행동을 변화시키고 싶어 하는가?
- 그가 원한다면 지금 바로 약물 사용을 변화시킬 수 있다고 생각하는가?

만약 변화에 대한 그의 준비도를 측정하고 싶다면 변화 준비도 척도(Readiness to Change questionnaire; Rollnick et al., 1992)가 유용할 것이다.

식단 조절

- 그가 매일 섭취하고 있는 음식은 무엇인가?
- 그는 매일 세 번의 식사를 하는가?
- 간식을 자주 먹는가?

- 어떤 종류의 간식을 먹는가?

- 그는 요리하는 방법을 아는가?

- 그가 요리를 하는가, 아니면 타인이 해준 요리를 먹는가?

- 만약 그가 요리를 한다면 어떤 종류의 음식을 요리하는가?

- 그는 영양에 대해 알고 싶어 하는가?

- 식사 계획이나 준비에 도움을 받고 싶어 하는가?

- 그는 과식할 때 인식할 수 있는가?

만약 당신이 음식 섭취를 평가하고, 음식 섭취 시 기분 변화를 기록하고 싶다면 음식/기분 일지를 작성하는 것이 좋은 방법이 될 수 있다(표 12.2). 이를 통해 모든 음식/음료 섭취, 섭취시간, 그때의 기분을 기록하도록 한다.

운동

- 하루에 운동을 얼마나 하는가?

- 팀으로 하는 스포츠에 관심이 있는가?

- 혼자서 하는 운동에 관심이 있는가?

- 규칙적으로 운동을 시작한지 얼마나 되었는가?

- 체중이 증가하였는가?

표 12.2 음식/기분 일기

요일_____   날짜_____   체중_____

식사	시간	섭취한 음식	양	섭취한 장소	기분/사건	물
아침						
아침 간식						
점심						
오후 간식						
저녁						
야식						
기타						

- 만약 그렇다면 왜 체중이 증가했다고 생각하는가?
- 얼마 동안 그는 자신의 체중 증가에 대해 알고 있었는가?
- 그는 체중 증가와 관련하여 어떻게 하길 바라는가?
- 운동 프로그램 참여에 관심 있는가?

다양한 신체적 활동을 평가하기 위해서 당신은 건강 영양 조사 설문(Health and Nutrition Examination Survey; National Center for Health Statistics, 1973)을 사용할 수 있다. 아래와 같은 간단한 검사를 통해 샘의 활동 수준과 관심 영역에 대한 정보를 얻을 수 있다. 이 설문지는 신체 활동량 질문지(Active Australia Survey; Australian Institute of Health and Welfare, 2003)에서 차용한 것이며 인터넷에서 무료로 이용 가능하다.

다음 질문은 당신이 지난주에 했던 다양한 유형의 신체적 활동에 대해 알아보기 위한 것입니다.

1. 지난주 취미, 운동 또는 심부름 등으로 최소 10분 이상 지속적으로 걸었던 적이 몇 번이나 있나요? _____번
   지난주 당신이 걷는 데 소요한 총 시간을 측정해보세요. _____시간 _____분
2. 지난주 여가시간에 또는 일을 하는 동안 숨이 찰 정도의 격렬한 운동이나 신체 활동을 한 경험이 몇 번이나 있나요? (예 : 조깅, 달리기, 정원 가꾸기, 네트볼, 나무장작 패기, 격렬한 수영, 어려운 작업 등) _____번
   지난주 격렬한 운동이나 신체 활동에 소요한 총 시간을 측정해보세요.
   _____시간_____분
3. 지난주 여가시간 또는 일을 하는 동안 숨을 쉬기 어렵거나 헐떡일 정도가 아닌 보통 수준의 운동이나 신체 활동을 한 적이 몇 번이나 있나요? (예 : 정원에서 땅 파기, 자전거 타기, 낙엽 쓸기, 춤 등) _____번
   지난주에 보통 수준의 운동이나 신체 활동에 소요한 총시간을 측정해보세요.
   _____시간_____분

표 12.3 여가시간을 어떻게 보내는가?

활동	총소요시간/ 월~금요일	총소요시간/주말
취미(예 : 예술/공예, 자동차 관리, 악기 연주)		
독서(예 : 책, 신문, 잡지)		
사교 활동(예 : 집, 카페, 레스토랑 등에서 친구, 가족과 함께하기)		
음악/라디오 듣기		
전화 통화하기		
TV/DVD 시청(비디오 게임 포함)		
컴퓨터 사용(인터넷, 게임 포함)		
드라이브하기		
휴식, 명상(잠자는 것 제외)		
다른 비활동적인 취미 활동(구체적으로)		

4. 지난주에 운동을 하려고 생각했지만 하지 못했던 적이 있습니까? 그 이유가 무엇입니까?

5. 다음 질문은 당신의 여가시간(일을 하지 않는 시간, 직장에 출근하는 시간, 잠자리에 드는 시간)에 대한 질문입니다(표 12.3).

2단계 : 샘을 위한 개입 프로그램 결정하기

당신은 샘이 집단 재활 프로그램과 개인 프로그램 중 어떤 것에 참여하는 것이 효과적일지 결정할 필요가 있다. 이 결정은 보통 그 사람의 환경에 기초하여 이루어진다. 이 특별한 사례에서 샘은 별로 하는 일 없이 앉아서 시간을 보내는 것에 대해 지루함을 느끼고 있었다. 대화를 통해 샘은 집단 프로그램에 참여하기로 결정했다. 이는 그가 비슷한 사람들과 상호작용할 수 있는 좋은 기회이기 때문이다. 당신은 그를 약물 남용 프로그램과 건강한 생활 습관 프로그램에 참여시킬 것이다.

약물 남용 프로그램은 30세 이하의 초기 성인들을 위해 만들어진 집단 프로그램이다. 이들의 문제와 욕구는 장시간 동안 약물 남용 문제를 가졌던 노인들과는 다를 것이다. 집단의 응집력과 믿음을 발전시키는 데는 6~8명의 내담자가 용이하다. 이 특별한 집단 프로그램은 회기당 3시간씩 총 8주로 이루어진다. 장소는 낙인으로부터 비교적 자유롭고 중립적인 지역사회가 적절하다.

내담자들은 정보를 주고받을 뿐만 아니라 목표를 세우고 토론하고 브레인스토밍을 하고 역할극과 실제적인 경험을 하게 된다. 또한 내용을 강화하기 위해 유인물이 제공된다. 내담자가 여가 활동에 적극적으로 참여하는 것은 웰빙의 실제적인 경험이며 만족과 즐거움을 얻는 대안적인 방법이다. 만약 당신이 내담자와의 개별 회기를 필요로 한다면 이 프로그램은 변경될 수 있다.

약물 남용 집단 프로그램

첫 번째 회기 : 소개

집단의 소개 회기는 집단 리더에 의해 진행된다. 이 회기에서 집단 리더는 집단 구성원이 서로 소개하도록 하고 프로그램의 전체적인 개요를 설명한다. 상호작용적 교육의 개념과 약물을 사용하지 않고도 즐겁고 활동적인 여가 활동에 참여하는 것에 대해 논의한다. 참가자들이 집단에서 자신을 소개하도록 한다. 그들이 여가 활동에 참여하지 못하는 이유가 무엇인지, 약물 사용이 그들의 여가 참여에 어떤 영향을 주었는지 질문한다.

집단 참가자들의 기대 파악하기

집단에 참여하는 목표와 기대치를 파악한다.

친해지기

참가자들이 서로에 대해 알아갈 수 있도록 준비 활동을 하고 자신의 강점과 그들이 다루고 싶은 영역에 대해 탐색한다.

재기의 여정

참가자들에게 재기의 여정을 나타내는 다이어그램을 보여주고 그들이 어디에 있는지 확인한다. 다이어그램의 한쪽 끝은 바라던 목표를 성취한 것, 다른 한쪽은 여정의 시작을 나타낸다. 참가자들이 자신의 위치를 확인하도록 하고 집단의 다른 사람들과 비교하여 탐색해보도록 하라.

변화 단계 모델

행동에 따른 이익과 손해를 고려할 때 행동 변화가 일어난다는 것을 설명한다. 참가자들과 약물 사용의 장단점을 탐색해본다. 참가자들의 의사결정 균형을 이해하기 위해 장점과 단점의 불일치를 확인한다. 변화 단계 모델에 대해 논의하고 참가자들이 위치해 있는 단계를 확인한다.

기초 검사

표준화된 검사를 사용한다.

회기 평가

참가자들이 이번 회기에 대해 어떻게 느꼈는지 묘사할 수 있는 단어를 선택하도록 요청한다. 가장 재미있었던 것, 바꾸고 싶은 점과 다음 회기에서 고칠 한 가지가 무엇인지 묻는다.

여가 활동

집단에 의해 선정된 활동에 참여한다(예 : 산림욕).

두 번째 회기 : 갈망에 대처하기

집단 리더가 회기 소개와 준비 운동을 진행한다.

중독의 영향

집단 리더가 진행하는 정보 제공 영역이다. 중독의 영향과 금단 증상, 약물 사용이 정신건강에 미치는 영향에 대해 설명한다.

갈망에 대한 인식

집단 구성원들에게 갈망이 생긴다면 이를 표현하기를 요구한다. 갈망을 지연시키는 것에 대해 토의하고 브레인스토밍한다. 주의 분산과 약물과 관련되지 않은 활동에 참여하는 것의 중요성을 강조한다.

부정적인 자기 대화 변화시키기

부정적인 자기 대화와 신념들이 어떻게 약물 사용 재발로 이어지게 되는지에 대해 토론한다. 생각 변화, 부정적인 사고에 도전하기, 증거 요구하기, 논리적으로 사고하기, 더 나은 선택으로 대체하기, '~해야 한다'를 '~할 수 있다'로 바꾸기, 스스로 긍정적인 기분 느끼기 등의 단계가 기록된 유인물을 제공한다. 참가자들이 그들 자신이나 스스로의 발전에 대해 긍정적인 것 한 가지를 집단에서 나누도록 요청한다.

회기 평가

1회기에서의 평가와 동일하다.

여가 활동

집단에 의해 선정된 활동에 참여한다(예 : 수영).

세 번째 회기 : 의사소통

집단 리더가 회기 소개와 준비 운동을 진행한다.

의사소통

효과적인 의사소통 방법에 대해 브레인스토밍한다. 약물 사용으로 인해 어떻게 상황 판단이 흐려졌는지 이야기한다. 약물을 사용했을 때와 그렇지 않을 때의 차이에 대한 이야기를 나눈다.

문제 해결

무엇이 문제인가? 문제가 참가자에게 어떠한 영향을 미치는가? 그들이 문제를 어떻게 해결하는가? 참가자들이 경험하는 문제에 대해 논의하고 해결 방법을 모색한다. 문제를 해결하는 단계에 대한 유인물을 나누어 준다. 문제에 대한 생각과 감정을 확인하고 문제를 정의하고 대안을 탐색하고 선택하고 행동 계획을 세우고 실행한다. 역할극을 통해 문제 해결을 연습한다.

회기 평가

1회기에서의 평가와 동일하다.

여가 활동

집단에 의해 선정된 활동에 참여한다(예 : 배구).

네 번째 회기 : 위험성이 높은 상황에 대처 계획 세우기

집단 리더가 회기 소개와 준비 운동을 진행한다.

고위험 상황에 할 수 있는 행동 생각하기

브레인스토밍한다.

재발을 촉발하는 요인에 대처하기

스트레스 반응의 신호와 대처 기술에 대해 논의한다. 집단 구성원들에게 스트레스 상황을 확인하도록 요청한다. 이러한 스트레스 상황들이 어떻게 재구성될 수 있을지 이야기한다. 긍정적 확언에 대해 토의한다. 이완 기술을 연습한다.

회기 평가

1회기에서의 평가와 동일하다.

여가 활동

집단에 의해 선정된 활동에 참여한다(예 : 카누).

다섯 번째 회기 : 목표 세우기

집단 리더가 회기 소개와 준비 운동을 진행한다.

목표 세우기

집단 리더가 정보를 제공한다. 목표가 무엇이며, 어떻게 설정할 것인지 브레인스토밍한다. 관찰 가능하고 현실적이며 달성할 수 있는 실천 기반의 목표를 만들고 세울 수 있는 원칙들에 대한 유인물을 제공한다. 성공적인 목표 설정에 포함된 단계들을 보고 목표 설정하는 것을 연습한다. 집단이 시작된 이후 성취한 긍정적인 것을 한 가지씩 말하도록 한다.

시간 사용

시간 사용에 대해 이야기한다. 시간 파이(time pie)를 작성한다. 효과적인 시간 사용에 대해 논의한다.

회기 평가

1회기에서의 평가와 동일하다.

여가 활동

집단에 의해 선정된 활동에 참여한다(예 : 농구).

여섯 번째 회기 : 약물 거절 기술

집단 리더가 회기 소개와 준비 운동을 진행한다.

음주 거절 기술

집단 리더가 정보를 제공한다. 참가자들에게 약물을 거부하는 데 어려움을 겪는 상황에 대해 설명하도록 하고 더 자기주장적인 반응에 대해 브레인스토밍한다. 약물 거절에 대해 역할극을 한다. 역할극에 참여하는 사람과 지켜보는 사람들 간에 역할극이 어떤지에 대해 논의하도록 한다. 언어적인 전략("나는 괜찮아."), 비언어적 전략(신체 언어와 눈빛을 사용하여), 대안(주제를 바꾸거나 다른 사람이 술을 권하는 것을 그만 두도록 요청하는 것) 등의 음주 거절 기술에 대한 유인물을 제공한다.

갈등 해결, 자기주장, 분노 조절

집단 리더가 언어적/비언어적 행동과 자기주장적 행동, 분노에 대한 정보를 제공한다. 분노에 대한 개인적인 경험을 브레인스토밍한다. 휴식(타임아웃) 갖기, 초점 전환하기, 생각 다루기(개인화하거나 성급한 결론 내리지 않기) 등의 분노 조절 방법에 대한 유인물을 제공하고 집단에서 나눈다. 자기주장적 행동이 무엇인지 살펴본다. 참가자의 최근 경험을 활용하여 역할극을 만들고 분노를 표현하는 대안적 방법을 다룬다. 그들이 이 활동을 어떻게 느꼈는지에 대해 이야기한다.

회기 평가

1회기에서의 평가와 동일하다.

여가 활동

집단에 의해 선정된 활동에 참여한다(예 : 농구).

일곱 번째 회기 : 라이프 스타일 변화

집단 리더가 회기 소개와 준비 운동을 진행한다.

약물 사용을 대체할 수 있는 활동 찾기

흥미를 가지고 있는 활동과 현재 활동 수준을 확인한다. 집단 구성원들이 무엇에 흥미를 가지고 있는가? 참가자들이 희망하는 생활 습관 변화를 목록으로 만든다. 변화에 방해가 되는 것들을 확인하고 그것에 대해 논의한 후 극복하기 위한 방법을 탐색한다.

지역사회 자원과 서비스 파악하기

지역사회의 자원과 서비스에 대한 유인물을 제공한다. 집단 구성원들이 회기가 끝난 후 지역사회 내 집단에 가입했을 때의 긍정적 측면 한 가지를 확인해보도록 한다.

부정적인 자기 대화 바꾸기

부정적인 자기 대화와 긍정적 확언의 중요성에 대해 논의한다.

회기 평가

1회기에서의 평가와 동일하다.

여가 활동

집단에 의해 선정된 활동에 참여한다(예 : 테니스).

여덟 번째 회기 : 여가 활동 참여하기

집단 리더가 회기 소개와 준비 운동을 진행한다.

여가 활동의 중요성에 대한 논의

여가 활동에 참여할 때의 유익에 대해 논의하고 미래에 대한 계획을 세운다. 활동적인 삶을 유지하는 것이 얼마나 중요한지에 대해 이야기한다.

여가 활동 참가

집단에 의해 선정된 활동에 참여한다(예 : B.B.Q.).

기초 평가를 재실시하고 집단의 전체적인 평가를 완료한다. 프로그램의 여가요소를 평가하는 데는 여가 동기 척도(Leisure Motivation Scale; Beard & Ragheb, 1983)가 유용할 것이다.

집단 프로그램을 완료한 것을 축하하고, 수료증을 나누어준다.

건강한 생활양식 프로그램

당신은 약물 남용 집단 프로그램과 더불어 생활양식 집단 프로그램이 샘의 올바른 생활 습관 형성에 도움이 될 것이라고 결정한다. 생활양식 집단은 건강하지 못한 생활 습관을 가지고 있는 내담자들에게 유용하다. 이러한 프로그램은 대부분 정신증적 장애를 가진 내담자를 대상으로 하는데, 그 이유는 영양 섭취와 신체적 비활동성이 그들에게 주요한 문제가 되기 때문이다(Catapano & Castle, 2003; McLeod et al., 2009).

이렇게 특정한 생활양식 집단은 매주 2회 2시간씩, 9주 동안 진행된다. 내담자들은 그들의 기술과 생활양식 변화를 촉진하기 위해 9주 동안 프로그램에 참여할 기회를 갖는다.

이 프로그램은 상당한 크기의 공간과 영양가 있는 음식을 요리하기 위한 시설을 갖춘 장소를 필요로 한다. 만약 이러한 시설을 이용할 수 없다면 개인 작업이 더욱 효과적일 것이다. 다른 실제적인 요소들은 지역사회 슈퍼마켓이나 체육관에서 다루어진다. 샘은 의사를 통해 건강 프로그램에 참석함으로써 악화될 수 있는 신체적 문제가 없음을 확인했다.

이 집단 프로그램은 내담자의 영양 섭취, 소비 습관, 신체 활동 수준과 관련된 목표 설정을 도와준다. 집단 프로그램에서 영양과 예산 세우기 부분의 원리적 접근은 비율 소비 모델을 포함한다. 여기서 비율 소비 모델이란 음식의 다양한 종류에 사용되는 예산의 비율을 변화시킴으로써 한 사람의 식단의 질이 향상됨을 보여주는 것을 의미한다. 내담자들은 그들의 식단과 음식 예산의 균형을 맞추는 것과 건강한 생활양식을 만들어가는 데 있어 좋은 영양과 신체적 활동이 어떻게 함께 기능하는지 이해할 수 있게 될 것이다.

건강관리

집단 프로그램의 운동 구성은 15분 준비 운동, 30분 순환 운동이나 체조시간, 마무리 운동으로 이루어져 있다. 활동 계획을 발전시키고 목표를 설정하는 데 내담자들도 함께 참여한다. 그렇기 때문에 사람들이 프로그램에서 운동을 한다고 하더라도 이것을 일상생활의 활동에 통합해야 함을 강조할 필요가 있다. 샘에게 지역사회 기관에서 후원 가능한 몇몇 프로그램에 참여하도록 제안한다면 유익할 것이다. 당신은 그가 온라인으로 시의회나 다른 기관들에 의해 제공되는 무상 또는 저렴한 프로그램들을 검색할 수 있도록 도울 수 있다. 또한 그는 건강한 활동에 참여할 수 있도록 가까운 공원이나 다른 장소들을 찾을 수 있다. 샘은 아마 지금까지 한 번도 해본 적 없던 활동을 시도하기 위해 초보자 집단에 가입할 수 있을 것이다. 많은 활동이 최소한의 비용으로 제공되고 어떤 것은 무료로도 제공된다. 의회가 제공하는 이러한 프로그램은 전 연령대를 대상으로 다양한 수준에 맞추어 제공된다.

신체 활동을 모두가 즐길 수 있는 어떤 것이라고 설명하고 이를 일상의 한 부분으로 만드는 법을 알려준다면 건강과 웰빙에 아주 많은 도움을 줄 수 있다.

상자 12.1은 몇몇 활동을 나열하고 있다.

샘이 운동할 시간을 정하고 신체적 활동을 더욱 재미있고 즐겁게 할 수 있도록 조언을 제공한다면 유익할 것이다. 이러한 조언은 상자 12.2에 자세히 나와 있다.

생활양식 프로그램의 건강관리 구성요소는 다음에 설명되어 있다.

- 건강관리 전략 수립
- 목표 설정 — 참가자가 성취하고자 하는 것
- 신체 활동 계획 — 어떤 활동을, 언제, 얼마나 할 것인가
- 생활양식의 변화 다루기

사이클링 — 습지대를 지나거나 강 혹은　　스케이트
　해변을 따라서　　　　　　　　　　　건강관리를 위한 복싱
서핑　　　　　　　　　　　　　　　　집단 산책
카약　　　　　　　　　　　　　　　　필라테스
낚시　　　　　　　　　　　　　　　　요가
식물원 방문　　　　　　　　　　　　아쿠아 에어로빅
기체조　　　　　　　　　　　　　　　수영
벨리댄스　　　　　　　　　　　　　　라인댄스
명상　　　　　　　　　　　　　　　　쿵푸와 중국 우슈
집단 달리기　　　　　　　　　　　　원반 던지기
철인 3종 경기　　　　　　　　　　　자연 탐방 — 꿀벌, 개구리, 새, 야행성 동물
테니스　　　　　　　　　　　　　　　　관찰
소프트볼　　　　　　　　　　　　　　스키
삼림욕(강, 공원, 습지대, 해변)　　　윈드서핑
지역사회 식물원　　　　　　　　　　스케이트보드 타기
패들보딩

상자 12.2　신체 활동을 어떻게 더 즐겁게 만들 것인가

신체 활동을 당신의 일상생활의 한 부분으　천천히 시작하고 점진적으로 발전시킨다.
로 만들어라.　　　　　　　　　　　　처음에는 10분 걷는 것으로 시작하여 점
　　　　　　　　　　　　　　　　　　차 늘려나간다.

가능한 모든 곳에서 걸어라.　　　　　최선의 결과를 위해 신체 활동과 건강식의
　　　　　　　　　　　　　　　　　　균형을 맞춘다.

에스컬레이터나 엘리베이터 대신 계단을　만보기를 구입하여 걸음을 센다. 하루에
사용하라.　　　　　　　　　　　　　1만 걸음을 목표로 한다.

- 초기 체중 측정
- 운동 : 15분 준비 운동, 30분 순환 운동과 체조, 마무리 운동. 이 스케줄을 집단 회
  기 동안 매주 반복한다.

- 신체적 활동의 중요성을 강조(예 : 대사 활동, 뼈의 강도, 심혈관 순환, 정신건강과 집중)
- 신체 활동의 종류와 그 이익을 강조(예 : 에어로빅, 체중 유지, 적당한 강도와 격렬한 강도)
- 유익이 되는 수준의 신체 활동을 알려줌(예 : 거의 매일 할 수 있고 최소 30분가량 소요되는 적절한 강도의 활동, 프로그램의 첫 부분 반복됨)
- 3주 단위 평가 — 몸무게와 체지방 비율 수준
- 집단 시작 이후부터의 모든 측정치를 인쇄
- 생활양식 프로그램 이수자 모임에 참석

건강한 식생활

다음의 음식 섭취 프로그램을 위해 집단의 리더는 활동을 준비하고 요리 재료와 조리 도구들을 준비해놓는다.

첫 번째 회기 : 삶을 위한 음식 — 전략

- 소개와 준비 활동
- 음식군과 영양소에 대한 이해를 확립한다.
- 적절한 영양소를 섭취하기 위해 무엇을 얼마나 먹어야 하는지 구분해놓은 식품 피라미드(Nutrition Australia, 2003)를 소개한다.
- 식품 피라미드에 따라 음식을 구분하기 위한 활동으로 음식 꾸러미나 사진이 필요하다.
- 음식 준비 기술 교육 : 과일과 채소 세척하기, 썰기, 도마를 이용할 때 기본적인 음식 위생, 칼을 다룰 때의 기본적인 안전

두 번째 회기 : 삶을 위한 식생활

- 다섯 가지 음식군을 복습한다.
- 건강 식단 피라미드에 대한 개념을 강화한다.
- 각각의 음식이 피라미드의 어떤 곳에 속하는지 확인한다.

- 치즈 토스트와 같은 간단한 요리법을 교육한다. 집단 구성원들은 음식군을 확인하고, 이 음식들을 얼마나 자주 먹어야 하는지에 대해 확인한다.
- 음식 준비 기술 교육 : 주방 전기 기구의 안전한 사용, 강판의 안전한 사용을 포함한 음식 준비 기술

세 번째 회기 : 삶은 건강한 생활을 위한 것

- 다섯 가지 음식군을 복습한다.
- 건강 식단 피라미드에 대한 개념을 강화한다.
- 균형 잡힌 식단에서의 음식 양에 대해 토의한다. 영양 구성 비율표를 살펴보고 집단 구성원들이 보통 섭취하는 영양 구성 비율과 비교해본다.
- 소금에 절인 쇠고기, 샐러드 샌드위치, 스크램블 에그, 참치 샌드위치를 준비한다.
- 음식 준비 기술 교육 : 전기기구의 안전한 사용, 뜨거운 조리기구의 안전한 사용, 설거지 기술

네 번째 회기 : 삶을 위한 균형

- 건강한 몸을 위한 신체적 활동의 중요성을 강조한다(예 : 대사 활동, 뼈의 강도, 심혈관 순환, 정신건강과 집중).
- 적합한 수준의 신체 활동 수준을 제시한다(예 : 하루에 최소 30분가량 적정 수준으로 운동하기).
- 여가시간에 각자 어떤 신체 활동에 참여하고 있는지 확인한다.
- 건강한 간식이 무엇인지 논의한다. 과일과 견과류를 준비한다. 건강한 구성 비율에 대해 논의한다.
- 음식 준비 기술 교육 : 칼의 안전한 사용, 과일 세척, 도마의 사용, 설거지 기술

다섯 번째 회기 : 삶을 위한 계획 — 음식 가격(Food Cent$) 1(Forley, 1998)

- 건강한 아침, 점심, 저녁 식단을 계획한다.
- 식단 피라미드를 보면서 계획한 식단의 음식이 어디에 속하는지 확인하고 전반전인 식단의 건강 상태에 대해 토의한다.

- 식품 피라미드를 참고로 10-플랜을 소개한다. 10-플랜이란, 적게 섭취해야 하는 음식을 1, 보통 양을 섭취해야 하는 음식을 3, 가장 많이 섭취해야 하는 음식을 6만큼 나누는 것이다. 자신이 음식을 선택한 방법이 10-플랜과 얼마나 일치하는지 비교해본다.
- 점심 준비하기
- 음식 준비 기술 교육 : 음식 위생, 주방 기구의 안전한 사용, 칼의 안전한 사용, 설거지 기술, 냉장과 냉동에 초점을 맞춘 음식 저장
- 내담자가 다음 회기에 식료품 영수증을 가져오도록 한다.

여섯 번째 회기 : 삶을 위한 계획 – 음식 가격 2

- 10-플랜에 대해 논의하고 이를 내담자의 예산에 어떻게 맞출지 토론한다(예 : 예산을 10으로 나누고 피라미드에 위치한 각각의 음식군에 이를 배치한다).
- 식품의 영양적 가치에 따라 식품 예산을 배정한다. 가장 많이 먹어야 하는 음식군에 가장 많은 예산을 배정한다.
- (식료품 영수증을 이용하여) 집단 구성원들이 구매 습관을 검토하도록 하고 10-플랜에 적용하도록 한다.
- 점심으로 호박죽을 준비한다. 준비하는 동안 죽이 건강 식단 피라미드 어디에 속하는지, 예산을 어떻게 10-플랜에 맞출지 검토한다. 이를 고려하여 이것이 건강한 식사인지 토의한다.
- 음식 준비 기술 교육 : 칼의 사용, 기구의 사용, 음식 위생, 주방 안전, 음식 저장을 포함한 음식 준비 기술

일곱 번째 회기 : 삶을 위한 쇼핑 – 음식 가격 3

- 10-플랜 예산 지침을 개정하고 슈퍼마켓의 실제적인 측면에서 킬로그램당 가격 계산기(그림 12.1)를 사용한다.
- 가공된 '간편' 음식이 보통 더 비싸다는 것에 대해 논의한다.
- 킬로그램당 가격을 이용하여 다른 음식들의 가격을 비교한다.
- 킬로그램당 가격 계산기에서 1kg당 다른 음식의 가격을 찾고 비교한다.

- 가공식품 대신 저렴하면서 더욱 영양가 있는 음식을 찾아본다.
- 쇼핑을 할 때 음식 가격과 영양가를 신중하게 고려할 필요가 있다는 것을 논의한다.
- 10-플랜을 적용하여 슈퍼마켓에서 소풍 시 사용할 식재료를 구매한다.
- 가까운 공원에 소풍을 간다.

킬로그램당 가격(Kilo Cent$) 계산기는 음식 가격들을 비교하기 위해 오스트레일리아 영양사가 개발했다. 이 표는 양끝에 무게가 적혀 있고 윗부분에 가격이 적혀 있다. 이 도구를 이용하기 위해 음식의 무게와 가격을 알아야 한다. 또한 행과 열이 만나는 지점을 찾아야 한다. 그 둘이 만나는 지점의 값이 음식의 1kg당 가격이다. 이 도구를 이용하여 사람들은 1kg당 두 종류의 음식 값이 얼마인지를 찾으며 서로 다른 종류의 음식 값을 비교할 수 있다. 예를 들면, 신선한 사과 1kg과 파이용 사과 1kg을 비교할 수 있게 된다. 킬로그램당 가격 계산기를 이용하여 더 비싼 음식이 무엇인지 알아낼 수도 있다. 킬로그램당 가격 계산기는 어느 나라의 화폐로도 쉽게 변환될 수 있다. 오스트레일리아와 같은 몇몇 나라에서는 슈퍼마켓에서 100g당 가격을 가격표에 명시하도록 법으로 요구하고 있다. 이것은 킬로그램당 가격 계산기와 같은 기능을 하고 있다. 음식의 가격 비교를 가능하게 해주는 것이다.

여덟 번째 회기 : 삶을 위한 음식
- 지난 회기 동안 음식 가격 프로그램에서 논의해왔던 예산 세우기, 건강한 음식 섭취, 음식의 경제적 가치를 복습한다.
- 지난 회기 실제적인 활동을 통해 얻은 정보에 대해 논의한다.
- 금전적 가치가 충분히 있는 음식과 그렇지 않은 음식을 확인한다.
- 즉석 식품과 건강한 음식의 가격을 비교한다.
- 개인의 쇼핑 습관 변화를 확인한다.
- 건강한 식품 피라미드와 10-플랜을 사용하여 다음 주 종료 회기에 준비할 전채 요리, 주 요리, 디저트를 계획한다.
- 내담자들에게 다음 주 종료 회기에 손님 1명을 초대하도록 요청한다. 손님들은 회기 종료 한 시간 전에 도착한다.

가격

Grams	50c	$1.00	$1.50	$2.00	$2.50	$3.00	$3.50	$4.00	$4.50	$5.00
50	10.00	20.00	30.00	40.00	50.00	60.00	70.00	80.00	90.00	100.00
100	5.00	10.00	15.00	20.00	25.00	30.00	35.00	40.00	45.00	50.00
150	3.33	6.67	10.00	13.33	16.67	20.00	23.33	26.67	30.00	33.33
200	2.50	5.00	7.50	10.00	12.50	15.00	17.50	20.00	22.50	25.00
250	2.00	4.00	6.00	8.00	10.00	12.00	14.00	16.00	18.00	20.00
300	1.67	3.33	5.00	6.67	8.33	10.00	11.67	13.33	15.00	16.67
350	1.43	2.86	4.28	5.71	7.14	8.57	10.00	11.43	12.86	14.28
400	1.25	2.50	3.75	5.00	6.25	7.50	8.75	10.00	11.25	12.50
450	1.11	2.22	3.33	4.44	5.56	6.67	7.78	8.89	10.00	11.11
500	1.00	2.00	3.00	4.00	5.00	6.00	7.00	8.00	9.00	10.00
550	0.91	1.82	2.73	3.64	4.54	5.45	6.36	7.27	8.18	9.09
600	0.83	1.67	2.50	3.33	4.17	5.00	5.83	6.67	7.50	8.33
650	0.77	1.54	2.31	3.08	3.85	4.61	5.38	6.15	6.92	7.69
700	0.71	1.43	2.14	2.86	3.57	4.28	5.00	5.71	6.43	7.14
750	0.67	1.33	2.00	2.67	3.33	4.00	4.67	5.33	6.00	6.67
800	0.62	1.25	1.87	2.50	3.12	3.75	4.37	5.00	5.62	6.25
850	0.59	1.18	1.76	2.35	2.94	3.53	4.12	4.70	5.29	5.88
900	0.55	1.10	1.67	2.22	2.78	3.33	3.89	4.44	5.00	5.56
950	0.53	1.05	1.58	2.10	2.63	3.16	3.68	4.21	4.74	5.26
1000	0.50	1.00	1.50	2.00	2.50	3.00	3.50	4.00	4.50	5.00

1000g = 1 kg

가격

ML	$5.50	$6.00	$6.50	$7.00	$7.50	$8.00	$8.50	$9.00	$9.50	$10.00
50	110.00	120.00	130.00	140.00	150.00	160.00	170.00	180.00	190.00	200.00
100	55.00	60.00	65.00	70.00	75.00	80.00	85.00	90.00	95.00	100.00
150	36.67	40.00	43.33	46.66	50.00	53.33	56.67	60.00	63.33	66.66
200	27.50	30.00	32.50	35.00	37.50	40.00	42.50	45.00	47.50	50.00
250	22.00	24.00	26.00	28.00	30.00	32.00	34.00	36.00	38.00	40.00
300	18.33	20.00	21.67	23.34	25.00	26.66	28.33	30.00	31.67	33.34
350	15.71	17.14	18.57	20.00	21.43	22.86	24.29	25.72	27.14	28.56
400	13.75	15.00	16.25	17.50	18.75	20.00	21.25	22.50	33.75	25.00
450	12.23	13.34	14.45	15.56	16.67	17.78	18.89	20.00	21.11	22.22
500	11.00	12.00	13.00	14.00	15.00	16.00	17.00	18.00	19.00	20.00
550	10.00	10.90	11.81	12.72	13.63	14.54	15.35	16.36	17.27	18.18
600	9.17	10.00	10.83	11.66	12.50	13.34	14.17	15.00	15.83	16.66
650	8.46	9.22	10.00	10.76	11.53	12.30	13.07	13.84	14.61	15.38
700	7.85	8.56	9.28	10.00	10.71	11.42	12.14	12.86	13.57	14.28
750	7.33	8.00	8.67	9.34	10.00	10.66	11.33	12.00	12.67	13.34
800	6.87	7.50	8.12	8.74	9.37	10.00	10.62	11.24	11.87	12.50
850	6.47	7.06	7.65	8.24	8.82	9.40	10.00	10.58	11.17	11.76
900	6.11	6.66	7.22	7.78	8.33	8.88	9.44	10.00	10.56	11.12
950	5.79	6.32	6.84	7.36	7.89	8.42	8.95	9.47	10.00	10.52
1000	5.50	6.00	6.50	7.00	7.50	8.00	8.50	9.00	9.50	10.00

1000ml = 1 litre

그림 12.1 킬로그램당 가격 계산기

- 점심을 위해 계란 요리를 준비한다.
- 음식 준비 기술 교육 : 재료 손질, 주방 안전, 음식 위생, 음식 저장, 전기 기구의 안전한 사용, 칼과 다른 주방 도구들의 안전한 사용

종료 회기

- 재료를 산다.
- 지난 주 계획했던 메뉴대로 음식을 준비한다. 소집단으로 나누어 할 수도 있다. 예를 들어, 한 집단은 수프를 담당한다.
- 식사를 한다.
- 식후 정리를 한다.
- 졸업증을 수여한다.

가정 방문

샘이 프로그램에서 배운 것을 실천하고 있는지 확인하기 위해 몇 차례의 가정 방문을 하는 것은 매우 유용할 것이다(표 12.4). 가정 방문은 프로그램을 통해 배운 것을 일상 생활에 잘 적용할 수 있도록 한다. 가정 방문을 할 때 안전수칙에 주의하는 것은 매우 중요하다. 동료들과 함께 방문하는 것(특히 모르는 사람을 방문할 때), 동료들에게 당신이 있는 장소를 알려주는 것, 휴대전화에 단축번호를 지정하여 긴급전화가 가능하도록 하는 것, 가족 구성원이 함께 있을 때 집을 방문하는 것이 규약에 포함된다.

　샘의 기초 관찰로부터 시작해서 프로그램 중 3주마다 1회 방문하는 것을 추천한다. 집단 프로그램에서 제공된 정보를 적용/활용하는지 알아보기 위해서는 프로그램 종결 3주 후에 방문하는 것이 가장 유용할 것이다. 먼저 샘에게 전화를 걸어 당신이 방문했을 때 점심을 위한 간단한 음식을 준비해줄 수 있는지 물어보는 것이 좋을 것이다.

표 12.4 가정 방문 일정

횟수	활동
초기	샘에게 방문 전화를 한 후 약속을 정한다. 당신을 소개하고 건강한 생활양식 프로그램에 대해 말한다. 식단에 관해 질문하고 요리 자원과 도구들을 확인한 후 샘이 이 도구를 얼마나 잘 알고 사용하는지에 알아본다. 조리에 중요하지만 샘에게 없는 도구를 어떻게 획득할 수 있을지 탐색해본다. 샘이 점심을 준비하는 동안 관찰을 통해 음식 준비 기술과 냉장고를 포함한 음식 저장 장소를 확인한다.
3주	건강한 식단 피라미드에 대해 샘이 올바르게 이해하고 있는지 확인한다. 그의 식료품과 음식들이 피라미드에 적합한지 확인한다. 식사를 할 때 집단 프로그램에서 배운 것을 준비하는지 관찰한다.
6주	샘의 신체 활동 수준을 확인한다. 건강한 간식을 만들기 위해 그가 알고 있는 것이 있는지 확인한다. 10-플랜에 대해 이야기하고 그의 음식들이 10-플랜에 적합한지 논의한다. 샘에게 저녁식사 준비에 대해 물어보고, 필요한 재료와 도구가 이용 가능한지 재확인한다. 샘이 한 주 식품 예산과 각 음식군에 예산을 어떻게 할당하는지 확인한다.
9주	예산을 검토하고 건강한 식단의 가치를 확인한다. 음식 비용을 신중하게 고려하는 것이 왜 필요한지에 대해 논의한다. 그가 프로그램을 어떻게 생각하고 있는지 확인하고 구체적으로 그의 식단과 운동 습관이 어떻게 달라졌는지 탐색한다.
후속(프로그램 종료 3주 후)	샘이 프로그램에서 배운 것을 실천하고 있는지 확인한다. 10-플랜을 사용하여 예산을 계획하는가? 매주 식료품에 쓰는 예산의 변화를 알아차렸는가? 개인적인 소비 습관이 바뀌었는가? 건강과 운동 습관에 대해 논의하고 유지 계획에 대해 검토한다.

요약

샘과 만나 음식 섭취, 활동 수준, 변화 준비도를 평가하는 기초 감별 검사를 시행한다. 논의 끝에 당신과 샘은 집단 프로그램에 참여하는 것이 가장 유익할 것이라 판단하고 참여에 동의한다. 샘이 이전에 참가했던 집단 프로그램은 약물 오용/남용 프로그램과 건강한 생활 프로그램이다. 샘의 변화 과정을 평가하기 위해서 당신은 3주간의 간격을 두고 가정 방문을 한다. 당신과 샘은 예산 세우기, 대중교통 이용하기를 배우는 집단 프로그램에 참여하면 더 효과적일 것이라는 결정을 내리고 이러한 문제들을 다루기 위해 다음과 같은 집단 재활 프로그램에 등록한다. 생활양식 프로그램은 특별히 정신질환을 가지고 있는 사람들에게 유용한 활동이다. 일반 사람들과 비교하여 조현병을 가지고 있는 사람들은 높은 수준의 비만율을 보이고 심장병과 뇌혈관질환으로 인한 조기 사망이 많이 일어난다. 또 다른 잠재 위험 요인들은 건강을 해치는 식단과 신체 활동의 부재 때문이다 (McLeod et al., 2009). 이 장에서 제시한 프로그램들은 생활방식의 변화에 중요한 시작점이 될 수 있지만 그 삶을 유지하는 것은 평생의 과제일 것이다.

참고문헌

Australian Institute of Health and Welfare (2003) *The Active Australia Survey: A Guide and Manual for Implementation, Analysis, and Reporting* Australian Institute of Health and Welfare: Canberra.

Beard J, Ragheb M (1983) Measuring leisure motivation. *Journal of Leisure Research* **15**, 219–28.

Catapano L, Castle D (2003) Obesity in schizophrenia: what can be done about it? *Australasian Psychiatry* **12**, 23–5.

Foley R (1998) The Food Cent$ project: a practical application of behaviour change theory. *Australian Journal of Nutrition and Dietetics* **55**, 33–5.

McLeod HJ, Jacques S, Deane FP (2009) Base rates of physical activity in Australians with schizophrenia. *Psychiatric Rehabilitation Journal* **32**, 261–7.

National Center for Health Statistics (1973) *Plan and Operation of the Health and Nutrition Examination Survey, United States 1971–1973*. National Center for Health Statistics: Rockville, MD.

Nutrition Australia (2003) www.nutritionaustralia.com

Raistrick D, Dunbar G, Davidson R (1983) Development of a questionnaire to measure alcohol dependence. *British Journal of Addiction* **78**, 89–95.

Rollnick S, Healther N, Gold R, Hall W (1992) Development of a short 'readiness to change' questionnaire for use in brief, opportunistic interventions among excessive drinkers. *British Journal of Addictions* **87**, 743–54.

Sanders J, Aasland O, Babor T, de la Fuente J, Grant M (1993) Development of the Alcohol Use Disorders Identification Test (AUDIT). WHO collaborative project on early detection of persons with harmful alcohol consumption – II. *Addiction* **88**, 791–804. A copy of the Alcohol Use Disorders Identification Test (AUDIT) and manual is available free of charge from www.who.int/substance_abuse/docs/audit2.pdf.

기본적인 생활 기술

Chris Lloyd & Hazel Bassett

그동안 진행했던 프로그램과 가정 방문을 마친 후에도 샘은 요리를 하는 데 문제점을 발견하고 이를 고치길 원하고 있다. 또한 그는 예산 계획을 세우는 데 어려움을 겪고 있으며 지출에서 우선순위를 정하는 일에 서투르다. 또한 추가적인 대화를 통해 샘이 교통수단을 이용하는 데 문제를 겪고 있음을 발견했다. 운전을 할 수 있다면 좋겠지만 그에게는 현재 차가 없고, 쉽게 갈 수 있는 장소까지 안젤라에게 의지하여 대중교통을 이용하고 있었다. 문제는 그가 대중교통을 어떻게 이용하는지 모른다는 것이다.

가정 방문 이후 샘이 어떻게 생활하고 있는지에 대한 관찰과 추가적 논의를 통해 당신과 샘은 조금 더 배우고 훈련해야 할 다양한 영역에 합의했다.

- 재정관리
- 대중교통 이용
- 요리

Manual of Psychosocial Rehabilitation, First Edition. Edited by Robert King, Chris Lloyd, Tom Meehan, Frank P. Deane and David J. Kavanagh.

샘은 이러한 특정 영역을 다루기 위한 재활 프로그램에 참여하기로 동의했고, 당신은 집단 프로그램이 그에게 더 적합할 것이라고 판단했다. 이러한 결정에는 샘의 현재 상황이 큰 판단 요소로 작용했다. 당신은 다음과 같은 요소를 고려했다.

- 외로움
- 친구와 사회적 관계의 부족
- 기본적인 생활 기술 수행의 어려움

당신은 샘이 비슷한 문제를 가지고 있는 또래 집단과 어울릴 수 있도록 집단 프로그램에 참석하는 것이 더 좋을 것으로 판단했다. 집단 프로그램은 친구를 사귈 수 있고 다른 이들이 경험하는 문제와 그 문제의 해결책을 찾는 것에 대해 배울 수 있는 기회를 제공할 것이다.

재정관리/예산 세우기 집단

재정관리와 예산 세우기에 초점을 맞춘 집단으로부터 배울 수 있는 점은 다음과 같다.

- 음식 구매, 약 처방, 집세 내기, 여가 활동과 같은 영역의 재정 사용에 우선순위를 세운다.
- 자신의 소비습관을 파악한다.
- 재정을 어떻게 사용할 것인지 목표를 세운다.
- 예산을 세운다.
- 저축 계획을 세운다.

이 집단의 목표는 각 집단 구성원들이 스스로 예산 계획을 세울 수 있게 되는 것이다. 집단의 또 다른 목표는 예산을 세우는 방법과 과거에 도움이 되었던 여러 전략들을 집단 구성원들과 함께 공유하는 데 있다. 때로는 실천가가 아닌 집단 구성원들로부터 나온 아이디어들이 새로운 전략을 개발하고 실천하는 데 도움을 준다. 집단의 부가적 성과로 구성원들의 상호작용이 활발해지고 친밀해질 수 있다.

개인 프로그램이 제공될 수도 있는데 이때는 타인과 친밀감을 형성하고 발전시키는 것은 이루어지지 않는다.

첫 번째 회기 : 집단 소개하기

- 집단에 대한 전반적 소개
- 준비 활동(예 : 제11장과 상자 13.1 참조)
- 우선순위와 가치를 파악한다.
- 자기 개발, 가족 관계, 취미 활동, 공부, 여가 활동에 대해 논의한다.
- 활동지를 활용하여 참가자들에게 자기 개발, 가족 관계, 특별한 관심사, 취미 활동, 공부, 여가 활동 중 우선순위가 가장 높은 한 가지를 결정하도록 한다.
- 집단 토론 : 개인과 가족의 필요와 우선순위의 관련성을 탐색한다. 또 재정 지출을 결정하는 의사결정 방식에 대해서 논의한다.
- 그들은 물건을 구매하는 것과 관련된 어려움을 겪고 있다고 생각하는가?
- 그들은 이것을 해결하기 원하는가?
- 다른 문제 영역이 있는지 집단 구성원에게 물어 확인해본다.
- 정리 활동(예 : 제11장과 상자 13.2 참조)
- 과제 활동 : 한 주 동안의 모든 소비에 대해 일지를 작성하고 우선순위를 기록한다.

두 번째 회기 : 소비습관 인식하기

- 준비 활동
- 소비습관을 파악할 수 있는 활동지 작성
- 활동지 작성 후 참가자들의 소비습관에 대해 집단에서 논의한다(예 : 구매를 고민하게 되는 충동적인 순간, 상품에 대해 쉽게 이야기하거나 묻는 행동 등).
- 지난주 과제 활동 검토를 통해 참가자들의 소비 양식을 평가해보고 물건을 구매한 이유에 대해 생각해본다.
- 다루고 싶어 하는 주제가 있는지에 대해 논의한다.
- 이 영역에서 변화를 만들어내기 위한 방법을 생각해보고 집단과 나눈다.

활동 1. 휴지를 이용한 활동	집단 구성원들이 감기에 걸렸다고 가정하고 하루 동안 사용할 수 있는 휴지를 충분히 뽑아놓는다. 그런 다음 휴지를 한 장씩 사용할 때마다 돌아가면서 자신에 대한 이야기를 한 가지씩 나눈다. 예를 들어, 좋아하는 색, 음식, 동물, 흥미 등을 나눌 수 있다.
활동 2. 나의 별자리	당신은 방 가운데에 가상의 선을 그리는데, 한쪽 끝을 1월, 다른 쪽 끝을 12월로 정한다. 그리고 집단 구성원들에게 자신이 태어난 날짜 순서대로 선 위에 서도록 요청한다. 각 구성원은 집단 앞에서 자신의 별자리가 무엇인지 나눈다.
활동 3. 유명한 사람	집단 구성원들은 돌아가면서 유명한 사람을 1명씩 말한다. 예를 들어, 영화배우, 작가, 가수 등 자신이 존경하는 유명한 사람이 누구인지 말하고, 왜 존경하는지에 대해 이야기한다.
활동 4. 변화 찾기	자원자를 1명 구한다. 자원자는 밖에 나가서 옷의 단추를 몇 개 풀거나 모자를 거꾸로 쓰는 등 외모에 어떠한 변화를 준다. 그가 돌아오면 집단은 그의 달라진 부분을 찾는다. 시간이 있다면 활동을 반복할 수 있다.
활동 5. 경매	먼저 경매할 물건을 집단의 가운데에 놓는다. 그리고 집단 구성원은 경매인이 되어 참여하고, 물건을 선정한 뒤 집단에서 경매로 처분하는 활동을 한다.
활동 6. 거울	구성원들이 편하게 느끼는 사람을 파트너로 정한다. 서로 마주 보고 선 다음 눈 맞춤을 하고 이를 지속하도록 한다. 한 구성원이 몸을 조금씩 움직이면 파트너가 거울처럼 동작을 따라 한다. 역할을 바꿀 수 있다. 그러고 나서 그들이 경험한 것을 구성원들에게 나누는 기회를 준다.
활동 7. 감정	모든 사람들에게 종이를 한 장씩 나눠주고 오늘 기분이 어떤지 쓰도록 한다. 집단과 나눈다.
활동 8. 리듬 반복하기	집단 구성원들에게 몸을 사용해서 낼 수 있는 소리로 노래를 만들 것이라고 설명한다. 한 구성원이 소리를 만들기 시작하면 원으로 돌아가면서 모두가 동시에 한 노래를 만드는데, 구성원 모두가 참여할 때까지 진행된다. 시간이 조금 흐른 뒤, 처음 시작한 사람부터 1명씩 노래 만드는 것을 멈춘다.
활동 9. 메시지 전달하기	집단이 원을 그려 앉는다. 한 사람이 문장을 생각하고 이것을 곁에 앉은 사람에게 속삭인다. 이렇게 마지막 사람까지 전달되면 마지막 사람이 크게 그 문장을 말한 후 원래 메시지와 비교해본다.
활동 10. 비언어적 의사소통	집단 구성원들에게 둘씩 짝을 지으라고 한 뒤 색깔 크레파스를 사용해 그림을 그리고 대화하도록 한다. 두 사람은 한 장의 종이를 사용한다.

- 정리 활동

- 과제 : 소비에 관한 일지 적기, 구매 세부사항 기록하기(예 : 현금, 신용카드, 체크카드 사용 등), 각각의 구매에서 지출 양식 기록하기, 구입한 물품에 대한 우선

상자 13.2 정리 활동

활동 1	집단 구성원들은 돌아가면서 다른 구성원의 외모에서 자신이 좋아하거나 감탄하는 부분에 대해 이야기한다.
활동 2	집단 구성원들에게 당신이 어떤 특성에 대해 큰 소리로 말할 거라고 설명한다(예 : "당신과 같은 눈동자 색을 가진 사람을 찾으세요." 또는 "당신과 같은 머리 색을 가진 사람을 찾으세요."). 구성원들은 그러한 특징을 공유하는 사람을 찾아 옆에 선다.
활동 3	'친구'라는 단어를 칠판에 쓰고 그 단어로부터 생각나는 단어들을 서로 나눈다.
활동 4	집단 구성원들에게 활동지를 나누어준다. 종이에 자신의 이름을 쓰고 다음 사람에게 그 종이를 넘긴다. 종이를 넘겨받은 사람은 종이에 이름이 적힌 사람에 대한 칭찬을 적는다. 모든 집단 구성원들이 다 작성할 때까지 계속된다. 구성원들은 종이에 적힌 칭찬들을 읽게 된다.
활동 5	집단 구성원들은 당황스러웠지만 그것을 통해 무엇인가 배웠던 경험에 대해 나눈다. 그들은 과거의 경험을 돌아보고 웃을 수 있다.
활동 6	모든 구성원들에게 활동지와 펜을 나누어준다. 그리고 종이를 찢어 구성원 수만큼의 조각을 만든다. 참가자들은 각자 종이 조각에 모든 구성원들의 이름을 쓰고, 그 사람에게 주고 싶은 것, 또는 선물이 무엇인지 쓰도록 한다. 그 후 각 사람에게 그 조각을 전달하고 각 사람은 자신이 받은 종이 조각에 무엇이 적혀 있는지 모두 앞에서 읽도록 한다.

순위 기록하기

세 번째 회기 : 목표 세우기

- 준비 활동

- 올바른 소비습관의 지침이 될 수 있는 목표에 대해 논의한다.

- 가구, 음식, 옷, 음악, 오락, 여행 등 구매할 수 있는 물품이 적혀 있는 목록을 모아온다(광고성 메일도 유용할 것이다). 참가자들에게 목록을 참고하여 자신이 가지고 있는 돈으로 살 수 있는 모든 물품을 적어보도록 한다.

- 작성된 목록에서 현재 중요한 것과 미래를 위해 중요한 것이 무엇인지 구분하도록 한다.

- 토의 : 지난주의 과제를 검토하여 집단 구성원들이 구매한 물품이 각각 그들에게 얼마나 중요한지 확인한다. 소비와 관련된 목표가 무엇인지 생각해보고 집단 구

성원들에게 단기 목표 두 가지를 공유하도록 한다.

- 참가자들에게 수입과 소비를 고려할 때 목표가 현실적인지 파악하도록 한다.
- 참가자들에게 가족들도 예산 계획에 대해 동의할지 묻는다.
- 어떻게 이러한 목표들을 달성할 것인지 질문한다.
- 정리 활동
- 과제 : 지난달 영수증과 고지서를 모아서 다음 회기 때 가져오도록 한다.

네 번째 회기 : 월별 지출 파악하기

- 준비 활동
- 활동지를 나눠주고 참가자들이 지출 목록과 소비하는 금액을 대략적으로 적어보도록 한다. 참가자들이 과제로 가져온 영수증과 청구서의 내역도 포함시킬 수 있도록 한다.
- 토의 : 수입 내에서 생활할 수 있도록 문제 영역이 무엇인지, 지출 목록 가운데 소비를 줄여야 하는 것에는 어떤 것이 있는지, 장/단기 목표를 달성하기 위해 현재의 소비 양상 중 고쳐야 하는 것이 있는지 이야기한다.
- 쇼핑보다 더 저렴한 물건이 있는지 찾아본다(예 : 자선행사에서 옷 사기, 집에서 직접 만든 식품 구입하기).
- 정리 활동
- 과제 : 참가자들은 첫 번째 회기에 기록한 목록의 물품을 가장 저렴하게 살 수 있는 방법을 찾아보도록 한다(예 : 멀지 않은 거리는 걸어가기).

다섯 번째 회기 : 예산 세우기

- 준비 활동
- 예산을 세울 때 지출 목록을 고려하여 꼭 필요한 지출과 그렇지 않은 항목을 확인하는 것의 중요성에 대해 논의한다.
- 집단 구성원들에게 정기적으로 지출하는 영역이 무엇인지 질문한다.
- 유동적으로 지출하는 영역을 파악한다. 이 영역을 줄일 수 있는 방법에 대해 서로

질문한다. 지난주 과제의 여러 수행 방법에 대해 생각해본다.

- 이후에 물건을 사고 싶은 욕구가 들 때 그것을 어떻게 다룰 것인지에 대한 문제를 논의한다. 다음과 같은 질문이 도움이 된다.
  - 이것을 구입하면 기쁠까?
  - 이것을 살만큼 충분한 재정이 있는가?
  - 지금 당장 이것을 사는 데 돈을 쓸 용의가 있는가?
  - 나는 왜 이것을 사고 싶어 하는가?
  - 이것을 구입하는 이유가 타당한가?
- 정리 활동
- 과제 : 모든 유동적 지출과 고정 지출을 고려하여 개인 예산안을 만들어본다. 매주 현실적인 저축 목표를 세우고 저축을 통해 무엇을 할지 생각해본다.

여섯 번째 회기 : 자원과 필수 조건

- 준비 활동
- 참가자들이 가진 자원들에 대해 논의한다(예 : 시간, 돈, 에너지, 능력, 지식, 기술).
- 논의 후 개인적 욕구를 아는 것에 초점을 맞춘다(예 : 그 욕구를 어떻게 이용할 수 있을 것인가, 그것이 얼마나 오랜 기간 지속될 것인가, 어떤 것들이 가장 중요한가, 무엇이 필수적인가?). 지난주 부여한 과제를 검토하고 절약의 목표가 무엇인지 확인한다.
- 정리 활동

결론

앞에 제시된 프로그램이 집단 활동을 중심으로 구성되어 있지만 더 많은 자료와 자원들을 사용하여 샘과 개별 회기를 진행할 수 있다. 만약 당신의 내담자가 부모님과 함께 산다면 부모님 또한 회기에 참여시킬 수 있다. 가장 중요한 것은 참가자가 과제를 수행하도록 하는 것이다. 과제는 내담자의 발전을 촉진시킬 수 있는 유용한 정보를 제공하며 다음 회기를 위한 추가적인 정보들을 제공하는 것이다.

대중교통 이용하기

샘은 재활 프로그램에 참석하거나 약속 장소에 가는 것에 어려움을 겪고 있다. 기차, 지하철, 버스 등을 이용하여 이러한 장소에 가는 방법이 잘 만들어져 있기 때문에 당신은 샘이 가고자 하는 장소가 어디인지, 그곳에 가기 위해서 가장 좋은 대중교통 수단은 무엇인지에 대해 논의한다. 아마 샘이 원하는 곳에 가기 위해서는 버스가 가장 적합한 교통수단일 것으로 보인다. 내담자가 어떤 교통수단을 선택하는지에 맞추어 프로그램을 진행할 것이다. 이러한 특정 프로그램은 집단 형식으로 진행될 수도 있지만 개인 회기에서 이루어지기도 한다. 회기 수는 유동적이며 내담자의 지식 수준과 대중 교통을 이용하는 능력을 고려하여 조정할 수 있다. 교통정보를 가장 잘 얻을 수 있는 곳이 어디인지 상담자가 알고 있어야 한다. 예를 들어, 교통정보란 지역 내에 버스 종착역과 주요 버스 정류장에서 얻을 수 있는 정보, 전화나 해당 지역의 교통 관련 웹 페이지를 통해서 얻을 수 있는 정보 등이 포함된다.

프로그램은 다음과 같은 영역의 기술을 개발하는 데 초점을 맞추어 대중교통의 유형을 선택하고 찾을 수 있도록 하는 목표를 가지고 구성된다.

- 시간표, 지도, 정보 탐색을 위한 인터넷 사용 방법을 알아본다.
- 활동과 이동 수단을 검색하고 계획한다.

프로그램의 목적은 야외 외출 계획을 세우고, 그곳에 가는 데 필요한 대중 교통 수단을 이용하는 기술을 배우는 것이다.

첫 번째 회기 : 프로그램 소개하기

- 참가자들에 대한 기초적인 정보를 얻고 가장 적합한 대중교통 수단이 무엇인지 결정한다.
- 그가 대중교통을 이용한 적이 있는가? 그동안 대중교통을 이용하지 않아 그 기술이 저하되었는가? 그가 낯선 사람과 있는 것을 불편해하는가?
- 참가자가 가야 하는 곳은 어디인가?
- 한 주에 몇 번 그곳에 가야 하는가?

- 이것을 위한 예산이 있는가?
- 프로그램 종결 후 그가 달성하고자 하는 목표가 무엇인지 확인한다.

두 번째 회기 : 버스 시간표와 지도

참가자가 대중교통을 편안하게 느낄 수 있도록 이 회기를 많이 반복해야 할 수도 있다. 그가 가고 싶어 하는 장소 주변과 비슷한 시간대에 초점을 맞추어 진행하는 것이 가장 효과적일 것이다.

- 대중교통 노선을 살펴본다.
- 첫 번째 회기에서 세운 목표와 관련하여 참가자가 대중교통을 이용할 경로를 알아본다.
- 버스를 이용할 때 해당 장소까지 시간이 얼마나 소요될지 알아본다.
- 버스 정류소에 가서 버스 시간표를 확인한다.
- 참가자가 버스를 이용할 충분한 돈이 있는지 확인하고, 버스 승/하차 방법에 대해 확실히 배운다.
- 이 활동은 여러 차례 반복해야 한다.

세 번째 회기 : 도서관 — 인터넷 대중교통 웹사이트

- 공공 도서관 방문 계획을 세운다.
- 도서관 컴퓨터를 사용하여 인터넷 사용 방법에 대해 보여준다.
- 대중교통 홈페이지에서 시간표를 확인한다.
- 필요한 경로와 버스 시간을 결정한다.
- 버스 탑승 계획을 세운다. 참가자가 스스로 버스를 타고 요금을 내고 정해진 장소에 내리도록 한다. 만약 참가자가 이 과정에서 지원과 격려가 필요하다고 생각되면 함께 버스를 타고 동행한다.

네 번째 회기 : 계획과 일정 세우기

- 모임, 약속, 쇼핑 등에 가야 하는 날짜와 시간을 파악한다.

- 버스 시간표를 확인한다.
- 스스로 교통수단을 이용하도록 한다.
- 독립적으로 이 일을 수행할 수 있는지 확인하기 위해 약속된 장소에서 참가자와 만나는 계획을 세운다.
- 이 활동은 참가자 스스로 대중교통을 이용하는 것에 능숙해질 때까지 여러 차례 반복해야 한다.

요리하기

샘이 겪고 있는 또 다른 어려움은 식사 준비에 서툴다는 것이다. 그는 현재 요리 프로그램에 등록한 상황이며 '삶을 위한 음식'(제12장 참조)과 같은 사후 관리 프로그램에도 참여하고 있다. 이 '삶을 위한 음식(Food for Life)' 프로그램에서는 식품군에 대한 강조, 꾸준한 신체 활동의 필요성, 식사를 계획하고 재료를 구입하는 방법, 건강한 식습관을 위한 예산 세우기 등을 배운다. 각각의 집단 회기에서 식품 피라미드에 대해 검토하고 식재료의 킬로그램당 가격 계산기(제12장 참조)에 대해서도 살펴본다. 집단 참가자들의 선택에 따라 회기에서 하게 될 요리가 결정된다. 요리법은 자료집에 모아두고 참가자들이 회기 종료후 집으로 가져가고 반납할 수 있도록 한다. 모든 집단 회기는 이와 비슷한 절차를 따른다. 추후 회기 진행과 요리법 소개는 선택사항이다. 생일, 발렌타인 데이, 부활절과 같은 특별한 행사에 따라 참가자들 스스로 요리 주제를 정할 수 있어야 하고, 그에 따른 메뉴는 영양가가 높고 준비하기 쉬우며 주제에 부합하는 것이어야 한다. 참가자들이 잘 갖춰진 요리 도구와 부엌을 가지고 있을 가능성은 적지만 기본적인 요리 도구(예 : 칼, 그릇, 수저, 도마, 접시, 소스냄비, 그릇 등)를 갖추어야 한다.

신나게 요리하기

이 집단 프로그램은 다음과 같은 기술을 익히는 데 초점을 둔다.

- 영양소의 기본적인 이해
- 영양소와 개인의 선호를 파악하여 일일 식단 계획을 세운다.

- 식품 구입을 위한 예산 세우기/가격 비교, 상표를 통한 식품 구분과 같은 쇼핑 기술을 배운다.
- 음식 준비와 위생(손 씻기, 요리 도구 사용 방법, 음식 저장법)
- 팀원들과 식사를 준비한다.
- 함께 식사하며 사회적 기술을 쌓는다.

이 프로그램은 개인 회기로 할 수 있지만 다른 사람들과 상호작용하며 이루어진다면 더 효과적일 것이다.

이 프로그램을 위한 요리법은 인터넷, 요리책, 요리잡지 등을 통해서 얻을 수 있다. 또는 가정에서 전해져 내려오는 요리법이 될 수도 있다. 중요한 것은 참가자들이 그 요리를 다시 만들 수 있도록 그리고 쉽게 따라 할 수 있도록 복사본을 만들어두는 것이다.

첫 번째 회기 : 소개

- 준비 활동 : 음식 사진을 활용해 해당 음식이 식품 피라미드 내 어디에 위치하는지 찾아보고(제12장 참조) 식품 피라미드에 대한 내용을 복습한다
- 프로그램의 목적과 목표를 설명한다. 참가자들에게 쇼핑, 음식준비, 식사, 식사 후 정리에 관한 회기를 진행할 것이라 설명한다.
- 참가자들이 앞으로의 회기에서 다루게 될 주제(겨울식사, 여름식사, 특별한 날을 위한 식사, 타문화권의 식사 등)를 확인한다. 집단이 주제를 정했다면 전체 요리나 디저트, 메인 요리의 메뉴을 결정한다. 요리법은 참가자들이 집에 가져가서 시도해볼 수 있도록 파일로 정리해둔다.
- 정리 활동 : 킬로그램당 가격 계산기에 대한 내용을 복습하고 가격 비교 방법, 영양 요소를 읽는 방법에 대해 알고 있는지 점검한다.

두 번째 회기 : 겨울식사

아이리시 스튜와 롤케이크

- 준비 활동 : 쇼핑 목록을 준비한다.
- 목록에 있는 모든 식료품이 식품 피라미드 중 어디에 속하는지 복습한다.

- 장 보기, 적절한 구매를 위해 킬로그램당 가격 계산기(제12장 참조)를 사용한다.
- 주방으로 돌아와 각 음식별로 팀을 만들어 요리를 시작한다. 롤케이크는 미리 구매해놓는다. 음식을 준비한 후 식사를 시작한다. 각 과정마다 예산을 얼마 사용했는지, 예산 사용이 10-플랜에 부합하는지 점검한다
- 정리 : 다음 주를 위해 주제와 요리법을 검토하고 수정한다.

세 번째 회기 : 여름식사

구운 치킨과 감귤 파이, 샐러드

두 번째 회기의 지시를 참고

네 번째 회기 : 생일 저녁식사

밀라노식 수프와 구운 야채, 양다리 요리

두 번째 회기의 지시를 참고

다섯 번째 회기 : 타문화 식사

중동지방에서 먹는 빵과 양념 로간 조쉬(토마토 소스로 간을 한 양고기 또는 고기 요리)

두 번째 회기의 지시를 참고

여섯 번째 회기 : 채식주의자들을 위한 식사

야채 라자냐와 커스타드, 과일

두 번째 회기의 지시를 참고

일곱 번째 회기 : 브런치

신선한 과일과 영국식 아침식사(시리얼, 베이컨과 달걀 요리, 토스트에 홍차나 커피를 곁들인 식사)

두 번째 회기의 지시를 참고

여덟 번째 회기 : 햄버거 데이

햄버거와 젤리 아이스크림

두 번째 회기의 지시를 참고

아홉 번째 회기 : 수료 기념 식사

치킨 수프와 피쉬 앤 칩스, 샐러드와 푸딩

- 준비 활동 : 쇼핑 목록을 준비한다.
- 목록에 있는 모든 식료품이 식품 피라미드 중 어디에 속하는지 검토한다.
- 장 보기 : 적절한 구매를 위해 킬로그램당 가격 계산기(제12장 참조)를 사용한다.
- 주방으로 돌아가 각 음식별 요리 팀을 구성한다. 롤케이크는 미리 구매해놓는다. 음식을 준비한 후 식사를 시작한다. 각 과정마다 예산을 얼마 사용했는지, 예산 사용이 10-플랜에 부합하는지 점검한다.
- 식사 후 정리
- 프로그램이 종료되고 나서도 혼자 요리를 계속할 수 있도록 한다.

표 13.1은 집단에서 사용할 수 있는 요리법에 대한 목록이다. 다음 요리법은 4인 기준으로, 재료는 집단 구성원이 몇 명인지에 따라서 더 추가될 수 있다. 물론 메뉴를 계획할 때 당신이 함께할 집단의 문화적인 부분, 즉 무슬림이 돼지고기를 꺼리는 것과 같이 제한적인 식습관이 있거나 집단 내에 채식주의자가 있는지 고려해야 한다.

메뉴를 위한 요리법을 선택할 때 고려해야 할 기본적인 원칙은 다음과 같다.

- 저렴한 재료
- 식품 구매의 용이성
- 영양분이 높은 음식
- 구하기 어려운 요리 도구를 사용하지 않는 요리법
- 간단한 준비 절차
- 사람들이 좋아하는 음식

표 13.1 저렴한 예산으로 요리할 수 있는 메뉴의 예

레시피	방법
첫 번째 회기 : 쉬운 감자 굽기 재료 : 얇게 썬 감자 4개, 베이컨 슬라이스 250g, 얇게 썬 토마토 4개, 크림 300ml 치즈가루 1컵, 소금과 후추	오븐을 180°C로 예열한다. 기름을 덧칠한 오븐용 용기바닥에 슬라이스한 감자를 쌓는다. 슬라이스한 토마토, 양파, 베이컨, 크림 그리고 소량의 치즈를 그 위에 얹는다. 소금과 후추를 뿌린다. 용기가 가득 찰 때까지 계속한 후 마지막에 치즈가루를 충분히 뿌린다. 감자가 부드러워지고 치즈가 갈색이 될 때까지 가열된 오븐에 적당히 굽는다. 모든 과정은 약 45~50분 정도 소요된다. 야채 샐러드와 함께 곁들여서 낸다.
두 번째 회기 : 소고기 버거 재료 : 저지방 다진 고기 500g, 얇게 썰어놓은 양파 1개, 강판에 갈아놓은 당근 1개, 풀어놓은 계란 1개, 소금과 후추	모든 재료를 그릇에 넣고 섞는다. 소금과 후추를 뿌린다. 큰 공 모양으로 패티 4개를 만든다. 기름을 두른 팬을 달군 후 패티(약 2~3cm)를 올리고 주걱으로 평평하게 눌러 준다. 골고루 익을 때까지 앞뒤로 뒤집어주며 익힌다. 양상추와 토마토, 비트를 곁들여서 햄버거를 낸다.

세 번째 회기 : 스파게티
재료 :
저지방 다진 고기 500g,
잘게 다진 양파 1개,
잘게 썰어놓은 고추1개(후추),
잘게 썰어놓은 신선한 파슬리,
다진 마늘 2쪽,
미리 만들어진 파스타 소스,
소금과 후추,
스파게티 혹은 다른 종류의 파스
  타 ½×500g, 파마산 치즈
	올리브 오일을 두르고 양파가 갈색이 될 때까지 익힌다.
	다진 마늘을 넣는다.
	다진 고기와 잘게 썬 고추(후추)와 파슬리를 넣고, 다진 고기가 익을 때까지 익
	  힌다.
	소금과 후추를 뿌린다.
	스파게티 소스를 넣고 서서히 익힌다.
	냄비에 물을 올리고 끓여, 스파게티 면을 넣고 익힌다.
	스파게티를 마늘 빵, 이탈리안 샐러드와 함께 접시에 낸다.
	파마산 치즈가루를 뿌린다.

네 번째 회기 : 미트로프 재료 : 저지방 다진 고기 500g, 얇게 썰어놓은 양파 1개, 강판에 갈아놓은 당근 1개, 풀어놓은 계란 1개, 치즈가루, 소금과 후추	오븐을 200°C로 예열한다. 소고기와 양파, 당근, 계란, 소금과 후추를 섞는다. 모든 재료를 기름을 덧칠한 직사각형 로프틴(직사각형의 틀)에 넣는다. 위에 치즈가루를 뿌린다. 적당히 가열한 오븐(180°C)에서 45분 정도 굽는다. 감자, 콩, 브로콜리, 고구마 등의 야채와 함께 곁들여서 낸다.
다섯 번째 회기 : 참치, 완두콩, 감자 파이 재료 : 껍질을 깎아 깍둑썰기로 썬 감자 500g, 얼린 완두콩 반 컵, 물을 따라내고 말린 캔 참치 415g, 잘게 썬 신선한 딜 2큰술, 반 정도 풀어놓은 계란 1개, 밀가루 1/3컵, 식물성 오일 1/3컵, 소금과 후추, 샐러드와 레몬 웨지	감자를 찬물이 담긴 냄비에 넣는다. 감자를 끓는 물에 옮겨 담아 15분가량 또는 부드러워질 때까지 익힌다. 완두콩을 10분 정도 끓여 익힌다. 감자를 으깬다. 으깬 감자에 참치, 딜(향신료), 완두콩, 계란을 넣는다. 소금과 후추를 더한다. 모든 재료가 섞일 수 있도록 젓는다. 8개의 패티를 만든다. 패티를 밀가루로 덧입히고 냉장고에서 30분 동안 휴지시킨다. 후라이이팬에 기름을 두르고 패티가 갈색이 될 때까지 4분가량 익힌다. 샐러드와 슬라이스 레몬웨지를 곁들여서 낸다.

(계속)

표 13.1 저렴한 예산으로 요리할 수 있는 메뉴의 예(계속)

레시피	방법
여섯 번째 회기 : 소시지, 계란, 야채파이 재료 : 얇게 썰어놓은 양파 1개, 얇은 소고기 소시지 6개, 강판에 갈아놓은 당근 1개, 강판에 간 쥬키니 호박 2개, 치즈 가루 1컵, 밀가루 1/2컵, 우유 1과 1/2 컵, 계란 3개, 소금과 후추	오븐을 180°C로 예열한다. 양파가 부드러워질 때까지 익힌다. 오븐에서 꺼내 그릇에 담아둔다. 소시지를 팬에 넣고 조리한다. 10분가량 팬 가장자리에 두고 얇게 자른다. 소시지, 양파, 당근, 쥬키니, 치즈를 준비된 접시에 올린다. 소금과 후추를 뿌린다. 밀가루와 우유를 그릇에 넣고 부드러워질 때까지 거품기로 휘저어준다. 계란을 넣고 섞는다. 소시지 혼합재료를 붓는다. 적당히 가열된 오븐에서 50~60분간 다 익을 때까지 굽는다. 샐러드와 함께 낸다.
일곱 번째 회기 : 칠레 고추를 넣은 강낭콩 스튜 재료 : 얇게 썰어놓은 베이컨 125g, 기름기를 뺀 다진 소고기 750g, 얇게 썰어놓은 양파 2개, 썰어놓은 빨간 고추 2개(후추), 다진 마늘 3쪽, 칠리 1티스푼, 토마토 소스 2큰술, 깍둑 썰기한 통조림캔 토마토 800g, 물을 따라내고 헹군 적강낭콩 400g, 소금과 후추	다진 소고기를 약 15분 동안 또는 갈색이 될 때까지 익힌다. 베이컨을 넣고 익힌다. 양파와 빨간 고추(후추), 마늘, 칠리를 더해 부드러워질 때까지 익힌다. 토마토와 소스, 물 한 컵과 소금, 후추를 넣어 조리한다. 30분 정도 약불에서 끓인다. 콩을 넣어 15분 정도 더 끓인다. 익힌 쌀과 할라피뇨 칠리, 사워크림, 잘게 썬 고수 잎, 치즈가루를 토핑해낸다.
여덟 번째 회기 : 병아리콩 커리 재료 : 병아리콩 1캔, 통조림 토마토 1캔, 얇게 썰어놓은 양파 1개, 생강 분말 1디저트 스푼, 다진 마늘 2쪽, 심황 1티스푼, 고수 2티스푼, 커민씨 1티스푼, 소금과 후추	양파가 옅은 갈색이 될 때까지 후라이팬에 익힌다. 마늘, 생강, 심황, 고수, 커민씨, 소금과 후추를 넣어 맛을 낸다. 1~2분 정도 저은 후 병아리콩과 통조림 토마토를 넣는다. 중불에서 15분가량 조리한다. 밥과 샐러드, 망고 소스와 함께 낸다.
아홉 번째 회기 : 소를 채워넣은 쥬키니(호박) 재료 : 4개의 큰 쥬키니(호박), 얇게 썰어놓은 양파 1개 얇게 자른 베이컨 250g 다진 마늘 2쪽, 다진 고기 300g, 익힌 쌀 1과 1/2 컵, 토마토 퓨레 1컵, 허브 가루 1티스푼, 칠리 파우더 1/2 티스푼, 파마산 치즈 2큰술	오븐을 180°C로 예열한다. 오븐 그릇에 기름을 덧칠한다. 쥬키니(호박)를 길게 반으로 자른다. 작은 스푼으로 속을 파낸 후 속을 깍둑썰기한다. 팬에 기름을 두르고 열을 가한 뒤, 양파, 베이컨, 마늘을 넣고 살짝 갈색이 될 때까지 익힌다. 쌀, 토마토 퓨레, 칠리, 허브, 소금과 후추, 썰어놓은 쥬키니를 넣는다. 몇 분간 익힌다. 요리된 재료를 쥬키니 껍질 안에 채우고 치즈를 뿌린다. 오븐 쟁반에 혼합물을 채운 쥬키니를 넣고 30분가량 익힌다. 으깬 감자와 썰어놓은 토마토와 함께 곁들여서 낸다.

요약

||||||||||||

재활 프로그램에 참여하고 난 후 샘은 혼자 버스를 탈 수 있게 되었다. 재정을 관리하는 데 있어서도 능숙해졌고 좋아하는 요리를 만들어 먹는 데도 어려움이 없어졌다. 그는 이제 더 효과적으로 자신을 관리할 수 있게 되었다는 사실에 기분이 한결 좋아졌다. 이제 샘이 집에서도 실제로 요리를 할 수 있도록 사후관리가 필요할 것이다. 가정 방문에 대한 약속을 잡고 그가 요리를 할 수 있도록 식사 계획을 세워 방문했다.

논의 끝에 샘이 현재 일자리를 갖기 원한다는 것을 알게 되었고 직업 재활 프로그램에 의뢰하였다. 자신감을 기르고 기술을 익히는 과정은 오랜 시간이 걸린다는 것을 반드시 기억해야 한다. 패스트푸드를 사는 것처럼 쉬운 일에 있어서도 동기는 매우 중요하기 때문이다. 심각한 정신질환이나 저소득 계층의 사람들은 다른 사람들보다 고지방 식품, 설탕이 많이 들어간 식품이나 섬유질이 부족한 음식들을 더 많이 먹는다. 또 과일이나 야채 섭취가 적고 물 대신에 탄산음료를 마시는 경향이 있다.

감사의 글

이 동기 프로그램이 개발되었을 때 골드코스트 건강 서비스(Gold Coast Health Service District)의 재활 서비스(Rehabilitation Services)에서 Chris Lloyd와 Hazel Bassett가 함께했다.

참고자료

http://www.taste.com.au/recipes/collections/budget

http://allrecipes.co.uk/recipes/budget-recipes.apsx

www.taste.com.au

http://www.taste.com.au/recipes/colllections/quick+meals

http://allrecipes.com.au

www.cookdinner.com

www.recipes.com.au

http://recipefinder.ninemsn.com.au

www.cuisine.com.au

www.goodrecipes.com.au

http://www.lifestylefood.com.au/recipes/collections/mince-recipes.aspx

http://www.taste.com.au/recipes/collections/chicken

http://www.taste.com.au/recipes/collections/beef+recipes

http://www.taste.com.au/recipes/collections/lamb+recipes

http://www.taste.com.au/recipes/collections/vegetarian

제4부

동료 지지와 자조

정신보건 서비스 내 동료 지지

Lindsay Oades, Frank P. Deane & Julie Anderson

들어가기 전에

이 장에서는 정신보건에서 동료 지지(peer support)의 여러 정의에 대해 요약할 것이다. 또한 동료 환자 지지의 명확한 목적과 그 근간이 되는 심리적 과정에 대해 다룰 것이다. 우선 동료 지지 집단의 세 가지 주요 형태에 대해 다룰 것이고, 그 후 샘이 구직활동을 하며 경험하는 동료 지지를 예로 살펴볼 것이다. 소비자/생존자/전(前) 정신질환자 운동(consumer/survivor/ex-patient, c/s/x movement)이 전통적인 의료 모델과 충돌하는 관점의 차이를 다루기에 앞서 동료 지지 집단에서 나타나는 경험적 증거에 대해 요약할 것이다. 그 후 정신보건 영역에서 동료 지지 관점을 가지고 일하는 현역 및 예비 정신건강 전문가를 위한 조언을 제공할 것이다. 그 조언에는 해야 할 것과 하지 말아야 할 것이 포함된다.

Manual of Psychosocial Rehabilitation, First Edition. Edited by Robert King, Chris Lloyd, Tom Meehan, Frank P. Deane and David J. Kavanagh.
© 2012 Blackwell Publishing Ltd. Published 2012 by Blackwell Publishing Ltd.

동료 지지의 정의

동료 지지는 여러 방법으로 개념화될 수 있다. 이 장에서 동료 지지의 정의는 "여럿이 자발적으로 공통적인 문제나 공유되는 관심사에 관해 서로를 돕기 위해 일어나는 상호 지원의 과정"이다(Davidson et al., 2006). Solomon(2004)은 동료 지지를 "유사한 정신건강 상태를 공유하는 사람들이 원하는 사회적 또는 개인적 변화를 위해 도구적 지지를 동반한 사회적 · 정서적 지지를 상호 제공하는 것"이라고 정의했다(p. 393).

대부분 이러한 과정에 자발적으로 참여하게 되며, 사회적 환경은 개인이 문제와 관심사를 다루는 데 필요한 능력을 강화할 수 있는 자원과 구조를 발견하도록 돕는다.

Adame과 Leitner(2008)는 의료 모델에서 도움을 구하는 사람들이 처한 사회적 환경, 정치적 차별, 가족 환경, 대인관계, 영적 공황, 신체/성적 학대 트라우마 등의 문제를 과소평가한다고 설명한다. 그러나 반대로 동료 지지 모델은 대인관계에 대부분의 기반을 두고, 지역사회가 개인의 재기 및 역량강화에 대해 취하는 사회적 분위기가 매우 중요하다는 전제하에 일어난다.

동료 지지에는 한 가지 중요한 특징이 있는데, 동료 지지 집단은 소비자들이 그들의 전반적인 정신건강에 대해 받아들이고 그것을 바꾸고 개선하고자 하는 집단으로, 같은 체계(system) 내에서 더 많은 선택권을 누릴 수 있도록 하는 것이다. 생존자/전(前) 정신질환자 모델에서는 시스템 외부에서 대안을 찾을 확률이 더 높을 것이다. 이 차이점은 두 가지의 담론에서 비롯된다고 할 수 있다. 즉 증상과 '객관성'의 의료적 담론 대 때로 억압과 불평등을 포함하는 사회적 · 정치적인 환경에 처한 개인의 고통과 관련된 담론이다. "동료 지지는 … 결함이 있다고 판단된 사람들을 전문적으로 돌보는 모델에서 벗어난 지역사회의 자연스러운 확대/확산 현상"이라고 명명되었다(Mead et al., 2001, p. 136). 대부분의 경우 동료 지지를 실행하는 사람들 간에는 '전문가적' 직업으로 정신보건을 시행하는 사람 사이에서 보다 더 큰 상호성에 대한 기대가 존재한다.

동료 지지는 확실히 대인관계 경험의 결과로서 정서적 회복을 포함하는데, 정신과 치료의 생존자나 전 정신질환자 모델은 역량강화에 대한 정의를 내릴 때 정치적인 운동이나 참여, 옹호 등의 방법을 사용하는 등 개인적인 동료 지지 모델보다 조금 더 정치적으로 집중하는 경향이 있다(Crossley & Crossley, 2001; Everett, 2000). 몇몇 저자들은 동료 지지 집단은 재기의 의미가 정신장애 그 자체에 대한 극복이 아닌 대안적인 재기를 의미한다고 보았다. 이는 기존의 정신장애 증상으로부터 회복이 아닌 의사에게 원인이 있는(의원성) 트라우마에 대한 회복을 의미한다고 저술하기도 했다. 예를 들자면, 정신장애에 대한 사회적 낙인과 더불어 병을 앓는 사람들이 겪는 불이익과 사회적 권리에 대한 박탈은 동료 지지 집단 내에서 중요한 주제가 될 수 있다는 것이다. 동료 지지의 주요 요점은 동료 지지가 정치적인 맥락에서 일어난다는 사실과 사회적 과정이라는 것을 이해하는 데 있다.

동료 지지의 형태

동료 지지는 여러 가지 형태로 설명될 수 있다. Cohen과 Mullender(2005)가 설명한 주 초점 집단(foci group)을 통한 관점에서 동료 지지 집단을 다음과 같이 분류할 수 있다.

- 치료적 : 개인적 재기의 과정에 집중함
- 상호작용적 : 대인관계와 개인적 경험을 중요시함
- 사회적 : 개인적 · 대인관계적 · 정치적 요소의 통합적 접근. 사회요소 분류의 의미는 사회 변화와 역량강화를 포함하는 것이다.

Solomon(2004)은 동료 지지의 기반이 되는 과정을 사회적 지지, 경험적 지식, 조력자-치료 원칙(helper-therapy principle), 사회 학습 이론, 그리고 사회적 비교로 제시했다. 그리고 동료 지지를 행하는 각 집단은 그들의 정치적 참여도에 있어 얼마나 보수적인지 혹은 진보적인지에 따라 다양할 수 있다(Solomon, 2004).

Davidson과 동료들(2009)은 동료 지지 집단이 택할 수 있는 세 가지 방법을 제안한다. 자연적으로 발생하는 상호 지지 집단, 소비자가 직접 운영하는 서비스, 그리고 병원이나 재활센터에서 소비자들을 서비스 제공자로 고용하는 형태가 있다. 의료적인 재활센터에서 소비자들을 다양한 형태로 고용하는 것은 기존의 행동주의 체계가 변화하고 있다는 것을 보여주는 결과이며, 상자 14.1에 나타나듯 현재 다양한 단어로 동료 지지를 표현하고 있다.

동료 지지 프로그램은 동료 동반 관계 모델의 형태로 전통적인 지역사회를 기반으로 한 정신사회재활 서비스의 한 종류에 속할 수 있다. 이 말은 그들이 법적·금전적인 것과 프로그램 내용을 어느 정도 포기해야 한다는 말이기도 하다(Solomon, 2004).

동료 지지는 원조 관계의 연장선에 있다. 그 연장선상에서 서비스 제공 환경을 배경으로 정신보건 전문가들과 동료들은 의도적으로 함께 같은 팀이 되어 서비스 제공에 있어 같은 방향성을 띨 수 있고, 다른 한 편으로는 상호작용 집단을 만들어 동료들이 전통적으로 전문가들에 의해 제공되던 서비스의 제공자 역할을 그들 스스로 맡게끔 할 수도 있다. 또한 지역사회나 서비스 제공 환경을 바탕으로 동료들 간에 자연적으로 발생하는 상호작용이 일어날 수도 있다(Davidson et al., 2006).

샘의 동료 지지 경험

샘은 직장을 구하길 간절히 원한다. 그는 고용 전문 컨설턴트를 배정받아 개인적인 도움을 받고 있다. 이것은 서비스 제공 환경을 바탕으로 전문가와 함께 같은 방향성을 띠고 나아가는 관계의 예가 될 수 있다. 샘은 자신의 과거 이력 때문에 스스로 직장을 가질 수 있을지에 대해서는 자신감이 부족하다. 고용 전문 컨설턴트는 샘에게 서비스 제공자로 고용된 동료 멘토를 정기적으로 만나볼 것을 추천했다(동료와 동일 방향성을 띠는 관계). 샘은 고용 전문 컨설턴트와 동료 멘토를 지속적으로 만나게 되었다. 그 동료 멘토는 자신이 어떻게 직장을 찾을 수 있었는지에 대해 나눴고, 정신장애로 겪는 문제들과 대처방안에 대해 나눴다. 고용 전문 컨설턴트는 욕구 사정에 근거해서 샘과 동료 멘토를 하나의 팀으로 보고 어떤 목표를 세우고 달성도를 측정할 것인지 계획을 세웠다.

동료 멘토는 서비스에 고용된 다른 동료들이 제공하는 재기에 관한 8주간의 동료 훈련(동료들이 스스로 운영하는 상호작용 집단)에 참여할 것을 제안했다. 그 동료 교육 프로그램에서 샘은 자신과 비슷한 경험을 가진 다른 사람들을 만났고, 그 과정에서 그들은 동료 자조 집단으로서 사회적 낙인에 대해 어떻게 반응할 것인지, 약은 어떻게 먹을 것인지, 개인적인 치료법/계획/전략, 소비자 권리, 그리고 의사소통 방법에 대해 나누기도 했다. 그 과정이 끝났을 때 샘은 새로운 친구들을 만났고 그의 능력에 자신감을 얻었으며 직장을 찾는 것에 대한 소망을 새롭게 다질 수 있었다.

마침내 샘은 시간제 아르바이트 자리를 구할 수 있었다. 동료 멘토는 샘에게 다른 정신장애인들과 함께하는 '취업자의 저녁'에 참여할 것을 제안했다. 그 저녁식사 자리는 정신사회재활 서비스로 제공되는 것으로, 동료들에 의해 운영되는 것(의도적이며 자발적·자조적인 상호 지지 관계)이다. 샘은 그곳에서 비슷한 관심사를 가진 사람들을 만났고 그들과 정기적으로 영화를 보러 가기로 결정했다(자연스럽게 일어나는 상호 관계).

동료 지지 영역의 필연적 긴장

우리는 많은 경우 동료 지지의 정치적 본질을 담아내기 위해 '필연적 긴장(necessary tension)'이라는 용어를 사용하고자 한다. 그중 하나는 동료 지지자들의 임금에 관한 것이다. Crossley(2004)의 설명에 의하면 소비자/생존자/전 정신질환자 운동의 운영 방식이나 전문성에 대한 경향은 마치 양날의 검과 같다. "한 가지 측면에서 이 운동은 승리다. 하지만 몇몇 컨설턴트나 활동가들이 인정하는 것처럼 이 운동은 고유한 방식(modus operandi)을 중요시하지만 항상 바람직하지만은 않은 방식으로 변화하고 있다. 이것은 비즈니스 모델이 전통적인 정치적 모델을 대신한 것이다"(p. 176). 그렇지만 많은 사람들은 Crossley가 설명하는 것처럼 이 상황이 양극화되지만은 않았다고 믿는다. 동료 지지자로 고용된 사람이 그의 위치에서 오히려 강한 옹호자가 되어 기관의 변화를 일으킬 수 있다. 이것은 어쩌면 전통적인 소비자/생존자/전 정신질환자 운동의 관점에서 벗어난 것이지만 그럼에도 불구하고 시스템에 주요한 변화를 불러일으킬 수 있다.

또 다른 문제는 자신을 동료라고 밝히지 않은 재활 현장 직원들의 문제와 연관된다. 몇몇 정신보건 전문가들은 정신장애인이 동료로 일하는 것에 대해 여러 가지 이유로 우려를 표하는데, 정신장애인이 동료로 일하게 될 때 전체적인 업무의 생산성 저하나 위험요소의 증가, 혹은 단순히 정신보건 전문가들이 일자리를 빼앗기는 등의 이유로 우려를 나타낸다. 이에 대한 대안적인 시각으로는 동료 지지자들을 정신보건 전문가들의 과중된 업무를 함께 덜어줄 수 있는 사람으로, 그리고 전문가들에게 있어 추가적인 도움의 자원으로 볼 수 있다는 것이다(Solomon, 2004; Solomon & Draine, 2001).

동반 관계 모델에 있어 정신질환 진단을 받은 소비자들은 정신질환이 없는 정신보건 전문가와 함께 협력과 서비스 전달체계에 있어 파트너가 된다. Everett(2000)은 동반 관계 모델을 수행함에 있어서 주의할 점을 권고했는데, 동반 관계 모델을 도입하여 권력에서 소외된 사람들(정신장애인)의 의견을 반영하려는 시도를 하려 해도 "'정상적' 대 '비정상적'인 것에 대한 정의를 내리는 데 강력하고 절대적인 권위를 가진"(p. 164) 정신보건 전문가들의 의견에 비해 정신장애인들의 의견은 동등하게 받아들여지지 않는다는 것이다.

동료 지지자들이 정신보건 분야에서 고용되는 비율이 늘어나면서 동반 관계 모델은 원래의 형태에서 조금 더 보완되거나 본래의 의미가 완전히 변화될 수 있다. 서비스 제공자가 있고 서비스 사용자가 있는 한편, 서비스 제공자가 자신이 과거 정신보건 서비스를 이용하였다는 사실이나 본인이 정신질환을 앓았었다는 사실을 밝힐지에 대한 문제는 어쩌면 하나의 전문가 평가 영역, 즉 삶을 통해 전문적인 훈련을 보완한 경험이 있음을 의미할 수도 있다(Blanch et al., 1993).

동료 지지 프로그램의 근거에 관한 요약

전통적으로 무작위 추출, 무작위 실험/연구로 행해져 온 경험적 근거 방식이 최고 수준의 근거를 제시할 수 있지만, 동료 지지를 찬성하는 사람들에게 사실 그리 큰 의미를 가지지는 못한다. 다시 말해서 이는 '필연적 긴장'의 존재에서 비롯된 것으로, 이것은 '객관성'을 중시하는 의료적 관점(패러다임) 대 환경적 특성 내에서 환자 개개인의 경험적 '주관성'을 중요시하는 소비자/생존자/전 정신질환자 운동 관점의 차이에서 비롯된 또 다른 예다.

동료 지지에 대한 경험적 근거는 대개 무작위 실험과 다른 유사실험, 질적인 기록, 그리고 참신한 프로그램에서 온 일화적 기술로 구성된다. 경험적 근거를 체계화한 한 평가에 의하면 정신장애/문제에 관한 상호 지지 집단에 참여하는 것이 심리·사회적 기능을 향상시켰다(Pistrang et al., 2010). 조건에 부합한 총 12개의 연구는 분명 한계점이 있지만 상호 지지 집단이 세 가지 문제(만성 정신장애, 우울증/불안, 사별)를 지닌 사람에게 유의미한 긍정적 효과가 있다는 결과를 보여주었다. 이 학자들은 12개 중 5개의 사례에서는 상호 지지 집단 참여자와 비참여자 사이에 아무런 차이가 없었다는 결과를 발표했다. 그렇지만 12개 사례 중 그 어느 것도 상호 지지 집단에 참여하는 것이 부정적인 결과로 나타났다고 보고하지 않았다. 사실 이 연구들은 실험 설계의 질에 있어서 상당한 차이가 있었기 때문에 더 질적으로 향상된 연구 결과가 나와야 하는 것도 사실이다.

Repper와 Carter(2011)는 국립 혹은 공공 기관에서 정신보건 전문가와 함께 동료 지지자로 일하는 사람들에 대해 조사를 시행했다. 그들은 7개의 무작위 통제실험을 통해 동료 지지자들에 의한 여러 종류의 개입을 조사했다. 예를 들면, 입원/외래 환자 서비스에서 사례관리자로 일하는 동료 지지자들도 있었고, 팀의 보조 요원으로 일하는 사람도 있었다. 그들은 상당히 다양한 결과 측정으로 인해 연구들 간에 '일관성 없는 결과'가 나타났다고 보고했다. 하지만 가장 일관성 있게 나타난 결과는 동료 지지자 서비스를 이용한 사람들은 병원에 입원하는 횟수가 줄었고, 그들이 일하는 정신보건 서비스 체계나 서비스를 제공하는 소비자들이 위치한 지역사회 내에서 주민의 일원으로 거주하는 기간이 더 길었다는 것이다. 이와 더불어 단일사례 연구나 질적 연구를 통해 여러 가지 다른 긍정적인 효과도 보고되었다. 그중에는 독립심의 증가와 역량강화, 사회적 기능의 향상, 더 수용적이라는 느낌, 이해받는다는 느낌, 타인이 자신을 좋아한다는 느낌, 고용에 있어 사회적 차별이 덜하다는 인식 등이 포함되었다. 그리고 동료 지지자 자신에게 주어지는 여러 가지 긍정적인 효과도 있었다(예 : 개인적 성장, 자존감).

정신보건에 있어 동료 지지에 대한 근거중심은 확대되고 있지만 기관 차원에서의 연구의 필요성이 제기된다. 다시 말하면, 동료 지지가 가지는 개인적 차원의 의미를 넘어서 그것이 실제 각 개인에게 가져다주는 효과와 심리적 기능을 개념화하기에는 아직 부족한 점이 많다는 것이다. 한편으로는 동료 지지가 어떻게 조직문화의 변화를 야기하는지와 어떻게 재기 지향 서비스 방면의 정책과 결부되는지 연구되어야 한다(Slade et al., 2008).

다음 이야기는 오스트레일리아의 정신사회재활 서비스 기관에서 제공되는 동료 지지 서비스가 조직적 차원의 문제를 어떻게 해결하는지를 다루고 있는 예다.

동료 지지 서비스의 예

동료 지지를 서비스의 하나로 포함한 정신사회재활센터의 한 예를 들어보자. 이 서비스는 크게 전통적인 서비스 기관하에서 정신장애인들의 의사 전달 및 삶의 경험에 대한 이해를 활성화하기 위한 목적으로 소비자 참여 팀(Consumer Participation Unit, CPU)을 설립했다. 과거 정신장애를 겪었던 사람들이 직원으로 고용되었고, 그들의 역할은 지역사회 참여를 활성화시키고 기관 내에서 참여도를 높이며 개개인이 그들의 정신장애에 대한 계획을 수립할 수 있도록 참여시키는 것이었다. 조직 내에서 팀의 역할은 조직에 소비자들이 당면한 문제를 알려주고 지지하는 것이었다. CPU의 구체적인 활동 내용으로는 지역사회와 직원들에게 정신장애 문제의 해결방안을 교육하기 위한 동료 지지자들의 강연단체를 설립하고 지원하는 것이었다. CPU는 8주간의 동료 교육 프로그램을 원활히 진행하기 위해 자조 요원들을 훈련하고 지원한다. 또한 재활 실천과정에서 직원들을 공동으로 교육한다. 주간 프로그램과 더불어 동료들이 제공하는 새로운 형태의 서비스를 전통적 서비스 제공에 포함시키고, 이 서비스를 재기라는 개념 안에서 최신의 동료 지지 근거와 실천, 소비자 문제와 연계하여 기관에 도입하고자 하였다.

동료 지지 적용 과정에 있어 권고 및 추천 사항

Repper과 Carter(2011)는 연구를 통해 동료 지지의 여러 문제를 밝혔다. 이러한 문제는 개인적인 정보나 경험을 공유하는 결과로 서비스 이용자를 친구로 인지하는 것과 같은 다양한 경계 문제를 포함한다. 권력 문제는 동료 지지자가 공식적으로 직원의 신분으로 모든 직원 혜택을 누릴 수 있는 고용 형태, 즉 동료 지지자들이 서비스를 제공해야 하는 소비자들에 비해 잠재적으로 향상된 지위에 오를 수 있다는 것에서 비롯된다. 비슷한 맥락에서 다른 전문가들이 동료 지지자들을 '환자'라고 볼 수 있는 것도 문제가된다. 스트레스는 재발을 촉진할 수 있는 잠재적 위협요소다. 이러한 우려는 동료 지지자들에 대한 낮은 필요성, 즉 계통관리 체계 이론(line management)에 따르면 동료 지지자들이 필수적이지 않기 때문에 서비스 내에서 역할이 제한되는 것으로 이어질 수있다. 마지막 문제는 동료 지지자들의 고유한 역할을 어떻게 유지할 것인지에 관한 것이다. 이 문제는 위에서 언급된 '필연적 긴장'과 교차되는 것으로서 소비자들이 전통적인 정신보건 방식이 아닌 재기 지향적 원칙을 지키는 것이다.

마지막 부분에서는 동료 지지 집단을 결성하거나 현재 존재하는 집단을 개선하려는 사람들을 위한 추천사항을 제공하고자 한다. 이 조언은 앞에서 언급된 어려운 점을 다루고 있다. 다음에는 정신보건 체계 내에 있는 동료 지지 집단의 관점에서 쓰여진 전문가 권고사항(해야 하는 것)과 금지사항(피해야 하는 것)을 제시한다.

동료 지지 운영에 있어 권고사항

1. 일차 초점 집단으로부터 조기에 의견을 듣고 빠르게 집단의 주요 관심사가 무엇인지 명확히 한다. 다시 말하면 개인적 재기의 과정에 집중하는 치료적 관점인가, 대인관계를 강조하는 대인관계적 관점인가, 아니면 저자들의 의견처럼 사회 변화와 사회적으로

차별받는 사람들을 역량강화에 참여시키고, 개인적·대인관계적·정치적 관점을 통합하는 사회적 관점인가?

2. 여러 사람의 의견을 듣고 각 세 가지 동료 지지 형태의 장단점을 빠르게 명확히 한다. 다시 말해 자연적으로 발생하는 동료 지지 집단인가, 소비자가 운영하는 서비스 형태인가? 아니면 의료적·재활 환경의 서비스 제공자로서 고용된 소비자들이 목표 대상인가? 때로는 더 큰 기관적 차원에서 이 세 가지가 혼합된 형태로 나타날 수도 있다. 기관 내에서 동료 지지자들의 참여/비참여 영역을 명확히 하는 것 또한 중요하다.

3. 기관의 모든 영역에 있어 체계적으로 동료 지지자들의 '주인의식' 또는 소유권을 조성한다. 이는 전 직원이 참여하는 주제 발표나 직원 회의 때 동료 지지의 개인적 경험을 공유하는 등의 방법으로 행해질 수 있다. 동료 지지가 내포하는 전략은 동료 근로자, 촉진자, 교육자를 위한 알맞은 교육과 지지, 동료 근로자를 위한 동료 슈퍼비전의 시행과 같이 효과적인 정신사회적 재기 제공이라는 동료 지지의 가치를 반영하는 업무 과정과 실천의 수립을 포함한다. 전략에는 참여와 성공을 극대화할 수 있는 변화를 위한 현실적인 계획이 필요하다. 기관적 차원의 변화 모델도 고려되어야 한다.

4. 학술조사, 세계적 수준의 발표, 기관 방문 등 외부의 영향력을 이용하라. 앞서 개괄했듯이 많은 동료 지지는 의료적 차원이라기보다 개인적이고 정치적인데, 이는 동료 지지가 엄격함과 학문적 가치를 띠지 않음을 의미하는 것은 아니다. 오히려 어떤 동료 지지 집단은 학술 모임 같기도 한데, 아이디어와 개인적 정보, 기타 정보를 나누는 등의 활동을 한다. 미국에서는 이러한 모임을 장려하기 위해 소비자와 소비자 지지를 위한 국가적 기술 지원을 위한 센터가 세워지기도 했다(Rogers, 2010).

5. 동료 지지와 관련하여 기관 내에서 '필연적 긴장'에 대해 논의할 수 있는 형태를 만든다. 예를 들면, 동료 지지 집단의 구성원들은 처방전을 이해하는 데 어려움을 겪을 것이다. 이러한 맥락에서 의료기관에 의해 고용된 동료 지지자가 의사에게 의료 업무에 관해 보고한다는 것은 부적절할 것이다. 개개인이 이러한 긴장/갈등을 잘 관리할 수 있겠지만 기관의 체계 내에서 이러한 사회적 긴장 관계를 잘 해결할 수 있도록 해야만 할 것이다(예: 보고 체계 수립).

6. 기초/기본적인 실천 가치에 있어 지지 집단과 실천을 반조직적, 자생적, 비계급적, 비관료주

의적으로 운영한다. 이런 운영은 프로그램의 질 관리, 근거중심을 강조하는 많은 정신보건 기관에 어려운 일이 될 것이다. 그러나 이러한 운영은 결코 질을 중시하고 근거에 기반을 둔 정신보건 서비스와 반대되는 개념이 아니다. 양질의 서비스 제공과 효과적인 서비스 제공을 위해 필요한 것은 완벽한 구조를 갖춘 선험적인 프로그램 요인이 아니다. 오히려 경험적으로 상황에 맞춰서 변화될 수 있는 유용한 과정이 필요하다.

7. 동료 지지 전문가들을 지역, 국가, 그리고 세계적인 차원에서 전문가로 신임/양성하려는 노력이 일어나고 있는데, 이와 같은 노력과 당신의 기관을 연관시킬 여러 가지 수단을 마련한다. 잘 관리되는 기관은 이러한 정책에 대해 이미 많은 것을 알고 있으며 직원과 직원 개발에 있어 이러한 원칙을 적용할 것이다.

8. 동료 지지에 관한 학술조사 프로그램을 개발하고, 특히 동료 지지 운동이 취하는 관점과 일치하는 방법을 택한다. 참여연구나 질적 연구는 많은 동료 지지 집단의 목적이나 실천정신에 부합한다. 그러나 이것들은 아주 철저한 방식으로, 때때로 양적 연구가 컨설턴트를 필요로 하는 것과 같은 방식의 기술적 지원을 필요로 할 것이다.

동료 지지 운영에 있어 금지사항

1. 서비스 현장에 오래 종사한 의료 직원들을 동료 지지의 운영 주체로 삼아서는 안 된다. 그럴 경우 동료에 의해 운영되지 않을 수 있고 동료 지지의 가치가 반영된 체계적 변화가 잘 일어나지 않을 수 있다.

2. 임상적인 교육을 받은 직원보다 인건비가 낮다는 이유로 동료 지지 직원을 단독으로 고용해서는 안 된다. 단기적인 시각에서 동료 지지 직원을 많이 고용하는 것이 유용한 전략처럼 보일지 몰라도 장기적으로 봤을 때 이는 특권을 받지 못하는 사람에 대한 비계급적 철학과 일치하지 않는다.

3. 동료 지지를 단순한 집단으로만 생각해서는 안 된다. 동료 지지는 다면적인 현상으로 즉흥적일 수도 있고 계획된 것일 수도 있다. 이것은 공식적으로 조직된 집단에서 일어날 수도 있지만 재기 지향적 서비스 제공의 중요한 문화 내에서 일어나는 지속적인 진보를 나타낼 수도 있다. 정신보건 서비스는 동료 지지 집단을 단순히 개인적인 것

이나 대인관계를 위한 과정으로만 볼 것이 아니라 서비스인 동시에 기관을 변화시킬 수 있는 과정이라고 생각해야만 한다. 그리고 시스템 밖에서 형성되고 있고 형성될 동료 지지 서비스를 수용해야 한다.

요약

이 장은 서구권에서 동료 지지 모임, 인식, 및 관련 정책이 발달하는 현재 상황에 맞추어 전반적인 주요 요점 및 상황에 대해 다루었고, 주요 권고사항을 통해 어떻게 동료 지지를 발달/발전시킬 것인지 다루었다. 그리고 전통적으로 정신보건 영역에서 주로 행해져 왔던 의료 모델을 대체하여 생겨난 소비자/생존자/전 정신질환자 운동 사이에 존재하는 '필연적 긴장'의 형태와 더불어 그 대립 관계를 긍정적으로 유지하는 과정에 대해 살펴보았다.

참고문헌

Adame AL, Leitner LM (2008) Breaking out of the mainstream: the evolution of peer support alternatives to the mental health system. *Ethical Human Psychology and Psychiatry* **10**, 146–62.

Blanch A, Fischer D, Tucker W, Walsh D, Chassman J (1993) Consumer practitioners and psychiatrists share insights about recovery and coping. *Disability Studies Quarterly* **13**, 17–20.

Chamberlin J, Rogers E, Ellison ML (1996) Self-help programs: a description of their characteristics and their members. *Psychiatric Rehabilitation Journal* **19**, 33–42.

Chien WT, Thompson DR, Norman (2008) Evaluation of a peer-led mutual support group for Chinese families of people with schizophrenia. *American Journal of Community Psychology* **42**, 122–34.

Clay S, Schell B, Corrigan PW, Ralph RO (2005) *On Our Own, Together: Peer Programs for People with Mental Illness*. Vanderbilt University Press: Nashville, TN.

Cohen MB, Mullender A (2005) The personal in the political: exploring the group work continuum from individual to social change goals. *Social Work with Groups* **28**, 187–204.

Corrigan PW Slopen N, Gracia G, Phelan S, Keogh CB, Keck L (2005) Some recovery processes in mutual help groups for persons with mental illness; II: qualitative analysis of participant interviews. *Community Mental Health Journal* **41**, 721–35.

Crossley ML, Crossley N (2001) "Patient" voices, social movements and the habitus: how psychiatric survivors "speak out." *Social Science and Medicine* **52**, 1477–89.

Crossley N (2004) Not being mentally ill: social movements, system survivors and the oppositional habitus. *Anthropology Medicine* **11**, 161–80.

Davidson L, Chinman M, Sells D, Rowe M (2006) Peer support among adults with serious mental illness: a report from the field. *Schizophrenia Bulletin* **32**, 443–50.

Davidson L, Chinman M, Kloos B *et al.* (2009) Peer support among individuals with severe mental illness: a review of the evidence. *Clinical Psychology: Science and Practice* **6**, 165–87.

Everett B (2000) *A Fragile Revolution. Consumers and Psychiatric Survivors Confront the Power of the Mental Health System*. Wilfrid University Press: Waterloo, Canada.

Goldstrom ID, Campbell J, Rogers JA *et al.* (2006) National estimates for mental health mutual support groups, self-help organizations, and consumer-operated services. *Administration and Policy in Mental Health and Mental Health Services Research* **33**, 92–103.

Kimura M, Mukaiyachi I, Ito E (2002) The House of Bethel and consumer-run businesses: an innovative approach to psychiatric rehabilitation. *Canadian Journal of Community Mental Health* **21**, 69–77.

Mead S, Hilton D, Curtis L (2001) Peer support: a theoretical perspective. *Psychiatric Rehabilitation Journal* **25**, 134–41.

Mowbray CT, Robinson EA, Holter MC (2002) Consumer drop-in centers: operations, services, and consumer involvement. *Health and Social Work* **24**, 248–61.

Nelson G, Lord J, Ochocka J (2001) *Shifting the Paradigm in Community Mental Health. Towards Empowerment and Community*. University of Toronto Press: Toronto, Canada.

Oades LG, Andresen R, Crowe, TP, Malins GM, Andresen R, Turner A (2008) A Handbook to Flourish. *A Self-Development Program for People with Enduring Mental Illness*. Illawarra Institute for Mental Health, University of Wollongong: Wollongong, Australia.

Pistrang N, Barker C, Humphreys K (2010) The contributions of mutual help groups for mental health problems to psychological well-being: a systematic review. In: Brown LD, Wituk S (eds) *Mental Health Self-Help: Consumer and Family Initiatives*. Springer Verlag: New York, pp.61–86.

Repper J, Carter T (2011) A review of the literature on peer support in mental health services. *Journal of Mental Health* **20**(4), 392–411.

Rogers S (2010) Consumer and consumer-supporter national technical assistance centers: helping the consumer movement grow and transform systems. In: Brown LD, Wituk S (eds) *Mental Health Self-Help: Consumer and Family Initiatives*. Springer Verlag: New York, pp.265–86.

Salzer MS, Shear SL (2002) Identifying consumer-provider benefits in evaluations of consumer-delivered services. *Psychiatric Rehabilitation Journal* **25**, 281–8.

Segal SP, Silverman C (2002) Determinants of client outcomes in self-help agencies. *Psychiatric Services* **53**, 304–9.

Slade M, Amering M, Oades L (2008) Recovery: an international perspective. *Epidemiologia e Psichiatria Sociale* **17**, 128–37.

Solomon P (2004) Peer support/peer provided services underlying processes, benefits, and critical ingredients. *Psychiatric Rehabilitation Journal* **27** 392–401.

Solomon P, Draine J (2001) The state of knowledge of the effectiveness of consumer provided services. *Psychiatric Rehabilitation Journal* **25**, 20–7.

Swarbrick M (2007) Consumer-operated self-help centers. *Psychiatric Rehabilitation Journal* **31**, 76–9.

가족과 돌봄 제공자*에 대한 지지

Robert King & Trevor Crowe

들어가기 전에

이 장은 전문가들이 심각한 정신장애를 가진 사람들의 가족과 친구들을 어떻게 도울 수 있는가에 대한 지침을 제공할 것이다. 먼저 가족의 돌봄에 부담이 되는 요소에 대해 다룬 뒤 정신장애인의 가족들에게 서비스 제공 및 재기 과정에 도움을 줄 수 있는 심리적 교육을 어떻게 시행하면 좋을지 몇 가지 제안을 하고자 한다. 또한 가족들이 정신장애인을 돌보며 당면하는 어려움을 잘 해결할 수 있도록 문제 해결과 강점에 초점을 둔 기술들을 소개하며 가족 자신도 개인적 · 대인관계적인 역량강화를 경험할 수 있도록 인도할 것이다. 그리고 마지막으로 이 장은 동료(peer)가 줄 수 있는 긍정적 효과와 더불어 동료 지지를 찾을 수 있는 자원을 소개하려고 한다.

---

*역자 주 : Carer는 양육자, 양육 제공자, 돌봄 제공자 등으로 번역된다.

Manual of Psychosocial Rehabilitation, First Edition. Edited by Robert King, Chris Lloyd, Tom Meehan, Frank P. Deane and David J. Kavanagh.
© 2012 Blackwell Publishing Ltd. Published 2012 by Blackwell Publishing Ltd.

샘은 심각한 정신장애에서 재기 중인 젊은 청년이다. 우리는 핸드북에서 샘을 소개했고 이 매뉴얼에서도 지속적으로 등장한다. 그는 우리가 정신사회재활 실천 경험 속에서 함께했던 많은 사람들을 종합하여 만든 가상의 인물이다. 우리는 샘이라는 인물이 독자들에게 재기 과정과 관련된 많은 어려움과 도전들을 보여주면서 주위에 알 수 있을 법한 사람으로 느껴지기를 바란다. 정신사회재활을 추상적 개념이 아닌 삶의 과정으로 만들기 위해 노력하는 데 있어서 샘은 우리에게 크나큰 도움이 되었다.

보호부담

조현병 등의 병을 가진 정신장애인 친척이나 친구를 도우려는 가족이나 친구들은 거의 항상 보호부담을 안고 있으며, 이는 결코 부정할 수 없는 사실이다. 약물 남용 등의 문제가 동시에 존재하면 이 부담은 더욱 복합적일 수 있다. 여기에서 부담이란 누군가를 돌봄으로써 장기간 경험하는 고통과 스트레스를 의미한다. 돌봄 제공자들은 돌봄에 대한 부담감과 많은 요구에 의해 매우 낮은 삶의 질을 경험한다(Cummins et al., 2007). 이들은 우울, 불안, 스트레스와 같은 여러 심리적 문제를 보고하기도 한다(Briggs & Fisher, 2000; Butler & Bauld, 2005). 돌봄 제공자들은 종종 금전적인 어려움을 호소하기도 하고 자신을 위해 사용할 수 있는 시간의 부족, 병으로 인한 부정적 영향, 타인과의 관계에서 사회적 낙인을 경험하기도 한다(Kirby et al., 1999; Milliken & Nortcott, 2003; Ranganathan, 2004). 따라서 돌봄이라는 것은 돌봄에 대한 현재의 스트레스뿐 아니라 관계 및 개인적 차원에서의 역량을 저하시키는 것(disempowerment)이다. 부담은 다음의 한 가지, 혹은 그 이상의 항목과 연관될 수 있다.

- 죄책감 : 자신의 불충분한 양육 방식 혹은 연애/결혼생활로 인해 또는 질병을 조기에 발견하지 못하여 효과적인 정신과적 도움을 주지 못했기 때문에 가족/친구의 질병이 발생했다고 책임감을 느끼는 것이다. 죄책감은 무능함에서부터 개인적인 실패에 이르기까지 여러 감정과 연관된다. 사람들은 죄책감에 여러 가지 반응을 보이는데, 몇몇은 우울증에 걸리기도 하고 또 어떤 사람들은 죄책감을 타인에게

전가하여 그들을 탓하는 등의 반응을 보이기도 한다.

- **피로감** : 정서적 강점이 부족하다고 느끼거나 보호에 필요한 자원이 불충분한 것이다. 정신장애를 가진 사람에 대한 지속적인 걱정과 더불어 그 돌봄의 책임에서 영원히 벗어날 수 없을 거라는 생각, 병의 경과 또는 미래에 대한 불확실성과 연관될 수 있다.

- **좌절감** : 이 감정은 정신장애를 가진 사람에게 전가될 수도 있고 전반적인 정신보건 체계에 대한 좌절감, 혹은 개인과 체계 모두를 향한 것일 수도 있다. 정신장애를 가진 사람에게 전가되면 그들이 스스로를 도우려 하지 않는 자기중심적이고 이기적이며 도움에 대해 전혀 감사하게 여기지 않는다는 생각으로 발전한다. 좌절감이 정신보건 체계의 영역에 발생할 때는 제도나 체계가 조직적이지 않고 혼란스러우며 돌봄 제공자에 대해 무관심하거나 좌절감만 더하는 것으로 느낀다.

가족들을 도울 수 있는 효과적인 시작점은 돌봄에 대한 부담감을 이해하고 존중하는 것이다. 효과적인 계획은 가족들의 부담을 덜어주고 가족들이 자신의 개인적 · 관계적 역량강화를 경험하도록 인도하는 것이다. 이것이 가능할 때 정신장애인은 그들이 재기의 과정에서 충분한 지지를 받고 있다고 느낄 가능성이 많다. 역량강화는 역량강화를 낳고, 이것은 재기의 중심요소가 된다.

증상이 덜 나타나고 급성 삽화가 적으며 삶의 기능이 더 독립적일 때 부담은 적어진다. 그렇지만 적절한 치료와 재활이 가능할 때조차 조현병과 같이 심각한 상태에 있는 많은 사람이 지속적으로 증상과 장애를 경험하는데, 그 과정에서 지지적인 가족은 가장 효과적이고 필수적인 도움을 줄 수 있다.

가족들의 부담을 효과적으로 덜어주면 내담자에게도 긍정적인 영향을 미친다. 연구에 따르면 가족들과 돌봄 제공자들의 부담이 줄어들자 그들의 상호작용에서 혼란과 갈등, 대립이 적어졌고 서로를 고무시켰으며 병의 급성진행도 줄어들었다(Barrowclough et al., 2005; Clark, 2001; Glynn et al., 2006; Moore, 2005; Schofield et al., 2001; Needle et al., 1988).

돌봄 제공자들의 부담은 그들 또한 재기가 필요할 만큼 큰 영향을 미친다. 여기에서

장애물은 '재활'이라는 개념을 정신장애를 가진 사람에게만 적용되는 것으로 생각해서 내담자의 질병과 관련된 차원에만 도움을 구하고 질병에 맞설 수 있는 계획만을 수립하는 것이다. 발병 초기 단계에서 병을 앓는 사람들은 가족의 가장 중요한 관심사가 되는데, 이로 인해 다른 가족들의 필요나 욕구는 상대적으로 중요하지 않은 것으로 여겨진다. 이러한 현상으로 인해 병을 가진 가족들은 가족 관계에 어려움을 겪게 되고(예 : Needle et al., 1988), 다른 가족 구성원들과 돌봄 제공자의 자기 인식을 없애버린다. 돌봄 제공자 스스로의 행복이나 성장에 부정적인 영향을 주는 것이다(Schlesinger & Horberg, 1994). 몇몇 가족 구성원은 때때로 자기가 누구인지에 대한 인식과 자기 스스로와의 관계를 잃은 듯한 느낌이 든다고도 한다(Karp & Tanarugsachock, 2000). 만약 가족 구성원이나 돌봄 제공자가 자기 자신과 스스로의 경험에 다시 집중할 수 있다면(Brown & Lewis, 1999; Muhlbauer, 2002) 긍정적인 자기 이미지를 만들어낼 수 있을 것이고, 이를 통해 정신장애를 가지고 사는 불확실성에 더욱 효과적으로 대처할 수 있을 것이다(Schlesinger & Horberg, 1994).

숙련된 정신보건 전문가들은 돌봄 제공자들을 만날 때 다음과 같은 방향을 지향한다.

- 돌봄 제공자들의 이야기를 들어준다.
- 가능하다면 돌봄 제공자들이 자신의 경험을 정상적인 것으로 여길 수 있게 한다.
- 정신장애를 다루기 위한 정보와 전략을 제공한다.
- 돌봄 제공자들이 스스로의 강점을 재발견할 수 있도록 돕는다.
- 돌봄 제공자들이 자신의 삶을 다시 살 수 있도록 한다.
- 증상이 나아지고 악화되기를 반복하더라도 발전을 위한 방법을 찾는다.

이러한 개인적 · 관계적 역량강화는 정신장애로부터의 재기와 그 맥락을 같이한다(Buckley-Walker et al., 2010; Slade et al., 2008). 만일 돌봄 제공자가 스스로를 돌보는 법을 배운다면 장애를 가진 사람을 더욱 잘 돌볼 수 있는 위치에 있게 될 것이다.

최근에는 '가족 재기/회복(family recovery)'이라는 주제가 각광을 받게 되었다(Karp & Tanarugsachock, 2000; Milliken & Nortcott, 2003; Muhlbauer, 2002; Pagnini,

2005: Rose et al., 2002). 학자들의 논의에 따르면 가족 재기의 주요 단계는 다음과 같다.

- 최초 문제 인식(예 : 뭔가 잘못되었다고 느끼지만 시간이 지나가면 해결되길 바라는 마음, 그렇지만 내담자에 대한 걱정과 염려가 커져감)
- 장애의 확인 또는 더 확실한 인식하게 됨, 하지만 치유를 바람
- 질병의 만성/경과에 대해 받아들이려고 애씀
- 질병에 대해 수용하고 자신의 삶을 되찾음

각각의 단계에 있는 가족에게는 다른 종류의 지지가 필요하다.

만약 '가족 재기'의 첫 3단계에 있는 가족이라면 다음에 제시된 병에 대한 정확하고 실용적인 정보(질병의 특징, 발병 원인, 잠재적 경과)를 아는 것이 매우 유익할 것이다. 그러나 가족 재기를 위한 여정은 고통, 슬픔, 삶의 방향에 대한 수정 그리고 가족 구성원 개인의 관계적 역량강화를 포함한다. 이는 가족 구성원들 개개인이 가족 재기 여정의 어디쯤에 있는지, 어떤 부분에서 작업할 준비가 되었는지에 대해 실천가들이 민감해져야 한다는 것을 의미한다. 또한 실천가들은 가족 구성원들이 스스로 어느 단계에 위치하고 있는지 확인하고 공감받고 있으며 스스로의 삶을 이끌고 나아갈 수 있을 만큼 강하다고 느낄 수 있는 기회를 만들도록 도와야 한다.

우리는 돌봄에 대한 부담감을 줄이고 역량강화를 증진시킬 수 있는 여섯 가지 중요한 방법을 다음에서 소개하고자 한다.

1. 심리 교육
2. 협력의식과 관계적 역량강화
3. 동료 지지
4. 문제 해결
5. 강점과 가치 명확화
6. 목표 설정 및 행동 계획

이 장에서 우리는 다른 장에서 자세히 다루지 않는 세 가지 핵심적 개입 방법인 심리 교육, 협력의식과 관계적 역량강화, 동료 지지에 대해 더 자세히 설명하고자 한다. 문

제 해결, 강점과 가치 명확화, 목표 설정 및 행동 계획의 내용은 제7장에서 자세히 다루고 있다.

심리 교육

심리 교육(psychoeducation)에서는 개인의 병에 대한 정보와 다른 가족들에게 미칠 영향에 대한 정보를 제공한다. 대다수의 돌봄 제공자들은 다음과 같은 질문을 가지고 있을 것이다.

- 이 일이 생긴 이유는 무엇인가? (나의 잘못 때문인가?)
- 그/그녀가 나아질까?
- 내가 도울 수 있는 방법은 무엇인가?
- 나의 행동 중 도움이 안 되는 행동은 무엇일까?

돌봄 제공자들이 위와 같은 질문을 항상 직접 하지는 않을 것이다. 따라서 실천가들은 이러한 질문이 나타나지 않을 때라도 위와 같은 주제를 다룰 책임이 있다. 당신은 "어떻게, 왜 병이 발생했는지 궁금하실 텐데요." 혹은 "비슷한 상황에 처한 분들은 그/그녀가 미래에 어떤 일을 겪게 될지 궁금해하곤 합니다." 등의 이야기를 통해 이러한 주제에 접근할 수 있다. 대부분의 경우 돌봄 제공자들은 당신이 전문가로서 제공하는 정보를 정말 필요하다고 느낄 것이다.

심리 교육에는 크게 두 가지 접근법이 있고 둘 다 각기 장단점을 가지고 있다. 한 가지는 전문가로서 가족들과 상담하는 것이고, 다른 하나는 겸손한 태도를 취하는 것이다. 이 가족에게 어떤 접근법이 맞을지 결정하는 것은 당신이다. 만약 당신이 아주 숙련된 실천가라면 두 가지 방법을 혼합하여 사용하겠지만 이는 어려운 일일 수 있다.

전문가로서 접근할 때는 정신질환의 생물신경학적 기초와 정신약물/심리사회적 근거중심 실천 및 개입의 효과성에 대한 이해를 강조하여 우리가 정신질환에 관해 해박한 이해를 가지고 있음을 강조한다. Bill McFarlane과 동료들이 만든 '생존 기술' 워크숍은 이러한 접근의 좋은 예다(McFarlane, 2004). 가족들은 조현병이 뇌의 이상으로 인한 문제임을 보여주는 뇌 스캔 사진을 보게 된다. 그리고 항정신 약물의 효과 등에 관한 양질의 지식을 얻게 된다. 이러한 종류의 지식은 중요한데, 전문가는 병에 대해 최신의 정보를 알고 있고 유능하다는 사실을 통해 가족들 사이에 신뢰를 얻을 수 있기 때문이다. 그리고 이것은 매우 중요한 정보를 전달한다. 조현병이 뇌에 이상이 생겨 발병하는 것이며 결코 아들이나 딸의 불행이 당신으로 인해 비롯된 것이 아니라는 것이다.

앞에 제시된 첫 번째 질문에 대한 답으로 전문가들은 뇌에 집중하며 신체적 기관 손상 등의 체질적 결함과 유사한 조건들을 찾아낸다. 다른 말로 표현하자면 정신질환은 뇌의 이상이나 결함으로 인해 발생한다는 것이다. 두 번째 질문에 대한 답으로 전문가들은 뇌의 이상을 조절하고 보완하는 약물 순응을 주의 깊게 관찰하고 유지함으로써 재발 가능성을 최소화하는 데 주로 집중한다. 세 번째 질문에 대한 답으로 전문가적 입장은 의료 팀과의 협동을 강조하고 돌봄 제공자가 보조 사례관리자의 역할을 맡도록 하여 초기 발병 증상을 검토하고 약물의 복용 여부와 재활에 필요한 지지 기술을 제공하도록 할 것이다. 이것은 많은 가족 구성원들이 즐겁게 수행하는 역할이다(다음 내용 참조).

겸손한 태도를 취할 때는 우리가 정신질환이나 치료 방법에 대해 많은 정보를 알지 못한다는 점을 강조한다. 조현병과 같은 증상이 뇌의 기능적 이상 때문에 발생했다는 것을 알지만 겸손한 전문가는 동시에 그 병이 왜, 어떻게 발병하는지 알지 못한다는 점도 동시에 인정한다. 약물 치료에 대해서는 급성 삽화의 치료와 미래에 발생할 급성 삽화의 예방 차원에서 그 가치를 강조하지만 음성 증상에 대한 효과가 거의 없다는 점과 체중 증가 등의 부작용 문제가 있으며 때때로 이를 다루기 어렵다는 점을 인정한다. 겸손한 자세의 전문가는 재기를 임상적 관점의 개입으로 보기보다 개인적 과정과 여정이라는 점을 강조한다. 겸손함의 주된 이익은 가족 구성원들의 비현실적인 기대를 방지한다는 것이다. 이것은 또한 수동적인 태도를 감소시키는 데도 도움이 된다. 겸손한 전문가적 입장은 정신질환을 가진 아들과 딸에 대한 가족의 책임을 명백히 면제하지 않음과 동시에 비난하지도 않기 때문이다.

첫 번째 질문에 대한 답으로 겸손한 전문가는 인과 관계의 복합성을 강조하는데, 생물심리사회적 모델이나 스트레스-취약성 모델 등을 통해 설명할 것이다. 다른 말로 풀어보자면 이러한 관점은 정신질환의 원인이 되는 여러 가지 요인을 특정할 수는 있지만 그중 어떤 요인들이 가장 큰 영향을 주었는지 확신하기는 어렵다는 뜻이다. 두 번째 질문에 대한 답으로 겸손한 전문가들은 시간에 따라 사람들이 재기를 향해 나아가는 경향이 있음을 밝힌 근거를 강조한다. 또한 한편으로는 재기의 과정이 사람마다 다양하며 특정한 개인이 어떠한 과정을 겪을지 예측하기 어렵다는 점을 강조한다. 세 번째 질문에 대한 답으로는 겸손한 전문가는 어떤 것을 제안하기도 하지만 시행착오를 겪거나 경험을 통해 배우는 접근을 지지하기도 한다. "효과가 있는 것을 계속하고 효과가 없는 것을 중지하라."는 것이다. 앞에서 언급되었듯 겸손한 전문가는 각각의 가족 구성원/돌봄 제공자들이 특별한 재기의 여정을 거친다는 사실과 어떤 가족 구성원/돌봄 제공자들이 특별한 형태의 정보나 개입을 더욱 선호할 수 있다는 것을 인정한다. 이런 호기심을 바탕으로 한 탐구론적 관점을 적용하는 것은 가족 구성원과 돌봄 제공자의 특정한 심리 교육적 필요를 측정하는 데 도움을 준다.

전문가가 어떤 관점을 선택하든지 간에 정보를 찾으려는 가족들이나 돌봄 제공자들을 온라인상에서 이용 가능한 양질의 정보에 연결해주는 것이 유익하다. 하지만 가족이나 돌봄 제공자들에게 정보를 안내해준다고 해서 그들이 이 정보를 다 활용하지 않을 수 있다. 어쩌면 정보에 접근하지 못할 수도 있다. 따라서 웹링크나 요약본을 제공하기에 앞서 핵심적인 정보에 대해서 돌봄 제공자들과 논의하는 시간을 가질 것을 추천한다.

다음에 몇 가지 도움이 될 만한 자료를 소개한다.

- http://mentalhealth.com : 다양한 정신과적 장애 진단과 치료에 대해 매우 좋은 정보원
- http://www.sane.org : 팟캐스트를 비롯 유용한 자료/도표가 있음
- http://www.rcpsych.ac.uk/mentalhealthinfoforall.aspx : 영국 왕립 정신과 전문의가 제공하는 자료/도표를 비롯하여 여러 기타 자료를 제공
- http://www.arafmiaustalia.asn.au/recovery.html : 정신질환을 가진 사람들과 관계가 있는 사람들의 실제 이야기를 들려줌

- www.eppic.org.au : 초기 정신증 예방 및 개입 센터 — 정신증에 대한 정보 및 자료 제공
- www.orygen.org.au : 청소년 정신병 ORYGEN 전문가, 리서치 센터 및 여러 종류의 교육, 연수, 옹호 및 보건 교육 활동
- www.mmha.org.au : 오스트레일리아 다문화 정신건강 협회 — 다양한 언어로 조현병에 관한 정보 제공

관계적 역량강화

심리 교육에서 중요한 또 다른 부분은 해가 되는 관계의 역동이나 반응 양식에 대한 것인데 돌봄 제공자가 관계적 역량강화를 시작할 수 있도록 도와주는 것이다. 앞서 언급되었듯 여러 가족 구성원들은 각각 다른 방법으로 슬픔, 상실, 트라우마를 다룬다. 정신질환이나 알코올 중독, 약물 중독을 비롯한 문제에서 재기하는 과정은 교과서에 적힌 대로 일어나는 것이 아니며, 각각의 가족 구성원들은 좋은 의도를 가지고 특정한 역할을 하게 된다. 그렇지만 가끔은 이러한 대처 반응이 자신의 성장과 정신장애인의 재기를 방해하기도 한다.

돌봄 제공자들이 보이는 몇몇 반응이나 역할은 때에 따라 필수적일 수 있다. 예를 들자면, 위기 상황에서 누군가는 통제권을 쥐고 있어야만 한다. 그 사람은 양육자, 중재자, 구조자가 될 수도 있다. 같은 상황에 처한 다른 가족 구성원들은 철회하거나 거리를 두고 지금 일어나는 일에 대해 누군가를 비판할 수도 있다. 이러한 반응 양식은 크게 피해자(돌봄 제공자가 자신의 욕구가 충족되지 않거나 무시당한다고 느끼는 경우), 박해자(분노하거나 지쳐서 진저리를 내거나 비난하는 입장인 경우), 구조자 역할(죄책감이나 걱정으로 모든 것을 고치려고 시도하는 경우)로 나누어질 수 있다(예 : Choy, 1990; Fulkerson, 2003; Karpman, 1968). 이러한 역할은 주로 긴장감을 완화하거나 '문제'를 변화시키거나 해결하는 등의 기능을 가지고 있다. 중요한 점은 특정한 반응과 역할이 유용한 것은 언제이며, 또 그것들이 유용하지 않은 것은 언제인지를 아는 것이다. 이런 점에서 다음의 질문은 중요하다.

- 돌봄 제공자의 행동이 실제 병을 가진 사람을 돕고 있는가? 아니면 그들의 재기에 대한 책임으로부터 멀어지게 하는가?
- 자신이 하는 행동의 기능은 무엇인가? 어떻게 행동하면 그 기능을 더 잘 수행할 수 있을 것인가?

'구조 활동'의 예로는 약물을 잘 복용하는지 관심을 가지는 것, 병을 가진 사람이 약을 복용할 수 있도록 챙겨주는 것이 있다. 이런 행동은 병이 있는 사람들이 현재 상태에 대해 안주하도록 만들거나 통제당한다고 생각해 분노를 일으킬 수 있다. 이는 보호와는 다른 차원으로 '과잉 보호'의 문제가 된다. 돌봄 제공자가 거의 모든 일을 배제한 채 병을 가진 사람을 중심으로 삶을 살아가고 있다면 과연 그것이 가장 좋은 반응 방법인지 아닌지를 살펴보아야 할 것이다. 여기에서의 문제점은 장기적인 관점에서 각각의 구성원들은 자기 자신을 위한 일을 하는 것이 훨씬 나음에도 불구하고 이러한 유형의 돌봄이 가족 구성원들로 하여금 타인을 위한 행동을 하도록 만든다는 것이다. 이러한 반응 방식은 돌봄 제공자가 스스로의 삶을 살아가지 못하도록 한다.

'박해'의 예로는 가족 구성원들이 냉담해지고 거리를 두며 직면하고 비판하거나 관여하지 않는 것이다. 돌봄 제공자는 병을 가진 가족(또는 다른 가족 구성원들)이 죄책감과 수치심을 느껴 변화하기를 바라거나 '마음을 다잡도록' 만들 수 있다. 그렇지만 매우 불행하게도 죄책감과 수치심을 이용하는 것은 장기적인 변화를 일으키지 못하고 상황을 더욱 악화시킬 뿐이다.

'피해자' 반응은 돌봄 제공자가 자신의 불행을 타인에게 전가시킬 때 발생하는데, 그들이 무기력하고 도움을 전혀 받지 못한다고 생각해서 자신에게 주어지는 변화의 책임감을 회피할 때 나타난다. 이는 이런 유형의 반응을 보이는 돌봄 제공자가 실제로 고통받지 않고 있다는 뜻이 아니다. 그들은 고통받고 있다. 실제로 고통은 정신질환과 관련된 사회적 낙인, 정신보건 시스템의 부족, 그리고 가족과 친구들의 적절한 반응의 실패가 혼합되어 나타난다. 불행하게도 가족 구성원들의 반응 역할이 경직되면 가족 구성원들이 때때로 느끼는 고통, 괴로움, 무망감이 지속되기 쉬우며, 이는 질병을 가진 개인과 가족을 괴롭게 한다.

특히 돌봄 제공자가 돌보는 역할을 오랜 시간 해왔다면 이러한 관계 양식을 바꾸기는 힘들 수 있다. 그러나 이러한 양식을 지속하게 되면 정신질환을 가진 사람이 자신을 항상 '나쁜', '불구의' 또는 '무능력한' 사람으로 보게 만들 위험이 있다. 이런 위험은 병을 가진 사람의 동기를 잃게 하고 무기력감과 절망감을 느끼게 한다.

가족들은 사랑하는 사람을 어떻게 도울지 방법을 찾아야 하고 강한 유대 관계를 통해 그들의 재기를 곁에서 도와야만 한다. 병을 가진 사람들이 삶을 만족하며 살 수 있도록 역량을 저하시키지도 않고 행동 양식을 지속시키지도 않는 적절한 균형을 찾는 것이 중요하다. 돌봄 제공자에게도 동일한 원칙이 적용된다.

협력의식과 관계적 역량강화

양적·질적 연구를 통해 가족들이 임상적 결정에 함께 참여하고 싶어 한다는 것이 분명해졌다. 재기는 개인적인 여정이지만 대인관계적 맥락 속에서 일어나는 것이기도 하다. 그러므로 정신질환을 가진 사람과 그들을 지지하는 사회적 체계, 그리고 전문가들과 가족 및 돌봄 제공자 사이의 효과적인 협력을 이끌어내는 것은 매우 중요한 일이다. 역량저하는 때때로 전염성이 있는 것처럼 보인다. 돌봄제공자가 역량저하를 느끼면 병이 있는 사람과의 상호작용에 나타나게 될 것이다. 반면 역량강화 또한 역량강화를 불러일으킨다. 그래서 가족이나 돌봄 제공자가 전문가와의 상호작용에서 역량강화를 느끼면 그들의 경험이 병을 가진 사람에게 전달될 것이다. 다음 영역은 협력이 반드시 필요한 것으로 확인된 영역이다.

- 조기 개입
- 위기상황 개입
- 치료 계획
- 퇴원 계획

조기 개입

가족들은 종종 자신들이 정신보건 전문가들보다 먼저 재발의 징후를 알 수 있다고 생각한다. 가족들이 병을 가진 사람에 대해 더 많은 정보를 알고 더 자주 접촉한다면 이는 놀라운 일이 아니다. 그래서 가족들은 무언가 달라보일 때 이를 더 잘 포착할 수 있다. 그렇지만 가족들이 가진 흔한 불만사항 중 한 가지는 가족이 발견한 재발 징후에 전문가들이 귀 기울이거나 관심을 갖지 않는다는 것이다. 결국 환자의 병이 재발한다면 가족들은 억울함을 느낄 수밖에 없다.

위기 상황 개입

위기 상황이라는 것은 매우 주관적이고 높은 수준의 스트레스를 동반하는 경험이기도 하다. 가족들은 위기 상황에 어떻게 대처하면 좋을지 알지 못해 때때로 무능력감을 느낀다. 특히 정신건강에 문제를 가진 가족이 응급실에 실려갔는데도 병원 위기 평가 팀에서 다시금 그 사람을 집으로 돌려보냈을 때 많이 발생하는 것이다. 위기는 문제에 대처하지 않는 내담자만큼이나 문제에 대처하지 않는 가족들과 연관될 수 있다. 급성 입원의 경우 일시적으로 가족들에게 일시적인 여유와 안도감을 줄 수 있다. 그러나 내담자가 퇴원 후 집에 돌아온 경우 그것이 내담자에게 안도감을 줄 수는 있지만 가족 구성원들에게는 안도감을 앗아가는 일일 수 있다. 위기 상황 평가에서는 가족의 욕구가 무시되거나 기껏해야 최소한으로 고려된 채 내담자의 정신 상태에만 집중하게 된다. 설령 가족들의 욕구가 인정받는다고 해도 그들을 도울 수 있는 효과적인 개입 방안은 없는 경우가 많다.

치료 계획

가족들은 치료 계획에서 배제되는 경우가 많다. 의료 팀에서 개발된 치료 계획은 내담자와의 협의를 통해 세워진다. 가족들은 면담을 통해 전반적인 치료 계획에 대해 전달받게 되지만 치료계획서를 서면으로 받는 경우도 없을뿐더러 치료 계획을 수립하는 과정에 참여하게 되는 경우도 거의 없다. 하지만 한편으로 전문가들은 주로 계획의 실행을 위해서 가족들이 계획을 돕거나 어떠한 역할을 하기를 원한다. 최근의 연구는 많은 가족들이 치료에서 더 활발한 역할을 하기를 바라고 어떤 경우에는 치료 팀의 일부가 되기를 바라는 경우가 있다고 보고한다.

퇴원 계획

퇴원 계획을 세울 때 가족 구성원들과 논의하지 않는 것은 가장 많은 논쟁거리가 되는데, 특히 환자가 급성 발병으로 입원한 경우 더욱 그러하다. 정신장애인의 부모는 흔히 아들이나 딸이 퇴원하자마자 다시 입원했다고 보고한다. 퇴원에 대해 가족들과 충분히 논의하지 않는 것은 가족에게 배신감을 느끼게 한다. 가족과의 상담은 실제적인 유용성을 가지고 있기도 하다. 병원 측에서 환자가 퇴원 후 가족들과 지낼 수 있다고 판단할 수 있지만 가족들이 환자를 부양할 의지가 있다 하더라도 어떤 경우에는 그들을 돌볼 여력이 없을 수도 있다. 최소한의 수준에서 가족과 돌봄 제공자들은 자문과 조언을 통해 병이 재발할 때의 특징과 정신장애인을 효과적으로 돌보는 방법에 대한 유익을 얻을 수 있다.

협력을 저해하는 요소는 무엇인가

실천가들은 다음과 같은 요소로 인해 가족과의 협력이 저해된다고 말한다.

- 익명성/비밀 보장에 대한 걱정
- 내담자의 자율성에 대한 존중
- 가족과 연락하는 것의 어려움
- 시간 제한
- '어려운' 가족

이러한 저해요소가 존재하는 것은 이해할 만한 일이지만 이 중 대부분은 우선순위와 관련된 문제다. 가족들과 함께 일하는 데는 시간이 소모되고 가족들이 '어려운' 경우에는 더욱 그러하다. 어떤 내담자들은 가족들과 협력하는 것에 대해 양가감정이나 부정적인 감정을 가진다. 이는 정신장애인과 가족 간에 신중한 협상과 조정이 필요함을 의미한다. 내담자를 어린아이 취급하지 않으면서 가족들의 욕구를 존중하는 것은 매우 어려운 일이지만 동시에 매우 중요한 일이다. 단기적으로는 시간이 많이 소요된다 하더라도 가족과의 효과적인 협동이 장기적으로 높은 비율의 효율성을 보이며, 특히 급성 입원의 횟수를 줄이고 전체적인 입원 필요도를 감소시키는 결과를 가져온다. 대부분 가족 관계의 '어려움'은 위에서 언급된 반응 양식에서 비롯되는 것이다.

익명성/비밀 보장이 당면한 과제

실천가는 내담자에 대한 비밀 보장의 책임을 가진다. 이 말은 곧 전문가가 내담자의 허락 없이 내담자의 정신질환이나 치료 계획에 관한 내용을 가족에게 알릴 수 없다는 뜻이다. 보통의 경우 내담자들은 흔쾌히 가족들과 치료 계획을 공유하려 하지만, 이를 꺼려하는 내담자도 드물지 않다. 이러한 상황에서 실천가의 협상 기술은 모두가 만족할 만한 결과를 도출하는 데 핵심 요소가 된다.

가족에게 내담자의 정보를 알리고자 할 때 내담자와의 협상에 도움이 되는 유용한 방법이 다음에 제시되어 있다.

- 내담자의 가족들이 정보를 알고 싶어 하는 이유에 대해 설명한다.
- 가족들이 정보를 알았을 때 내담자가 걱정하는 바가 무엇인지 구체적으로 질문한다.
- 실천가가 서비스 내에서 가족들과 소통할 때 내담자가 특별히 편안하게/불편하게 느끼는 가족 구성원이 있는지 확인한다.
- 내담자가 가족들에게 알리고 싶어 하지 않는 특정 정보가 무엇인지 확인하고 이러한 정보와 관련하여 협의한다.
- 가족 구성원들과 공유할 수 있는 정보를 목록화하여 내담자의 서명을 받고 다른 치료 팀도 이를 참고할 수 있도록 내담자 기록에 보관한다.
- 내담자는 가족 구성원들과 모든 정보를 공유하고 싶어 하지 않는다는 사실을 치료 팀 모두가 알도록 하라. 내담자가 의사소통을 원하는 가족 구성원이 누구인지, 이 사람들과 어떠한 종류의 정보를 공유하기 원하는지에 대해 명확히 이해한다.
- 정보를 공유하는 것에 대해 내담자가 동의했다고 추측하거나 이를 당연한 것으로 여기지 않는다. 가족과 정보를 공유하는 것에 대해 내담자가 어떻게 느끼는지 정기적으로 확인한다.

문제 해결

가족과의 협력에서 문제 해결적 접근이 효과적이라는 사실을 증명하는 많은 근거가 존재한다. 다음에서는 가족들과 협력할 때 문제 해결적 접근을 취하는 것이 어떤 측면에서 유용하고 효과적인지 알아볼 것이다.

심리 교육이나 협력과 달리 가족들과 함께 작업할 때의 주요 목표는 정신질환을 가진 사람을 돌보는 것과 관련된 다양한 실제적·감정적 어려움에 대처할 수 있도록 돕는 것이다. 현재 알려진 연구의 결과에 따르면 상황이 더 나은 가족 구성원들이 이러한 어려움에 대처할 수 있고 가정 환경의 스트레스가 적으며 급성 정신질환자를 돌볼 필요성이 적다. 다시 말해 급성 삽화가 적다는 것은 가정에서의 스트레스와 돌봄의 부담이 적음을 의미한다. 스트레스와 병을 잘 관리할 수 있는 능력을 갖는 것은 개인적·관계적 역량강화에서 매우 중요한 초기 단계가 된다.

문제 해결 방식은 가족들이 문제에 대한 해결방안을 스스로 찾도록 하는 가족 발생적 치료 접근이다. 전문가는 직접적인 해결방안을 제시하지 않는다. 가족이 직접 만들어낸 해결방안은 더 적절하고 성공 확률 또한 높은데, 이는 가족들이 실천가보다 자신들의 필요와 환경을 더 잘 알기 때문이다. 가족이 만들어낸 해결방안은 가족 역량강화의 일부이며, 가족 내에서 문제 해결 방안을 찾는 능력에 대한 자신감을 키워준다.

이때 실천가의 역할은 가족들에게 문제를 확인하고 유용하며 새로운 해결방안을 찾도록 돕는 것이다.

문제 해결적 접근이 매우 간단하게 보여도 이를 시행할 때는 몇 가지 주의사항을 따라야만 한다.

- 문제 인식은 매우 조심스럽게 이뤄져야만 한다. 문제는 표면적으로 보이는 그대로의 모습이 아닐 수 있다.
- 뛰어들어 해결방안을 제시하려는 유혹을 피한다. 문제를 가장 잘 해결할 수 있는 방법은 실천가에 의해서가 아니라 가족 구성원들이나 가족들의 적극적인 참여로부터 만들어진다.
- 실천가에 의한 해결방안은 질문 형태로 제시되었을 때 가장 유용하다(예 : '만약

~ 한다면 어떤 일이 일어날까요?').

- 해결방안이 효과적이지 않다고 해서 걱정하지 않는다. 가족과 새로운 해결방안
  을 찾아본다.

강점 관점

돌봄 제공자들이 자기 자신과 가족의 강점을 확인하고 발전시킬 수 있게 돕는 것은 재기의 여정 동안 안정성을 찾아나가는 측면에 도움이 된다. 하지만 돌봄 제공자들은 자신의 강점, 잘 되고 있는 점, 강점을 끌어낼 수 있는 자원을 찾아내는 데 어려움을 겪을 수 있다. 특히 정신장애가 유발하는 어려움, 스트레스, 트라우마에 집중할수록 이는 더 어려워진다.

강점은 돌봄 제공자들이 겪는 어려움을 다루는 데 도움을 주는 것이다. 강점은 돌봄 제공자를 강하게 만들고 그들이 어떤 일을 할 수 있는지, 어떠한 사람인지에 대해 기억할 수 있도록 한다. 강점은 돌봄 제공자가 가진 태도나 가치, 능력과 기술에 관한 것일 수도 있다. 또한 강점은 돌봄 제공자들을 강하게 만들어줄 수 있는 외부의 어떤 것이나 사람일 수도 있다. 재능, 자원, 능력, 기억 등 어려운 상황을 헤쳐나갈 수 있도록 도움을 주는 것들 또한 강점이 될 수 있다. 강점에 대한 또 다른 관점은 '탄력성'을 발전시키는 데 도움을 준다는 것이다. 탄력성은 인생의 굴곡과 어려움에 압도되지 않고 어려움을 다룰 수 있는 능력이다.

목표를 설정하고 이를 이루기 위해 노력하고 행동하는 중에 강점이 개발되고 확장될 수 있다는 사실을 기억해야만 한다. 따라서 돌봄 제공자가 특정 영역에 강점이 없다고 느낄 수 있지만, 이것이 그가 모든 영역에서 강점이 없음을 의미하지는 않는다. 이미 존재하는 강점을 통해 새로운 강점을 이끌어낼 수도 있는 것이다.

가족 구성원의 각기 다른 장점에 초점이 맞춰질 때 서로의 '잘못된 점'과 '부족한 점'에 집중하지 않을 수 있다. 이는 새로운 가능성을 열어주는데, 가족 구성원들은 개인의 가능성을 인정하고 가족을 하나의 단일한 개체로 인식할 수 있다. 이는 돌봄 제공자들이 미래에 대해 더욱 긍정적인 예측을 할 수 있도록 돕는다. 또한 돌봄 제공자들이 자

기 자신과 다른 사람들 안에 있는 잠재성과 가능성을 찾기 시작할 때 해로운 역할이나 반응 양식에서 빠져나올 수 있게 될 것이다.

강점을 개발하는 전략에 대해 더 자세히 알고 싶다면 제7장을 참고하라.

동료 지지

가족들은 자신과 비슷한 상황에 있는 다른 사람을 보면서 유익을 얻기도 한다. 그들과 의 접촉으로 인해 얻을 수 있는 유익은 다음과 같다.

- 다른 사람들도 비슷한 문제로 어려움을 겪고 있음을 발견하고 이를 통해 안도감을 얻음
- 정신질환이 다른 보통의 사람들에게 영향을 미친다는 사실을 발견하고 이를 통해 안도감을 얻음
- 경험과 이야기를 나누면서 어떻게 다루어 나갈 것인지 배움
- 다른 가족들이 성공적으로 사용했던 방법이나 접근법을 배움
- 다른 가족들이 아는 정보나 자원을 발견함
- 정신질환을 가진 사람이나 그 가족에게 새로운 기회를 제공할 수 있는 연락망과 네트워크를 개발함
- 돌봄 제공자와 가족들이 스스로의 재기 여정을 시작할 수 있음을 이해하고 이는 책임감을 저버리는 것이 아니라 그들이 변화시킬 수 있는 것에 대한 책임을 지는 일임을 알게 됨
- 그들의 삶을 되찾는 방법과 그것의 가치에 대해 알게됨

종종 돌봄 제공자들은 지역사회 내에 위치한 지지적 자원에 대해서 생각하지 못하고 사회적 낙인 때문에 지역사회에 도움을 요청하는 것을 꺼린다. 때로는 그들과 비슷한 경험을 가진 사람들에게 도움을 요청하는 것을 주저하는 경우도 많다. 동료 지지는 임상적 환경이나 재활 환경에서 시작될 수도 있고 전문적인 환경이 아니라도 시작될 수 있는 것이다. 몇몇 국가에서는 광범위한 동료 대 동료 지지를 제공하는 기관이 존재한

다. 그 일례는 다음과 같다.

- 전미 정신질환자 협회[National Alliance on Mental Illness(NAMI) in the U.S : www.nami.org]
- 오스트레일리아 정신질환 모임[Mental Illness Fellowship of Australia(MIFA) : www.mifa.org.au]
- 오스트레일리아 아라프미(Arafmi Austrailia: http://www.arafmiaustralia.asn. au/recovery.html)

위에 제시된 기관에서는 정신장애인의 가족과 돌봄 제공자들을 위한 동료 운영 심리 교육 프로그램을 실시한다. 가족 대 가족이라는 이름으로 실시되는 NAMI의 교육 과정은 다음과 같은 내용을 가진다.

- 조현병, 우울장애, 양극성장애, 공황장애, 강박장애, 경계성 성격장애, 그리고 뇌 공병 질환 및 중독 에 관한 장애에 관한 최신 정보
- 정신약물과 부작용, 올바른 약물 투약에 대한 최신 정보
- 뇌 질환과 관련된 최신 연구와 회복을 촉진하는 효과적인 증거중심 치료법에 대한 정보
- 정신장애인의 주관적이고 생생한 경험의 이해를 통한 공감 획득
- 문제 해결, 경청 기술, 의사소통 기술 훈련을 위한 특별 워크숍 개최
- 위기 상황과 재발에 대처하는 전략 습득
- 돌봄 제공자들에게 초점을 맞춘 프로그램 : 걱정, 스트레스, 정서적 과부하를 직면하는 법
- 지역사회 내의 올바른 지지와 서비스를 찾을 수 있도록 안내
- 서비스 개선 및 확장을 위한 옹호 방법 및 정보

(출처 : NAMI 웹사이트 http://www.nami.org/Template.cfm?Section=Family-to-Family&lstid=605)

오스트레일리아의 과정은 큰 맥락에서는 미국의 과정과 비슷한 내용을 다룬다.

- 정신장애에 대한 실제적인 정보
- 정신장애와 법 체계에 대한 정보
- 정신장애가 삶에 미치는 영향을 관리할 수 있도록 실용적인 개념적 틀 제공

샘의 어머니는 그가 아침에 일어나기 힘들어하는 것을 보고 걱정이 되었다. 그를 일어나게 하려고 노력해보았지만 샘은 웅얼거리며 등을 돌려 다시 잠에 빠져버린다. 약물치료가 증가한 뒤 그런 증상이 더욱 심해진 것 같아 보인다. 그는 일자리를 찾고 싶다고 하지만 어머니는 정오까지 잠자리에서 일어나지도 못하는데 어떻게 일자리를 찾으려고 하는지 걱정이 된다.

문제 확인은 이 문제에 대한 다각적인 측면을 조명한다.

- 어머니는 그에게 잔소리하는 것을 싫어한다.
- 어머니는 그의 미래에 대해 걱정한다.
- 수면 패턴은 부모님과의 갈등요소가 되고 있다. 특히 아버지는 어머니의 양육 방식이 너무 부드럽고 무르다고 생각한다. 그러나 어머니는 샘이 늦게 일어나는 것이 그의 잘못이라기보다 약물 때문이라고 생각한다.

브레인스토밍을 통해 어머니는 다음과 같은 해결방안을 제시했다.

- 주치의에게 그가 복용하는 약물에 대해 얘기해본다.
- 오전 7시에 샘에게 찬물을 부어 깨운다.
- 남편에게 샘을 깨우는 일을 맡긴다.
- 걱정하는 것을 멈추고 샘은 정신질환으로 인해 일반사람들과 다른 수면 패턴을 가지는 것이라고 수용한다.
- 샘과 함께 수면 패턴과 구직 활동에 대해 얘기해본다.

그리고 강점 관점 사정을 통해 샘의 어머니는 다음과 같은 강점을 찾았다.

- 샘의 주치의는 진심으로 샘에게 관심을 가지는 듯하며 도움을 준다.
- 비록 남편은 아내가 샘을 대하는 태도가 너무 무르다고 생각하지만 그녀는 어떠한 일이 있다 해도 부부가 서로를 지지할 것이라는 사실을 안다.
- 아라프미 웹사이트에서 읽은 돌봄 제공자의 실화는 그녀에게 희망을 주었으며 돌봄 제공자들의 지지 집단이 집에서 자동차로 30분 거리에서 열린다는 것을 알고 있다.
- 그녀는 영적인 믿음을 가지고 있다.

- 그녀의 정원에서 편안한 감정을 느낄 수 있다.
- 그녀는 동정심과 더불어 강한 의지를 가지고 있다.
- 그녀는 샘을 사랑한다.

이러한 가능성과 강점을 알아본 후에 그녀는 샘에게 잔소리를 늘어놓기보다 앞에서 찾은 해결방안 중 마지막 부분에 있는 것을 시도해보기로 결정했다. 샘의 수면 패턴에 대해 주치의와 상담을 해보기도 했고 기회가 오면 샘과 직접 수면 패턴에 대해 이야기해보기도 했다. 샘은 밤에는 더 차분해지고 증상에 덜 시달리는 것 같아 밤 시간이 좋으며 그래서 새벽 3시 이전에 잠들기는 싫다고 말했다. 그는 약물 치료로 인해 어지러움이 심해지지는 않았으며 오히려 새로운 약물로 인해 스트레스를 덜 받는 것 같다고 얘기했다. 그는 구직 활동에 대해 더 생각해보게 되었고 야간 청소를 할 수 있다면 좋을 것 같다고 말했다. 그녀는 이 대화를 한 후에 조금 마음이 놓였고 다음 단계로는 사업상 청소업체를 고용하고 있는 그녀의 남편과 얘기를 해보기로 했다.

요약

실천가들이 심각한 정신장애를 가진 사람들의 가족과 친구, 돌봄 제공자들을 지지하는 것은 매우 중요하다. 첫 단계는 그들이 돌봄에서 느끼는 부담감, 교육과 안정에 대한 욕구, 필요한 도움을 받을 수 있는 준비도를 인식하는 것이다. 실제적인 수준에서는 가족과 돌봄 제공자들은 발병 원인, 경과, 재기 등과 같이 질병에 직접적으로 관련된 정보를 궁금해할 수도 있으며 약물 치료, 문제해결, 대처 전략, 현재 사용되는 치료법 등에 대해 궁금해할 수도 있다. 혹은 활용할 수 있는 지지체계나 동료 지지 등에 대한 정보를 요구할지도 모른다. 또한 정신장애인의 가족들이 이미 가진 강점을 활용하여 어떻게 어려움을 극복할 수 있는지 알려주고 그들 스스로 개인적/관계적 역량강화를 이뤄나갈 수 있게 도와주는 것이 중요하다.

참고문헌

Barrowclough C, Ward J, Wearden A, Gregg L (2005) Expressed emotion and attributions in relatives of schizophrenis patients with and without substance misuse. *Social Psychiatry and Psychiatric Epidemiology* **40**, 884–91.

Briggs H, Fisher D (2000) *Warning: Caring is a Health Hazard.* Carers Association of Australia: Canberra.

Brown S, Lewis V (1999) *The Alcoholic Family in Recovery: A Developmental Model.* Guilford Press: New York.

Buckley-Walker K, Crowe T, Caputi P (2010) Exploring identity within the recovery process of people with chronic mental illness. *Psychiatric Rehabilitation Journal* **33**(3), 219–27.

Butler R, Bauld L (2005) The parents' experience: coping with drug use in the family. *Drugs: Education, Prevention and Policy* **12**(1), 35–45.

Choy A (1990) The winner's triangle. *Transactional Analysis Journal* **20**(1), 40–6.

Clark RE (2001) Family support and substance use outcomes for persons with mental illness and substance use disorders. *Schizophrenia Bulletin* **27**(1), 93–101

Cummins RA, Hughes J, Tomyn A, Gibson A, Woerner J, Lai L (2007) *The Wellbeing of Australians – Carer Health and Wellbeing* Australian Centre on Quality of Life: Melbourne, Victoria.

Fulkerson M (2003) Integrating the Karpman drama triangle with choice theory and reality therapy. *International Journal of Reality Therapy* **23**(1), 12–14.

Glynn SM, Cohen AN, Dixon LB, Niv N (2006) The potential impact of the recovery movement on family interventions for schizophrenia: opportunities and obstacles. *Schizophrenia Bulletin* **32**(3), 451–63.

Karp DA, Tanarugsachock V (2000) Mental illness, caregiving, and emotion management. *Qualitative Health Research* **10**(1), 6–25.

Karpman SB (1968) Fairy tales and script drama analysis. *Transactional Analysis Bulletin* **7**(26), 39–43.

Kirby KC, Marlowe DB, Festinger DS, Garvey KA, LaMonaca V (1999) Community reinforcement training for family and significant othes of drug abusers: a unilateral intervention to increase treatment entry of drug users. *Drug and Alcohol Dependence* **56**, 85–96.

McFarlane W (2004) *Multifamily Groups in the Treatment of Severe Psychiatric Disorder.* Guilford Press: New York.

Milliken PJ Nortcott HC (2003) Redefining parental identity: caregiving and schizophrenia. *Qualitative Health Research* **13**, 100–10.

Moore BC (2005) Empirically supported family and peer interventions for dual diagnosis. *Research on Social Work Practice* **15**(4), 231–45.

Muhlbauer SA (2002) Navigating the storm of mental illness: phases in the family's journey. *Qualitative Health Research* **12**(8), 1076–92.

Needle R, Su S, Doherty W, Laveey Y, Brown P (1988) Familial, interpersonal, and intrapersonal correlates of drug use: a longitudinal comparison of adolescents in treatment, drug-using adolescents not in treatment, and non-drug-using adolescents. *International Journal of Addictions* **23**(12), 1211–40.

Pagnini D (2005) *Carer Life Course Framework: An Evidence-Based Approach to Effective Carer Education and Support.* Carers NSW, Carers Mental Health Professionals: Sydney, Australia.

Ranganathan S (2004) Families in transition: victims of alcoholism and new challenges ahead. *International Journal for the Advancement of Counselling* **26**(4), 399–405.

Rose L, Mallinson RK, Walton-Moss B (2002) A grounded theory of families responding to mental illness. *Western Journal of Nursing Research* **24**, 516–36.

Schlesinger SE, Horberg LK (1994) The "Taking Charge" model of recovery for addictive families. In: Lewis JA (ed) *Addictions: Concepts and Strategies for Treatment*. Aspen Publishers: Gaithersburg, Maryland, pp.233–51

Schofield N, Quinn J, Haddock G, Barrowclough C (2001) Schizophrenia and substance misuse problems: a comparison between patients with and without significant carer contact. *Social Psychiatry and Psychiatric Epidemiology* **36**, 523–8.

Slade M, Amering M, Oades L (2008) Recovery: an international perspective. *Epidemiologia e Psichiatria Sociale* **17**(2), 128–37.

자조 : 독서 치료와 인터넷 자원

Frank P. Deane & David J. Kavanagh

샘은 현재 직장에 다니고 있고 더 이상 재활 서비스에 규칙적으로 참여할 필요가 없다고 느꼈다. 의사는 약을 처방해주고 있으며 샘은 자신이 정말 힘들 때 그를 찾아갈 수 있다는 사실을 알고 있다. 그러나 그는 여전히 어려움에 취약하다는 사실을 알고 있다. 특히 스트레스를 받을 때 우울하고 불안한 증상 때문에 술을 많이 마시고 싶은 유혹을 느낀다. 그는 자신이 규칙적으로 제공받는 정신건강 서비스가 아닌 다른 종류의 도움과 자원에 접근할 수 있기를 원한다.

사람들이 보다 나은 정신건강을 위해 사용할 수 있는 다양한 종류의 자조 자원들이 있다. 가장 흔하고 잘 알려진 종류의 자원은 자조 서적일 것이다. 그러나 자조 자원들은 자서전, 영화, 자조적 지지 집단(예 : AA), 인터넷 자료들을 포함하며, 인터넷 자료는 인터넷상의 정보에서부터 인지 행동 치료(CBT) 프로그램에 이르기까지 다양하다. 재기의 과정에 있는 사람을 돕는 실천가는 많은 자조 자원 중 어떤 것을 추천해야 할지 결정하기 어려울 것이다. 자조 영역에서는 그야말로 수만 권의 책이 있으며 매년 수천

Manual of Psychosocial Rehabilitation, First Edition. Edited by Robert King, Chris Lloyd, Tom Meehan, Frank P. Deane and David J. Kavanagh.
© 2012 Blackwell Publishing Ltd. Published 2012 by Blackwell Publishing Ltd.

권의 새로운 자조 서적이 출판되고 있다고 추정된다.

이 장의 목표는 자조 자원을 활용하여 정신장애를 가진 사람을 돕는 실천가들에게 지원을 제공하는 것으로 책의 사용(독서 치료)과 효과성이 증명된 인터넷 자조 프로그램 사용에 중점을 두고 있다.

자조 자료를 사용하는 사람들을 지원하는 과정은 여러 단계로 이루어져 있다.

1. 자조에 대한 욕구와 상황을 명료화하기
2. 적절한 자조 자원 확인하기
3. 내담자가 자원을 사용할 수 있도록 지지하기
4. 자조 프로그램의 효과 평가하기

1단계 : 자조에 대한 욕구와 상황을 명료화하기

독서 치료와 인터넷 자조는 전문가를 만나는 데 필요한 시간과 비용 소모 없이 스스로 수행할 수 있다는 이점이 있다. 시골에 거주하는 사람들은 적절한 관리체계에 접근하는 것이 특히 어렵다(Griffiths & Christensen, 2007). 어떤 사람들은 정신건강 전문가의 도움을 구하는 것과 관련된 낙인 때문에 전문적인 도움보다 자조를 더 선호한다. 사람들이 자신의 문제에 대해 자조적 접근법을 더 선호하고 찾는 데는 많은 이유가 있다.

자조 자원을 언제 이용해야 하는가에 대한 이해는 그 사람이 경험하고 있는 문제와 변화 목표(예 : 지식, 태도, 증상), 자조 자원의 사용을 지지하는 연구 근거(다음 부분에서 보다 자세히 다룰 것이다), 더 넓은 환경적/치료적 맥락의 이슈들(단계적 돌봄, 부수적인 치료, 인터넷 접근성)에 따라 달라진다. 어떤 문제 영역에 대해서는 자조 프로그램이 다른 치료들(예 : 우울증과 불안을 위한 독서 치료; Den Boer et al., 2004)보다 더 많은 근거를 가진다.

내담자는 어떤 영역에서 도움을 필요로 하는가

첫 번째로 고려할 사항은 내담자가 도움을 필요로 하는 영역과 거기에 적절하고 효과적인 자원이 무엇인가 하는 것이다. 문제 영역과 목표가 될 만한 것들을 명확히 확인하

자. 연구 근거가 존재하는 영역은 다음의 '전문가 합의'와 '효과성' 부분에 제시되어 있다. 목표가 될 만한 영역은 지식(낙인에 대한 인식 감소), 태도, 행동의 개선(운동량 증가 또는 당분 섭취 감소), 증상의 감소를 일컫는다. 특정 문제 영역(예 : 우울에 대한 인터넷 치료)에서 수행되는 어떤 개입법들은 목표대상에 대한 결과 영역(예 : 지식)에서보다 신뢰성 있는 결과를 나타낸다.

내담자의 과거 자조 경험을 평가하라

Norcross(2006)는 치료에 자조를 통합시킬 것을 추천했다. 이때 평가해야 하는 것 중 하나는 내담자의 이전 자조 경험을 평가하는 것이다. 이는 내담자가 과제를 이해할 수 있고 잘 따를 수 있을 것인지, 자조를 마지막으로 이용한 이후 무엇이 변화했는지 등 과거 내담자에게 도움이 되었던 것을 명료화하는 데 도움을 줄 수 있을 것이다. 마지막 경험 이후에 나타난 변화는 미래에 자조 자료에 집중하는 데 도움을 줄 것이다.

자조 자원을 숙지하고 맞춤화하라

거의 모든 근거중심의 자조적 독서 치료는 치료자나 훈련된 준전문가에 의해 제공되는 간단한 지원이었다. 책 내용의 난이도에 따라 지원 정도가 달라지기 때문에 임상가들은 자조 자료를 추천하기 전에 이러한 것에 대해 최소한 어느 정도 친숙해질 필요가 있다.

또한 이러한 친숙함은 개인적 필요를 고려한 맞춤형 내용 선택을 가능하게 한다(Norcross, 2006). 자조 사용과 관련한 상황적 문제들에 따라 맞춤화가 필요한데, 예를 들어 자조는 점점 '단계적 치료(stepped care)'의 일부분으로서 권장되고 있다.

치료 전달의 맥락

단계적 치료는 광범위하게 '최소 제한적(least restrictive)' 치료 제공을 포함하는데, 이는 유의미한 건강의 증진을 이룰 수 있다. 여기에서의 '최소 제한적'이라는 용어는 보통 환자의 비용과 불편함을 최소화하는 것과 함께 서비스 제공자(치료자)의 시간도 최소화함을 의미한다(Bower & Gilbody, 2005; Salloum, 2010; Tolin et al., 2011). 단계적 치료 모델은 집중적 치료의 단계로 이행하기에 앞서 자조적 접근을 가장 먼저 사용하도록 한다.

전문적 서비스를 필요로 하는 사람이 대기 명단에 있을 동안에 자조 자원을 사용할 수 있다. 또한 전문적인 면대면 치료에 대한 동기가 부족한 사람들에게 효과가 있을 것이라는 주장도 존재한다(Norcross, 2006). 그러나 우울과 불안으로 심리치료를 받기 위해 대기 중에 있던 114명의 내담자 집단을 대상으로 안내된 자조 개입이 이루어졌으나 자조적 개입을 받지 않은 대기목록의 내담자들과 비교했을 때 어떠한 추가적 이익도 발견되지 않았다(Mead et al., 2005). 전문적 서비스를 제공받는 것이 아직 결정되지 않았을 때 내담자들은 자조적 개입이 동기나 이익을 제공하든지 그렇지 않든지 관계 없이 만족스러워했다.

장애 특수적인 필요가 있거나 다른 문제 영역들에 대한 면대면 치료가 주요 관심사일 경우 자조가 보충적으로 사용될 수 있다. Campbell과 Smith(2003)는 임상적인 목적으로 독서 치료를 하는 것과 지지적/정보적 사용을 위해서 독서 치료를 사용하는 것을 구별하고 있다. 임상적 사용은 우울과 같은 임상적 증상에 초점을 두고서 독서 치료를 사용하는 것을 의미한다. 이러한 조건에서 독서 치료는 종종 대면 치료와 통합하여 사용되고 회기가 진행되는 동안에 면밀히 관찰된다. 독서 치료가 보다 지원적이거나 정보적인 목적으로 사용될 때 목표대상은 임상적 상태, 예를 들어, 양육이나 사랑하는 사람의 만성질환을 다루는 것이 중심이 되지 않는다.

이 장에서는 독서 치료의 임상적 사용에 대해 보다 중점적으로 다루고자 한다. 이 과정의 일부는 적절한 근거중심의 자조 자원들을 확인하는 것과 미래에 더 강화된 치료를 필요로 할 것인지 결정하기 위해 치료 반응을 관찰하는 과정도 포함한다.

2단계 : 적절한 자조 자원 확인하기

적절한 자조 자원을 확인하는 두 가지 주요 방법이 있다. 제일 바람직한 방법은 이들의 효과성에 대한 실증적 연구를 고려하는 것이다. 두 번째 방법은 특정한 자원에 대한 연구를 이용할 수 없을 때 사용할 수 있는 방법으로서 전문가 합의에 의존하는 것이다. 보통 이것은 현장 정신건강 전문가들에 의한 조사 결과에 기초한다.

효과성 연구

우울에 개입하기 위한 38개의 자조 개입에 대해 포괄적인 연구가 이루어졌고, 이 연구에서는 몇몇 정신건강 문제들에 대한 다양한 자조적 개입을 강조하였다. 그러나 효과성에 대한 근거는 3분의 1에도 미치지 못하는 것으로 나타났다(Morgan & Jorm, 2008). 효과성이 있는 개입에는 독서 치료, 컴퓨터를 사용한 개입, 주의 분산(오락), 이완 훈련, 운동, 즐거운 활동이 있다. 이러한 개입은 다중요소적 독서 치료에서 포함하는 자조의 요소들을 구성하고 있다.

독서 치료가 우울(Gregory et al., 2004; Morgan & Jorm, 2008), 불안(Van Boeijen et al., 2005), 알코올 문제(Apodaca & Miller, 2003), 성기능장애(Van Lankveld, 1998) 등 여러 문제를 치료하는 데 유용하다는 것이 효과성 연구에서 나타났다. 무작위 통제 실험에서 불안장애와 우울장애를 대상으로 한 자조적 독서 치료에서는 위약 집단이나 비처치 통제 집단과 비교했을 때 그 평균효과 크기가 중간에서 큰 수준으로 나타났다(예 : Cuijpers, 1997; Den Boer et al., 2004). 비교적 단기에 이루어지는 전문적 치료만큼 독서 치료도 효과가 있다고 말할 수 있을 것이다(Den Boer et al., 2004).

다른 문제 영역에 대해서도 독서 치료가 효과적이라는 결과가 있다. 그러나 효과성에 대한 근거를 강화하기 위해서는 더 많은 연구가 필요하다(예 : 건강염려증 — Buwalda & Bouman, 2009; 공황장애 — Nordin et al., 2010; 이명으로 인한 스트레스 — Malouff et al., 2010; 양육 — Forehand et al., 2010).

유감스럽게도 이 연구에서 사용된 문서 자료나 효과적인 책들 모두를 손쉽게 구할 수는 없으며, '자조매뉴얼'에 대한 접근도 어려운 상황이다. 그러나 전문가 간 합의에 의해 추천하는 책들은 서점을 통해 구매 가능하며, 대부분 어느 정도 연구 근거들을 가지고 있다.

전문가 간 합의

어떤 지침서는 적절한 자조 자료(내용)를 고르는 과정에 도움을 제공한다. 이러한 예로, *Authoritative Guide to Self-Help Resources in Mental Health*(Norcross et al., 2000)가 있다. 이 지침서는 미국에서 수행된 5개의 국가적 연구 결과에 기초하고 있고, 임상 및 상담 심리학자들에 대한 조사를 포함하고 있다. 2,500명 이상의 심리학자들이 28개의 범주(예 : 분노, 불안, 조현병)의 자조 자원에 대해 5점 척도('매우 좋음'~'매우 좋지 않음')로 평정하였다. 자조 책(독서 치료), 자서전, 영화, 인터넷 자료, 그리고 자조 집단 등 다양한 자조 자원들에 5점 등급 체제를 적용하여서 만들어진 추천목록이 결과로 제시되었다. 이 자료들이 수집되었던 1990년대 이후로는 조사가 이루어지지 않았지만 여전히 이 책들은 대부분 손쉽게 구할 수 있다.

다음에는 Norcross와 동료들(2000)에서 추천하는 정신건강 문제와 관련된 상위 10위권의 자조 책이다.

1. *Skills Training Manual for Treating Borderline Personality Disorder*(Linehan M)

2. *Becoming Orgasmic*(Heiman J & LoPiccolo J)

3. *Why Marriages Succeed or Fail*(Gottman J)

4. *The Anxiety and Phobia Workbook*(Bourne E)

5. *Your Defiant Child*(Barkley R & Benton C)

6. *The 36-Hour Day*(Mace N. & Rabins P)(알츠하이머 병)

7. *The Courage to Heal*(Bass E & Davis L)(약물 남용과 재기)

8. *Mastery of Your Anxiety and Panic III*(Craske M & Barlow D)

9. *The Relaxation and Stress Reduction Workbook*(Davis M et al.)

10. *Feeling Good*(Burns D)(우울)

Redding과 동료들(2008)의 최근 보고에서는 50개의 최다 판매 자조 서적(베스트셀러)을 먼저 확인하고 4명의 전문가들로 하여금 표준화 품질 평정 척도(standard quality rating scale)(예 : 심리학 연구의 유용성과 일관성)를 사용하여 책의 품질을 평정하도록 하였다. 다음의 10권의 책은 100점 만점을 기준으로 하여 품질에 대해 점수를 매긴 것이다(Redding et al., 2008, p. 540).

1. *The ODC Workbook*(Hyman BM, 1999)(94점)

2. *Dying of Embarrassment*(Markway B, 1992)(92점)

3. *The Shyness and Social Anxiety Workbook*(Antony MM, 2000)(92점)

4. *Overcoming Compulsive Hoarding*(Neziroglu F, 2004)(90점)

5. *Stop Obsessing*(Foa EB, 2001)(90점)

6. *The Cyclothymia Workbook*(Prentiss P, 2004)(88점)

7. *Bipolar Disorder Demystified*(Castle LR, 2003)(84점)

8. *Feeling Good*(Burns DD, 2000)(83점)

9. *Overcoming Compulsive Checking*(Hyman BM, 2004)(82점)

10. *Obsessive-Compulsive Disorder*(Penzel F, 2000)(81점)

다음은 Norcross와 동료들(2000)에서 최상위권에 오른 자조 책들과 Redding과 동료들(2008)에서 상위 50위까지의 자조 책들 모두에서 제시한 5권의 책이다.

- *Feeling Good*(Burns, 2000)
- *Mind Over Mood*(Greenberger & Padesky, 1995)
- *The Anxiety and Phobia Workbook*(Bourne, 2000)
- *The Relaxation and Stress Reduction Workbook*(Davis, 1995)
- *Trauma and Recovery*(Herman, 1997)

우울과 불안 영역에 이러한 책이 있다는 점은 주목할 만한 일이다. 이 영역에서는 독서 치료의 효과성에 대해 가장 근거가 있다고 여겨진다. 아마도 우울에 관해 가장 널리 사용되고 경험적으로 도움이 되는 책은 *Feeling Good*(Burns, 1999)일 것이다. 이 책은 치료자들에게 가장 잘 알려진 책 중 하나이며 굉장히 도움이 되는 책임에 틀림없다(예: Cook et al., 2009; Norcross et al., 2000). 독서 치료 실험 연구에서 자주 사용되는 또 다른 책은 *Control Your Depression*(Lewinsohn et al., 1986)이라는 책이다.

반복적 폭식증과 관련한 문제의 경우에 자조 책의 사용을 지지하는 신뢰할 만한 근거가 있다(Stefano et al., 2006). 가장 자주 사용되고 가장 쉽게 구할 수 있는 책은 다음과 같다.

- *Overcoming Binge Eating*(Fairburn CG, 1995)

- *Bulimia Nervosa: A Guide to Recovery*(Cooper P, 1993)
- *Getting Better Bit(e) by Bit(e)*(Schmidt UH & Treasure JL, 1993)

블루페이지 웹사이트(http://bluepages.anu.edu.au/home/)에서는 독서 치료를 포함한 우울 치료에 대해 최우수 리뷰를 제공한다. 평가체계는 이해하기 쉽고 과학적 근거가 제공되는 보고에 기초하고 있다(예 : 가장 높은 점수인 웃는 얼굴 3개는 "이 치료는 굉장히 유용합니다. 과학적 근거에 따라 효과적이라고 강하게 지지되는 치료법입니다."를 의미한다). 독서 치료는 "이 치료법은 유용합니다. 이 치료법은 과학적 근거에 따라 효과적이라고 지지되고 있지만 그 근거가 매우 강하지는 않습니다."라는 평가를 받았다. 이 웹사이트의 장점은 주기적으로 업데이트된다는 점과 자조적 접근뿐만 아니라 다양한 치료법에 대한 효과성을 보다 최신으로 사용하기 쉬운(사용자 친화적) 방식으로 알려준다는 점이다. 게다가 이 웹사이트는 추천 도서목록도 제공하고 있다(http://bluepages.anu.edu.au/help_and_resources/resources/books/).

3단계 : 내담자가 자원을 사용할 수 있도록 지지하기

내담자는 보통 면대면 만남의 초기에 자조 자료 내용에 대한 지시사항과 오리엔테이션을 받는다. 오리엔테이션에서는 독서 치료와 면대면 치료(부수적 치료)가 동시에 실시되는 상황에서 독서 치료를 완수하는 목적을 명료하게 전달한다. 그런 다음 내담자는 자조 자료들을 집으로 가져가서 완수하게 되는데, 이 과정에서 매주 치료사와 5~15분의 짧은 통화로 진전 과정에 대해 확인받고 또 지원을 제공받는다. 효과를 극대화하기 위해 받는 지원의 양과 그 빈도는 아직 명확하게 정해져 있지 않다. 그러나 독서 치료의 경우 적어도 치료사와 몇 번의 전화통화는 필수적으로 이루어져야 한다. 일반적으로 전화통화를 통해서 내담자가 책을 어디까지 읽고 있는지 확인하고 독서 및 이와 관련된 활동을 통해서 무엇을 얻게 되었는지 명료화하며 이해되지 않는 내용이 있는지 그리고 어떻게 진행해나갈 것인가에 관한 간단한 조언을 제공하며 진전사항에 대해 격려하고 칭찬하는 일 등이 이루어지게 된다. 또 독서 치료의 목표와 관련한 진전사항이 있는지도 전화통화를 통해서 점검할 수 있다.

4단계 : 독서 치료의 효과 평가하기

내담자가 독서 치료의 목적을 분명히 하게 되면 독서 치료의 효과성을 평가할 때 도움이 된다. 목적이 분명하면 시간이 경과하면서 나타나는 변화에 대해 점검할 수 있는 목표대상이 마련된다. 평가는 여러 수준에서 이루어질 수 있다. 질적이고 비형식적으로 이루어지는 측정에서부터 신뢰도와 타당도가 보장되는 표준화된 측정이 사용 가능하다. 예를 들어, 경도에서 중등도의 우울증이 있는 내담자를 위해 자조를 제공하는 것이 목적이라면 우울 증상의 고통에 대한 측정은 독서 치료를 시작할 때, 치료 중간에, 그리고 치료 후반에 측정될 수 있다. 만약 동기를 강화하거나 정보를 제공하는 것이 목적이라면 효과에 대한 평가는 면담을 통해 비형식적으로 이루어질 수 있다. 전문가는 내담자가 현재 자신에게 필요한 것이 무엇인지 결정 내릴 수 있도록 독서 치료의 효과에 대한 정보들을 충분히 가지고 있어야 한다.

인터넷 자조

인터넷 자조의 형태는 다양하다. 이는 본질적으로는 독서 치료지만 인터넷을 통해 전달될 수 있다. 내담자 평가 결과에 따라 제공되는 맞춤화된 반응, 비디오, 지지적인 블로그, 토의, 지지 집단, 이메일을 사용하게 되면 보다 상호적이 될 수 있다. 독서 치료에서처럼 여러 인터넷 프로그램은 어느 정도 치료자의 지원을 필요로 한다. 이러한 지원은 전화나 이메일을 통해서 이루어지는 것이 좋다. 치료자가 내담자에게 웹사이트의 사용을 권하기 전에 그 내용을 미리 숙지하는 것을 추천한다. 독서 치료 관리에 대한 권고사항과 다양한 자원의 효과성을 밝히는 작업은 인터넷 자조에서도 대부분 적용 가능하다.

효과성

인터넷 자조 프로그램의 효과성을 지지하는 실증적 연구는 문서화된 자료를 사용하는 독서 치료만큼 이루어지고 있지 않다. 그러나 우울(Morgan & Jorm, 2008)과 불안과 같은 여러 다른 영역에 대해서는 인터넷 기반의 자조를 추천하고 있으며, 이에 대한 충분한 자료들이 존재한다. 강박장애(Mataix-Cols & Marks, 2006), 사회공포증 (Carlbring et al., 2006), 공황장애(Carlbring et al., 2006)와 같은 몇몇 장애들에 대한 증거들도 늘어나고 있다.

웹 기반 애플리케이션의 효과성을 기술한 새로운 연구들도 꾸준히 등장하고 있다. 새로운 인터넷 자조 애플리케이션의 효과성에 대해 알아볼 수 있는 좋은 장소는 비콘 (www.beacon.anu.edu.au)이다. 이 웹사이트에서는 정신건강과 신체건강(알코올 의존, 양극성장애, 우울증, 섭식장애-신체이미지, 거식증, 폭식증, 간질, 스트레스, 이명, 체중과 비만, 공포증, 외상 후 스트레스 장애, 탄력성, 사회불안, 일반화된 불안장애, 강박장애, 통증, 공황장애)에 대한 다양한 온라인 애플리케이션 링크와 리뷰를 제공하고 있다.

앞에서 언급한 블루페이지와 같이 비콘에서는 건강 전문가 패널들의 리뷰를 제공한다. 보고는 프로그램에 대한 간략한 설명과 형식, 목표 문제, 목표 집단(예: 알코올), 지원 방법(예: 동기강화 상담), 기간, 지원의 종류와 주요 사용 언어 등과 같은 세부사항도 포함한다. 프로그램에 접근하는 방법과 사용요금에 관한 정보 또한 제시되어 있다. 아마 가장 중요한 사항은 애플리케이션에 대한 연구의 근거가 제공된다는 점일 것이다. 그러나 프로그램보다 애플리케이션이 '잘 수행된 연구로부터의 충분한 근거'를 더욱 많이 가지고 있다. 예를 들어 '우울' 범주에 아래에서는 35개의 사이트가 검토되었으나 잘 수행된 연구로부터 나온 충분한 근거는 단 3개였다. 이것은 다른 문헌에서도 일관되게 나타나는 결과다. Griffith와 Christensen(2006)은 우울의 인터넷 치료를 위한 세 번의 실험 중 단 한 번만 우울 증상의 감소에 긍정적인 결과가 있었다고 보고했다. 이 실험에서는 웹 기반의 프로그램인 MoodGYM이 사용되었으며, 인지 행동 치료에 기초하고 있다(Christensen at al., 2004).

다음은 비콘 사이트에서 제시하는 목록인데 문제 영역과 해당 영역의 잘 수행된 연구로부터 충분한 근거를 가졌다고 평가된 사이트를 제시하고 있다.

유감스럽게도 모두 무료로 이용 가능한 것은 아니며, 모두 사용할 수 있는 것도 아니다. 어떤 것들은 구독료를 요구하는 것도 있고 연구 참가자 집단 이외에는 개방되지 않은 것들도 있다. 그러나 효과성에 대한 더 많은 근거 축적이 필요하고 실험 연구의 수를 감소시키고자 하는 필요가 점점 증가함에 따라 이 사이트들 또한 점점 무료로 사용 가능해질 것이다. 따라서 다음에 관련 사이트들을 제시하고자 한다.

- 알코올
  - 이체크 투 고 : 알코올 사용에 대한 예방 프로그램 (www.echeckuptogo.com)
- 체크 유어 드링킹은 알코올 사용에 대한 간략한 온라인 평가로 정보 및 개인의 필요를 고려한 피드백을 제공한다. (www.checkyourdrinking.net)
- 우울
  - 무드GYM : 무료로 이용 가능하다. (www.moodgym.anu.edu.au)
  - 버추얼 클리닉 : 슬픔 프로그램 (www.virtualclinic.org.au)
- 섭식장애 : 스튜던트 바디스는 섭식장애의 위험에 처한 여성들을 대상으로 한다. (http://bml.stanford.edu/multimedia_lab/)
- 일반화된 불안 : 무드GYM은 무료로 이용 가능하다. (www.moodgym.anu.edu.au)
- 공황장애 : 패닉 온라인 스텝2(현재 패닉 스톱으로 업데이트됨) (http://www.swinburne.edu.au/lss/swinpsyche/etherapy/programs.html)
- 외상 후 스트레스 장애 : Interapy-PTSD (www.interapy.nl)
- 사회불안 : 버추얼 클리닉 Shyness 프로그램 (www.virtualclinic.org.au)

비콘 사이트는 엄격한 연구 근거를 가지고 있지 않으나 여러 내담자들에게 효과적이라고 입증될 만한 프로그램과 인터넷 사이트를 제공하고 있다. 여기에서 다루는 대부분의 근거중심적 인터넷 개입들이 접근을 제한하고 있다는 사실을 고려한다면 독자들은 근거 마련 중에 있는 독서 치료나 다른 인터넷 개입을 고려하게 될 것이다. 이 중에는 이 장의 제2저자가 개발한 OnTrack 프로그램(www.ontrack.org.au)이 있다. 이 프로그램은 우울, 알코올, 가족과 친구에 대한 지지, 정신병적 증상들을 포함한다. 이렇게 최근에 개발된 프로그램들에 대한 연구 지원은 급속도로 증가하고 있는 추세다.

인터넷 개입을 권하는 임상가들은 독서 치료에서와 같이 개입의 내용에 대해 잘 숙지하고 있어야 하며 이것을 어떻게 전달할지에 대해 인지하고 있어야 한다. 어떤 것들은 전문적인 지지를 제공하고 또 어떤 것들은 전자동화되어 내담자가 제공한 것에 기반해서 피드백을 제공한다.

요약

정신건강 문제의 치료를 지원하기 위한 이용 가능한 자조 자원이 아주 많이 존재한다. 내담자의 필요에 부합하는 적절한 형태의 자조 방법을 선택하는 것이 중요하다. 실천가들은 효과성에 대한 연구 근거가 있으며 이러한 연구 근거에 가장 접근하기 쉬운 자조 프로그램을 찾아내고 급속도로 확장되고 있는 근거중심 지원들의 상황도 잘 파악하고 있어야 한다. 이것은 블루페이지와 비콘과 같은 인터넷 리뷰(Internet independent review) 서비스에서 찾아볼 수 있다. 자조는 전문적 지원 없이도 완수될 수 있지만 종종 자조 프로그램을 선택하고 준비하는 데 실천가의 도움이 필요하다. 사용되는 자조 자원에 따라서 지속적인 지원이 필요할 수 있고, 진전사항과 프로그램 효과성을 평가하는 관찰이 필요할 수도 있다.

참고문헌

Apodaca TR, Miller WR (2003) A meta-analysis of the effectiveness of bibliotherapy for alcohol problems. *Journal of Clinical Psychology* **59**, 289–304.

Bower P, Gilbody S (2005) Stepped care in psychological therapies: access, effectiveness and efficiency. *British Journal of Psychiatry* **186**, 11–17.

Burns DD (1999) *Feeling Good: The New Mood Therapy*, revised edition. Penguin Putnam. New York.

Buwalda FM, Bouman TK (2009) Cognitive-behavioural bibliotherapy for hypochondriasis: a pilot study. *Behavioural and Cognitive Psychotherapy* **37**, 335–40.

Campbell LF, Smith TP (2003) Integrating self-help books into psychotherapy. *Journal of Clinical Psychology/In Session* **59**, 177–86.

Carlbring P, Furmark T, Steczko J, Ekselius L, Andersson G (2006a) An open ended study of internet-based bibliotherapy with minimal therapist contact via email for social phobia. *Clinical Psychologist* **10**, 30–8.

Carlbring P, Bohman S, Brunt S *et al.* (2006b) Remote treatment of panic disorder: a randomized trial of internet-based cognitive behaviour therapy supplemented with telephone calls. *American Journal of Psychiatry* **163**, 2119–25.

Christensen H, Griffiths K, Jorm A (2004) Delivering interventions for depression by using the internet: randomised controlled trial. *British Medical Journal* **328**, 265.

Cook JM, Biyanova T, Coyne JC (2009) Influential psychotherapy figures, authors, and books: an internet survey of over 2,000 psychotherapists. *Psychotherapy: Theory, Research, Practice, Training* **46**, 42–51

Cuijpers P (1997) Bibliotherapy in unipolar depression: a meta-analysis. *Journal of Behaviour Therapy and Experimental Psychiatry* **28**, 139–47

Den Boer PCAM, Wiersma D, van den Bosch RJ (2004) Why is self-help neglected in the treatment of emotional disorders? A meta-analysis. *Psychological Medicine* **34**, 959–71

Forehand RL, Merchant MJ, Long N, Garai E (2010) An examination of Parenting the Strong-Willed

Child as bibliotherapy for parents. *Behavior Modification* **34**, 57–76.

Gregory RJ, Canning SS, Lee TW, Wise JC (2004) Cognitive bibliotherapy for depression: a meta-analysis. *Professional Psychology: Research and Practice* **35**, 275–80.

Griffiths KM, Christensen, H (2006) Review of randomised controlled trials of internet interventions for mental disorders and related conditions. *Clinical Psychologist,* **10**, 16–29.

Griffiths KM, Christensen H (2007) Internet-based mental health programs: a powerful tool in the rural medical kit. *Australian Journal of Rural Health* **15**, 81–7

Lewinsohn PM, Munoz RF, Youngren MA, Zeiss AM (1986) *Control Your Depression.* Prentice-Hall: New York.

Malouff JM, Noble W Schutte NS, Bhuller N (2010) The effectiveness of bibliotherapy in alleviating tinnitus-related distress. *Journal of Psychosomatic Research* **68**, 245–51

Mataix-Cols D, Marks IM (2006) Self-help for obsessive-compulsive disorder· how much therapist contact is necessary? *Clinical Neuropsychiatry: Journal of Treatment Evaluation* **3**, 404–9.

Mead N, MacDonald W, Bower P *et al.* (2005) The clinical effectiveness of guided self-help versus waiting-list control in the management of anxiety and depression: a randomized controlled trial. *Psychological Medicine* **35**, 1633–43.

Morgan AJ, Jorm AF (2008) Self-help interventions for depressive disorders and depressive symptoms: a systematic review. *Annals of General Psychiatry* **7**, 13.

Norcross JC (2006) Integrating self-help into psychotherapy· 16 practical suggestions. *Professional Psychology. Research and Practice* **37** 683–93.

Norcross JC, Santrock JW, Campbell LF, Smith TP, Sommer R, Zuckerman EL (2000) *Authoritative Guide to Self-Help Resources in Mental Health.* Guilford Press: New York.

Nordin S, Carlbring P, Cuijpers P, Anderson G (2010) Expanding the limits of bibliotherapy for panic disorder· randomized trial of self-help without support but with a clear deadline. *Behavior Therapy* **41**, 267–76.

Redding RE, Herbert JD, Forman EM (2008) Popular self-help books for anxiety, depression, and trauma: how scientifically grounded and useful are they? *Professional Psychology: Research and Practice* **39**, 537–45.

Salloum A (2010) Minimal therapist-assisted cognitive-behavioral therapy interventions in stepped care for childhood anxiety. *Professional Psychology: Research and Practice* **41**, 41–7.

Stefano SC, Bacaltchuk J, Blay SL, Hay P (2006) Self-help treatments for disorders of recurrent binge eating: a systematic review. *Acta Psychiatrica Scandinavica* **113**, 452–9.

Tolin DE, Diefenbach GJ, Gilliam CM (2011) Stepped care versus standard cognitive-behavioral therapy for obsessive-compulsive disorder: a preliminary study of efficacy and costs. *Depression and Anxiety* **28**, 314–23.

Van Boeijen CA, van Balkom AJLM, van Oppen P, Blankensetien N, Cherpahath A, van Dyck R (2005) Efficacy of self-help manuals for anxiety disorders in primary care: a systematic review. *Family Practice* **22**, 192–6.

Van Lankveld JJDM (1998) Bibliotherapy in the treatment of sexual dysfunctions: a meta-analysis. *Journal of Consulting and Clinical Psychology* **66**, 702–8.

제5부

종합하기

개인 재활 프로그램 검토 및 명료화

David J. Kavanagh & Robert King

샘과 재활 실천가는 샘이 겪고 있는 다양한 어려움을 확인했으며 지난 3개월 동안 함께 그중 몇몇을 해결해왔다. 샘은 점점 나아지고 있지만 더 이상의 발전이 없는 것 같아 좌절감을 느낀다고 말했다. 재활 실천가는 그들이 다루어온 문제가 얼마나 되는지 떠올렸으며 앞으로 어떻게 진행해야 할지 혼란스러웠다. 이제는 하던 일을 잠시 멈추고 지금까지 해온 것들을 검토함으로써 다루어야 할 주제들의 우선순위를 매기며 재활 프로그램을 수정해야 할 시간이다. 실천가는 개요를 만들어 주제들이 서로 어떤 연관을 가지는지 알아보기로 결정하였다.

HoNOS(제3장 참조) 검사의 재실시를 통해 샘의 급성 증상, 사회적 철회 그리고 자기관리 문제가 해결되었으며, 몇 주 동안의 인지교정(제9장 참조) 이후 집중력과 기억력이 많이 향상되었다. 하지만 수면(종종 새벽 2~3시까지 잠을 이루지 못하고 종종 낮잠을 잠), 동기, 감정적 반응 그리고 즐거운 감정의 결핍에 대한 문제를 가지고 있다. 그의 피로감, 낮은 에너지 수준, 초조함이 약물로 인한 영향인지에 대한 의문이 있었지만 이 문제들은 최근 정신과 의사와 의논하여 약물을 줄임으로써 해결할 수 있었고, LUNSERS의 재실시(제3장 참조)를 통해 이를 확인하였다. 부작용이 불만족스럽기는 하지만 그는 매일 어느 정도의 간격을 두고 약물을 복용하고 있다.

Manual of Psychosocial Rehabilitation, First Edition. Edited by Robert King, Chris Lloyd, Tom Meehan, Frank P. Deane and David J. Kavanagh.

급성 증상이 완화되어 스스로의 문제를 깨닫고 그 문제들이 삶에 어떤 영향을 미치는지 인지하게 되면서 샘의 불쾌감은 더욱 심화되었다. 그는 기능적인 문제를 다룰 수 있다는 자신감이 부족해 보였으며 이러한 생각과 자신의 삶이 파괴되었다는 본인의 신념이 불쾌감으로 인해 악화되면서 악순환을 반복하게 되었다. 매우 고통스러운 몇 주의 시간이 지난 후 케슬러-6에서 그의 점수는 임상적인 범위에 있기는 하지만 최근 많이 향상되었다(제2장 참조). 샘은 즐거운 활동을 통해 나아지곤 하지만(제8장 참조) 이 활동을 계속하기가 힘들다고 말했다. 특히 기타 연습을 다시 시작했지만 최근 4주 동안은 기타를 잡지도 않았으며 최근 6주 동안은 신체적인 활동을 하지도 않았다(제13장 참조).

동기강화 상담(제6장 참조) 이후 샘은 금연을 시도하였다. 이러한 시도는 5주 동안 지속되었지만 여자 친구 안젤라와 약 복용 시간을 잊어버린 것으로 인해 다투게 된 후 금연은 중단되었다. 그는 술을 마시러 갔고 술집에서 다른 사람에게 담배를 받아 흡연을 하게 되었다. 지금은 이전만큼 흡연을 하고 있다.

샘은 음주와 관련해서 집단 프로그램에 참여했지만(제13장 참조) 당시 사회적 불안이 너무 높았기 때문에 지속적으로 참여하는 것이 어려웠다. 대신 그는 실천가의 간헐적인 도움을 받으면서 상담 기관의 컴퓨터를 통해 인터넷 기반의 알코올 개입을 일부 수행했다(제16장 참조). 그는 담배를 다시 피우게 되었던 때를 제외하고는 일주일에 1~2회 술을 마셨으나 두 잔 이상(에탄올 20g)은 마시지 않았다(제2장 참조).

샘은 자기소개서 쓰기와 면접 질문에 답하는 것을 포함한 집단 사회 기술 프로그램(제11장 참조)을 이수하였다. 사회적 수행은 센터에 처음 왔을 때에 비해 상당히 나아졌으며 더 이상 뚜렷한 사회 불안을 느끼지 않는다. 더군다나 일주일에 1~2회 온라인 동료 자조 프로그램(제14장 참조)에 참여하기 시작했다.

또한 샘은 교통수단과 관련된 프로그램(제12장 참조)도 이수했으며 지금은 대중교통을 이용하는 데 어려움이 없다. 재활센터에서 요리 프로그램에 참여했지만 요리는 여전히 대부분 안젤라가 담당한다.

그는 야간에 청소부로 일하게 되었으며 기분과 수면 문제 모두에서 호전되는 양상을 보였다. 하지만 일주일 후, 이틀 동안 출근하지 않아 해고되었다(그는 낮에 안젤라의 차를 수리하느라 피곤했다고 말했다). 재정적인 어려움은 지속되고 있으며, 예산을 관리하는 부분에서 여전히 문제를 보이고 있는데(제12장 참조) 이것은 안젤라와의 갈등의 원인이 되고 있다.

샘은 현재 자신의 집보다 안젤라의 집에서 보내는 시간이 더 많다. 이는 그가 집에서 느끼는 긴장감을 다소 덜어주기는 하지만 어머니는 여전히 그를 걱정하고 있다. 보통 샘의 증상이 나타날 때 최초로 이를 알아채고 도움을 요청했던 사람은 그의 어머니였다. 샘은 어머니가 자신의 현재 감정이 어떤지 묻고 어린아이처럼 대하는 것에 짜증이 났다. 안젤라와 함께 있으면 이런 상황에서 벗어날 수 있다.

그의 발전에도 불구하고 의사결정 역량강화 척도(제4장 참조)를 이용해 분석해본 결과 샘은 여전히 긍정성과 미래에 대한 통제감이 부족하다. 이와 유사하게 WHOQOL-BREF(제5장 참조)의 재실시를 통해 심리적 건강과 삶의 환경적인 질 부분에서 여전히 낮은 점수를 보이는 것을 알 수 있다.

앞 사례와 같이 복잡한 상황은 드물지 않다. 또한 증상이 간헐적으로 개선되고 온전히 유지되지 않는 상황도 종종 찾아볼 수 있다. 내담자와 실천가 모두 성취한 것보다 성취하지 못한 것에 초점을 둘 위험 또한 존재한다. 성취한 것들을 정리하는 것은 두 집단의 자기효능감과 낙관성에 기여할 것이다.

또한 이러한 사례를 요약하는 것은 문제들 간의 상호 관계를 규명하고 샘의 인생의 몇 가지 중요한 요소에 영향을 미쳤던 (혹은 미칠 수 있는) 변화들을 밝혀낸다. 다음은 요약을 어떻게 사용할 수 있는지에 대한 예시를 보여준다.

실천가는 샘과 함께 그들이 작업하여 이룬 것들에 대한 목록을 만들었다(표 17.1).

샘은 목록을 보고 놀라지 않을 수 없었다. "와! 이렇게 보니 세 달 동안 우리는 많은 것들을 한 것 같군요. 저는 이렇게 적어본 적은 없었어요." 하지만 그는 여전히 자신이 하지 못한 것들에 대해서 좌절감을 느끼고 있다. 그는 많은 부분에서 예전으로 돌아가는 느낌을 받았다.

실천가는 그들이 계속 주의를 기울여야 할 것들의 목록을 적어보자고 제안하였다(표 17.2, 두 번째 열). 그 후 샘이 가장 가치를 두는 것에 대해서 논의해보았다. 샘은 삶의 만족도, 신체 건강, 그리고 관계 향상을 중요하게 생각하고 있었다(표 17.2 마지막 열). 샘과 실천가는 그 주제를 어떻게 다루어야 할지 브레인스토밍하였다(표 17.2, 세 번째 열).

여러 가지 어려움에 직면하게 되면 종종 무엇을 먼저 시작해야 할지 알기 어렵다. 그래서 나는 샘의 실천가가 무엇을 실시했는지에 대해 보기 전에 독자들이 다음의 몇 가지 질문에 대해 생각해보기를 추천한다. 실천가와 내담자는 무엇을 할지에 대해 각각 다른 생각을 가질 수 있다. 또한 긍정적인 결과를 만들어내기 위한 여러 가지 방법이

표 17.1 샘의 성취목록

내가 이룬 것	나아진 점
정기적으로 치료약을 복용하였음	환각 증세가 사라졌으며 이상한 생각을 하지 않음. 불행감이 감소됨
대부분의 재활 프로그램에 참가했으며 회기 동안 생각을 공유하려고 하였음	나아지는 부분이 있음
약물에 대해서 의사와 상의함(복용량을 줄임)	초조함과 피곤함이 감소됨
자기관리가 향상됨(씻기, 매일 면도하기, 탈취제 사용하기, 양치질 하기, 치과 가기)	외모가 나아지며 체취가 나지 않음
5주간 금연(!)	건강해진 느낌, 금연 이후 숨쉬는 것이 편해짐, 안젤라와의 갈등 감소
집중력과 기억력 향상을 위해 컴퓨터 훈련 프로그램을 실시 (대부분의 회기에 참석함!)	집중력과 기억력이 향상됨
불안함을 느낌에도 불구하고 사회 기술 집단에 참석함. 온라인 동료 지지 프로그램에 몇 차례 참여함	사람들 사이에서 느끼는 불안감이 감소되고 보다 잘 어울리게 됨. 스스로 이력서를 쓸 수 있고 면접을 볼 수 있음
기타 연주 및 재미있는 활동을 하려고 노력함. 최근 2주 동안 더 활동적으로 생활함	활동을 할 때 느꼈던 불행감이 감소됨. 활동적인 것이 자신과 잘 어울린다고 느낌
집단 프로그램에 참가하여 음주와 관련된 컴퓨터 활동을 하였음. 술 마시는 횟수를 일주일에 1~2번으로 줄이고 두 잔 이상 마시지 않음(아직 진행 중!)	금전적으로 조금의 여유가 생김. 다음 날 더 상쾌한 기분을 느낌
두 번의 요리 수업에 참가하였음	감자 요리를 할 수 있게 되었음. 수업이 끝날 때 햄버거를 만들었음(아직 만들 수 있을지에 대해서는 확신이 없음)
대중교통과 관련된 집단 프로그램을 마침	슈퍼마켓에 가거나 시내에 가기 위해 버스를 이용할 수 있게 됨
며칠 동안 청소 업체에 다녔음	그 주에 더 많은 돈을 벌게 됨
안젤라를 계속 만나고 사랑한다고 말하였으며 논쟁 이후에도 관계를 지속함	안젤라와의 교제기간이 세 달이 지났음, 지금까지 가졌던 만남 중 가장 긴 시간임

존재할 수 있다. 재활 팀과 함께 생각을 논의하고 내담자의 입장에서 생각해보는 것이 도움이 될 것이다.

다음은 도움이 될 만한 몇 가지 고려사항이다.

- 무엇이 내담자에게 가장 도움이 되는가? 특히 무엇이 내담자의 핵심 가치와 가장 관련이 있는가? (제7장 참조)

표 17.2 샘이 극복하고 싶은 것의 목록

우선순위	극복하고 싶은 것	그것을 위해 할 일	중요 가치
6	기분이 울적한 것, 미래가 좋지 않을 것이라는 생각, 내가 해내지 못할 것이라고 생각하는 것, 삶에 대해 느끼는 불만족	매달 내가 해낸 일들을 적어놓은 목록을 볼 것이다.	삶의 만족 / 신체적 건강 / 관계 개선
=3	지루함을 느끼는 것, 즐거움을 충분히 느끼지 못하는 것	기타 연주를 포함하여 다시 즐거움을 주는 활동을 시작할 것이다.	삶의 만족 / 신체적 건강 / 관계 개선
=3	몸이 좋지 않다는 느낌	산책, 안젤라의 딸과 놀기 등 활동적이었던 때로 돌아갈 것이다. 식단에 대해 안젤라와 상의할 것이다. 다음 달 요리수업과 식이요법 수업을 들을 것이다.	삶의 만족 / 신체적 건강 / 관계 개선
6	잠드는 것	낮잠을 자지 않도록 노력할 것이다. 다음 달에 실천가와 온라인 수면 프로그램에 참여할 것이다.	삶의 만족 / 신체적 건강 / 관계 개선
1	다시 흡연을 하는 것	다시 한 번 금연 시도를 할 것이다.	삶의 만족 / 신체적 건강 / 관계 개선
2	무직, 경제적 부족	직업을 찾기 위해 고용 서비스를 찾아 도움을 청할 것이다.	삶의 만족 / 신체적 건강 / 관계 개선
5	엄마가 나를 걱정하는 것, 번거롭게 하는 것	엄마가 정신분열과 관련된 프로그램을 들을 수 있을지 알아보고 어떻게 문제를 해결할 수 있을지 방법을 찾아볼 것이다. 안젤라와 함께 있으면서 직업을 갖고 돈을 더 벌면 걱정을 덜하실 것이다. 엄마의 걱정을 받아들이는 방법을 배울 것이다 (나는 엄마를 사랑하고 나를 도와주는 것이 좋지만 너무 과하지 않았으면 좋겠다.)	삶의 만족 / 신체적 건강 / 관계 개선
4	안젤라와의 논쟁	그녀가 원하는 것이 무엇인지에 대해서 같이 이야기해볼 것이다. 육아와 관련된 일을 도와줄 것이다. 그녀가 가지고 있는 문제를 같이 해결할 수 있도록 도와줄 것이다.	삶의 만족 / 신체적 건강 / 관계 개선

- 무엇이 가장 시급한가?

- 빠른 성취와 자신감 향상을 위해 무엇에 초점을 맞추어야 하는가?

- 무엇이 다양한 분야에 영향을 미쳐 광범위한 이득을 얻어낼 수 있도록 하는가?

샘과 실천가는 샘의 목표와 관련된 핵심 가치들과 생각을 연결시켜보았고(표 17.2) 관계가 강할수록 두꺼운 화살표를 그렸다.

특정 행동과 연관되는 화살표의 개수와 두께가 샘의 우선순위에 대해 말해준다.

샘은 실천가와 함께 이 표를 보면서 금연이 그에게 얼마나 중요한지 깨닫게 되었다. 그는 금연에 성공한다면 자기 삶의 다른 도전들도 이겨낼 수 있을 것이라고 생각한다. 또한 이전에 일을 할 때 담배를 피우기 위해 일하는 도중 많은 시간을 보냈는데, 금연을 하게 되면 이런 시간이 줄어들 것이기 때문에 일을 지속하는 데에도 도움이 될 것이다. 금연은 안젤라와의 논쟁을 줄여줄 수도 있을 것이다. 그는 이제 담배를 피우는 것이 금전적인 문제뿐 아니라 안젤라의 딸의 건강에도 영향을 미칠 것을 알게 되었다. 안젤라의 딸은 샘의 삶의 중요한 부분이 되었으며 그는 아이를 위협하는 행동은 절대 하고 싶지 않다고 말했다.

재활 실천가는 샘이 5주 동안 금연을 했던 것과 니코틴 섭취량을 줄였던 것을 자랑스럽게 여긴다고 말했다. 이것은 샘이 아주 힘든 금단 현상을 잘 극복했고 담배의 유혹을 잘 이겨내었음을 뜻한다. 지금 상황에서 그들이 해야 할 것은 다시 금연을 시도하는 것과 안젤라와 다퉜을 때처럼 화가 날 때 어떻게 금연을 유지할 수 있을지에 대해 논의하는 것이다. 샘은 화가 나거나 담배를 피우고 싶은 생각이 날 때 어머니께 전화를 하거나 찾아가도 되는지 물어보기로 동의했고 그렇게 할 수 있을 것이라고 말했다. 샘과 실천가는 금연을 해야 하는 주된 목적, 이전의 성공 경험, 지지 전략, 유혹을 이겨낼 방법들을 함께 재검토한다(제6장 참조). 그들은 다음 주 월요일부터 금연을 시작하기로 계획을 세웠다.

샘은 직업을 가지는 것을 아주 가치 있게 여기고 있다. 그는 직업이 스스로를 '정상'으로 느끼게 해준다고 말했다. 직업은 안젤라로 인한 스트레스를 조금 줄여줄 수 있다. 급여를 통해 그녀와 딸을 돌보고 아이가 놀 수 있는 집을 임차하도록 도울 수 있기 때문이다(그들은 지금 작은 아파트에 살고 있다). 만약 그가 직업을 갖는다면 어머니가 걱정을 덜할 것이고 아버지도 그에게 부담을 적게 줄 것이라고 생각한다. 실천가는 지역 직업상담소에 연락해 샘이 몇 주간 그들을 찾아갈 수 있게 도와주었다. 실천가는 샘과 자기소개서를 쓰고 면접 질문에 답하는 훈련을 다시 한 번 실시했고, 앞으로 몇 주간 모의면접을 진행하기로 결정하였다. 샘은 그 생각에 신이 나 보인다.

샘은 건강해지기 위해 노력하고 삶에 재미를 느낀다면 이 목표를 조금 더 쉽게 달성할 수 있을 것이라고 생각한다. 매일 산책을 하거나 안젤라가 저녁을 만들 동안 학교에서 돌아온 안젤라의 딸과 놀아줄 수 있을 것이다. 샘은 기타 연주도 다시 시작하고 싶다고 말했다. 실천가는 앞으로 할 일이 많기는 하지만 그가 기타 연주까지 다시 시작할 수 있다면 무척 좋을 것이라고 말했다. 실천가는 샘이 흡연욕구를 느낄 때 기타 연주를 통해 그 욕구를 해소할 수 있을 것이라고 말했다. 만일 직업을 얻을 수 있다면 그는 기타를 배울 수 있는 경제적 여유도 생길 것이다. 샘과 실천가는 일상생활에서 계획한 활동을 기록한 이전의 목록을 수정했고, 그가 목록에 적힌 일들을 반드시 할수 있도록 계획을 세웠다(제8장 참조).

샘은 다음 달에 이 세 가지 일을 해낼 자신감이 생겼다. 그는 담배 없이 한 달 동안 지내는 것에 대한 자신감을 60%라고 답했고, 취업 면접에 참석하는 것은 65%, 즐거움을 주는 활동을 하는 것에 대해서는 75%라고 답했다(제6장 참조).

가끔 내담자들은 한 번에 많은 것을 다루기 원한다. 물론 그들이 종종 예상했던 것보다 더 많은 것을 성취해서 우리를 놀라게 할 수 있다. 하지만 우리는 그들이 가장 달성하고 싶어 하는 일에 초점을 맞추도록 도와야 하고, 목표의 부분적인 성취에 자랑스러워할 수 있도록 해야 한다. 또한 여러 가지 목표가 스트레스를 유발해 증상을 악화하지 않는지 확인하도록 노력해야 한다. 따라서 우리는 내담자들이 반드시 모든 것을 다성취해야 한다고 느끼지 않도록 도와야 하고 목표의 일부만을 달성했거나 목표로 향하는 과정의 일부에서만 성공을 거둘 때도 (내담자들이) 실패했다고 느끼지 않을 수 있도록 격려해야 한다.

샘은 이 목표들이 다른 문제에도 변화를 일으킬 것이라고 생각한다. 그가 이것들을 해낸다면 어머니와 안젤라가 더 행복해질 것이고, 낮에 더 활동적으로 지낸다면 낮잠을 적게 자고 밤에 쉽게 잠들 수 있을 것이다. 그는 다른 일들도 잊지 않으려 노력하겠지만 가장 먼저 앞의 세 가지 목표를 다루는 동안 다른 영역의 일들은 미룰 것이다.

앞의 예시는 다루어야 할 문제를 신중하게 요약하는 것과 핵심 가치와의 관련성을 밝히는 것(제7장 참조)이 우선순위를 정하고 목표 달성을 위한 잠재적 단계를 설정하는 것에 어떻게 도움을 주는지 보여준다.

또한 앞의 예시는 보통 재활 과정이 하나의 서비스에만 국한되지 않는다는 점을 상기시킨다. 샘의 실천가는 취업 전문가가 아니다. 그러나 실천가는 좋은 지역 취업센터를 알고 있다. 그 센터가 특수 취업 전문기관은 아니지만 샘의 실천가는 한동안 무직 상태였다가 직업을 구한 정신장애인의 문제에 대해 잘 이해하는 사람에게 연락할 것이고 혹시 첫 직장에서 성공을 거두지 못한다고 하더라도 지속적으로 노력할 것이다. 필요하다면 샘이 사회 보장 연금을 적절히 얻을 수 있게 도와주거나 적당한 가격의 집을 찾도록 도울 수 있는 기관을 알아보거나 비싸지 않은 가격에 법적 조언을 얻을 수 있게 노력할 수 있다.

이렇듯 개인 재활 프로그램에 대해 검토하는 동안 재활 실천가는 자신이 모르고 있었던 것이 얼마나 많은지 깨닫고 깜짝 놀랐다.

- 실천가는 한동안 안젤라를 보지 못했기에 그녀의 약물 순응 문제를 다루기 위해 노력한 후 상황이 어떻게 변화했는지 알아보고자 했다(제10장 참조). 여전히 안젤라의 기분 변화가 심한지, 샘이 그녀의 조증 삽화를 어떻게 다루는지, 그리고 삽화 동안의 육아가 불안정하지 않은지에 대해 궁금했다. 실천가는 안젤라와 정신과 의사의 관계가 몇 주 전 악화되었음을 기억했다. 그 상황이 나아졌는가? 그녀는 증상이 악화되었을 경우의 초기 개입에 대해 정신과 의사와 논의했는가? 그녀가 샘의 재발 초기 신호를 감지하도록 도울 수 있으며 빠르게 조치를 취하도록 돕는가?
- 샘과 안젤라는 유사한 수면 문제를 가지고 있다는 공통점이 있다. 실천가는 혹시 샘과 안젤라가 서로의 수면 패턴에 영향을 미치는지 알고자 한다. 그들은 서로 수면에 지장을 주는가? 서로의 수면 문제를 해결하기 위해 돕고 있는가?
- 이와 유사하게 실천가는 안젤라가 음주를 조절할 수 있었는지, 둘 중 1명이 음주를 다시 시작할 경우 금주를 지키기 위한 전략이 그들에게 필요할 것인지에 대해 고민하고 있다.
- 실천가는 안젤라의 딸과 샘이 어떤 관계에 있는지, 샘이 그녀를 양육하는 데 적극적인 역할을 하는지, 그 관계가 샘에게 어떤 영향을 미치는지에 대해 전혀 묻지 않았다.
- 실천가는 안젤라의 이전 남자 친구가 감옥에 있다는 사실을 잊고 있었다. 그가 풀려나면 어떤 일이 일어날 것인가? 실천가는 안젤라가 과거 가정 폭력 이슈를 가지고 있었다는 사실을 생각해냈다.
- 실천가가 샘의 어머니와 한 회기를 만났음에도 불구하고 샘과 부모 간의 갈등과 강점에 대해 더 알아야 할 필요가 있었다. 또한 부모들이 샘의 장애에 대해 잘 알고 있는지, 그들이 샘을 돌보면서 생기는 어려움을 어떻게 극복하고 있는지, 샘의 독립을 위한 노력을 부모님이 어떤 방식으로 지지해주기를 원하는지에 대해서도 알아야 할 필요가 있다(제19장 참조).

실천가가 평가에 상당한 노력을 기울였음에도 불구하고 내담자의 사회적 체계 속 핵심 인물들과의 관계를 비롯하여 많은 의문이 남아 있었다. 초기에 내담자를 지원하는 것이 가장 우선시되었기 때문에 가족 구성원, 친구들과의 관계와 그들의 요구에 대한 자세한 평가는 누락되고 말았다. 그러나 앞선 사례 요약에서 볼 수 있듯이 이러한 관계는 궁극적인 성공에 있어서 매우 중요하며, 내담자의 주변 사람들은 내담자의 장애로 인해 심각한 영향을 받을 수 있다.

이러한 면을 간과했다는 이유로 실천가를 비난할 수도 있겠지만 초기 평가는 종종 시간적 압박 속에서 시행되며 실천가와 내담자가 신뢰할 만하고 긴밀한 관계를 맺기까지 핵심 정보를 알기 어렵다는 점을 기억해야 한다. 또한 내담자의 증상이 완화되고 기능 수준이 향상될 때 새로운 도전거리가 생겨난다.

사실 사례 개념화는 단지 그 당시 얻었던 정보에 기초한 추측일 뿐이다. 그러므로 평가는 재활의 초기에만 실시하는 것은 아니다. 질문과 가설 검정은 재활 과정 전반에 관련되어 있는 주제이고 각 회기에 발생하는 사건, 발전과 후퇴로부터 정보를 얻기도 하고 제공하기도 한다. 샘의 실천가가 그랬던 것처럼 정기적으로 이와 같은 자료들을 모아두는 것이 중요하고 새로운 정보가 내담자의 상황과 대처 기술에 어떤 변화를 가져오는지, 그다음 상황에 일어날 일 전반에 어떤 영향을 미칠지 고려해보아야 한다.

이후 안젤라와의 공동 상담에서 샘은 그녀에게 직업을 찾고 금연을 시작할 것이라는 계획을 이야기했다. 안젤라는 회의적이었지만 자신이 할 수 있는 한 최선을 다해 그를 돕겠다고 말했다. 그는 흡연에 대한 갈망이 생길 때 그녀에게 요청할 테니 갈망을 없앨 수 있도록 도와달라고 요청했다. 그녀는 그가 육아에 더 참여하겠다고 말한 것에 기뻐했고 그가 오후에 딸을 돌봐준다면 무척 도움이 될 것이라고 말했다.

안젤라와 샘은 분명 매우 가까운 사이다. 샘의 실천가는 그들이 어떻게 하면 잘 지낼 수 있을지 논의한 적이 있는지, 그들이 재발의 위험에 있을 때 서로에게 도움을 받은 적이 있는지 물었다. 안젤라는 샘이 재활 실천가와 계획을 세우는 데 도움을 주었고 그녀가 의사를 찾아갈 때 샘을 함께 데려갈 것이라고 말했다. 그들은 그녀의 계획에 대해 논의할 수 있었다(이 내용은 샘이 표 17.2에 작성한 목록에 없었다는 것을 기억하자. 이는 공동 상담에서 밝혀진 사실이지만 실천가는 사례 요약 단계에서 이를 생각할 수도 있었을 것이다).

앞으로 3개월간 샘의 실천가는 제15장에 기술된 전략을 사용하여 샘과 그의 부모와 함께 세 번의 회기를 가질 것이다. 그들은 장애와 샘이 재기 과정에서 이루어낸 성과에 대해 논의할 것이다. 샘의 생각대로 어머니는 그가 직업을 가지고 금연을 하기 위해 노력할 것이라는 계획을 듣고 안심했지만, 그가 잘 해내지 못할까 봐 여전히 걱정했다. 어머니는 샘과 안젤라가 세운 계획을 듣고 그들이 도움을 받을 것이라는 사실에 안심하게 되었다. 샘과 실천가는 샘의 상태가 좋지 않아 보일 때 어머니가 실천가에게 전화를 걸어 최대한 빨리 만날 수 있도록 노력하기로 합의했다. 샘의 아버지는 회기 동안 거의 말을 하지 않았지만 그가 직업을 찾는다는 사실에 흡족해하는 듯했다.

이러한 면담은 샘의 재활 노력과 재발 방지에 대한 사회적 지지를 증가시키고 과거에 있었던 관계적 스트레스를 다소 감소시킴으로써 궁극적인 성공의 기회를 상당히 증가시킨다. 미래에는 안젤라와 샘의 부모를 위한 더 많은 지지가 필요한데, 특히 샘의 증상이 악화되거나 환경이 변할 경우(예 : 안젤라와의 관계가 끝나거나 하는 등)에 더욱 그럴 것이다.

요약

많은 내담자들처럼 샘도 복잡한 문제를 가지고 있지만 심각한 장애에도 불구하고 놀라운 강점과 상당한 진보를 보였다. 종종 상황은 그리 긍정적이지 않다. 내담자들은 기능 회복을 위한 상당한 도움에도 불구하고 다수의 극성 삽화를 가질 수 있고 악화될 수도 있다. 우리의 일은 뇌의 장애에 대한 것이고 이는 가능한 최고의 재활 혹은 약물 치료 프로그램에도 부분적으로만 반응할 수 있다.

제4장에서 강조했던 것처럼 재기는 현재 겪고 있는 문제가 사라짐을 의미하는 것이 아니다. 이는 우리의 삶과 우리가 가진 자원을 최대한으로 활용하는 것을 뜻하며 삶이 장애에 의해 정의되지 않고 의미와 목적, 만족감을 가지며 사는 것이다. 이는 우리의 내담자들에게 그저 하나의 비전이 아니다. 이것이 없으면 치료자로서 우리는 실망하고 좌절하게 될 것이다. 그런 의미에서 심각한 장애를 가진 특정 내담자들의 용기와 끈기를 기억하는 것은 도움이 될 것이다. 어려운 시련을 마주하며 내담자와 그들의 가족이 보여주는 강점과 탄력성은 우리를 감명시키고, 우리가 내담자와 그의 동료들을 돕기 위해 최선을 다할 수 있도록 한다.

프로그램 평가와 벤치마킹

Tom Meehan, Robert King & David J. Kavanagh

샘은 지나친 알코올 섭취로 인해 기능상의 문제가 생겼기 때문에 물질 남용 프로그램에 의뢰되었다(제12장의 프로그램 관련한 간략한 개요 참조). 샘은 프로그램에 관심을 가지게 되면서 프로그램을 수강하면 어떤 점들이 좋은지 질문하기 시작했다. 프로그램에 대해 말해줬을 때 샘은 "프로그램이 나에게 도움이 될지 어떻게 확신할 수 있죠?"라든지, "만약 제가 금주를 하게 되면 이 프로그램은 계속해서 그것을 유지할 수 있도록 해줄 수 있나요?" 등의 질문을 하였다. 프로그램이 생긴 지 얼마 되지 않았으며 아직 프로그램에 대한 평가가 완전히 이루어지지 않았기 때문에 당신은 그 질문에 대한 답을 내리기 힘든 상황이다.

평가란 질문을 하고 그 질문을 통해 해답을 찾으며 수집된 정보들을 기반으로 변화를 실행하는 지속적인 과정이다. 평가는 경험으로부터 배울 수 있는 체계적인 수단을 제공한다. 기관들은 개인과 마찬가지로 해당 기관의 성취를 과대 혹은 과소평가하는 실수를 범할 수 있는데, 평가 과정은 이러한 단점을 보완하고 객관성을 보장할 수 있게 해준다.

Manual of Psychosocial Rehabilitation, First Edition. Edited by Robert King, Chris Lloyd, Tom Meehan, Frank P. Deane and David J. Kavanagh.

평가는 모든 수준의 기관에서 중요하다. 거시적인 관점에서 핵심 정책과 전략적인 방향성을 반드시 평가해야 하며 미시적인 관점에서는 특정 프로그램이 지속, 수정, 중단되어야 할지에 대해 평가해야 한다. 재활 분야에서의 평가 연구는 다음의 목적을 위해 수행된다.

- 프로그램의 전반적인 이익에 관한 결정에 도움을 준다. — 프로그램을 통해 어떤 내담자들이, 어떤 환경에서 이익을 얻을 수 있는가?
- 프로그램의 확장, 지속, 수정 또는 종료를 결정하는 데 도움을 준다. — 어떤 프로그램이 성과를 내고 있으며 그 이유는 무엇인가?
- 프로그램의 안정적인 근거를 찾는다. — 효과성 검증
- 프로그램에 영향을 주는 과정(구조적, 재정적 등)에 대한 이해를 돕는다.
- 프로그램이 목표 집단의 요구에 반응 할 수 있도록 돕는다(프로그램 비대상자의 참여와 같은 서비스 전달의 오류 방지).
- 프로그램의 충실도를 보장한다. — 프로그램이 의도한 대로 제공되고 있는가?

사실상 평가는 정신사회재활적 개입이 의도한 바대로 진행되고 있는지 확인하는 것과 관련이 있다. 또한 프로그램의 질적 보장과 밀접한 관계가 있으며 프로그램이나 개입을 더욱 발전시키거나 없애는 데 필요한 정보를 제공한다.

재활 프로그램을 평가하는 데 사용되는 접근

재활 개입을 평가하기 위해 다양한 용어와 언어를 사용하는 많은 접근법이 사용된다. 이러한 접근법 중에는 처치 집단과 통제 집단을 통한 실험적 접근을 사용하는 경우도 있으며 단일 그룹에 대한 자료를 수집하고 이를 기반으로 개선점을 찾는 접근법도 존재한다. 어떤 한 가지 접근법을 결정하기 이전에 서비스 제공자, 내담자와 같은 주요 인물과 함께 다양한 접근법에 대해 논의해보는 것이 중요하다. 프로그램을 평가할 때 사용되는 접근법들은 분명히 평가자 혹은 평가 팀에서 고려하는 요소들의 영향을 받는다(표 18.1).

표 18.1 평가 실시 전 고려사항

요인	고려사항
목적	평가의 목적은 무엇인가? 다루어야 할 핵심 질문/목표는 무엇인가? 평가를 통해 주요 인물(실천가, 내담자, 프로그램 관리자 등)이 얻고자 하는 것이 무엇인가? 다른/숨겨진 안건이 있는가?
제약	평가에서의 제한점은 어떤 것이 있는가? 비용, 시간, 전문 기술, 컴퓨터, 사무실 공간, 직원 등이 포함될 수 있다.
표적 집단	표적 집단은 누구인가? 직원인가, 내담자인가, 아니면 둘 다를 표적으로 삼는가? 참가자를 섭외하는 데 윤리적이거나 상업적인 문제가 있는가?
예산	평가에 할당된 예산은 얼마인가? 평가 목적을 달성하는 데 충분한가?
주요 인물	평가를 위해 주요 인물의 협동이 요구되는가? 평가를 위해 이러한 논의들이 있었는가?
윤리적 문제	윤리적 허가는 요청하였는가? 승인을 받기 위해서는 시간이 얼마나 걸리는가?
보고	결론은 어떻게 보고되는가? 결과 평가 유형에 따라 회기별 보고, 또는 평가 전체에 대한 경과 보고일 수 있다.

표 18.1에서 강조하는 것처럼 평가자는 평가에 사용되는 접근법을 선택함에 있어 영향력을 가진다. 다양한 접근법이 있지만 대부분은 돌봄의 질을 평가하기 위해 1966년에 Donabedian이 제안한 '구조', '과정', '결과' 모델을 기반으로 한다. Donabedian의 모델은 탄탄한 이론에 근거하여 프로그램을 평가한다. Donabedian의 접근법과 유사한 것으로 1971년에 Stufflebeam이 개발한 상황, 투입, 과정, 산출(Context, Input, Process, Product, CIPP) 모델이 있다.

상황, 투입, 과정, 산출 모델

CIPP 모델은 평가를 위해 체계적 접근법을 사용한다. 기본적으로는 투입, 과정, 그리고 결과를 필요로 한다. Stufflebeam은 여기에 '상황'이라는 단어를 추가했고, 평가에서 사용되는 CIPP 접근을 위해서 '결과'라는 단어를 '산출'이라는 단어로 재명명하였다. 모델의 기본 구성요소는 표 18.2에 설명되어 있다.

표 18.2 평가를 위한 CIPP 접근법

평가	초점	핵심 질문
상황 평가	프로그램 계획	프로그램의 목적은 무엇인가? 이는 요구 조사에 기초한 것인가?
투입 평가	프로그램 구조	프로그램의 개입이 내담자의 필요에 얼마나 부합하는가?
과정 평가	프로그램 실행	프로그램은 계획대로 진행되는가? 아니라면 왜 그런가?
산출 평가	프로그램 결과	프로그램이 효과가 있는가? 프로그램은 지속되어야 하는가, 수정되어야 하는가, 혹은 중단되어야 하는가?

상황 평가

평가 과정에서 이 부분은 돌봄(개입) 제공의 상황을 평가한다. 이 과정에서는 서비스/프로그램을 제공하는 목적에 초점을 두고 정책에 부합하는지, 서비스에 적절한지에 대해서도 살펴본다. 여기에서 수집되는 자료들은 다음의 내용을 포함한다.

- 프로그램을 실시하는 목적과 프로그램의 적격 기준
- 참여하는 내담자의 특징(성격, 배경, 장애 정도 등)이 자격 기준에 부합하는가?

사실상 상황 평가는 "재활 프로그램을 위해 여기에 모인 내담자들은 프로그램에 적절한 사람들인가?"라고 질문하는 것이다.

투입 평가

이 과정은 서비스와 개입이 얼마나 잘 제공되었는지를 평가를 하는 것으로 '투입(직원의 수준, 자격, 비용 등)'이 서비스의 목적이나 목표와 얼마나 잘 부합하는지에 초점을 둔다. 여기에서 수집되는 자료들은 다음의 내용을 포함한다.

- 직원의 수준, 직원 구성, 자격 또는 경험
- 내담자를 위해 준비된 세부 개입
- 서비스 제공에 들어가는 전체 비용

가장 중요한 질문은 "내담자가 필요한 것이 프로그램의 개입을 통해 충분히 해결되고 있는가?" 하는 것이다.

과정 평가

이 과정에서는 계획된 개입이 실제로 얼마나 실행되었는지를 평가한다. 즉 정해진 기간 동안 여러 명의 다양한 구성원을 통해 실시된 개입을 조사하여 프로그램의 충실도(프로그램 매뉴얼이 있다고 가정한다면 매뉴얼을 잘 따르는지)를 확인한다. 만약 프로그램이 본래의 의도와 다르게 제공되었다는 결과가 나타난다면 이유를 확인하고, 프로그램을 성공적으로 만든 변인이 있다면 무엇인지 찾는다. 여기에서 수집되는 자료들은 다음의 내용을 포함한다.

- 제공된 활동과 실습, 프로그램 충실도에 대한 기술
- 중도포기율이 얼마나 되는지 살펴보고 표적 집단과 프로그램에 이러한 수치가 일반적인지 평가, 평균적으로 종료된 프로그램의 회기 수와 참가자들에 의해 완료된 프로그램의 과업 비율이 또 다른 평가 지표가 됨
- 참가자들이 프로그램을 어떻게 경험했는지 확인. 프로그램을 통해 즐거웠던 것, 유용했던 것, 적절하다고 느낀 것, 자기효능감에 대한 영향(프로그램에서 배운 것을 실천할 수 있는 역량)

가장 중요한 질문은 "프로그램에서 제공된 개입은 계획했던 대로 잘 이루어졌는가?" 하는 것이다

산출 평가

평가 과정의 마지막 요소인 산출(성과) 평가는 프로그램이 정해진 목표를 잘 이루었는지에 대해 확인하는 과정이다. 예를 들어, 건강한 식습관을 위한 프로그램은 식습관의 변화를 목표로 하기 때문에 프로그램에 참가한 사람들은 신선한 과일과 채소를 더 많이 먹고 지방이나 소금의 섭취량을 줄일 것이다. 성과는 효과 또는 과정과는 다른 것이다. 프로그램에 참가한 사람 중에는 프로그램에 즐겁게 참여하고 식단 피라미드에 대해서 배웠다고 하더라도(과정) 실제 식습관을 바꾸지 못한 사람도 있을 것이다(성과).

대부분의 재활 프로그램은 내담자의 성과에 집중하지만 때로는 직원들의 성과(스트레스, 직무 만족도, 성취에 대한 인식, 팀워크 등)에 초점을 둘 때도 있다.

이 평가는 다음의 내용에 중점을 둔다.

- 내담자의 성과(유지 기간, 기능 변화, 위험요인 감소, 약물 남용 감소 등). 이 평가는 참가자들이 새로운 지식을 습득했거나 새로운 기술을 발전시켰는지, 그 이후에 기능적인 향상이 있었는지에 관심을 둔다.
- 직원의 성과(직무 만족도, 팀 기능에 대한 인식, 개인의 수행과 성취에 대한 인식, 스트레스, 소진 등).

가장 중요한 질문은 "프로그램의 목적을 얼마나 잘 이루었는가?"다.

평가는 앞서 개괄한 모든 영역, 또는 일부분에 집중할 수 있다. 예를 들어 어떤 프로그램에서는 재활 팀이 다른 영역보다도 산출 평가에 더 많은 관심을 가질 수 있는데 평가자는 자료를 수집하기 전에 이러한 점을 명료화할 필요가 있다. 팀이 원하는 것이 있을 때는 다루어야 할 질문이 구체적으로 명시된 제안서나 평가 위탁사항을 제공하여 자신들의 의견을 강조하는 것이 가장 효과적인 방법이다. 이러한 방법에 의해 평가 결과가 예측대로 도출될 수 있으며 재활 팀에서 제시한 질문을 다룰 수 있다.

평가 방법

평가에서 주로 사용되는 접근법은 크게 정성적 방법과 정량적 방법으로 나눌 수 있으며, 일반적으로 두 방법을 혼합해서 사용한다.

정성적 방법에는 프로그램 직접 관찰, 프로그램 관련 문헌 검토 또는 참가자 인터뷰가 포함된다. 정성적 방법은 체계적이고, 프로그램 충실도 같은 문제에 대해 판단하거나 주제를 알아내기 위해 설계된다. 정량적 방법은 프로그램의 효과나 결과를 수치화하고 측정하기 위해 사용되며 이렇게 측정된 자료들은 만족도 설문, 표준화된 결과 척도(제1장 참조), (만일 프로그램 결과가 참가자의 취업이라면) 개인이 일한 기간과 수익 등의 형태로 나타날 수 있다.

예시

평가의 과정을 설명하기 위해 제12장에서 다루었던 샘의 약물 남용 프로그램 평가를 예로 들 것이다.

샘이 참가했던 프로그램은 총 여덟 번의 회기로 이루어져 있으며, 제12장에 설명되어 있는 간단한 매뉴얼은 프로그램 실시 환경 어디에서나 찾아볼 수 있는 보편적인 것이다. 이는 프로그램 연구를 위한 매뉴얼보다는 완성도가 떨어진다. 이 매뉴얼은 단순히 주 단위로 기록되어 있으며 활동과 과제 일정을 요약해서 설명하고 있다. 이 프로그램은 자체적으로 평가 과정을 포함하고 있기 때문에 유용한 시작점을 제공하지만 우리가 여기서 원하는 엄격한 평가를 위해서는 충분하지 않을 것이다.

프로그램에 대한 샘의 반응 평가를 통해 비슷한 프로그램을 실시했을 때 더 많은 사람들에게 일어날 잠재적 문제에 대한 자료를 얻을 수 있을지도 모른다. 하지만 프로그램 평가는 단순히 한 사람에게만 실시하는 것이 아니다. 이 논리는 개인이나 집단 모두에 적용될 수 있다. 예시 안의 샘은 프로그램에 참여한 여러 내담자 중의 한 사람이라고 가정할 것이다.

프로그램 논리 개발하기

프로그램 논리는 특정한 결과를 성취하기 위해 프로그램의 목적을 찾고 자원과 성취과정을 확인하는 논리적인 진술이다. 이것은 도표나 순서도, 혹은 간단히 연속된 서술의 형태로 나타날 수 있다. 앞의 예시에서 나오는 간단한 프로그램이라면 처음으로 해야 할 일은 프로그램의 논리를 세우는 것이다.

첫 단계는 프로그램을 통해 얻게 되는 결과를 예상하는 것이다. 프로그램의 결과는 제목을 통해서 추측하거나 프로그램의 내용 또는 프로그램에 참가한 사람들을 통해서 알 수 있다. 누구나 예상할 수 있듯이 샘이 참가한 프로그램의 주요 목적은 물질 남용을 감소시키는 것이다. 따라서 프로그램을 수료한 내담자의 물질 남용 수준이 줄어들 것이라는 예측이 가능하다.

두 번째 단계는 프로그램에 대한 투입, 즉 성과를 얻기 위해 필요한 자원들을 확인하는 것이다. 이 사례에서 투입은 집단 촉진자, 집단이 만남을 지속할 수 있는 적절한 공간, 활동 계획, 설문지나 유인물, 수료증 등과 같은 다양한 자원이 될 수 있다.

세 번째 단계는 프로그램의 참여가 어떻게 목표 성과를 이끌어낼 수 있는지를 설명하는 이론을 수립하는 것이다. 이 사례에서 프로그램의 논리는 명백하다. 사람들은 다음과 같을 때 물질 남용을 감소시킬 수 있을 것이다.

- 갈망을 관리할 수 있다.
- 자존감과 물질 남용 간의 관계를 더 잘 이해한다.
- 낮은 자존감을 극복하기 위해 인지적인 전략을 사용할 수 있다.
- 스트레스와 물질 남용 간의 관계를 이해한다.
- 스트레스와 다른 어려움을 극복하기 위해 문제 해결 전략을 사용하거나 휴식을 가질 수 있다.
- 사회적 압박과 물질 남용 간의 관계를 이해한다.
- 물질을 사용하게 만드는 사회적인 압박에 저항하기 위해 자기주장이나 다른 사회적 기술을 사용할 수 있다.
- 물질 남용을 대체할 수 있는 여가 활동의 중요성을 이해한다.
- 물질 남용보다 안전한 여가 활동을 찾고 이를 실행하려고 노력한다.

이 논리 이외에도 다양한 심리학적 이론이 존재하지만 그것들은 프로그램을 평가하는 데 적절하지 않을 수 있다. 프로그램의 논리는 앞에서 언급된 지식이나 기술의 습득을 통해 궁극적인 목표인 물질 남용 방지가 가능하다는 것이다. 따라서 프로그램 평가는 참가자들이 앞과 같은 지식이나 기술을 습득하는 것을 목표로 삼는다.

샘의 물질 남용 프로그램 수행 평가하기

- 프로그램이 매뉴얼에 따라 실행되었는지 평가하기 위해서 평가자는 회기를 관찰하거나 비디오를 검토하여 철저히 평가해야 한다.
- 때때로 정신사회재활 프로그램에서는 충실도를 기록하기 위한 체크리스트를 작성하는 접근법을 통해 충실도 검사를 확립하기도 한다(Teague et al., 1998). 하지만 대부분의 프로그램에는 충실도 검사가 없으며, 주로 평가자는 정확도를 측정

하기 위한 간단한 도구를 개발해야 할 것이다. 체크리스트는 비디오를 통한 평가를 구조화하는 데 사용되거나 회기에 구체적인 요소가 포함되어 이를 바르게 실행하고 있음을 확인하기 위해 실천가들에 의해 사용될 수 있다. 후자의 경우 프로그램에서 중요한 요소를 찾고 프로그램의 수행을 정확히 관찰하는 실천가의 안목과 능력이 중요하다.

- 조금 덜 엄격한 충실도 평가는 1명 또는 그 이상의 프로그램 촉진자를 포함하는 구조화된 면담이나 프로그램과 관련된 차트, 기록지 검토를 통해 이루어질 수 있다. 평가자는 프로그램에서 달라지거나 누락된 것들을 표시하고 왜 그런 결과가 발생했는지를 찾는다. 또한 이렇게 달라지거나 누락된 것들로부터 기대할 수 있는 영향에 대해 프로그램 촉진자에게 조언을 구하기도 한다.

샘의 물질 남용 프로그램 참여도 평가하기

평가자는 다음의 내용들에 대해 궁금해할 것이다.

- 참가자들을 모집하는 것과 참여시키는 것이 얼마나 쉬운가? 구체적으로 평가자는 얼마나 많은 사람들이 프로그램 참여에 동의하고 프로그램을 수료했는지 궁금할 것이다. 또한 프로그램에 참여한 사람들은 평균적으로 몇 번의 회기에 참가하였는지, 각 회기 별로는 평균 몇 명이 참여했는지에 대해서도 궁금할 것이다. 가능하다면 비슷한 프로그램들의 참여 패턴도 벤치마킹되어야 할 것이다.
- 회기 중에 한 운동이나 회기 사이에 부여된 과제에 대한 수행을 포함한 프로그램 활동에 참여한 정도
- (더 철저한 평가에서는) 참여자들과의 면담을 통해 프로그램을 중간에 그만두거나 회기에 빠지는 이유에 대한 정보를 얻어 궁금증을 풀 수 있다. 이러한 면담은 프로그램 효과와도 연결된다.

참여자들에 대한 프로그램 효과/과정 평가하기

프로그램 효과 평가는 다소 복잡할 수 있다.

- 이것은 부분적으로 참여자들이 프로그램을 통해 무엇을 경험했는지 알아내는 것

을 의미한다. 이러한 정보를 알아내기 위해서는 주로 정형화된 만족도 설문지를 사용하지만 반구조화된 면담에서 열린 질문을 통해 정보를 얻을 수도 있다.

- 더 깊이 있는 평가를 위해서는 전체적인 평가만으로 구성되어 있는 도구를 사용하기보다 주요 요인 각각에 대한 경험들을 탐색하여 평가하며, 이는 프로그램 수정을 계획하고 있을 때 더욱 유용하게 사용될 수 있다.

- 철저한 효과성 평가는 프로그램을 통해 참여자의 지식, 자기효능감 그리고 기술이 얼마나 향상될 수 있는지에 대해서도 측정해야 한다. 프로그램의 논리는 관련 변인을 이해하는 데 필요한 틀을 제공하는데, 샘을 대상으로 진행되는 프로그램의 논리를 발전시켰을 때 프로그램을 통해 아홉 가지 지식과 기술의 습득을 기대할 수 있었다. 이상적으로는 각각의 고유한 지식과 기술의 변화를 평가하기 위해서는 사전/사후 측정이 필요하다.

프로그램 성과 평가하기

프로그램의 성과를 평가하는 것은 평가에서 가장 중요한 부분이다. 프로그램의 목적은 성과를 달성하는 것이며 프로그램의 참여도나 실시, 효과가 아무리 좋다고 하더라도 원하는 성과를 달성하지 못하면 실패한 것으로 여겨진다. 샘의 사례에서 사람들이 프로그램에 참여한 이유는 물질 남용의 수준을 줄이기 위해서다. 즉 프로그램을 진행하는 동안 사람들의 물질 남용 빈도나 심각도의 변화를 평가하는 것이 핵심이 된다. 또한 프로그램에 참여한 이후 이러한 변화가 얼마나 유지되었는지가 평가에서 중요한 문제가 될 수 있다. 이러한 성과 달성을 위해서는 프로그램을 시작하기 전에 물질 남용에 관한 신뢰성 있는 자료가 존재해야 하며 프로그램을 수료한 직후 더 나아가서 이후 3~6개월의 자료도 수집되어야 한다. 이러한 목적을 위해 사용되는 측정 도구의 예시는 제2장에 기록되어 있다.

성과 평가에서는 논리적으로 타당한 참고 기준을 갖는 것이 중요하다. 물질 남용 프로그램에 참가하는 모든 사람의 물질 남용 수준이 낮아지는 것은 아닌데, 이때 성과와 관련된 문헌을 참조하는 것은 타당성 있고 기대할 수 있을 만한 결과가 무엇인지 결정하도록 도와준다. 실제 상황에서 산출되는 결과는 연구 상황에 비해 약하거나 미흡할 수 있는데, 최선의 결과를 위해서는 실제 상황에서 프로그램을 수행하기 위해 더 적은 자원을 이용하면서 더 복잡한 상황을 해결할 수 있어야 할지도 모른다.

벤치마킹 재활 서비스

성과 지표를 벤치마킹하는 것은 프로그램 평가의 또 다른 형태다. 벤치마킹은 산업 분야에서 유래되었지만, 점차 서비스 제공 향상과 관련하여 정신보건 분야에도 확산되고 있다(Meehan et al., 2007). Bullivant(1994)는 벤치마킹을 "개인 또는 유사 집단서비스에서 최선의 효과를 내기 위한 표준을 만들고 그것을 실행하는 것"과 관련된 활동이라고 정의하였다. 따라서 벤치마킹은 비슷한 구성을 가진 단일 조직 내에서 일어날 수 있으며(내부의 벤치마킹) 비슷한 영역에 초점을 두고 있는 유사한 조직 사이에서 일어날 수도 있다. 후자의 경우 '협동적(collaborative)' 벤치마킹이라 알려져 있다. 업무의 범위와 무관하게 뛰어난 수행을 보인다고 평가되는 조직의 경우에 더 뛰어난 수행을 추구하기 위해 임상적/행정적으로 다양한 실행 방법을 찾아내고 실험해본다(Berg et al., 2005).

실제로 벤치마킹에 참여하는 조직들은 효율성, 효과성 그리고 안전성과 같은 핵심 영역에서 그들의 성과에 대한 정보를 공유한다. 성과 자료의 수집과 보고를 통해 책임과 투명성이 제고되며, 이는 결국 서비스의 질을 향상시키기 위한 방법으로 활용될 수 있다(Hermann & Provost, 2003). 성과 자료를 통해 서비스 제공자, 서비스 이용자, 자금 제공 주체는 적절한 기준이 되는 타조직과 비교하여 조직의 성과를 관찰할 수 있게 되는데, 이는 해당 조직이 더 높은 수행을 보이고 적절한 서비스를 제공할 수 있는 동기를 제공하게 된다(Shepherd et al., 2010).

벤치마킹 자료의 수집, 보고, 그리고 조사는 정해진 절차를 따른다(상자 18.1). 첫 번째 단계에서는 벤치마킹 파트너들이 어떤 지표를 비교하기 원하는지 확인하며 그 후 자료의 일관성을 유지하기 위해 동일한 수집 방법을 통해 자료를 수집한다. 다음으로 서비스를 비교한 후 높은 성과를 보여주는 활동들을 조사한다. 마지막으로 이러한 실행과 과정을 반복한다.

상자 18.1 벤치마킹 과정

1. 준비에서는 다음과 같은 것들이 결정되어야 함
   - 무엇을 벤치마킹할 것인가?
   - 벤치마킹한 자료와 누구를/무엇을 비교할 것인가?
2. 비교에서는 다음의 활동이 수행됨
   - 자료 수집
   - 자료 가공, 지표 구성 등
   - 벤치마킹 파트너와 결과 비교
3. 조사 : 우수한 성과를 만드는 과정과 실행을 확인
4. 실행 : 가장 좋은 실행/개입을 채택하고 적용함
5. 평가 : 새로운 실행/개입이 지속적인 향상을 보증하는지 관찰하고 필요한 경우 전체 과정을 반복

벤치마킹의 실제

샘은 여러 동료와 함께 지난 3달간 거주형 재활 프로그램에 참여했다. 프로그램에서는 건강한 삶과 체중 조절에 중점을 두었다(제12장 참조). 모든 프로그램 참가자들의 체중이 평균 5.5kg 감소했지만 이 정도의 체중 감소가 최적의 결과인지 확실하지 않았다. 따라서 다른 지역에서 비슷한 프로그램을 진행하는 관리자와 연락하여 체중에 대한 수행 지표가 될 수 있는 정보(내담자의 나이, 진단, 프로그램을 처음 시작했을 때의 몸무게, 복용하는 약물, 운동 프로그램, 식습관 등)를 교환하자는 결론을 내리게 되었다. 그 결과 비교 대상의 프로그램 참여자들의 몸무게는 총 12.6kg(샘의 집단보다 2배 이상) 감소된 것을 확인할 수 있었다.

이 상황에서는 비교 대상 프로그램을 직접 방문하여 그곳에서는 어떤 다른 프로그램을 실행하는지 확인하는 것이 필요하다. 직접 방문해서 확인한 결과 식습관과 식사 준비에 대한 교육이 강조되고 있는 것을 확인할 수 있었다. 가장 큰 차이점으로 영양사가 2주에 한 번씩 방문하여 참가자들에게 어떻게 저지방 음식을 만들 수 있으며 규칙적인 운동을 할 수 있는지에 대해서 설명하였다. 이 전략은 체중 감소에 큰 영향을 주었으며 샘이 참가했던 프로그램에서도 영양사를 고용하게 되었다. 6개월 후 영양사의 존재가 어떤 영향을 주었는지에 대해 확인하기 위해 또 다른 벤치마킹이 이루어졌다.

따라서 벤치마킹은 수행의 향상을 목적으로 한 자료 수집, 분석, 조사의 연속적인 과정이다. 이 시나리오에서는 같은 방법으로 오직 2개의 서비스만 평가되었지만 동일한 방법으로 연관성 있는 많은 서비스 수행을 한번에 평가할 수 있다.

벤치마킹은 단순한 자료 수집보다 많은 장점을 가지고 있다. 이는 서비스 내에서 전달되는 프로그램 그 자체에 대해 프로그램 구성과 전달이 어떻게 되고 있는지 논의할 수 있는 단서를 제공한다. 또한 벤치마킹은 서비스 간의 응집력을 향상시키며 잘 기능하지 못하고 있는 서비스 분야의 잠재적 문제점을 찾아낼 수 있도록 도와준다(상자 18.2).

상자 18.2 　벤치마킹의 장점

- 지속적인 평가/관찰 시스템의 확립을 돕는다.
- 동질 집단으로부터 오는 압력을 통해 서비스의 변화가 이루어질 수 있도록 한다.
- 서비스에 있어 최적화된 구조와 절차를 논의하는 기회를 제공한다.
- 실행 모델에서의 약점을 확인하고 교정을 위한 전략 실행을 장려한다.
- 전반적인 프로그램 평가와 인정을 위한 자료 확보를 돕는다.

요약

과거 서비스에서 프로그램 평가는 종종 무시되어 왔다. 그러나 실천가 개인과 서비스 그 자체는 내담자와 후원자들에게 효과적이라고 알려진 전략을 정확히 적용한 양질의 서비스를 제공할 책임이 있다. 프로그램 평가는 우리가 이러한 책임을 다하고 최적의 결과에 장애가 되는 문제를 다룰 수 있게 돕는다. 벤치마킹은 서비스 내에서 목표를 성취와 문제 해결을 위해 서로 도울 수 있도록 한다. 프로그램 평가는 재정과 시간이 허락할 때 추가적으로 이루어지는 것이 아니다. 이는 우리 모두가 반드시 해야 하는 가장 중요한 책임이다.

참고자료

질병관리 예방 센터(Centers for Disease Control and Prevension, CDC) 웹사이트 http://www.cdc.gov/eval/resources/index.htm을 통해 프로그램 평가에 사용할 수 있는 유용한 자료를 이용할 수 있다.

참고문헌

Berg M, Meijerink Y, Gras M *et al.* (2005) Feasibility first: developing public performance indicators on patient safety and clinical effectiveness for Dutch hospitals. *Health Policy* **75**, 59–73.

Bullivant J (1994) *Benchmarking for Continuous Improvement in the Public Sector.* Longman: Harlow, Essex.

Donabedian A (1966) Evaluating the quality of medical care. *Milbank Memorial Fund Quarterly* **44**, 166–206.

Hermann R, Provost S (2003) Interpreting measurement data for quality improvement: standards, means, norms, and benchmarks. *Psychiatric Services* **54**, 655–7

Meehan T, Stedman T, Neuendorf K, Francisco I, Neilson G (2007) Benchmarking Australia's mental health services: is it possible and useful? *Australian Health Review* **31**, 623–7.

Shepherd N, Meehan T, Davidson F, Stedman T (2010) Evaluation of benchmarking initiatives in extended treatment mental health services. *Australian Health Review* **34**, 1–6.

Stufflebeam D (1971) *Educational Evaluation and Decision Making* Peackock: Itasca, Illinois.

Teague GB, Bond GR, Drake RE (1998) Program fidelity in assertive community treatment: development and use of a measure. *American Journal of Orthopsychiatry* **68**, 216–32.

찾아보기

저자 소개

Robert King

오스트레일리아 퀸즐랜드공과대학교 심리 및 상담학과 교수, 임상심리 책임자

Chris Lloyd

오스트레일리아 그리피스대학교 선임연구원, 골드코스트 건강 서비스 지부 수석연구원

Tom Meehan

오스트레일리아 퀸즐랜드대학교 정신과 부교수, 정신건강 파크센터 서비스 연구 및 평가 위원장

Frank P. Deane

오스트레일리아 일라와라정신건강대학 교수, 울런공대학교 심리학과 교수

David J. Kavanagh

오스트레일리아 퀸즐랜드공과대학교 교수, Institute of Health & Biomedical Innovation 심리 및 상담학과 교수

역자 소개

신성만

한동대학교 상담심리사회복지학부 상담심리전공 교수로 재직 중이다. 미국 보스턴대학교에서 재활상담학 박사학위를 받고 심리치료전문가로 일했으며, 특히 하버드의과대학 정신과 병원에서 교수요원으로 일했다. 현재는 중독 관련 학회와 협회에서 활동하고 있으며, 한국상담학회, 한국심리학회, 한국가족상담협회 등에서 활동 중이다. 중독상담, 인터넷 중독, 정신재활, 동기와 정서, 실존치료, 호스피스 상담에 관심을 두고 연구하고 있다.

저서 및 역서로는 동기강화상담(공역, 2014), 행동중독(공역, 2015), 정신재활(공역, 2014), 실존치료(공역, 2014) 등 다수가 있다.

역자 소개

강상경

서울대학교 사회과학대학 사회복지학과 교수로 재직 중이다. 서울대학교 사회복지학과를 졸업하고, 미국 미시간대학교에서 사회복지학석사, 사회심리학 석사 및 사회사업학과 사회심리학 박사학위를 받았다. 석사학위 취득 후에는 정신보건사회복지사 및 심리치료전문가로 활동하였고, 박사학위 취득 후에는 미국노년국 박사후연구원, 워싱턴대학교 사회복지대학원 조교수를 역임하였다. 현재는 사회복지학회, 사회복지연구회, 노년학회, 정신보건사회복지학회 등에서 활동 중이다. 관심연구 분야는 정신건강, 건강, 중증정신장애 재활, 정신장애 스티그마, 생애주기 등이다.

저서 및 역서로는 인간행동과 사회환경(2011), 한국정신보건서비스의 전개과정(2013), 정신재활(공역, 2014) 등 다수가 있다.

이영문

아주편한병원/아주다남병원 교육원장으로 재직 중이다. 연세대학교 의과대학을 졸업하고 세브란스병원에서 정신과 전문의를 취득하였으며, 미국 텍사스주립대학교에서 보건학 석사, 오스트레일리아 멜버른대학교에서 국제정신보건학 석사를 수료하였다. 아주대학교 의과대학에서 정신과 교수(1994~2007), 정신건강연구소장(2007~2011), 인문사회의학과 교수(2002~2011)로 일한 후 보건복지부 국립공주병원장(2013~2015)을 역임하였다. 한국정신사회재활협회 창립 이사, 감사로 활동하였으며, 수원 시 정신보건센터와 자살예방센터장, 경기도 정신보건사업지원단장, 경기도 광역정신보건센터장과 중앙정신보건사업지원단장으로 활동하였다. 현재 아주대학교 인문대학 의료인문컨텐츠센터 자문교수로 활동 중이다.

저서로는 환경치료의 이론과 실제(1993), 청소년의 자살 더 많은 이야기(공저, 2013) 최신정신의학 6판(공저, 2016) 등이 있다.

정숙희

한동대학교 상담심리사회복지학부 사회복지 전공교수로 재직 중이다. 경북대학교 사회복지학과 학사, 석사, 박사를 취득했고 대구 대동병원에서 정신보건사회복지사로 일했다. 주요 연구분야는 정신보건 분야와 장애인 복지 분야이다. 특히 정신장애인 사회복귀시설 클럽하우스 브솔시냇가 시설장으로 정신장애인의 재활과 회복을 위한 연구활동과 실천가로서도 활동하고 있다.

저서 및 역서로는 사회복지 실천 기술론(2012), UN장애인 인권매뉴얼(2016) 등이 있다.